本书为国家社会科学基金重大项目"中国古代北方游牧民族与中原农耕民族交融史研究"（批准号：17ZDA176）研究成果。

西北师范大学

简牍学与丝路文明研究丛书

胡小鹏 ○ 著

元史及西北史地丛稿

中国社会科学出版社

图书在版编目（CIP）数据

元史及西北史地丛稿／胡小鹏著．—北京：中国社会科学出版社，2023.8
（西北师范大学简牍学与丝路文明研究丛书）
ISBN 978 - 7 - 5227 - 1779 - 1

Ⅰ．①元… Ⅱ．①胡… Ⅲ．①中国历史—元代—文集②西北地区—地方史—文集 Ⅳ．①K247.07 - 53②K294 - 53

中国国家版本馆 CIP 数据核字（2023）第 164109 号

出 版 人	赵剑英
责任编辑	宋燕鹏
责任校对	李　硕
责任印制	李寡寡

出　　版	中国社会科学出版社
社　　址	北京鼓楼西大街甲 158 号
邮　　编	100720
网　　址	http://www.csspw.cn
发 行 部	010 - 84083685
门 市 部	010 - 84029450
经　　销	新华书店及其他书店

印　　刷	北京明恒达印务有限公司
装　　订	廊坊市广阳区广增装订厂
版　　次	2023 年 8 月第 1 版
印　　次	2023 年 8 月第 1 次印刷

开　　本	710×1000　1/16
印　　张	23.5
字　　数	351 千字
定　　价	128.00 元

自　序

这部书稿是我过去几十年部分研究心得的汇集，也反映了我求学治学所走过的道路，借这次出版的机会，写几句心里话，表达我的感想和谢意。

1982 年春，我考入恩师陈守忠先生门下，陈师主研宋史，却在此年招收西北史方向研究生，当时见识不够，颇多不解，现在回顾往事，就能认识到这是时代潮流变化对个人命运的影响。改革开放后，历史学也迎来了春天，各类成果喷涌而出，地方史研究成为地方院校寻求学术突破的对象。而在甘肃省内，由于有敦煌学、简牍学、民族史、丝绸之路研究等极具国际影响的特色学科加持，地方史领域更是辽阔丰美的沃土。在我读研期间，陈师和系里各位先生都一再强调抓住机遇，搞特色研究。正是在这种氛围下，我选择了"吐谷浑历史述论"作为硕士毕业论文题目，一题定终身，与民族史研究结下了不解之缘。此后十几年，我在西北民族史范围内上下游走，从秦到清，都有涉猎，不够专精，于是萌生了落脚于某一朝代的想法，也请教过陈师，由于陈师治宋史，又精于地方史，师兄张邦炜、李华瑞、师姐刘建丽都长于宋史，且华瑞兄于西夏史、建丽姐于吐蕃史早有建树，光焰之下，只能退避三舍，另觅良田。

1995 年，我考入兰州大学杨建新先生门下攻读民族学博士，杨师对蒙古史颇有研究，当时我正好研究巩昌汪氏家族和汉军三万户等问题，征得杨先生同意，将博士论文选题定为"元代西北历史与民族研究"，从此将蒙元史研究作为主业。"众里寻她千百度，蓦然回首"，此心已然有归宿。虽然是半路出家，但我自觉与蒙元史最为投契，最有灵感、最满意的成果都与蒙元史有关。元朝是中国历史的转折阶段，承上启下，奠定了元明清中国的格局，特别是疆域格局和民族格局。我在蒙元史研究方面的心得，就得益于前期在民族史方面纵贯游走的积累，由此亦可见蒙元史对中国民族格局形成的影响。

本书内容分为三编，上编是横向的元史研究，中编是纵向的民族史研究，下编是作为某阶段研究基础的学术综述与评介，纵横之间藕断丝连，体现了民族交往交流交融的历史走向，以及大一统国家对边疆地区的治理实践。本书以实证研究为主，在观点和内容上有很多突破，有些问题还受到学术界关注。但历史研究是开放的，学问也是无止境的，目前的研究只是阶段性的，即使是自己，也觉得上述研究还有讨论或提升的空间，正在做这方面的工作。

在我的求学治学道路上，陈师引我进入学术之门，杨师为我提供了更大的学术平台，两位恩师对我有点化之功，造就之恩。在师门竞进中，有师兄魏明孔、李华瑞、王希恩、王希隆、尹伟先等榜样在前，不敢懈怠。在专业领域，李治安兄、王晓欣兄、张云兄、张帆兄、刘晓兄热心指教，受惠良多，刘世哲兄、李大龙兄、尚永琪兄鼎力相助，没齿难忘。在学院工作中，田澍副校长，何玉红院长、刘再聪院长各方面照顾，大力支持，给了我不断进步的动力。在此一并致谢！

感谢我的岳父李开珠先生，将爱女下嫁给我。当然，我最应该感谢的是我的妻子李克梅女士，忘不了初见时的惊艳，相处时的贤良淑德，相夫教子，为家庭奉献了一切，我微不足道的成绩与她的巨大付出完全不相称。真诚地说一句：感谢你的包容。

目　　录

上　编

中　编

下　编

上　编

元代"色目人"与二等人制

历来治元史者多把"四等人制"看作是元代政治、制度和社会的特征。根据元史学界的一般提法,元朝把治下人民划分为蒙古人、色目人、汉人、南人四等,并根据其所处等级在为官、刑罚、禁令、赋役等方面做出与之相应的政策或规定。这一制度根源于作为统治者的蒙古人对占人口大多数的汉人、南人的警惕。这种利用民族差异进行统治的思路是元朝多民族政策的基础。①

所谓四等人制中的蒙古、汉人、南人所指明确,只有"色目人"的概念、语源一直存在模糊之处。据蒙思明、周良霄等学者研究,"色目"一词,至少从初唐以来已累见于官私文献,意为"各色名目",延及宋元,"色目"一词作为形容词使用相当普遍。宋初以来,"色目人"已作为一个专有名词出现,指的是姓氏生僻的所谓"杂姓"人物。忽必烈时期,"色目人"开始作为中亚胡人之专名。②

近来日本学者舩田善之提出了新的看法,他否认"四等人制"的存在,③强调应考虑蒙古人和色目人到底是如何看待色目人的概念或

---

① 蒙思明:《元代社会阶级制度》,上海人民出版社 2006 年版,第 68 页;丁国范:《元代的四等人制》,载《文史知识》1985 年第 3 期;冉守祖:《从元朝四等级制看民族压迫的阶级实质》,《中南民族学院学报》1986 年第 1 期;竺沙雅章著,吴密察译:《征服王朝的时代(宋·元)》,(台北)稻香出版社 1998 年版,第 152 页。目前学术界对元代是否存在"四等人制"还存在争议。

② 周良霄:《札记二篇·色目说》,元史研究会编《元史论丛》第四辑,中国社会科学出版社 1997 年版。

③ 当前日本元史学界倾向于从新的视角理解元代历史,他们认为要深入了解元朝政策或元代社会,以蒙古人、色目人——汉人、南人的二项对立关系为切入点是不确切的。舩田善之的研究反映了这一动态。

范畴的。根据他的研究，在同时代的蒙古语史料中是找不到相当于色目人的词汇或概念的。他列举了元明时期的蒙汉对译词汇表中的民族及类似民族的词语来说明这一点。

如《事林广记》续集卷八《蒙古译语（至元译语）·人事门》：

达达	蒙古歹	mongɣul + dai
回回	散甲（里）答歹	sartaq + dai
女真	主十歹	Jūrčidei
汉儿	扎忽歹	Jaqudai ~ Jauqudai
蛮子	囊家歹	nanggiadai

《华夷译语·人物门》：

汉人	乞塔惕	qitad
鞑靼	忙豁	mongɣul
回回	撒儿塔兀勒	sartaɣul

《续增华夷译语·人物门》：

西番	土卜惕	töbed
女直	主儿察惕	Jurčed
高丽	莎笼哈	solung – ɣa
高昌	委兀儿	uyiɣur

舩田指出，在这些词汇表中可以找到蒙古（达达）、汉人（汉儿）、南人（蛮子）和与之相对的蒙古词语，却找不到"色目人"和与之相对的蒙古词语。在蒙古史料中可见到畏兀儿、钦察等各个民族、部族名，但还未见到把这些广泛的诸族总括起来的记述。拉施特《史集》、《马可·波罗游记》等非汉语史料也是如此。他还特别分析了元代江南的户籍分类方式——色目人户大类下包括蒙古人户、畏吾

户、契丹人户、回回人户、河西人户，并不存在人们心目中的蒙古、色目、汉人、南人并列的分类方式。因此他认为，不但"色目人"一词源于汉语，而且这个概念也只存在于汉语中。"色目人"的词语及蒙古人、色目人、汉人、南人的划分只存在于汉语世界即通用在汉族之中，"色目人"就是汉族认知世界的产物。①

元代是否存在"四等人制"，学术界仍在争论，这里不做讨论。本文想要说明的是，元代文献中的"色目人"一词虽然是汉语，但在用于族群划分时是相应的蒙古语词汇"合里·亦儿坚（qari irgen）"的译语，所以，"色目人"一词及其所涵盖的对象并非如舩田君所言仅仅是汉语世界的产物。

我们先来看看蒙古语文献中"合里·亦儿坚（qari irgen）"一词的用法。《蒙古秘史》卷三第 123 节载："众人共商量着，对帖木真说，立你做皇帝，你若做皇帝呵，多敌行俺做前哨，但掳得（异国、异部落）美女妇人，并好马都将来与你。"② 这段话括号里的"异国""异部落"一词，在《蒙古秘史》总译中被省去，原文作"合里·亦儿格讷"，旁注曰："邦，百姓的。"道润梯步《新译简注〈蒙古秘史〉》解释说，"合里·亦儿坚"即外人之意，这里是指自己部族以外的各部族或外国人而言。③ 札奇斯钦译注本和余大钧译注本均译作"外邦"。"合里"的复数形式是"合邻"，《蒙古秘史》卷四第 129 节载札木合因为成吉思汗手下射杀了其弟给察儿，"领着他一种并十三部"，要与成吉思汗厮杀。十三部原文作"哈儿班、忽儿班、合邻"，旁译"十、三、部"，札奇斯钦注曰："kharin 是各各独立的部族，也有部属之意。"④ 这十三部是独立于札木合所在的札答阑部之外的。

----

① ［日］舩田善之：《元朝治下の色目人について》，《史学杂志》，第 108 编第 9 号，1999。

② 额尔登泰、乌云达赉校勘：《蒙古秘史校勘本》，内蒙古人民出版社 1980 年版，第 209—210 页。以下引文均出自该版本。

③ 道润梯步：《新译简注〈蒙古秘史〉》，内蒙古人民出版社 1979 年版，第 91 页注释②。

④ 札奇斯钦译注：《蒙古秘史新译并註释》，台北联经出版事业股份有限公司 1979 年版，第 157 页注一。

《蒙古秘史》续集卷一第262节载蒙古军征"迄北康邻等十一部落"，原文作"康邻、乞卜察兀惕、巴只吉惕、斡鲁速惕、马札剌惕、阿速惕、撒速惕、薛儿客速惕、客失米儿、孛剌儿剌剌勒、额迭、哈儿班、你刊、阿亦马黑、合邻、亦儿坚突儿"，即康里、钦察、俄罗斯、阿速等"十一部落、外邦百姓"。①《蒙古秘史》续集卷二第275节载拔都西征收服了俄罗斯、钦察等十一种国土百姓，原文作"合儿班、你刊、合邻、亦儿格泥"，旁译"十、一、邦、百姓行"。札奇斯钦译注本作"使十一个外邦人民入于正轨"。可见这里的"合邻·亦儿格泥"指俄罗斯等十一国百姓。《蒙古秘史》续集卷一第255节："嫩秃黑 阿兀惕勤 合里 答鲁兀仑 撒勒合牙"，旁译："营盘教宽，邦教镇分咱"，总译："天下地面尽阔，教您各守封国。"这句话的意思是成吉思汗鼓励儿子术赤、察合台扩张自己的营盘，镇压封国中的异族部众。《蒙古秘史》卷九第213节又载，成吉思汗询问司厨汪古儿要何等赏赐，汪古儿禀告说："赏赐教拣呵，巴牙兀惕姓的兄弟每都散在各部落里有（Baya'ud aq－a de'uu minu qari qari tutum－tur bura tara bui②），我欲要收集者。"这里的"各部落"一词，原文作"合里合里（qari qari）"，旁译作"部落部落"，指非巴牙兀惕姓的其他部落，这应是"合里（qari）"一词的另一种复数形式。明清时期的蒙古文献《蒙古源流》《蒙古黄金史纲》《黄史》等都称成吉思汗乃总领五色之国、四方之邦之上天之子。此"五色四夷"拉丁文译写为"tabun ungge dorben qari"，《大黄册》的一种解释是"勃儿帖赤那之后为青蒙古，其余者，一称白高丽，二称黄回回，三称红汉人，四称黑党项，此五者即五色，此之外，即四夷"。《蒙古政教史》云："自方五色之族者，系青蒙古、红汉、黑藏、黄撒儿塔兀勒、白高丽五族。异部四族者，系朱格台、女人国、左胸有眼之国、具狗头者之国四种族。"道润梯步注释说，"五翁格（tabun ungge）"即"五色"，泛指成吉思汗蒙古大帝国所属之诸民族而言，"四合里（dorben

---

① 余大钧译注：《蒙古秘史》，河北人民出版社2001年版，第242页。
② 这句话引用了照那斯图先生的译文，参见照那斯图《关于"不兰奚"的蒙古文对应形式buralqi及其相关问题》，《中国史研究》2010年第4期。

qari)"之"合里",泛指本民族以外的各民族或部落,"五翁格"和"四合里"是形态和读音不同的同义词,指成吉思汗的蒙古大帝国所辖之诸族而言。① 在现代蒙古语中,表示"陌生人""外国人""外国的",读作"xari"或"xɛr",音义均与《蒙古秘史》中的"合里(qari)"一词吻合。②

以上事例有两点启示:

第一,元代的"色目人"一词作为中亚胡人之专称,应源自对蒙古语"合里·亦儿坚(qari irgen)"一词的汉译。按照上引《蒙古秘史》的体例,本部落之外的部落或非蒙古种族名称后多缀有"合里"或"合邻"一词,以与本部落或蒙古(国人)相区别。元代文献也是如此,不过是缀以"色目"一词,如《元典章·兵部》载有军器库管理条例:"行省、行院、行台的路分里,达鲁花赤、畏吾儿回回色目官人每依例提调管者,交蒙古军每看守者……没蒙古军官城子里,交达鲁花赤、畏吾儿回回色目官人每收拾,入库里提调者么道。"③《宪台通纪·整治事理》载:"南北二十二道肃政廉访司,纠弹诸路,不为不重,其为头廉访使当选圣上知识、根脚深重、素有名望正蒙古人,其次汉人、回回诸色目人。钦依已奏准世祖皇帝圣旨体例,相参选用。"④ 比较两者的用法,色目都是非蒙古种族的后缀,汉语"色目人"原意指姓氏生僻的"杂姓"人物,这时用来指称非蒙古人,是蒙古语"合里"的译语。只是目前尚未看到直接的蒙汉对译史料。

第二,蒙古国时期的草原政权实行的是二等人制,元朝时期仍沿袭这一传统,并被细化为四等人制。成吉思汗建立大蒙古国后,"合

---

① 萨囊彻辰著,道润梯步译校:《蒙古源流》卷五,内蒙古人民出版社1980年版,第249—250页注⑥;朱风、贾敬颜:《汉译蒙古黄金史纲》,内蒙古人民出版社2007年版,第17页注释③;格日乐译注:《黄史》,卷五注释[6],内蒙古教育出版社2007年版,第76页。

② 孙竹主编:《蒙古语族语言词典》,青海人民出版社1990年版,第332页。

③ 陈高华、张帆、刘晓、党宝海点校:《元典章》三十五《兵部卷之二·军器·拘收》,"达鲁花赤提调军器库",中华书局、天津古籍出版社2011年版,第1218页。

④ 赵承禧编撰,王晓欣点校:《宪台通纪(外三种)》,浙江古籍出版社2002年版,第41页。

里（qari）"是与"国人"（monɣul）相对立的称呼，为蒙古人对其统治下非蒙古各族群的称呼，① 相当于元代文献中的"诸国人""色目人"。从历史上看，国人与非国人的二等人制是胡族政权最基本的政治架构，如后赵以羯胡为国人，南凉以鲜卑为国人。比较典型的是拓跋鲜卑联盟，其政权族性结构为：帝室十姓 + 内入诸姓 + 四方诸姓，其中帝室十姓是血亲核心部落，内入诸姓是较早加入拓跋部落联盟的各族部落（包括姻亲部落），四方诸部则是与拓跋鲜卑保持朝贡或依附关系的各族部落。后二者是依参加拓跋鲜卑联盟时间的早晚将内附各族作进一步的划分。而最基本的族群政治结构仍是国人与非国人，最早的国人即拓跋鲜卑血亲核心部落，非国人则泛称"乌丸"，《魏书·官氏志》解释说："其诸方杂人来附者总谓之乌丸。"《资治通鉴》卷九六东晋成帝咸康五年条改作"代人谓它国之民来附者皆为乌桓"。随着时间的推移，"国人"与"非国人"（乌丸）② 的界限不断发生变动，内入诸姓、四方诸姓也分阶段逐步融入国人之中。拓跋鲜卑的族性政治结构对我们理解蒙古国成立过程很有借鉴意义。

按照北方草原民族的传统，本部落之外的部落被称为"合里"，在成吉思汗家族兴起的过程中，草原社会的游牧民，按照他们与成吉思汗家族的关系远近，分别被划入"国人"与"合里"的范畴，早期的"国人"依次从尼鲁温蒙古扩展到迭列列斤蒙古，后期的国人则扩展到"现今称为蒙古"的各部。不同历史阶段划分在此范围之外的部族则为"合里"。前举《蒙古秘史》中"合里"在不同场合的用法就是这一变化过程的反映。

成吉思汗统一各部建立大蒙古国之后，大漠南北原来各有名称的部落、氏族，作为蒙古国的百姓，都以蒙古自称，统一的蒙古民族共

---

① 美国学者杰克·威泽弗德在《成吉思汗与今日世界之形成》（温海清、姚建根译，重庆出版社 2006 年版）第 82 页说："蒙古帝国内所有的非蒙古王国都被称为哈里（Khari），哈里来自于'黑'（black）这个词，并且暗含有姻亲的意思。"这段话的前一句是正确的，后一句则有误，他将表示"外人"的"qari"与表示"黑"的"qara"两个词搞混了。

② 据郑张尚芳研究，"乌丸"之"乌"上古音为 qaa，"丸"上古音为 gwaan，与"合里"（qari）音相近（参见郑张尚芳《上古音系》，上海教育出版社 2003 年版）。鲜卑语与蒙古语有渊源关系，二者音义一致，可能为同一词汇。

同体开始形成。走向更广阔的世界舞台之后，形成了"蒙古式人众"（《蒙古秘史》第202节旁译"达达百姓"）。对此，《史集》有很好的描述："由于（他们）极其伟大和受尊敬的地位，其他突厥部落，尽管种类和名称各不相同，都逐渐以他们的名字著称，全都被称为塔塔儿（鞑靼）。这些各种不同的部落，都认为自己的伟大和尊贵，就在于跻身于他们之列，以他们的名字闻名。正如现今，由于成吉思汗及其宗族的兴隆，由于他们是蒙古人，于是各有某种名字和专称的（各种）突厥部落，如扎剌亦儿、塔塔儿、斡亦剌惕、汪古惕、客列亦惕、乃蛮、唐兀惕等，为了自我吹嘘起见，都自称为蒙古人，尽管在古代他们并不承认这个名字。"①

与蒙古名称的扩大相对应，合里·亦儿坚的所指也有所变化，随着成吉思汗统一蒙古高原，以前的"合里"都融合为"国人"，现在的"合里"随着蒙古部族的融合，已外延至蒙古高原以外的地区，并且随着蒙古征服的进程，分为三个层次，即成吉思汗征服的对象（蒙古灭金之前所征服的西域诸国与西夏），窝阔台汗至蒙哥汗征服的对象（金朝统治的汉地、吐蕃），忽必烈征服的南宋。元王朝后来在"国人"／"合里"二等人制的基础上，将全体臣民划分为蒙古、色目、汉人、南人的做法，虽说也受到了金朝按女真、渤海、契丹、汉儿四等次第用人的启发，但似乎还是根源于鲜卑以来的漠北旧制。

说蒙古国是二等人制，除了上述"国人"与"合里"用法的启示外，还可在文献中得到证明。《经世大典·宪典总序》说："国家待国人异色目，待世族异庶人。"② 这句话的蒙古表达方式是"待蒙古异合里，待诺颜异哈剌出"，从族群和阶级两方面概括了元代社会两分法的特点，即从族群方面将人们分为国人（蒙古）与色目（合里）二等人，从阶级方面将社会分为世族（诺颜）和庶人（哈剌出）两个阶层，给予不同的社会地位和待遇。《元典章》记载说："也可札鲁花赤俺根底与文书：'根脚里成吉思皇帝时分立札鲁花赤呵，诸

---

① ［波斯］拉施特主编，余大钧、周建奇译：《史集》第1卷第1分册，商务印书馆1983年版，第166页。

② 苏天爵：《国朝文类》卷四二，商务印书馆1936年版，第607页。

王、驸马、各怯薛歹、各爱马蒙古、色目人每奸盗、诈伪、婚姻、驱良等事交管来。至元二十二年，汉人有罪过呵，也交俺管来'。"① 可见，最初蒙古国治下的人民只分为蒙古、色目人二等。至元以后，才有汉人一类。《元史·百官志三》对此也有记载："国初未有官制，首置断事官，曰札鲁忽赤，会决庶务。凡诸王驸马投下蒙古、色目人等，应犯一切公事，及汉人奸盗诈伪、蛊毒厌魅、诱掠逃驱、轻重罪囚，及边远出征官吏、每岁从驾分司上都存留住冬诸事，悉掌之。"比较两条史料，《元史》删去了至关重要的"至元二十二年"这一时间定语。② 又如《元典章》十八《户部四·婚姻·婚礼·嫁娶聘财体例》载："诸色人同类自相婚姻者，各从本俗，递相婚姻者，以男为主；蒙古人不在此例。"③ 这里也是将诸色人与蒙古人对举。

忽必烈建立元朝后，其政治中心从草原向汉地转移，政治体制中汉文化因素增多，二等人制开始细化，从"合里"中，依征服时间的早晚，细分出了汉人、南人，于是有了所谓四等人制的说法。需要指出的是，"色目人"作为蒙古语"合里"的译语，两者在各自的语境中内涵并不完全一致，"合里"是广义的"色目"，指所有的非蒙古人，狭义的"色目人"则排除了汉人、南人，这其中也有汉人、南人自外于色目人的文化立场的因素。正因为色目的范围有广狭之别，所以有元一代色目的概念始终不太明确。典型的例子有两个，一是大德十一年，山东宣慰司申："未审何等为色目人？么道。申明降来。"中

---

① 陈高华、张帆、刘晓、党宝海点校：《元典章》四十九《刑部卷之十一·诸盗一·强窃盗》，"剜豁土居人物依常盗论"，中华书局、天津古籍出版社 2011 年版，第 1641 页。

② 《元史·郭宝玉传》载成吉思汗时期的制度："军户，蒙古、色目人每丁起一军；汉人有田四顷，人三丁者，金一军……之类，皆宝玉所陈也。"从这两条史料看，似乎当时已有"色目人"一词，其实不然，所谓成吉思汗时期的"色目人"，应该不是原话，而是后来对蒙古语"合里"一词的汉译，正如蒙思明所分析的："奏议乃当太祖之世，则太祖之世已用此一辞耶？然此恐后人追述者所加，非必原用者也。"郭宝玉的奏议内容或非一时所上，有关蒙古、色目为成吉思汗时，汉人相关内容或在窝阔台时期所上，后人合为一处。

③ 沈仲伟：《刑统赋疏》载至元八年条画："诸色目人同类自相婚姻者，各从本俗法。"与此为同一条律文，但多一"目"字。见黄时鉴辑点《元代法律资料辑存》，浙江古籍出版社 1988 年版，第 171 页。

书省覆之曰："除汉儿、高丽、蛮子人外，俱系色目人有。"① 蒙思明指出："此一命令，显系缺乏明确：蒙古人之不除外，已属不合；然犹曰，此无问题者也。今既举出高丽，则汉儿当作狭义解，而仅包含内地之汉族；而女直、契丹等人，依此定义，均应属之色目；是则显与当时事实不符。"② 二是延祐四年，有女直人犯罪，济宁路官不知应适用色目或汉人之法以为裁判之标准。③ 蒙思明据此认为，"此则色目一辞之用以代表西域及欧洲各等种族者，乃由习惯之运用，非由法文之规定之明验也。"④

　　不仅色目人与汉人的边界模糊，随着时间的推移，色目人与蒙古人之间的边界也在模糊，这种模糊与二等人制观念不无关系，如《元典章》载内外职官员数："总员二万六千六百九十员，有品级二万二千四百九十员，朝官二千八十九员，色目九百三十八员，汉人一千一百五十一员，京官五百六员，色目一百五十五员，汉人三百五十一员。外任一万九千八百九十五，色目五千六百八十九员，汉人一万四千二百三十六员。"⑤ 元廷将有品级官划分为色目、汉人之二项，在此，色目、汉人分别包括蒙古、南人。《元史·世祖纪十》载至元二十一年，"定拟军官格例，以河西、回回、畏兀儿等，依各官品充万户府达鲁花赤，同蒙古人。女直、契丹同汉人"，也是做了同样的划分。科举方面，"蒙古、色目人作一榜，汉人、南人作一榜"⑥，显示蒙古人逐渐视色目人为国人。而元代江南的户籍分类方式，总分为外来（北人）与土著（南人）两大类，北人类下又分为汉人与色目两类，色目人类下则包括蒙古人户、畏吾户、契丹人户、回回人户、河西人户。可见在当地官员心目中，蒙古、色目人为一类。这种分类既

---

① 陈高华、张帆、刘晓、党宝海点校：《元典章》四十九《刑部卷之十一·诸盗一·强窃盗》，"流远出军地面"，中华书局、天津古籍出版社 2011 年版，第 1630 页。

② 蒙思明：《元代社会阶级制度》，上海人民出版社 2006 年版，第 43 页。

③ 陈高华、张帆、刘晓、党宝海点校：《元典章》四十九《刑部卷之十一·诸盗一·刺字》，"女直作贼刺字"，中华书局、天津古籍出版社 2011 年版，第 1654 页。

④ 蒙思明：《元代社会阶级制度》，上海人民出版社 2006 年版，第 43 页。

⑤ 陈高华、张帆、刘晓、党宝海点校：《元典章》七《吏部卷之一·官制一·职品》，"内外诸官员数"，中华书局、天津古籍出版社 2011 年版，第 228 页。

⑥ 《元史》卷八一《选举志一·科目》，第 2019 页。

符合蒙古人二等人制的观念，也符合汉人、南人的主位意识。而强调色目独特性，要求"严族属之分"的，主要是汉人，正如欧阳玄在其奏议中所说："精铨选之本，在于严族属之分，以尊吾国人；略岁月之考，以拔其才用。今之女真、河西，明有著令，而自混色目；北庭族属邻于近似，而均视蒙古，乘坚驱良，并列通显。盖我国人天性浑厚，不自标榜，愚恐数百年之后，求麟趾之公姓，不可复别异矣。"① 《史集》的说法更耐人寻味："现在，甚至连乞台、女真、南家思、畏兀儿、钦察、突厥蛮、哈剌鲁、哈剌赤等民族，一切被俘的民族，以及在蒙古人中间长大的大食族（tazik），都被称为蒙古人。"② 在他们看来，蒙古人似乎并不严守民族界限。

综上所论，元代多民族政策的本质是蒙古人（国人）/非蒙古人（合里）的二等人制，源自古老的漠北传统，并没有法律的明文规定。"色目人"是对蒙古语"合里"的汉译，但两者在各自的语境中内涵并不完全一致。蒙古人（国人）/非蒙古人（合里）的边界是动态的，有一定的模糊性。

（原刊《西北师大学报》2013 年第 6 期）

---

① 欧阳玄：《圭斋文集》卷一二，文渊阁四库全书影印本，台湾商务印书馆 1986 年版，第 1210 册，第 139 页。

② ［波斯］拉施特主编，余大钧、周建奇译：《史集》第 1 卷第 1 分册，商务印书馆 1983 年版，第 167 页。

试释《金史·兵志》中的
"合里合军"

  《金史》卷四四《兵志》载哀宗正大二年（1225），"议选诸路精兵，直隶密院"，其中"复取河朔诸路归正人，不问鞍马有无、译语能否，悉送密院，增月给三倍它军，授以官马，得千余人，岁时犒燕，名曰忠孝军。以石抹燕山奴、蒲察定住统之。加以正大已后诸路所虏、临阵所获，皆放归乡土，同忠孝军给其犒赏，使河朔俘系知之。故此军迄于天兴至七千，千户以上将帅尚不预焉。又以归正人过多，乃系于忠孝籍中别为一军，减忠孝所给之半，不能射者令阅习一再月，然后试补忠孝军，是所谓合里合军也"。金朝后期，军名猥多，大抵为一时创设之军队番号，旋起旋灭。惟这里提到的忠孝军、合里合军精于骑射，且与蒙古誓不两立，血战到底，令读史者印象深刻。忠孝军的情况，已有学者讨论①，而"合里合军"迄今未有学者留意，其语源、词义不得而知。从前引《金史·兵志》等记载看，忠孝军与合里合军同中有异，即同隶于忠孝军籍，而分为上选、下选②，月给有差别，合里合军为忠孝军的补充兵源。然而金末军制混乱，《金史》的编者也难免梳理有误③，依笔者分析，合里合军与忠孝军

---

  ① 参见王曾瑜《金朝军制》，河北大学出版社2004年版；施云《金代忠孝军研究》，硕士学位论文，吉林大学文学院，2007年；李浩楠《论金代的忠孝军》，《北方文物》2008年第2期。

  ② 《金史》卷一七《哀宗纪下》载正大六年十一月，"遣使钧、许，选试陕西归顺人，得军二千，以艺优者充忠孝军，次充合里合军"。中华书局1976年版，第382页。

  ③ 《金史·兵志》对忠孝军成立时间的记载就不准确，其将忠孝军成立的时间系于哀宗正大二年，事实上，在此之前忠孝军已屡见于史。参见施云《金代忠孝军研究》，硕士学位论文，吉林大学文学院，2007年；李浩楠《论金代的忠孝军》，《北方文物》2008年第2期。

实为一军两名，具有鲜明特征，与南宋通事军颇多相似之处，即归正人身份，善骑射，通北语（蒙古语），抗蒙意志坚定。理解"合里合"一词或应以此为切入点。

首先，合里合军或忠孝军的归正人身份最为重要，其他特征均与此有关。据上引《金史·兵志》，合里合军（忠孝军）乃由与蒙古相邻的北方河朔诸路归正人组成，所谓归正人可分为胁从人①、归顺人两类，相当于南宋的归正人、归明人。《朱子语类》卷一一一称："归正人元是中原人，后陷于蕃而复归中原，盖自邪而转于正也；归明人，元不是中原人，是猺洞之人来归中原，盖自暗而归于明也。"忠孝军（合里合军）的情况与此类似，其来源大致也可分为两类：一类是原来为金朝治下（主要是河朔陕西诸路）的编户齐民，陷于蒙古而后南归者，其代表人物为蒲察官奴、陈和尚兄弟、完颜仲德等②；一类为蒙古草原牧民逃亡投金者，或作为战俘而归顺金军、充当雇佣军者，相当于五代之契丹直③。总之，忠孝军（合里合军）皆由北方蒙古统治下逃归的各族成员组成，忠孝军首领蒲察官奴、陈和尚兄弟等都有被蒙古军虏掠北上为奴的经历，他们所统"忠孝一军皆回纥、乃满、羌、浑部落，及中原人被掠、避罪而来归者"④，"忠孝军万八

---

① 《金史》卷一六《宣宗纪下》元光二年五月己未条载参知政事毅夫言："胁从人号'忠孝军'，而置沿淮者所为多不法，请防闲之。"第366页。

② 《金史》卷一一六《蒲察官奴传》载："蒲察官奴，少尝为北兵所虏，往来河朔。后以奸事系燕城狱，劫走夏津，杀回纥使者得鞍马资货，即自拔归。朝廷以其种人，特恩收充忠孝军万户。"《金史》卷一二三《完颜陈和尚传》载："贞祐中，陈和尚年二十余，为北兵所掠，大帅甚爱之，置帐下。……陈和尚在北岁余，託以省母，乞还，大帅以卒监之至丰。乃与斜烈劫杀监卒，夺马奉其母南奔，大兵觉，合骑追之，由他路得免。"《金史》卷一一九《完颜仲德传》载："贞祐用兵，辟充军职，尝为大元兵所俘，不踰年尽解其语，寻率诸降人万余来归。"分见第2545、2680、2605页。

③ "契丹直"是五代北宋时期以契丹降人或契丹归明人建立的一种特殊军事组织，始见于晋王李存勖时代。北宋初，循五代旧制复置契丹直，并作为禁军诸班直之一长期存在，直到神宗熙宁间才被废去。参见任爱君《论五代时期的"银鞍契丹直"》，《内蒙古社会科学》（汉文版）2007年第3期；《唐末五代的"山后八州"与"银鞍契丹直"》，《北方文物》2008年第2期；刘浦江《在历史的夹缝中：五代北宋时期的"契丹直"》，《中华文史论丛》2012年第4期。

④ 元好问：《遗山先生文集》卷二七《赠镇南军节度使良佐碑》，四部丛刊初编；《金史》卷一二三《完颜陈和尚传》，第2682页。

千人，皆回纥、河西及中州人被掠而逃归者，人有从马，以骑射选之乃得补"①。由于"骜狠凌突，号难制之甚"，故月给三倍于它军，岁时犒燕，待遇优厚。与此类似，南宋也"多招纳北地蒙古人为通事军，遇之甚厚，每战皆列于前行，愿效死力"②。两者都有明显的外族雇佣军性质。

其次，正因为合里合军（忠孝军）成员多来自河朔乃至草原地区，或者曾在北方草原生活过，甚至有为蒙古军服役的经历，故习于骑射，被选为马军。如正大六年三月大昌原之战，忠孝军首领陈和尚以四百骑破蒙古军八千，俘获甚众，十月，金廷"令陈和尚率陕西归顺马军屯钧、许"；"十一月，遣使钧、许，选试陕西归顺人，得军二千，以艺优者充忠孝军，次充合里合军"③。可知陈和尚麾下忠孝军（合里合军）有一部分就是大昌原之战后归顺的北方降人，以骑射选充。合里合军总领也有飞骑都尉的称号④。在金末骑兵缺乏的情况下，忠孝军（合里合军）是金军为数不多的马军之一。这也说明该军异族色彩浓重，蒙古化程度相当深。

再次，因叛离蒙古而犯下不赦之罪，忠孝军的抗蒙意志最为坚定⑤。蒙古札撒，最重逃亡之罪，牧民不得脱离其千户、百户，奴婢不得脱离其使主，犯者严惩，所以归正人身份的合里合军或忠孝军上下坚决反对与蒙古通和，为此不惜"擅杀北使"，甚至围攻有通北嫌疑的将领，称"我辈皆大朝不赦者，使安归乎？"⑥南宋通事军也是

---

① 《金史》卷一一三《赤盏合喜传》，第2494页。

② 《元史》卷九八《兵志一》，第2517页。

③ 《金史》卷一七《哀宗纪下》，第382页。

④ 《金史》卷一一三《白撒传》有"飞骑都尉兼合里合总领术虎只鲁欢"，第2489页。

⑤ 《金史》卷一二四《忠义传四》载："是时，女直人无死事者，长公主言于哀宗曰：'近来立功效命多诸色人，无事时则自家人争强，有事则他人尽力，焉得不怨。'"第2705页。

⑥ 《金史》卷一一六《蒲察官奴传》载："初，官奴之母，自河北军溃，北兵得之。至是，上乃命官奴因其母以讲请和，故官奴密与术木㪍议和事，令阿里合往言，欲劫上以降。术木㪍信之，还其母，固定和计。官奴乃日往来讲议，或乘舟中流会饮。……忠孝军都统张姓者，谓官奴决欲劫上北降，遂率本军百五十人围官奴之第，数之曰：'汝欲献主上，我辈皆大朝不赦者，使安归乎？！'"第2547—2548页。

如此，《元史》卷九八《兵志》载至元十六年五月，"淮西道宣慰司官昂吉尔请招谕亡宋通事军，俾属之麾下。初，亡宋多招纳北地蒙古人为通事军，遇之甚厚，每战皆列于前行，愿效死力。及宋亡，无所归。朝议欲编入版籍未暇也，人人疑惧，皆不自安。至是，昂吉尔请招集，列之行伍，以备征戍。从之"。同年十月，寿州等处招讨使李铁哥请召募有罪亡命之人充军，谓："使功不如使过。始南宋未平时，蒙古、诸色人等，因得罪皆亡命往依焉，今已平定，尚逃匿林薮。若释其罪而用之，必能效力，无不一当十者矣。"金朝忠孝军（合里合军）与南宋通事军均由北地蒙古、回回诸色逃人组成，因惧罪而战斗意志更为坚定，蒙古征服者不得不考虑赦其前罪而安其心志。这与五代契丹直的情况颇为类似，后唐卢龙节度使赵德钧以部下银鞍契丹直三千骑对抗契丹军，不敌而降，"契丹主问德钧曰：'汝在幽州所置银鞍契丹直何在？'德钧指示之，契丹主命尽杀之于西郊，凡三千人"[1]。贾敬颜先生曾就此事分析说："赵德钧养契丹降人以对抗契丹，亦如金忠孝军之以羌、浑、乃蛮等部落降人组成，如宋通事军之以蒙古降人组成，皆所以抵御蒙古者，其人多必死之亡命徒，以顽抗称于世。成吉思汗及其子孙诸汗王，尤恶此等人，必屠之而后快，与耶律德光杀尽银鞍契丹之事绝相类似。"[2] 由此可以理解忠孝军、通事军的必死之志。

第四，正因为忠孝军（合里合军）由北方各族逃人组成，成分复杂，故只能以北语（蒙古语）而非女真语或汉语行军令。归正人通蒙古语的例子很多，如《金史》卷一一九《完颜仲德传》载完颜仲德"尝为大元兵所俘，不踰年尽解其语，寻率诸降人万余来归"。蒲察官奴、陈和尚兄弟都是如此，北族分子自不待言。即使在与南宋作战的场合下，也是用蒙古语作为内部用语，如《金史》载中渡店之战的过程云："初，兀典等赴息，既至之夜，潜遣忠孝军百余骑袭宋营于中

---

[1] 《资治通鉴》卷二八〇"后晋高祖天福元年闰十一月甲戌"条，中华书局1956年版，第19册，第9160页。

[2] 贾敬颜：《民族历史文化萃要》"银鞍契丹直"条，吉林教育出版社1990年版，第66页。

渡。我军皆北语，又散漫似之，宋人望之骇愕奔溃，斩获甚众。"①
"皆北语"，说明军中习惯使用蒙古语，这从其选拔时重视译语能力这
一点得到印证。南宋沿袭金朝的这一做法，招募北方各族逃人，组建
了类似性质的雇佣军——通事军②。其命名即着眼于通事这一能力。
通译语也是合里合军与通事军的共同之处。

　　综合以上特征，可见合里合军或忠孝军蒙古化程度相当深——
"散漫似之"，"所为多不法"③，擅骑射译语，"皆北语"——军中通
行蒙古语。因此，"合里合"一词很可能是蒙古语而非女真语，其含
义应与以上这些特征有关。以往学者先入为主，想当然地将"合里
合"一词视作女真语④，走入歧路，自然难有确解。通过翻检史料，
发现《蒙古秘史》有合适的语言材料足以支持这一推论。《蒙古秘
史》卷三第 123 节载："众人共商量着，对帖木真说，立你做皇帝，
你若做皇帝呵，多敌行俺做前哨，但掳得（异国、异部落）美女妇
人，并好马都将来与你。"⑤ 这段话括号里的异国、异部落一词，在
《蒙古秘史》总译中被省去，原文作"合里·亦儿格讷"，旁注曰：
"邦，百姓的"，道润梯步《新译简注〈蒙古秘史〉》解释说："合
里·亦儿坚"即外人之意，这里是指自己部族以外的各部族或外国人
而言⑥。合里的复数形式是合邻，《蒙古秘史》续集卷二第 275 节载
拔都西征收服了俄罗斯、钦察等十一种国土百姓，原文作"合儿班、
你刊、合邻、亦儿格泥"，旁译"十、一、邦、百姓行"。可见这里
的"合邻"指俄罗斯等十一国。《蒙古秘史》卷九第 213 节又载，成

---

　　① 《金史》卷一一九《完颜娄室传》，第 2599 页。
　　② 参见刘晓《宋元时代的通事与通事军》，《民族研究》2008 年第 3 期。
　　③ 前引《哀宗纪》参知政事毅夫言。《金史》多处记载忠孝军不识法禁，《蒲察官奴
传》就记载官奴触犯法禁，"以其新自河朔来，未知法禁，诏勿问"。第 2545 页。
　　④ 清乾隆朝完成的《钦定金史国语解》卷八曰："和尔和，柜也。卷二作活腊胡，卷
十七作合里合，卷一百十三作合刺合，并改。"孙伯君《金代女真语》（辽宁民族出版社
2004 年版）将"合里合"一词收入"金代女真语资料汇编"，未作释义。
　　⑤ 额尔登泰、乌云达赉校勘：《蒙古秘史校勘本》，内蒙古人民出版社 1980 年版，第
209—210 页。以下引文均出自该版本。
　　⑥ 道润梯步：《新译简注〈蒙古秘史〉》，内蒙古人民出版社 1979 年版，第 91 页注
释②。

吉思汗询问司厨汪古儿要何等赏赐，汪古儿禀告说，"赏赐教拣呵，巴牙兀惕姓的兄弟每都散在各部落里有（Baya'ud aq‐a de'uu minu qari qari tutum‐tur bura tara bui①），我欲要收集着"。这里的各部落一词，原文作"合里合里（qari qari）"，旁译作"部落部落"，指非巴牙兀惕姓的其他部落，这应是"合里"一词的另一种复数形式，"合里合"当为其省译。现代蒙古语中仍有类似的表达方法，如表示"陌生人""外国人""外国的"一词，读作"xari"或"xɛr"②，音义均与《蒙古秘史》中的"合里"一词吻合。也就是说，"合里合"来源于蒙古语"合里合里（qari qari）"，本为蒙古人对其统治下非蒙古各族群的称呼，相当于元代文献中的"诸国人""色目人"。

　　由以上推论，"合里合"源自蒙古语，是"qari qari"的汉语音译，为蒙古人对其统治下非蒙古各族群的称呼。合里合军意谓本国（邦）之外的诸部落之人组成的军队，与金代文献描述的合里合军由回纥、乃蛮、羌、浑、蒙古等外族归顺之人及河朔归正人组成的情况一致。这一他称后被金朝归正人接受而用作自称。金人将由归正人组成的军队冠以忠孝军这一美称，其下选则称作合里合军。实际上，按照归正人的习惯，忠孝军乃一体两名，忠孝军是其美称，"合里合"是受蒙古影响的自称，反映其族性。或者说，"合里合军"是广义的称呼③。

（原刊《西北师大学报》2015 年第 6 期）

---

①　这句话引用了照那斯图先生的译文，参见照那斯图《关于"不兰奚"的蒙古文对应形式 buralqi 及其相关问题》，《中国史研究》2010 年第 4 期。

②　孙竹主编：《蒙古语族语言词典》，青海人民出版社 1990 年版，第 332 页。

③　实际上，归正人在金朝长期存在，而忠孝军在金灭亡前夕才出现，前后不过十年（李浩楠《论金代的忠孝军》认为大约组建于金宣宗元光时期），只是归正人中的少数精悍之士。所以，作为归正人的蒙古语自称，合里合之名应使用时间更长、范围更广。

凤翔屈家山发现的蒙元史料
及相关问题考述

近年来，凤翔屈家山出土了一些与蒙元时期有关的遗物，文献部分主要有"蒙古纪事砖"（以下简称"纪事砖"）和"大元故钦授初立凤翔府城子达鲁花赤屈术之茔"碑（以下简称"屈术之茔碑"），引起各方兴趣。2014年4月，敦煌研究院民族宗教文化研究所与凤翔蒙元历史文化研究会联合主办了"凤翔蒙古遗民与遗物学术座谈会"，与会学者交流了对出土遗物的认识。会后，敦煌研究院的杨富学、张海娟相继发表了《凤翔屈家山蒙古纪事砖及相关问题》①、《陕西凤翔紫荆村屈氏蒙古遗民考原》② 两文（以下简称"杨文"）。文章充分肯定了砖志与碑文的真实性，揭示了窝阔台汗第四子合剌察儿曾分封于凤翔的重要史实，认为今天凤翔紫荆村屈氏村民是蒙古札剌亦儿部首领木华黎的苗裔。论文发表后，元史学界尚未见到反响，究其原因，一是作为研究基础的两方志文本身存在很多问题，杨文没有注意到这些问题，直接用于考证，难免有以讹传讹之处，有些结论无法令人信服；二是志文中一些有价值的内容没有得到充分阐释和利用，发掘不到位，留有一些缺憾。我们赞同杨文的基本观点，但对一些具体问题有不同认识，希望通过进一步的讨论，引起元史学界的重视。

<hr>

① 《青海民族研究》2014年第4期。
② 《青海民族研究》2017年第3期。

一　"纪事砖"与"屈术之茔碑"的基本情况

　　研究任何文献及其所涉及的史实，首先要落实文本的真实性问题，这就需要确定文献的形成过程。通过研读凤翔屈家山发现的两方志文，可以肯定这两方志文最初形成于蒙元时期，但都在清代重新修刻过。一般来说，二次形成的文献都会有不同程度的信息流失，或者为适应时代的需要有所增改，造成信息失真。这两块志文明显存在此类问题。

　　首先，以"屈术之茔碑"为例：该碑出土于凤翔县屈家山墓葬遗址，现存凤翔紫荆村屈氏祖祠，碑身通高 211 厘米，宽 61 厘米，厚 17 厘米。碑座已佚，碑身两处断裂。碑额阴刻两龙纹，中间竖刻"大元天潢"四字。碑阳正题"大元故钦授初立凤翔府城子达鲁花赤屈术之茔"，其上有一凹形圆圈，圆圈内顶部有"日"字标记。碑尾附重修发起人屈氏后人屈復基等 6 人姓名。碑阴载屈氏男性后人姓名 99 人。全碑皆楷体阴刻，共 12 行 270 字。至正元年凤翔县达鲁花赤那海立碑，石工侯文贤、张文有刻石。乾隆八年重修。碑阳还记载了重修碑刻缘由：

　　　　亘千古来，世系大族者必有家谱。昭穆之辨恒于斯，高曾之辨亦于斯。余族百室本属大元苗裔，世无家谱，所可凭者坟碑耳。第自元末迄今四百年，所立石碑几坏，文亦将湮，继世耳孙不惟昭穆无由辨，并水源木本亦何从而识也。于众共议委立新碑，仍将原文誊录于后，不敢增减文字，聊存真派而耳矣。

　　据碑文内容，该碑初立于元顺帝至正元年（1341），清乾隆八年（1743）重修。尽管重刻碑文时标榜"仍将原文誊录于后，不敢增减文字，聊存真派而耳矣"，但碑额书"大元天潢"四字，说明重修者为了自高身价，有妄增文字的行为，因为碑文明确记载墓主屈术任职

"凤翔府城子达鲁花赤"，这就否定了其家族为蒙元宗室后裔的可能性，重修者完全不理解元代"宗室分封、家臣治事"的政治特点，故有此画蛇添足之举。碑额上部圆圈内的"日"字，应是与"日"字形态相近的某种符号，重修时将其误刻为"日"字。此外，碑文内容与碑额没有照应，没有交待清楚立碑人那海及其祖辈与碑主屈术其人的关系，说明碑文内容有缺失，对碑文进行考证时需要注意这一点。

其次，以"蒙古纪事砖"为例：该纪事砖1976年出土于屈氏墓园，砖呈方形，长宽各33厘米，厚4厘米。文字皆楷体阴刻，共21行400余字，保存较完整。该砖文存在以下几个问题：一是"蒙古纪事砖"的题名令人费解，从砖文所记时代、内容和叙述者的立场看，不可能有"蒙古"二字，只有后世人才可能根据砖文内容拟此题名。二是砖文中的人名写法，有多处与蒙元时期的习惯写法不同，如"清吉思罕""忒木津""达噜噶齐"等，应是清乾隆之后根据时代要求改写的。三是砖文中有四处干支纪年，都是接在生肖纪年之后，有三处是作为注释性小字出现的，现存蒙元时期的碑刻尚没有发现这种纪年方式，另一处"兔儿年辛卯"纪年则与史实严重不符，所以，我们怀疑这里的干支纪年是后世作为注释增入的。具体情况，将在本文校注部分详论。

基于以上，我们认为"纪事砖"与"屈术之茔碑"一样，也是初成于蒙元时期，在清乾隆年间或以后，由后人重修刻成的。因为是二次形成的文献，难免有缺失之处，现存碑文内容不连贯，文意不通，可能就是这种情况造成的。特别是重修时，后人根据时代需要和理解方便，对碑文做了一定程度的增补或修改，造成信息失真。有了以上认识，我们在研究时才能排除干扰，去伪存真，探明历史的真相。

二 录文与校注

（一）"蒙古纪事砖"

录文：

1. 祖古尔罕［1］，乞伦朦骨［2］孛尒祇勈乞牙氏［3］。

2. 马年壬午秋月、狗年丙戌春月［4］，清吉思罕忒木津［5］、太师国王木

3. 忽里，统那颜［6］撒马赤骑军数十万，雄征金朝都邑凤翔城，

4. 败之。王罕驾崩，天命父罕兀歌歹合罕，牛年乙丑，临吉菉河［7］

5. 源头大兀耳朵，嗣大罕位。兔年孟春月，统那颜撒马赤骑

6. 军三十万，渡黄河，越京兆，猛攻凤翔。守城金军泣血。屠城

7. 三月余。金朝守城都帅完颜合达［8］弃城，遁京兆、潼关，逊河

8. 南。凤翔重邑终归大合罕兀鲁思。

9. 父罕曰：关秦，汉称雍邑，天府国农土［9］，厚地广沃，滋养那匽儿［10］

10. 要地，赐罕子合剌察儿［11］子孙凤翔农土，封分一万五千

11. 户［12］、兀耳朵二宫帐［13］。子通汉儒文律、服御质素，慎守家国，立

12. 国大民众之罕。父罕曰："父方远北漠，重负未能顾及。脱塔

13. 黑［14］、剳耳歹、脱因不花［15］，皇孙幼，严慈律教，维苗根苗。荅荅统

14. 阿子剳耳塔阿［16］、耶佀楚裁子古耳吉歹［17］，于汉书无不读，论

15. 天下事精博，祐助家国凤翔。"合剌察儿曰："父罕诏旨厚望，

16. 治汉地凤翔。"始至，招抚流民，赐民田足居，禁妄杀，减课税，

17. 耕荒屯田，置凤翔路总管府达噜噶齐［18］奥鲁事，辖

庶民安

18. 居，自赋课税，余征南家思［19］需之。陇汧河秦本山
兀耳朵［20］，合

19. 剌察儿王祇受。

20. 兔儿年辛卯［21］九月秋露日，路府劄付［22］古耳
吉歹、

21. 答剌罕［23］都护［24］劄耳塔阿载书。

蒙古纪事砖拓片（陈建军摄）

校注：

［1］"古尔罕"，又称葛儿汗、菊儿汗、鞠儿汗、阔儿汗等①，

---

① 关于古儿汗的研究很多，最新成果请参看白玉冬《葛儿罕称号考》，载《西域文
史》第12辑，科学出版社2018年版，第233—247页。

《世界征服者史》作 Gür–khan，意思是"众汗之汗"，原为西辽（哈喇契丹）统治者汗号，后为蒙古高原游牧民族部落首领称号，意为"普皇帝"。白玉冬教授的最新研究认为，葛儿罕这一称号在耶律大石称帝之前即已存在，他引用契丹小字的研究成果，说明契丹文中早已有音译为"古儿呵"的词语，意译作"总罕"。则蒙古部落首领采用此称号源远流长，并非受突厥语影响。此处的古尔罕应非克烈部王罕之叔古尔汗或铁木真对手札木合，而是指蒙古乞颜部某汗。史载元太祖铁木真曾于 1189 年、1206 年两次登上汗位，第一次即位时，铁木真只是乞颜部的可汗，第二次即位时则是全体蒙古人的可汗，"成吉思汗"是 1206 年建蒙古国时才有的称号（只有《蒙古秘史》从 1189 年起就称铁木真为成吉思汗），在此之前，诸书只称铁木真为汗（罕）。按照北族传统，"君及大臣因其行能，即为称号，若中国立谥。既死之后，不复追称"①。与铁木真同时代的蒙古高原首领都有汗号，如克烈部首领脱斡邻勒称王罕，札只剌部首领札木合称古儿合，乃蛮部首领称太阳罕（意为"天下之主""全体人的汗"）。所以，铁木真被推为乞颜部可汗时，应该也有汗号，而史书均无所载。此砖文所谓"祖"，应指铁木真，与其连用的"古尔罕"，应该就是铁木真首次即位时所用的汗号，与札木合汗号一样，正好反映出铁木真与札木合的竞争关系。这一记载很有历史价值。

［2］"乞伦朦古"，即"尼伦蒙古"或"尼鲁温蒙古"，"乞伦"应为"尼伦"之误。"尼伦"，蒙语"nǐroun"的译语，指纯正、纯洁。《史集》将蒙古人分为尼鲁温蒙古和迭列列斤蒙古两大分枝。尼鲁温蒙古据说都是成吉思汗十世祖母阿阑豁阿夫死之后感应光灵而生的三个儿子的后代，因为出自阿阑豁阿圣洁的腰脊，所以叫作尼鲁温。另一些蒙古人，即不属于阿阑豁阿后裔的蒙古人，则是迭列列斤。著名蒙古史学家亦怜真先生指出，尼鲁温（nǐrǐ hun ～ nǐru hun）这个词，不只作腰脊解，也当山岭讲。尼鲁温可能是指住在山岭上的

---

① 《北史》卷九八《蠕蠕传》，中华书局 1974 年版，第 3251 页。

蒙古人，而迭列列斤可能是指居住在山岭下的蒙古人①。尼鲁温、迭列列斤之分仅见于《史集》，亦怜真先生从《蒙古秘史》中检出"迭列列斤"（Derelekin）一词，此砖文中又出现"乞伦"（尼鲁温）一词，说明尼鲁温、迭列列斤之分是确实存在的。在清末西方蒙古学传入之前，这一点是很难伪造的。

［3］"孛尒祗觚乞牙氏"，即蒙古孛儿只斤部乞颜氏，孛儿只斤（Borjigen），据说是"灰色眼睛"的意思，阿阑豁阿感光而生的三个儿子的后代有此特征，"乞牙氏"即乞颜氏（Kiyan），意为"湍急的水流"，复数形式为"乞牙惕氏"（Kiyat），《史集》说成吉思汗三世祖合不勒汗的子孙被称为乞牙惕，成吉思汗父亲也速该把阿秃儿的后裔则被称为"乞牙惕—孛儿只斤"②。可知"孛尒祗觚乞牙氏"的写法不符合分支（乞颜氏是孛儿只斤部的分支）在前的蒙古表达习惯，似是汉式表达。

［4］马年壬午即公元1222年，以下狗年丙戌即1226年，牛年乙丑即1229年（窝阔台汗元年）。需要指出的是，蒙元时期白话公文、碑文多依蒙古旧俗以生肖纪年，元后期始见年号生肖并用，生肖干支并用的例子比较少，而且都是公文（特别是以前发布的公文）上碑时，刻者私自推算加上的。该砖志的情况应亦如此，生肖"马"与干支"午"重出，生肖"狗"与干支"戌"重出，生肖"牛"与干支"丑"重出，都是不应该的，当是重修者作为注释加上的，故用小字表示。而且蒙元时期碑刻所见生肖纪年，都写作马儿年、狗儿年、牛儿年、兔儿年等，未见马年、狗年这样的用法。

［5］"清吉思罕忒木津"，为成吉思汗铁木真的异写。"成吉思汗"译名为后世习称，不见于元代文献，元代通称"成吉思皇帝"③。"清吉思"与"忒木津"的写法也不见于元代，而与清以后的写法部

---

① 亦怜真：《中国北方民族与蒙古族族源》，载《亦怜真蒙古学文集》，内蒙古人民出版社2001年版，第572页。

② ［波斯］拉施特主编，余大钧、周建奇译：《史集》第1卷第2分册，商务印书馆1983年版，第38、61页。

③ 蔡美彪：《周至重阳宫累朝崇道碑——传奉成吉思皇帝圣旨（1223年）》注释①，《元代白话碑集录》（修订版），中国社会科学出版社2017年版，第2页。

分类同，显示了后世重修的痕迹。

[6] "统那颜"，即拖雷那颜，"统"为"拖雷"（Tolui）的谐音，蒙古语"那颜"（Noyan）是"官人"之意。拖雷为成吉思汗第四子，率师从窝阔台汗参加了1231年攻占凤翔之役，所部是战役的主力。成吉思汗死后，拖雷继承了蒙古国的大部分千户，有问鼎汗位的实力，被尊称为"也可那颜"（大那颜），"统那颜"也有大那颜的意思，是音义兼顾的译法。蒙哥汗即位后，汗位转入拖雷系，拖雷的名字才成为禁忌，只称也可那颜。

[7] "吉篯河"，即今蒙古国克鲁伦河，《蒙古秘史》作"客鲁涟"，《元史》及《史集》均作"怯绿连河"。克鲁伦河上游的曲雕阿兰，是成吉思汗大斡耳朵所在地，也是窝阔台继任汗位之地。

[8] "完颜合达"，金末名将，曾任京兆行省参知政事，率兵驻守关陕。窝阔台攻凤翔，退守河南，后败于三峰山之战，详见《金史·完颜合达传》。

[9] "农土"，即蒙古语"嫩秃黑"（Nutuq）的译语，元译"营盘草地"，《蒙古秘史》第65节记蒙古俗谚："男孩儿要看营盘，女孩儿要看颜色"。嫩秃黑是可供一个游牧单位游牧的草场。又译作"经界"，《元史》卷一一八《特薛禅传》载成吉思汗分封时，"分赐按陈及其弟火忽、册等农土"，其下注文说"农土犹言经界也"，实际上就是封土。

[10] "那匽儿"，蒙古语 nökör 的音译词，多作"那可儿"，意为"伴当，朋友"。汉语中"匽"指围绕、周围的，与那可儿"身边的朋友、伴当"语意契合。

[11] "合剌察儿"，蒙古语作 Qarachar，窝阔台汗第四子。关于窝阔台之子，诸史籍一致记载的有七人，即：贵由、阔端、阔出、合剌察儿、合失、合丹、灭里，其中长子贵由、次子阔端均生于1206年，第五子合失生于1210年，长子贵由、三子阔出、四子合剌察儿均为六皇后脱列哥那所生①，则合剌察儿应生于1208年至1210年之

① 参见王晓欣《合失身份及相关问题再考》，元史研究会编《元史论丛》第十辑，中国广播电视出版社2005年版，第61—70页。

间。《元史·塔塔统阿传》载 1229 年窝阔台即位后，命塔塔统阿之妻吾和利氏"为皇子哈剌察儿乳母"，屠寄据此认为其时哈剌察儿方在褓褓，年代似有误，可能是将成吉思汗即位误记为窝阔台汗即位。关于合剌察儿的记载很少，《黑鞑事略》曾列举了窝阔台的四个儿子："曰阔端，曰阔除，曰河西鹘（立为伪太子，读汉文书，其师马录事），曰合剌直。"提到了他的名字。钱大昕记朝城县兴国寺有令旨碑，"一为合剌查太子令旨，猴儿年（1236）三月初七日和林城子寺里写来"①。又《佛祖历代通载》记载："丁未，贵由皇帝即位，颁诏命师（海云）统僧，赐白金万两。师于昊天寺建大会为国祈福。太子合赖察请师入和林，延居太平兴国禅寺，尊师之礼非常。"② 丁未年即 1247 年，说明合剌察儿此时尚在世，并非屠寄所说的"早薨"，这一点对考证砖志所涉史事非常重要。

　　[12] "封分一万五千户"，从此句可知，砖志中所谓合剌察儿的分封，是五户丝食邑分封，而不是成吉思汗时期的草原千户分封。有关研究表明，窝阔台汗丙申年五户丝食邑分封，大体是以《史集》所载成吉思汗草原兀鲁思分封户数为基准，相应地授予十倍至二十倍的汉地民户的③。倒过来推算，合剌察儿可能还分得了一个草原千户。蒙哥汗即位后，镇压争夺汗位的窝阔台孙失烈门、脑忽等，分迁窝阔台系诸王，六子合丹、七子蔑里各自分到了其父汗的一个斡耳朵和一个千户的军队④。大概阔端以下的窝阔台诸子都只分得了一个千户。此外，据《元史·地理志》，蒙哥汗二年（1252）清查户口时，凤翔府户口数只有 2081 户，距 15000 户相去甚远，可知合剌察儿的封土范围不限于凤翔府。《元史·食货志三·岁赐》中没有合剌察儿五户丝封户的记载，可能是窝阔台的封授不规范，而遭蒙哥或忽必烈的削

　　① 钱大昕：《十驾斋养新录》卷一五《朝城县令旨碑》，上海书店 1983 年版，第 369 页。

　　② 释念常：《佛祖历代通载》卷三五《海云传》，《乾隆大藏经》第 88 册，中国书店 2005 年版，第 295—296 页。

　　③ 参见李治安《元代分封制度研究》，中华书局 2007 年版，第 30 页。

　　④ ［伊朗］志费尼著，何高济译：《世界征服者史》下册，内蒙古人民出版社 1981 年版，第 698 页。

除。有史料表明，陕西行省确有合刺察儿的投下存在（详后）。

[13]"兀耳朵二宫帐"，意味着合刺察儿至少有两个妻子，分掌两个斡耳朵。

[14]"脱塔黑"，蒙古语作 Totaq，元代文献都写作"脱脱"，砖志作"脱塔黑"，异于古例，而合于今译，颇令人费解。《元史·宗室世系表》载合刺察儿只有一子，即脱脱大王。《史集》也只提到哈刺察儿有一个儿子名叫脱塔黑。蒙哥汗征蜀时，右翼军队宗王中，就有窝阔台系的合答黑（也可合丹）、秃塔黑（合刺察儿子脱脱）①。蒙哥汗死后，从征诸王散归，唯脱脱与合丹所部仍盘踞蜀口至六盘山一带，参与忽必烈与阿里不哥的汗位争夺战，应在当地有所牵绊。

[15]"剀耳歹、脱因不花"，砖志将此二人与脱塔黑并列为合刺察儿之子，疑误。史籍明确记载合刺察儿太子只有脱脱大王一子，结合《屈术之茔碑》看，这两人应是塔塔统阿之子，砖志于此记事混乱，说明原始文本有缺损，后人整理重刻时，弄乱了文字顺序。

[16]"剀耳塔阿"，即上文之"剀耳歹"，"屈术之茔碑"作"扎儿台"，为畏兀人塔塔统阿之子。"剀耳歹"是蒙古语名字。蒙古人取名的习惯之一是种名加表示男性的后缀词"歹"，"剀耳歹"可能是"札剌儿歹"的异写，即以蒙古札剌亦儿部取名。

[17]"古耳吉歹"，砖志称其为耶律楚材（耶徂楚裁）之子。按耶律楚材只有两子，长为耶律铉，幼为耶律铸。耶律铉生平不详，仅知其曾"监开平仓"，早卒。耶律铸则享有文名，仕途得意。杨富学认为此"古耳吉歹"非耶律铉莫属，理由一是年龄，有文献证实耶律铸生于丁巳年（1221）五月初三日②，"纪事砖"写于 1231 年秋，是时耶律铸年仅 11 岁，尚属幼年，无法胜任古耳吉歹辅弼之重任。耶律铉则年约 20—30 岁，足以担此重任。理由二是古耳吉歹与耶律铸

① ［波斯］拉施特主编，余大钧、周建奇译：《史集》第 2 卷，商务印书馆 1985 年版，第 266 页。

② 孙勐：《北京出土墓志及其世系、家族考略》，《古代史与文物研究》2012 年第 3 期；刘晓：《耶律铸夫妇出土墓志札记》，《暨南史学》2014 年第 3 期，第 149、150 页；王国维《耶律文正公年谱》中载："辛巳，夏，太祖驻跸铁门关……闰十二月，复至蒲华城，是岁，子铸生。"（《王国维遗书》卷 7，上海书店出版社 2011 年版，第 176、177 页）。

经历不合，耶律楚材称耶律铸"幼岁侍皇储"①，此皇储或认为是合失，或认为是阔出，或认为是阔出长子失烈门②，无论哪一说，辅佐合剌察儿的"古耳吉歹"都另有他人，当非耶律铉莫属。我们认为，杨富学先生对"纪事砖"研读不够细致，导致判断失误。且不说耶律铉官职低微，声名不显，砖志提供的信息就足以证明耶律铸才是此"古耳吉歹"。从名字看，"古耳吉歹"之名正符合蒙古人起名时以种名加表示男性身份的后缀词"歹"的习惯。"古耳吉"为种名，即"谷儿只"（Gür Ji/Kür Ji），又称为"角儿只""曲儿只"，指今高加索一带的格鲁吉亚国。1221 年春末，成吉思汗进军撒马尔干，并于该年夏天攻克了撒马尔干城，与此同时，派遣哲别和速不台先后进军伊剌克、阿速、亚美尼亚、谷儿只等地。哲别和速不台于 1221 年先后两次进军谷儿只国，《元史》和《史集》记载了这一过程，"至谷儿只部及阿速部，以兵拒敌，皆战败而降"，"从那里他们重新向谷儿只［格鲁吉亚］，谷儿只人列阵以待"③。大约 1221 年 3 月，蒙古军攻克了谷儿只国，两个月后耶律铸出生于北庭，可能为了纪念这一事件，扈从成吉思汗西征的耶律楚材为刚出生的耶律铸取蒙古名"古耳吉歹"。时间、地点、事件都与耶律铸有关联。至于年龄问题，我们认为"纪事砖"写成于辛卯年（1231）的判断是不成立的，"纪事砖"写成的时间应当是癸卯年（1243），具体论证详见注［21］。这样，将"古耳吉歹"比定为耶律铸的年龄障碍就不存在了。耶律铸幼岁所侍之"皇储"就是合剌察儿。由于汗位继承制度不完善，大蒙古国早期在汗位继承人的指定和太子名号的使用上比较随意，有时候嫡出诸皇子都可被视为太子，特别是窝阔台汗时期，其子孙都称太子，或者称"东宫""皇储"等。除了合失、阔出、失烈门等曾被明确称为储

---

① 耶律楚材：《湛然居士文集》卷一二《为子铸作诗三十韵》，中华书局 1986 年版，第 271 页。

② 参见王晓欣：《合失身份及相关问题再考》，《元史论丛》第十辑，第 61—70 页。

③ 《元史》卷一二〇《曷思麦里传》，第 2969 页；［波斯］拉施特著，余大钧、周建奇译：《史集》，第 1 卷第 2 分册，商务印书馆 1983 年版，第 343—344 页。

君外，阔端也曾用过"东宫皇太子之宝"的方印①。所以合剌察儿称"皇储"并非不可能。

[18]"达噜噶齐"，即达鲁花赤。元代达鲁花赤有不同写法，但未见写作"达噜噶齐"者，"达噜噶齐"是《四库全书》本的写法，这是一个疑点，砖志可能经过后世重修。

[19]"南家思"，南家思是南家子的音译，蒙古语作"Nangi-yas"，为当时蒙古和中亚对南宋地区的称谓。

[20]"陇汧河秦本山兀耳朵"，陇指陇山，汧即今陕西千水，河指黄河，秦指关中，"本山"之意难解。该句泛指哈剌察儿兀耳朵跨有陇东关中之地。

[21]"兔儿年辛卯"，这一句问题最大，辨明其误对释读全文极为重要。兔儿年辛卯即公元1231年，杨富学先生据此认为此砖志刻于1231年，合剌察儿亦在此年分封于凤翔。熟悉元史的人都知道这是不可能的，因为此时金朝尚未灭亡，金陇右勤王军还经由关中入援，窝阔台汗自由行事的最大障碍拖雷也还在世，分封金地这种事既不现实，也不可能不经过拖雷认可。公元1232年拖雷意外去世后，窝阔台才不顾拖雷系的意愿，强行将拖雷系统辖的逊都思、雪你惕三千户拨赐次子阔端，将其分封于西凉。合剌察儿分封不可能早于阔端，更不可能发生在拖雷在世时。1235年阔端统兵攻下陇右，始往西凉就藩，合剌察儿分封只能在阔端分封以后。而且1231年蒙古与南宋的关系尚以合作为主，与砖志中"余征南家思"一语情境不合。所以，此兔儿年不是辛卯年，而应是癸卯年（1243），砖志中的"辛卯"二字只能是重修者推算失误所致。癸卯年窝阔台汗已去世，乃马真后监国，国事混乱，无暇顾及分封之事。此时耶律铸二十三岁，"文笔为天下之冠"，且已"嗣领中书省事"，该志不会是他所写，只是借用了他的旧称。所以"纪事砖"虽然成于1243年，但砖文中所述分封之事应发生在丙申（1236）分封之后，1241年窝阔台去世之前这一时期。

---

① 见蔡美彪《元代白话碑集录·1243年户县草堂寺碑》，中国社会科学出版社2017年版，第23—24页。

[22]"劄付"，即劄付，原意指制作下达公文，《吏学指南》释劄付："刺著为书曰劄，以文相与曰付，犹赐也。"这里的"路府劄付"与原意有出入，应释为掌管劄付者，相当于蒙古语之"必阇赤"，即掌文书者，为怯薛职役之一。此指"古耳吉歹"（耶律铸）为合刺察儿王位下之必阇赤（书记官）。

[23]"答剌罕、都护"，"答剌罕"，蒙古语音译词，源自突厥语Darqan。《蒙古秘史》译作"答儿合惕"或"答儿罕"。① 原为突厥、回鹘等北方民族武官名，蒙元时期，其词义逐渐发生变化。《南村辍耕录》载"答剌罕，译言一国之长，得自由之意，非勋亲不与焉"。② 成吉思汗曾对锁儿罕失剌、博尔术、拜都儿哈敦等对自己有救护之恩的功臣，赐予享有特权的答剌罕封号。"都护"，汉唐时代边疆所设都护府长官之称，元代也曾在畏兀儿地置都护府，长官称大都护等。砖志中的都护与上述官职无关，蒙古国时期，草原官制极简，无法与中原官制对接，但在译成汉语时又套用汉官名，用法极乱。此处任都护之劄耳塔阿，应是合刺察儿王位下怯薛长，换句话说是食邑断事官，《元史·百官志三》："国初未有官制，首置断事官，曰札鲁忽赤，会决庶务。"各王位下札鲁忽赤总管民事、财政、司法等多项事务，近似大总管。屈家山碑文中出现的"都护""都总裁"之类不伦不类的官职，均是断事官硬套汉官所致，元世祖以后逐渐统称总管。与塔塔统阿家族世袭合刺察儿王位下怯薛长一样，逊都思氏世袭阔端王位下怯薛长，赤老温之后锁兀都家族世领王府怯薛官及所属军匠保马诸民③，用汉官都护、总管之类形容基本恰当。

（二）屈术墓碑

碑阳录文：

---

① 道润梯步：《新译简注〈蒙古秘史〉》卷9，内蒙古人民出版社1979年版，第243—246页。

② 陶宗仪：《南村辍耕录》卷一，中华书局1997年版，第18页。

③ 虞集撰，王颋点校：《虞集全集·道园类稿》卷三九《逊都思氏世勋碑》，天津古籍出版社2007年版，第1029页。

1. 高祖哈失［1］，曾祖扎儿台［2］，祗受凤翔府凤翔县达鲁花赤兼管本县诸军奥鲁事。曾伯祖答剌罕

2. 哈剌铁木儿，敬受脱脱大王右丞相［3］都总裁［4］兼管府达鲁花赤。曾叔祖脱因不花［5］祗受

3. 大将军兼司都元帅府［6］劄付。

4. 曾孙那海，祗受达鲁花赤兼管本县诸军奥鲁事立碑。

5. 大元至正元年岁次辛巳季春清明日创立。

6. 大清乾隆八年岁次癸亥季春清明日重修。

石工侯文贤、张文有。

校注：

［1］"高祖哈失"，杨富学认为是札剌亦儿部首领木华黎之弟合失，做了长篇考述，过于迂曲。我们认为"屈术之莹碑"与"纪事砖"涉及同一家族——塔塔统阿家族，关系密不可分，所以讨论高祖哈失只能从塔塔统阿家族入手。"纪事砖"的劄耳塔阿与"屈术之莹碑"的扎儿台应是同一人，劄耳塔阿是塔塔统阿之子，那么扎儿台之父哈失就是塔塔统阿，"哈失"应是"八哈失"之误，碑文重刻时脱落了"八"（或"巴""把"之类）字。"八哈失"是蒙古语 baqs 的译语，"北人之称八哈石，犹汉人之称师也"①。塔塔统阿归顺成吉思汗后，"教太子诸王以畏兀字书国言"，创制了回鹘蒙古文，有"八哈失"之尊，他的蒙古名字可能就是"八哈失"。蒙元初期，诸王投下以文化较高的畏兀人为师、为断事官几成常例，到元世祖至元六年，仍颁发圣旨："诸王位下及蒙古千户所，依在前设畏吾儿八合赤体例，设立教授。"② 塔塔统阿妻子为合剌察儿乳母，其子为哈剌察儿食邑断事官，其本人教授合剌察儿也是不难想象的。

［2］"曾祖扎儿台"，塔塔统阿之子的蒙古名字，此人与"纪事

---

① 释念常：《佛祖历代通载》卷三六《舍蓝蓝传》，《乾隆大藏经》第88册，中国书店2005年版，第385页。

② 陈高华、张帆、刘晓、党宝海点校：《元典章》三十一《礼部》卷之四"蒙古学"，中华书局、天津古籍出版社2011年版，第1080页。

砖"中的"剳耳歹""剳耳塔阿"应是同一人，"扎儿台""剳耳歹""剳耳塔阿"可能都是札剌儿歹的异写。

[3]"脱脱大干右丞相"，元世祖详定官制之前，汉人习称蒙古王府的断事官、执事官为"丞相"。哈剌铁木儿是合剌察儿之子脱脱王府断事官，故称右丞相。

[4]"都总裁"，参见"纪事砖"注[23]"都护"条。

[5]"脱因不花"，塔塔统阿第三子的蒙古语名字，此名又见于"纪事砖"，应为同一人。由此可见，"纪事砖"中的"脱因不花"不是合剌察儿之子。

[6]"都元帅府"，1235年随阔端入蜀的蒙古军以都元帅塔海绀卜、副都元帅帖哥火鲁赤（即《1247年户县草堂寺碑》里提到的都元帅帖哥火鲁赤）为首①，位在诸万户之上，其都元帅府就设在关中，《元史·地理志》泾州条下就载泾州"元初以隶都元帅府"。

还需要提及的是碑额处的"$\begin{smallmatrix}\circ\end{smallmatrix}$"形标记，杨富学教授认为反映了蒙古人的敬日习俗，我们则认为该标记并非表示太阳崇拜，而是指部落徽记，又称部落章（Tamgha）。部落章多见于欧亚大陆游牧部落文明，是一个游牧部族区别于其他部族的重要标识，也是突厥文化的重要特征之一。部落章用途较为广泛，至少有分辨牲畜、部落领袖专章、划定游牧界线等作用，而为分辨部落牲畜印在马匹上的部落章便称之为马印。②《唐会要·诸蕃马印》中详细记载了骨利干、葛逻禄、回纥、仆骨等部落的马匹印记情况③。屈术墓碑碑额处的"$\begin{smallmatrix}\circ\end{smallmatrix}$"形标记的凹形圆圈正像烙印，"日"形标记应是徽章。部落章也常见于古代石刻上，回鹘汗国时期诸多石碑上遗留有部落印章，大多刻在圆圈内，与屈术墓碑上的印记形式颇相似。屈术墓碑上的"$\begin{smallmatrix}\circ\end{smallmatrix}$"形标记，如果是碑主所属氏族的部落章，则暗示墓主具有回鹘文化背景。在目前所能见到的部落章里，并没有"日"形的，倒是有近似形状的马印

---

① 《元史》卷一三一《速哥传》，第3181页；《元史》卷一三二《帖木儿不花传》，第3219页。

② 奥古兹穆拉特：《回鹘部落印章与内亚传统》，MEDENIYET公众号发布。

③ 王溥：《唐会要》卷七二《诸蕃马印》，中华书局1995年版，第1305—1308页。

（如绰马、贺鲁马、沙陀马、浑马等的印记），这或许是屈氏后人在重修碑刻时将近似形状的标记误认为"日"字所致。畏兀儿人塔塔统阿属突厥系乃蛮部，精通本国文字，掌符印钱谷。结合上述八合识等方面的考证，"Ⓐ"形标记应为塔塔统阿所属回鹘某部落马印或部落章。

从碑文中可知，屈术墓碑初刻于元末至正时期，至清乾隆年间重修时，已经历四百余年，原碑的保存状况正如屈氏后人所说"石碑几坏，文亦将湮"，缺损甚为严重。从重修后的墓碑看，屈氏后人所誊刻碑文应该存在脱漏的地方。如墓碑从高祖、曾祖、曾伯祖、曾叔祖依次下叙，直接跳至第五辈立碑人那海，缺失那海祖辈和父辈信息，这恐非原碑漏刻失误，而是再刻的时候失载了。再如对碑主身份交待不清，依碑额看，碑主应是凤翔县第一任达鲁花赤屈术，但据碑文，该碑似乎又是那海为曾祖凤翔县达鲁花赤扎儿台所立，碑主究竟是屈术还是扎儿台，不是很明确。若两者为同一人，碑文为何不作必要的交待。这些都说明重修时有脱漏、混淆之处，导致墓碑再次形成时碑文不连贯通畅，文意不明确，信息严重失真，需要与"纪事砖"对照比定。而比较的结果也发现了问题，碑文记载塔塔统阿家族世袭凤翔府、凤翔县两处达鲁花赤，对照"纪事砖"的记载，相关人名有所出入。"纪事砖"中答剌罕、都护、凤翔路总管府达鲁花赤是剳耳塔阿，"屈术之茔碑"中答剌罕、都总裁、管府达鲁花赤是哈剌铁木儿，扎儿台只是凤翔县达鲁花赤，两种说法必有一误。杨富学考定剳耳塔阿是《元史·塔塔统阿传》所载塔塔统阿的长子玉笏迷失，所论甚是，以长子而论，"屈术之茔碑"的记载有问题，长子应是扎儿台而不是哈剌帖木儿，重修的碑文将二者的身份弄颠倒了，也就是说，只有把扎儿台与哈剌帖木儿的身份对调，才能将"纪事砖"与碑文的记载统一起来。

三　相关史事考释

在以上梳理文本、排除错误的基础上，我们可以结合已知文献，对砖志和碑文记载的史实进行分析了。据"纪事砖"的记载，公元1236年至1241年之间，窝阔台将第四子合剌察儿分封于凤翔，这一时期的分封，按照《元史》的记载，应该是丙申五户丝食邑分封性质的，即"各位止设达鲁花赤，朝廷置官吏收其租颁之，非奉诏不得征兵赋"①。与兀鲁思封君拥有完整的征兵征税权不可同日而语。但诸王在食邑自设课税官擅行课税的并不罕见，在窝阔台有意纵容下，汗系子孙尤其如此，"纪事砖"载合剌察儿"自赋课税"就是其例，这种情况下，食邑与兀鲁思儿无差别。

合剌察儿有封户一万五千，按照10倍至20倍的比例反推，合剌察儿还应获封一个草原千户。"纪事砖"记载合剌察儿的怯薛长是刟耳塔阿（扎剌儿歹），《1247年户县草堂寺碑》记载阔端曾对关中一带的铁哥都元帅、也可那衍（耶律朱哥）、刘万户（刘黑马）、和尚万户（郝和尚）、抄剌千户等官发布令旨②，以上诸人中，唯有抄剌千户身份不详。抄剌千户又作爪难千户，应该是蒙古语扎剌儿歹的别译，也就是说1247年在关中地区出现的抄剌千户，很有可能就是合剌察儿位下怯薛长刟耳塔阿（扎儿台），同时也是合剌察儿位下千户的千户长。当时阔端麾下诸那颜元帅万户所部千户不知凡几，单单列出这一个千户，应是不在上述序列的独立军事单位，比定为合剌察儿位下千户是合理的。又，元末《重修牛山土主忠惠王庙碑》中罗列了当时川陕甘元军资料，其中有"凤翔府宝鸡县蒙古兀鲁思千户""凤翔府兀鲁思镇抚"这样的军事编制与职务，日本学者松田孝一、南开大学李治安先生认为当属于成吉思汗129个千户系统③，或者有可能来自蒙哥汗亲征川蜀时所遗留的若干"蒙古大千户"④。然而，通过我们对合剌察儿分封的研究，很容易联想到这个凤翔府宝鸡县的蒙古

---

① 《元史》卷二《太宗纪》，第35页。

② 蔡美彪：《元代白话碑集录》13《户县草堂寺碑——阔端令旨（1247年）》、14《户县草堂寺碑——帖哥钧旨（1247年）》，中国社会科学出版社2017年版，第42、43页。

③ ［日］松田孝一：《红巾の乱初期陕西元朝军の全容》，《东洋学报》第75卷1·2号，1993年10月。

④ 李治安：《元代川陕甘军队的征行与奥鲁探微》，《西北师大学报》（社会科学版）2017年第4期。

兀鲁思千户很有可能就是曾经存在的合剌察儿兀鲁思千户。

关于合剌察儿的世系，波斯史料《史集》和《五族谱》只留载了"哈剌察儿——脱塔黑"两世。[①]《元史·宗室世系表》和《南村辍耕录》的记载则有"哈剌察儿——脱脱——月别吉、沙蓝朵儿只"三世[②]。脱脱两子月别吉和沙蓝朵儿只，月别吉仅在《诸王表》中一现，沙蓝朵儿只却在史料中有迹可循。《永乐大典·站赤六》载：

> （延祐）二年正月，翰林院钦奉圣旨，换写诸王沙蓝常川起马四匹圣旨。除钦遵外，录连汉字检目呈省。都省寻议拘收。行据本投下随路民匠总管府申：年例五户丝于大都关□，其陕西奉元路所设打捕鹰房民匠总管府，掌莅怯怜口户、办纳军器皮货物色、及河南府路人户赋税，每年差官钦赍起马四匹圣旨前去各处催徵。于八月内特奉圣旨，令沙蓝大王赴迤北称海住冬去讫，即目春首，方当催办。如蒙照依前例给降铺马四匹圣旨备用，似不失误。今赍元降起马四匹圣旨一道，回纳省库收贮。省部议得本位下元给起马圣旨，既以拘收。今后果有合行差使铺马，从本府申部呈省应副。[③]

这则史料说明，沙蓝大王在陕西奉元路和河南某路府有投下户，甚至在奉元路设有打捕鹰房民匠总管府。延祐二年（1315），由朝廷下旨代为催缴诸王沙蓝投下税赋、造作等物什，并且命其去称海驻营。沙蓝大王在奉元路的投下户很可能是哈剌察儿王位下从凤翔府划拨奉元路的原郿、盩厔二县的投下户。再者，沙蓝北往的驻营地称海，即岭北行省的称海宣慰司，距离脱脱后来分迁的叶密立分地很近，两相对照之下，诸王沙蓝极有可能就是哈剌察儿之子沙蓝朵儿只，其关中的

---

① ［波斯］拉施特主编，余大均、周建奇译：《史集》第 2 卷，商务印书馆 1985 年版，第 12 页。脱脱，《史集》汉译本名"脱塔黑""秃塔黑"，俄译本译为"ТуТах"——土哈合；《五族谱·窝阔台汗与其宗室》中作 Tutaq，或作 Tuqaq。

② 《元史》卷一〇七《宗室世系表》，第 2717 页。

③ 《永乐大典》卷一九四二一"站赤六"，中华书局 1986 年景印本，第 7233 页。

投下户，承袭自合剌察儿的凤翔府五户丝食邑。

《元史》和屈家山"纪事砖"都记载合剌察儿与塔塔统阿家族、耶律楚材家族关系密切，为方便联系比较，先将《元史·塔塔统阿传》中有关其子孙的内容摘录如下：

> 子四人：长玉笏迷失，次力浑迷失，次速罗海，次笃绵。
>
> 玉笏迷失，少有勇略，浑都海叛于三［应为"六"］盘，时玉笏迷失守护皇孙脱脱营垒，率其众与浑都海战，败之。追至只必勒，适遇阿蓝答儿与之合兵，复战，玉笏迷失死之。
>
> 力浑迷失，有膂力，尝猎于野，与众相失，遇盗三人，欲夺其衣，力浑迷失搏之尽仆，遂缚以还。帝召见，选力士与之角，无与敌者，帝壮之，赐金，令备宿卫。
>
> 速罗海，袭父职，仍命司内府玉玺金帛。
>
> 笃绵，旧事皇子哈剌察儿，世祖即位，从其母入见，欲官之，以无功辞，命统宿卫。奉使辽东。卒，封雁门郡公。子阿必实哈，陕西行省平章政事。①

《元史》中塔塔统阿有子四人，"纪事砖"等则记录了三人：剖耳塔阿（扎儿台）、哈剌铁木儿、脱因不花。《元史》中塔塔统阿诸子都使用回鹘名，"纪事砖"等则使用蒙古名，当时服务于蒙元政权的非蒙古人，都有本族名外的蒙古名，这符合当时的习惯，但对搞清两者的关系造成了一定的困难，需要仔细辨析。塔塔统阿长子玉笏迷失守护合剌察儿之子脱脱营垒，应为脱脱王位下怯薛长及千户长，其职权与"纪事砖"中的剖耳塔阿（扎剌儿歹）相当，两者应为一人。第三子速罗海承袭塔塔统阿旧职，"司内府玉玺金帛"，《元史·耶律希亮传》载中统初年阿里不哥所用镇守窝阔台汗国忽只儿之人曰"唆罗海"，屠寄疑即塔塔统阿第三子速罗海②。如果成立的话，则他未参与过合剌察儿投下事务，其余两人力浑迷失与笃绵相当于哈剌铁木儿与

---

① 《元史》卷一二四《塔塔统阿传》，第3048、3049页。
② 屠寄：《蒙兀儿史记》卷四五《塔塔统阿传》，中国书店1984年版，第345页。

屈术墓碑碑阳拓片　　　　　　　屈术墓碑碑阴拓片
（陈建军摄）　　　　　　　　　（陈建军摄）

脱因不花。笃绵子阿必失哈曾任陕西行省平章政事，这可能与他的根脚有关，"在先朝故事，凡诸侯王各以其府一官人参决尚书事"①，以体现黄金家族共有天下之原则，阔端之子永昌王只必帖木儿就曾在京

---

　　① 姚燧撰，查洪德编校：《牧庵集》卷一二《资善大夫中书左丞赠银青荣禄大夫平章政事谥武慜公李公家庙碑》，人民文学出版社 2011 年版，第 173 页。

兆行省设省断事官①，阿必实哈可能是应此故事，以合剌察儿王府执事官身份入参陕西行省平章事。元代凤翔有不少畏兀儿人，如天历二年二月丙辰，"奉元临潼、咸阳二县及畏兀儿八百余户告饥"，陕西行省发"麦百余石赈畏兀儿"②。凤翔有雅腊蛮神之庙，是祭祀高昌山神的，"高昌人留关中者移祀于此"③。这应当与塔塔统阿家族有关。

至于耶律铸家族与合剌察儿王位下的关系，也有一些蛛丝马迹，《故中书左丞相耶律公墓志铭》载耶律铸第五子耶律希宽为"王位下奉御"，从时间判断，这个王位下很有可能是脱脱王位下。耶律铸在世时所嫁两女，都在凤翔附近，长女耶律昼锦嫁与巩昌名将汪惟正，次女夫家则与兴元有关，两桩婚姻似乎都有地缘关系。

四　余论

成吉思汗生前对诸子进行的分封和家产分配中，窝阔台的封地和封户最少，拖雷继承的家产最多。受封后术赤以原封地为基础向西扩展，建立钦察汗国；察合台以原西辽故地为基础逐渐形成察合台汗国；拖雷先是获封和窝阔台一样的五千户，后又以"幼子守产"的身份继承了成吉思汗在怯绿连河到按只台的直属领土"中央兀鲁思"、九十五千户、四大斡耳朵及大汗怯薛，成吉思汗曾在生前说"我什么都没有，所有的东西都是大禹儿惕和一家之主拖雷的"④。不只是封地财产，最重要的是拖雷系还手握绝大部分的中军千户，即便是窝阔台登位后，拖雷之妻唆鲁禾帖尼也有参与处置蒙古国事务的权利，这自然不仅仅是由于唆鲁禾帖尼是拖雷之妻的尊崇地位和个人才干，而是凭靠着对蒙古诸千户的掌控权，这也是拖雷死后其后王能和窝阔台系

① 《元史》卷七《世祖纪四》，第 140 页。
② 《元史》卷五三《文宗纪二》，第 731 页。
③ 虞集撰，王颋点校：《虞集全集·道园学古录》卷六《诏使祷雨诗序》，天津古籍出版社 2007 年版，第 518—519 页。
④ ［波斯］拉施特主编，余大均、周建奇译：《史集》第 1 卷第 2 分册，商务印书馆 1983 年版，第 317 页。

抗衡的原因。可见，窝阔台虽然是掌握黄金家族的共主，全蒙古的大汗，但对汗国并没有完全的控制权，拖雷系才是窝阔台巩固汗权、发展势力的最大隐患。

面对这种形势，窝阔台先是把原属拖雷系的三千户军民集团划归阔端所有，然后打算将拖雷遗孀唆鲁禾帖尼收继给长子贵由，其用心无非是想将拖雷兀鲁思家产转移到自己位下，但因唆鲁禾帖尼强力反对未逞。对拖雷原部属也是迁散打压，强加侵夺，如曾随拖雷攻打金朝、深受器重的奥屯世英被要求改隶别部①，这些都显示出了窝阔台对拖雷一系的戒心。在削弱对方势力的同时，窝阔台积极壮大己方实力，主要体现在对宗王贵戚的分封拉拢上。首先，窝阔台与察合台结成同盟关系，两大汗国唇齿相依，联手对抗术赤系与拖雷系。其次，加强本系势力，1235 年将以西凉为中心的西夏故地赐封次子阔端，在统兵攻蜀后，阔端赴凉州就封地，形成掌控秦陇川蜀青藏的阔端兀鲁思；将原与拖雷系关系紧密的弘吉剌部赤窟驸马配属阔端，分封到河湟流域，形成阔端兀鲁思实际上的附庸封地；把爱女阿剌真公主适配高昌亦都护怯失迈失②，在抬高亦都护政治地位的同时，也换来其死心塌地的支持。窝阔台通过以上手段，将窝阔台兀鲁思、高昌亦都护势力、阔端兀鲁思、赤窟系河湟封地联为一片，形成窝阔台系势力范围，以达到对抗拖雷系势力的目的。这样看来，将以凤翔为中心的关秦地区分封给四子哈剌察儿也是这一策略的组成部分。"纪事砖"的记载，完全符合这一历史背景。从以后的历史发展看，在拖雷系与窝阔台系的博弈过程中，西北地区仍是一个重要舞台。蒙哥汗即位后，残酷镇压了反抗的窝阔台、察合台两系宗王，分迁窝阔台子孙于各地，合丹迁于别石八里，灭里迁于也儿的石，海都迁于海押立，别儿哥迁于曲儿只，脱脱迁于叶密立，蒙哥都和太宗后乞里吉忽帖尼迁于阔端封地之西。接着派皇弟忽必烈接手京兆，经略汉地，继续限制窝

---

① 李庭：《寓庵集》卷七《大元故宣差万户奥屯公神道碑》，新文丰出版社有限公司《元人文集珍本丛刊》本，1985 年，第 44—46 页。

② ［伊朗］志费尼著，何高济译：《世界征服者史》上册，商务印书馆 2000 年版，第 47 页。

阔台系在西北地区的势力，合刺察儿的凤翔投下可能在这一时期被削弱。尽管如此，窝阔台系在西北仍有很大影响，除了阔端王位下、赤窟驸马系继续保持一定的实力外，太宗子孙合丹、脱脱等的势力在六盘山一带长期存在。至元十六年太宗之孙南平王秃鲁之乱也发生在六盘山一带。这应与窝阔台汗时期的分封措施有关。

（原刊《西北师大学报》2019 年第 6 期，与陈建军合作）

元代西北诸"二十四城"释疑

——从巩昌二十四城谈起

元代巩昌总帅府亦称"巩昌二十四城",其具体名录学术界已经有比较充分的讨论①。笔者注意到巩昌二十四城的说法尚有未能明了之处,而且同时代西北还有多处"二十四城",相互之间亦有共同之处,有必要将其联系起来,重新考察。

一 讨论巩昌二十四城引出的问题

《元史》卷六〇《地理志》载陕西等处行中书省下辖有四路,其中巩昌等处总帅府辖有今甘肃东部地区。史载1235年蒙古窝阔台汗次子阔端统兵攻四川时,先招降雄踞巩昌(今甘肃陇西)一带的故金残余势力汪世显部,亦即金末巩州行省各城②,汪氏投降后,阔端因其旧称"仍官以便宜都总帅,凡前所节度二十四城还受节度"③。巩

---

① 参见蔡美彪《中国历史大辞典》辽夏金元分册,陈得芝"巩昌等处都总帅府"条,上海辞书出版社1986年版,第138页;王颋《龙庭崇汗——元代政治史研究》第五章《乔木延年——汪氏家族与巩昌都总帅府》,南方出版社2002年版,第89—110页;李治安《元巩昌汪总帅府二十四城考》,《南开学报》2010年第2期。

② 姚燧:《牧庵集》卷二一《巩昌路同知总管府事李公神道碑》载:"天兵已残陕西,完颜仲德行省于巩,招集熙河、庆阳二十四城散亡将卒数万,移巩治,依险壁石门山。"据《金史·完颜仲德传》载,金正大六年(1229),已设巩昌便宜总帅府。正大九年,完颜仲德勤王东下,汪世显继为巩昌便宜总帅。

③ 姚燧:《牧庵集》卷二一《巩昌路同知总管府事李公神道碑》,文渊阁《四库全书》,第1201册,第624页。

昌平凉等处便宜都总帅府别称"巩昌二十四城"似乎由此而来。汪世显献城于阔端军前，按"国初方事进取，所降下者因以与之"①的惯例，巩昌便宜都总帅府就此成为阔端系的领地，故亦称阔端二十四城、只必帖木儿（阔端之子）二十四城。此后，元代文献常见"巩昌平凉等处二十四处军前便宜都总帅府""诸王只必帖木儿分地二十四城""巩昌二十四城拘榷所""总帅汪惟正所辖二十四城""汪良臣发所统二十四州兵""巩昌为雍之臣藩，控州二十有四"等记载，二十四城似乎成为巩昌便宜都总帅府的专有称呼②。至于二十四城有何说法，学者们解释颇不一致③。

以往学者的关注点都集中在巩昌等处便宜都总帅府统辖的地盘范围上，以此为切入点讨论二十四城所指，即通过确认巩昌都总帅府的地盘来判定二十四城的名单。除了"二十四城"外，巩昌都总帅府的地盘还有"五府二十七州""四府十五州""五十余城"等不同说法。这些说法及其产生年代也成为学者判断二十四城的依据。学者一致的看法是，二十四城的说法始于元太宗窝阔台时期，如李治安先生主张巩昌二十四城应为癸卯年（1243）阔端"手札付秦、巩、定西、金、兰、洮、会、环、陇、庆阳、平凉、德顺、镇戎、原、阶、成、岷、叠、西和等二十余州"④，王颋也认为二十四城相当于太宗后称制二年（癸卯），依例收回符节、重新颁发之时，巩昌都总帅府受命"裁决"的陕西西部"二十余州"⑤。但他又说二十四城只是戊戌岁（太宗十

---

① 宋子贞：《中书令耶律公神道碑》，《国朝文类》卷五七，四部丛刊初编本，17 册，第 31 页。

② 李治安：《元巩昌汪总帅府二十四城考》，《南开学报》2010 年第 2 期。

③ 参见蔡美彪主编《中国历史大辞典》辽夏金元分册，陈得芝撰"巩昌等处都总帅府"条，上海辞书出版社 1986 年版，第 138 页。王颋《龙庭崇汗——元代政治史研究》第五章《乔木延年——汪氏家族与巩昌都总帅府》，南方出版社 2002 年版，第 89—110 页。李治安：《元巩昌汪总帅府二十四城考》，《南开学报》2010 年第 2 期。

④ 杨奂：《还山遗稿》卷上《总帅汪义武王世显神道碑》，北京图书馆古籍珍本丛刊，第 93 册，第 777 页；参见李治安《元巩昌汪总帅府二十四城考》，《南开学报》2010 年第 2 期。

⑤ 王颋：《龙庭崇汗——元代政治史研究》第五章《乔木延年——汪氏家族与巩昌都总帅府》，南方出版社 2002 年版，第 92 页。

年）的数量，此前兹后都或多或少于此数①。归纳而言，二十四城的说法始于元太宗时期，其后的各种说法则是不同时期巩昌都总帅府疆域范围伸缩的反映，早期的二十四城包含州、府、军而不包含县，至于二十四城到底包含哪些州，目前还存在一些争议。

　　我们认为以上学者对巩昌二十四城的研究，是基于元代史实与汉地郡县制观念之上的一般认识，主要是从地方政治制度和政区沿革的思路出发，考察二十四城所指，进而对巩昌都总帅府所辖各府州进行了具体的考证。各说文献梳理细致，考证扎实，对理清巩昌都总帅府辖区沿革贡献颇大。但各种结论与二十四城的数目都有出入，难免有"二十四城"的说法是否可靠之疑惑，进而反思以往的研究思路是不是有些局促单一。

　　我们在翻检相关史料时，总感觉"二十四城"在元代是个习称，而且是蒙古或草原习称。有一个很典型的例子，就是《元史·地理志》载至元二十一年，"阿只吉遣使言：'元隶只必帖木儿二十四城之中，有察带二城置达鲁花赤，就付阔端，遂不隶省'。至是奉旨：'诚如所言，其还正之。'"② 阿只吉大王是察合台后裔，因为只必帖木儿二十四城（巩昌二十四城）中有两城（泾州、邠州）属于察合台系家产③，曾由阔端位下代管，所以由他出面向朝廷讨要，获得许可④。如将二十四城视为实数，则此后帖木儿位下只余二十二城，不得再称二十四城。事实上，据李治安先生研究，经过多次政区调整，至元二十一年后，巩昌都总帅府实际上仅辖"四府十五州"⑤。然而

---

　　① 王颋：《龙庭崇汗——元代政治史研究》，第96页。

　　② 《元史》卷六三《地理志六·西北地附录》，第1569页。

　　③ ［日］松田孝一：《察合台家千户的陕西南部驻屯军团》，《国际研究论丛》第5卷2号，大阪，1992年12月，第78页。

　　④ 这条史料记载于《元史·地理志》"西北地附录"条下，所以有学者认为这里的二十四城在西域，如屠寄《蒙兀儿史记》卷三七《只必帖木儿传》就说"盖只必帖木儿二十四城错入西域，而永昌路则其东土也。"［日］佐口透（《河西的蒙古封建王侯》，《和田博士还历纪念东洋史论丛》，1951年）、田卫疆（《试论元朝对畏兀儿地区的军政管理形式及变化》）持相同看法。

　　⑤ 李治安：《元巩昌汪总帅府二十四城考》，《南开学报》2010年第2期。

巩昌都总帅府始终被官方称为二十四城①，可见二十四城乃是习称，并非实指，其用法及其由来值得重新探究。

二　元代西北诸“二十四城”探析

翻检史籍，蒙元时期“二十四城”的说法屡见于各语种文献中，“二十四城”的用法并不仅限于巩昌都总帅府辖地，所指之地也涵盖西北多地。考虑到元代体制的多元复合性，以及相关史料的多语种背景，“二十四城”的用法或许有更宽广的文化背景，或有某种特定的含义，不能仅从汉地郡县制的角度思考，可以换个思路。

从空间范围看，同时代的西北地区除了巩昌二十四城外，还有唐兀惕二十四城、京兆二十四城、火州二十四城、（脱思麻）二十四城等说法。分析其共同点，正如巩昌二十四城对应着阔端王位下，其他几个“二十四城”分别对应着安西王忙哥剌王位下、亦都护王位下、西平王奥鲁赤王位下。分述如下。

（一）唐兀惕二十四城

波斯文巨著《史集》第 2 卷记载：“忽必烈合罕死后，铁穆耳合罕在原来的基础上，把忽必烈合罕给予忙哥剌的那支军队，以及原属于他的唐兀惕地区，赐给了阿难答。而唐兀惕乃一幅员广阔的大国，在汉语中，它被称为河西，即西方的大河。该处有以下一些大城为其君主之京城。京兆府、甘州府……和阿黑—八里［白城］。在该国中有二十四座大城，该处居民大多数为木速蛮，但他们的地主和农民乃为偶像教徒。”② 这里提到的唐兀惕大国或唐兀惕地区的二十四座大

---

①　《元史》卷一四《世祖纪十一》至元二十三年正月癸未条载：“罢巩昌二十四城拘榷所，以其事人有司。”第 285 页；《元史》卷一九《成宗纪二》大德二年五月己酉条载：“诏总帅汪惟正所辖二十四城有安西王、诸王等并朵思麻来寓者，与编户均当赋役。”第 419 页。

②　［波斯］拉施特主编，余大钧、周建奇译：《史集》第 2 卷《成吉思汗的儿子拖雷汗之子忽必烈合罕之子真金之子铁穆耳合罕纪》，商务印书馆 1985 年版，第 378—379 页。

城，从名称看，应指原西夏故地，但实际上指的是安西王忙哥剌受封的安西王国疆域。忙哥剌是忽必烈第三子，至元九年被封为安西王，"赐京兆为分地，驻兵六盘山"①。"胙土关中，秦蜀夏陇悉归控御。"②前者是安西王实封范围，后者只是归其负责的军政大区。换句话说，安西王"胙土"仅限于世祖潜邸的京兆路分地，它和"秦蜀夏陇"广大控御区的性质和范围都有区别③。姚燧《延釐寺碑》的说法最清楚："在昔宪庙大封宗室，以世祖母弟，国之关中。于后立极之十三年，当至元九年，诏立皇子为安西王，以渊龙所国国之……教令之加，于陇于凉，于蜀于羌。"④明确将安西王辖区区分为宗室封土与"教令之加"两部分。

　　值得注意的是，《史集》中的唐兀惕二十四城，明显是泛称，并不能确定具体城名。书中的"二十四城"一词，其语源必然出自蒙古语，这一点很重要，提醒我们从蒙古人的立场来理解其含义。需要指出的是，《史集》中的唐兀惕范围，与通常理解的西夏故地不一样，还包含宋金陕西的部分地区特别是京兆路一带，这一点已经有学者指出⑤。这一混淆可能是因《史集》将唐兀惕之地等同于安西王忙哥剌辖地的缘故，《史集》在谈到元朝行省制度时，就将唐兀惕之地分作"甘州省"和"京兆府省"，如《成吉思汗之子拖雷汗之子忽必烈合罕纪》载："第十一，京兆府省，为唐兀惕地区的〔一座〕城。该处住有那木罕的儿子阿难答。""第十二，甘州省，这也是唐兀惕地区的〔一座〕城。其地甚大，其所辖地区无算，其中臣民无数。"⑥

　　由此看来，唐兀惕二十四城与巩昌二十四城没有关系，而与"京兆府省"有关。这在汉文文献中得到印证。《大元马政记》至元二十

---

　　① 《元史》卷七《世祖纪》，第143页。

　　② 《金石萃编未刻稿》卷上《陕西学校儒生颂德之碑》，《历代石刻汇编》第4编第2册，北京图书馆出版社2000年版，第635页。

　　③ 李治安：《元代分封制度研究》，中华书局2007年版，第184—185页。

　　④ 姚燧：《延釐寺碑》，《国朝文类》卷二二，四部丛刊初编本，第6册，第55页。

　　⑤ 王宗维：《元代安西王及其与伊斯兰教的关系》，兰州大学出版社1993年版，第110—111页。

　　⑥ 〔波斯〕拉施特主编，余大钧、周建奇译：《史集》第2卷，商务印书馆1985年版，第333页。

六年十二月条载："十二月七日，丞相桑哥等奏，和买马事，与月儿
鲁等共议，京兆等二十四处城池免和买，彼中所有之马，若也速觩儿
并忽兰铁哥所领军内有上马者与之。"①《元史》卷一五《世祖纪》至
元二十六年十二月辛巳："诏括天下马"，"乙酉，命四川蒙古都万户
也速带选所部军万人西征"。可知至元二十六年括马确有其事，京兆
等处括马是为配合也速带儿所统陕西四川蒙古军西征之举。这里的京
兆等二十四处城池显然就是唐兀惕亦即"京兆府省"二十四城。据
《元史·地理志》，奉元路（亦称京兆或安西路）下有一司、五州、
二十六县，即使考虑到所有沿革变化，也难符合二十四州（府、军）
之数，所以京兆等处二十四城也应是习称（至元三十年立《重修崆峒
山寺记》又有"安西、凤翔二十四州"的说法），而非实指。

（二）火州二十四城

元代火州亦称哈剌火州，即唐高昌（今新疆吐鲁番盆地）之地，
元代为高昌畏兀儿亦都护属地。1209 年，高昌回鹘首领仳俚伽帖木儿
杀死西辽少监，事后亦都护遣使成吉思汗表示臣服。1211 年亦都护巴
而术阿而忒的斤应召携贡物至漠北，成吉思汗以女也立合敦嫁之，并
允其享有"第五子"之优遇，亦都护成为蒙古大汗所封的畏兀儿国
主，依旧俗自主其国事，"畏吾儿田地里，从在先传留下底各自体例
有来"②。此"畏吾儿田地"也被称为"贰拾肆个城子"。《通制条
格》卷第四《户令》："至元十三年七月初二日，钦奉圣旨：亦都护
根底、塔海不花、亦捏不花两个根底，火州、吕中、秃儿班为首贰拾
肆个城子里官人每根底、众僧人每根底、也里可温每根底、百姓每根
底宣谕的圣旨：哈儿沙沙律爱忽赤旭列都统奏将来有：'火州城子里
人每的媳妇每，若生女孩儿呵，多有撒在水里渰死了。秃儿迷沙的女
孩每根底，水里撒去间，速安海牙为头人每拿住，薛阇干、不颜帖木

---

① 《大元马政记》，第 15 页，杨家骆主编：《中国法制史料》第二集，台湾鼎文书局
1979 年版，第 2095 页。
② 陈高华、张帆、刘晓、党宝海点校：《元典章》三十《礼部》卷之三"畏吾儿丧事
体例"，中华书局、天津古籍出版社 2011 年版，第 1061 页。

儿两个根底说呵，他每的言语不肯分间，首告的人每秃儿迷沙根底却分付与了。'么道，奏将来的上头，'速安海牙、塔失海牙状头每根底，做百姓者。今已后女孩儿根底，水里撇的人每，一半家财没官与军每者。首告的人每若是驱奴呵，做百姓者。'咱这般说来。这圣旨宣谕了呵，女孩儿根底水里撇的人，面情看觑着，违奉圣旨，管民官每有罪过者。"① 文中的火州城在今新疆吐鲁番市东哈喇和卓，吕中亦称柳中、柳城、鲁克尘，今吐鲁番市鲁克沁镇，秃儿班即吐鲁番，可知元代"畏吾儿田地"的"贰拾肆个城子"应指吐鲁番盆地②。根据汉籍史乘记载，在640年唐灭麹氏高昌前，吐鲁番盆地有二十二城③。自9世纪后半叶以来，吐鲁番盆地成为西回鹘王国的统治区域，在回鹘语摩尼教文书中，同样言其疆域为二十二城④。13世纪初，高昌回鹘亦都护归顺蒙古帝国后，变成了二十四城。究竟是吐鲁番盆地由于居民增长而新增加了两个城，还是因为其他原因改称为二十四城，还不能确知。高昌回鹘以突厥乌古斯汗的后裔自居，巧合的是，传说中的乌古斯汗也有二十二个部落到二十四个部落（儿子）的变化（详后），这应该不是偶然的，其中的历史及文化联系值得探讨。

（三）脱思麻二十四城

文献中没有脱思麻二十四城的说法，我们根据相关记载提出了这一说法。藏文史书《贤者喜宴》载蒙哥汗在位时，藏传佛教噶玛噶举派高僧噶玛拔希来到河州一带，"将二十四座城池所有之如意宝树集

---

① 方龄贵校注：《通制条格校注》卷四《户令》，中华书局2001年版，第202—203页。

② 有学者认为《通制条格》及《元史·地理志》中的"二十四城"，均指天山南北的绿洲城市及中亚农业区域，包括哈剌火州、别失八里、忽炭、可失哈耳、阿力麻里、海牙立、撒麻耳干和不花剌等地。参见田卫疆：《试论元朝对畏兀儿地区的军政管理形式及变化》，收入氏著《新疆历史丛稿》，新疆人民出版社2011年版，第132—133页。

③ 刘昫：《旧唐书》卷198《西戎传》，中华书局1975年版，第5295页。

④ ［日］松井太著，杨富学、陈爱峰译：《吐鲁番诸城古回鹘语称谓》，新疆吐鲁番学研究院编：《吐鲁番学研究》2017年第1期，第95—116页。

聚起来"①。另一部藏文史书《红史》也记载噶玛拔希回藏途中，"到达秋玛城和兴贡地方时，二十四宗的全体百姓聚集，祈请修建寺庙，但未建。此时汉地之神鬼制造了违障，他修持马头明王法加以镇伏，制伏神、鬼、人三种业障。此后逐步返回西藏"②。文中的秋玛城在河州附近，兴贡即临洮，宗（rdzong）意为"寨落"或"城堡"，清代以后与县相当。两书中的"二十四城（宗）"应指汉藏交界之处，从两书的成书年代看，应即忽必烈第七子西平王奥鲁赤镇戍的脱思麻之地，所以我们称之为脱思麻二十四城。

奥鲁赤于至元六年至九年之间受封为西平王，自此以后，该系统一直负责吐蕃方面的军事。《汉藏史集》记载："薛禅皇帝之次妃所生之子奥鲁赤，受命管辖西土之事，驻于汉藏交界之处。亦曾前来乌斯藏，多次镇压反叛。奥鲁赤之子铁木儿不花也服事萨迦大寺，做了许多利益教法之事。铁木儿不花之子为老的，继承其父的爵位，未到乌斯藏。铁木儿不花的次妃所生之子搠思班，受封为（镇西武）靖王，前来乌斯藏，在江孜的山脚下击溃西蒙古的军队，并将止贡派的官巴处以死刑。搠思班之后裔为武靖王班玛塔以及在河州的安西王等。"③洪武三年十月，明军正是在河州接受了末代镇西武靖王卜纳剌的投降。因此，将藏族史学家所谓的河州、临洮等处二十四城比定为西平王系统镇守之地是可以说通的，其"二十四城（宗）"的用法，应当也来自蒙古人。

综上所述，元代二十四城的用法，在西北地区至少出现在四个场合，且分属于四个王位下，即阔端王位下、安西王位下、亦都护位下、西平王奥鲁赤王位下，这绝不是偶然的，也不是巧合，而是某种历史图景的呈现，值得我们重新审视。

以上各二十四城均与封王有关，或者说与强有力的政治人物有

---

① 巴卧·祖拉陈哇著，黄颢译注：《〈贤者喜宴〉译注（三）》，《西藏民族学院学报》1987年第1期。

② 蔡巴·贡噶多吉著，东嘎·洛桑赤列校注，陈庆英、周润年译：《红史》，西藏人民出版社1988年版，第82页。

③ 达仓宗巴·班觉桑布著，陈庆英译：《汉藏史集》，西藏人民出版社1986年版，第161—162页。

关，这正是元代地方政治体制的一个特点。意大利旅行家马可波罗在其游记中描述元地方制度时说："应知大汗选任男爵十二人，指挥监察其国三十四区域中之要政……然此十二男爵权力之大，致能自选此三十四区域之藩主。迨至选择其所视为堪任之人员以后，入告于君主，由君主核准，给以金牌，俾之授职。此十二男爵权势之大，亦能决定调度军队，调发必要之额数，遣赴其视为必要之处所。然此事应使君主知之。其名曰省（scieng），此言最高院所是已。其所居之宫亦名最高院所，是为大汗朝廷之最大卿相；盖其广有权力，可随意施惠于其所欲之人。"① 冯承钧注释说："元代有行省十二，廉访司二十二，其中有八道隶御史台，十道隶江南行台，四道隶陕西行台，合计省道之数共为三十四，与马可波罗所言之数相符。"美国宾夕法尼亚大学东亚语言与文明系艾鹜德教授（Christopher P. Atwood）引傅汉思（Hans Ulrich Vogel）的观点，认为马可波罗提及的"十二王国"相当于省，三十四"province"相当于肃政廉访司、宣慰司之道。他还进一步提出，马可波罗所观察的元代行政制度不是由郡县组成的常规网络，而是围绕强大领导者组织的一系列单位。马可波罗的观察正是基于草原游牧民的意识。

　　日本学者杉山正明的说法与此异曲同工。他认为忽必烈建立的新蒙古帝国不仅在版图上呈现出双重构造，在国家运营手段上也表现出双重结构的特点。所谓"双重构造"或"双重结构"，我们的理解就是将草原式组织行为嵌入农业社会的地方行政制度中，并突出世袭性领袖人物的作用。杉山正明将忽必烈经常巡游的大都、上都、中都之间的地带称为"忽必烈的首都圈"，这个首都圈同时兼备军事、统治与经济多项功能，是其掌控政权的核心地带。杉山正明指出："忽必烈的这种国家基本形态既结合了游牧民季节迁徙的生活特点，又结合了统治所需的各样硬件需求。在构成政权核心的东方三王族、阔端家族、五投下、汪古部等其他大小王家、姻族、贵族集团中，忽必烈也

---

① ［意］马可波罗著，［法］沙海昂注，冯承钧译：《马可波罗行纪》，中华书局2004年版，第389页。

下令采取这种'忽必烈式首都圈'的统治形式。"①"各个王室与族长们纷纷模仿忽必烈的夏营地和冬营地,也建起了小型的夏都和冬都,进而学着可汗的样子,在季节交替时带着小型军团和小型的宫廷与干府在它们之间迁移。支撑着忽必烈政权的大大小小的'游牧王国'都变成了这样巡历于两都之间的小政权。它们与忽必烈政权相互联系、不断迁徙,就像是天鹅振翅一样——中央政府忽必烈的'大首都圈'是躯干,兴安岭一带和阴山、祁连山一带的'小首都圈'分别是左翼和右翼。这片占据了蒙古高原、中国东北、华北平原以及一部分青藏高原的弓形地区便是忽必烈新政权的脊梁。"② 其中与忽必烈最亲近的,无疑就是其诸子领有的"三大王国"(燕王真金、安西王忙哥剌、北平王那木罕)和"两小王国"(西平王奥鲁赤、云南王忽哥赤)。杉山正明的说法也符合《史集》作者的认知,拉施特说:"因为这些地区彼此相距甚远,所以其中每一处都驻有一个宗王或一有势力的异密统率一支军队。该地区的居民要诉之于他,该处的装备和物资在他的掌管之中,他治理它并且守卫它。"③

综上,我们可以提出新的看法:元朝的政治枢架,正史的叙述是皇帝之下,中书省、枢密院、御史台三大系统主内,各行省、行台、肃政廉访司、宣慰司、路、府、州、县构成严密网络,分治地方,强调官僚机构和层级制度;草原游牧民的理解则是大汗的大宫廷(首都圈)和诸王(宗支族长)的小宫廷(游牧王国)联合组成国家。二十四城的用法是两者交集的结果,学者以往只从政区沿革的角度讨论,忽略了二十四城可能是某王位下或封国的代称。我们前面讨论的各二十四城,从分布地域、统治形式来看,与杉山正明所说的右翼王国正好一致,说明"二十四城"是个草原习惯的用法,等同于王位下之类的政治集团或王国结构,只是沿用了传统郡县制度的壳。"二十

① [日]杉山正明著,孙越译,邵建国校:《蒙古帝国的兴亡(下):世界经营的时代》,社会科学文献出版社 2015 年版,第 12—14 页。

② [日]杉山正明著,孙越译,邵建国校:《蒙古帝国的兴亡(下):世界经营的时代》,社会科学文献出版社 2015 年版,第 14 页。

③ 《史集》第 2 卷,第 333—334 页。

四"既可表达草原组织习惯，统称某位下的组成部分，也可与路府州县组织粗略对接，这种粗略也会导致混乱，如巩昌都总帅府就有"二十四城""二十四州""二十四路"等各种称呼。

三 从匈奴"二十四长"看"二十四"的用法

如果说"二十四城"的用法来自草原游牧民，自然就会联想到著名的匈奴"二十四长"。《史记·匈奴列传》："置左右贤王，左右谷蠡王、左右大将、左右大都尉、左右大当户、左右骨都侯。匈奴谓贤曰'屠耆'，故常以太子为左屠耆王。自如左右贤王以下至当户，大者万骑，小者数千，凡二十四长，立号曰'万骑'。……各有分地，逐水草移徙。而左右贤王、左右谷蠡王最为大，左右骨都侯辅政。诸二十四长亦各自置千长、百长、什长、裨小王、相、封都尉、当户、且渠之属。"①《汉书·匈奴传》所记略同。虽然有以上记载，但是匈奴二十四长究竟是怎样的结构，至今尚未完全搞清楚。班、马两书所列封号，至大当户仅十长，连骨都侯亦仅十二人。《后汉书·南匈奴列传》于左右贤王、左右谷蠡王下，多出左右日逐王、左右温禺鞮王、左右渐将王六人，亦不足二十四长之数。《晋书·四夷列传》所举单于亲子弟封王者有十六等，即左右贤王、左右奕蠡王（当即谷蠡王）、左右於陆王、左右渐尚王、左右朔方王、左右独鹿王、左右显禄王、左右安乐王。连异姓呼延氏的左右日逐，卜氏的左右沮渠，兰氏的左右当户，乔氏的左右都侯，恰为二十四人。但依《史记》《汉书》之说，至大当户为止，则左右都侯（当即骨都侯）不在二十四长之内。又《晋书》所列名称，於陆王似即日逐王，渐尚王似即渐将王，《后汉书》所举的温禺鞮王不应在朔方等王之内。据各书所述，二十四长或系指《晋书》所举十六王及日逐、沮渠当户加《后汉书》

---

① 《史记》卷一一〇《匈奴列传》，中华书局 1959 年版，第 2890—2981 页。

所举左右温禺鞮；或如前文所说，包括左右都侯在内。① 由于"二十四长"这个数目可以用二、三、四、六、八等数字整除，容易出现各种配置的方法及空间，解读者可尽其凭空想象之能事。

为了避免过度臆测的危险性，可以不理会封号之类的干扰，将以上说法加以简化，就是从纵向看，匈奴社会是以十进制体系贯通的金字塔结构组织，单于之下最大的单位就是"万骑"，共有二十四个，可分为左右翼或左、中、右三部分，"万骑"是一个完整的游牧集团，其首领为单于子弟（包括少数异姓贵族），拥有名王身份和独立的游牧王国，其下有千长、百长、什长、裨小王、都尉等各阶层部属。简言之，匈奴是由持有领地居民及分地的二十四名"万骑"组成之联合权力体。再加上异姓裨小王及由他们领导的多族集团，匈奴国家是个多元、多种族的混合型政权②。这样，二十四可能不是实数，而是极数，代表匈奴社会单于以下的次级首领及其实体之总合。

匈奴国家形态与政治传统深刻影响了其后的草原政权，其二十四长结构也屡见于后来的草原社会。唐代的单于都护府下有突厥二十四州，在吐火罗之地所设月氏都督府也有二十四州。唐太宗灭突厥汗国后，开始介入漠北草原的政治生活。贞观四年三月，"四夷君长诣阙请上为天可汗，上曰：'我为大唐天子，又下行可汗事乎！'群臣及四夷皆称万岁。是后以玺书赐西北君长，皆称天可汗"③。唐朝皇帝兼称可汗，开始承担了维持北亚统治秩序的职责，在名义上具有册立游牧民族政权新君的权力。高宗时，"突厥尽为封疆臣矣"，唐置单于都护府，领狼山、云中、桑干三都督，苏农等二十四州；瀚海都护府，领金微、新黎等七都督，仙萼、贺兰等八州。④ 《资治通鉴》则记为

① 参见林幹《匈奴通史》，人民出版社1986年版，第27页；陶克涛《毡乡春秋——匈奴篇》，人民出版社1987年版，第291页；李春梅《匈奴政权中"二十四长"和"四角"、"六角"探析》，《内蒙古社会科学》2006年第2期。

② [日]杉山正明著，黄美蓉译：《游牧民的世界史》第三章《匈奴帝国的原貌》，广场出版社2013年版，第135—152页。

③ 司马光编著，胡三省音注：《资治通鉴》卷一九三《唐纪》九"太宗贞观四年三月"，中华书局1956年版，第13册，第6073页。

④ 《新唐书》卷二一五上《突厥传上》，中华书局1975年版，第6042页。

"苏农等一十四州"。胡三省注曰："《新书》作'苏农二十四州'，《旧书》作'一十四州'。又考是后调露元年，温傅、奉职二部反，二十四州皆叛应之，则'二'字为是。然单于都护府所领见于史者，苏农等四州，舍利等五州及桑干府所领郁射、艺失、卑失、叱略等四州，呼延府所领贺鲁、葛逻、跌等三州，财十九州耳，其五州逸，无所考。又有定襄、呼延二都督而无狼山都督，是其废置离合，不可详也。"[①] 可知突厥管内实不及二十四州之数，二十四州乃可汗之下各部合称，是最大数。《旧唐书·高宗纪》调露元年十月，"单于大都护府突厥阿史德温傅及奉职二部相率反叛，立阿史那泥熟匐为可汗，二十四州首领并叛"[②]。《旧唐书·裴行俭传》则云："突厥阿史德温傅反，单于管内二十四州并叛应之，众数十万。"[③] 可见当时习称突厥全体为突厥二十四州、单于二十四州。这显然是受到匈奴二十四长制的影响。

　　与匈奴二十四长、突厥二十四州记载相印证的还有突厥乌古斯可汗二十四子（部落）的传说。《史集》作为历史上第一部世界全史，对于突厥蒙古等游牧民族的历史叙述极具价值。拉施特按照当时流传最广的神话，认为钦察人、哈剌鲁人以及其他的突厥人均发源于24个乌古斯部落。这一叙述忠实地体现了内亚世界通行的世系原则，即各部落（汗或王公）起源于一个共同英雄祖先。反过来说，一个草原英雄创造的世界，传统上是由二十四部组成的结构。

　　据《史集》记述，先知挪亚曾将大地从北至南分为三部分，第一部分，他给了自己的一个儿子，黑肤人的始祖含；第二部分，他给了后来阿拉伯人和波斯人的祖先闪；第三部分给了突厥人的鼻祖雅弗，突厥人称雅弗为不勒札汗，所有的蒙古人、突厥诸部落和一切游牧人均出自他的氏族。不勒札汗的一个儿子名叫的卜－牙忽亦，他有四个儿子，其中称合剌汗的一个儿子成为嗣承者，合剌汗的儿子即乌古

　　① 司马光编著，胡三省音注：《资治通鉴》卷一九九《唐纪》一二"高宗永徽元年"，中华书局1956年版，第13册，第6272页。
　　② 《旧唐书》卷五《高宗纪》，第105页。
　　③ 《旧唐书》卷八四《裴行俭传》，第2803页。

思。乌古思有六个儿子，乌古思曾授予他们左右翼军队：右翼三个儿子为坤汗、爱汗、余勒都思汗，左翼三个儿子为阔阔汗、塔黑汗、鼎吉思汗。他们又各有四个儿子，这二十四个儿子的名字，起初只是他们本人的名字，后来各自的部落和分支也以这些名字著称，它们成了各分支的旗帜，二十四支的每一支都有自己的称号、印记和标志，各自加在他们的命令、库府、马群、牲畜上，"使任何人都不得互相争吵，并使他们的后裔子孙每个人都知道自己的名号和方位，这样就能使国家巩固，他们的美名长存"①。乌古斯可汗的传说源远流长，有一个流传完善的过程，《史集》的时代，是这一传说定型的时代，乌古斯的世系，上溯至先知挪亚，他的六个儿子分为左右翼，各有四个儿子，完美对称，显然是历史建构的结果。这说明草原游牧文化中，对游牧社会的政治结构早有理想的模式，乌古斯可汗的传说正是依此建构。

在《史集》之前，11 世纪喀喇汗王朝学者麻赫默德·喀什噶里编写的《突厥语大词典》中，已经提到乌古斯有二十二个部落或二十四个部落，并列举了各部落的名称："乌古斯，突厥部落之一。乌古斯人就是土库曼人。他们有二十二个氏族，各有自己独特的标志和烙在牲畜身上的印记，他们凭这些印记识别各自的牲畜。"② 另一处则称其原有二十四个部落，因其中的两个被称作哈拉奇的部落，在某些方面与其他二十二个部落有别，而通常未将其归入乌古斯部族之中③。在《突厥语大词典》中，乌古斯汗的传说仅上溯到亚历山大时期，二十二个氏族有时称起源于二十二户遗落的人家。《突厥语大词典》中还有一段话很重要："上面列出的是乌古斯人的基本氏族，这些氏族亦各有许多支系，兹不赘述。这些氏族的名称是创建这些氏族的始祖

---

① 《史集》第 1 卷第 1 分册，第 141 页。

② 麻赫默德·喀什噶里著，校仲彝等译：《突厥语大词典》第 1 卷，民族出版社 2002 年版，第 62—64 页。

③ 麻赫默德·喀什噶里著，校仲彝等译：《突厥语大词典》第 3 卷，民族出版社 2002 年版，第 407 页。

的名字。"① 这一记述表明，乌古斯氏族或部落不止有二十四个，其氏族或部落名称来自始祖的名字，但并没有指出是乌古斯可汗的儿子。与《史集》的记载相比，后者的建构痕迹十分明显。但二者都遵循了"二十四"结构。

归纳而言，"二十四"在草原社会结构中有重要象征意义。匈奴单于与二十四长构成匈奴帝国基本政治框架。唐朝天可汗与突厥二十四州构成内亚基本政治框架。乌古斯可汗与其二十四子所统各部构成乌古斯汗国基本政治框架。蒙元时期仍然复制这一模式，阔端王位下、忙哥剌王位下、亦都护位下、奥鲁赤位下等与其属地二十四城构成领属关系的同时，又与大汗/皇帝的"首都圈"构成二十四长式的联合体。"二十四城"的用法或许可反映元代地方制度中，两种组织观念和组织体系交织在一起的现实，可谓一体各表。

四 宋金元时期陕西"二十四城"用法梳理

以上从草原传统分析了"二十四城"可能具有的内涵，做了较宽广的引伸。而从陕西地方史的角度看，"二十四城"也有可能是纯粹地域性的习称，其称呼可追溯至北宋时期。

宋太宗至道三年（997），置陕西路，为"至道十五路"之一，治京兆府（今陕西西安），其地东尽淆函，西包汧陇，南通商洛，北控萧关，统京兆、河中、凤翔三府，及陕、延、同、华、耀、邠、鄜、解、庆、虢、商、宁、坊、丹、环、秦、泾、陇、成、凤、仪、渭、原、阶二十四州，保安、镇戎二军，此为转运使路②。这里的"二十四州"可能是"二十四城"习称之滥觞。或许有一段时期陕西共有二十四州军，只是沿革过程被史书忽略了。英宗治平二年

---

① 麻赫默德·喀什噶里著，校仲彝等译：《突厥语大词典》第 1 卷，民族出版社 2002 年版，第 64 页。

② 王存：《元丰九域志》卷三《陕西路》，文渊阁《四库全书》，第 471 册，第 59—88 页。

（1065）正月，参知政事欧阳修言："臣视庆历陕西御边之备，东起麟府，西尽秦陇，地长二千余里，分为路者五，而分为州为军者二十有四，而军州分为寨、为堡、为城者又几二百，皆须列兵而守之。"①仁宗庆历初，分陕西转运使路为永兴、鄜延、环庆、泾原、秦凤五个经略安抚使路，有二十六州军，欧阳修说"分为州为军者二十有四"，应是沿袭庆历以前的惯称。可见北宋时期已经称全陕之地为二十四州军或二十四城了。熙宁开边后，陕西路州军数又有所增加，但二十四州军的习称流传了下来。

《牧庵集》卷二十一《巩昌路同知总管府事李公神道碑》载金朝末年，"天兵已残陕西，完颜仲德行省于巩，招集熙河、庆阳二十四城散亡将卒数万，移巩治，依险壁石门山"。可见巩昌二十四城最早是指关中沦陷后继设的巩州行省辖区，所谓"熙河、庆阳二十四城"乃以陕西残剩之地代称全陕之地，用以号召军民抗蒙复陕。汪世显降附阔端后，巩昌都总帅府承袭了"二十四城"的旧称。同理，《大元马政记》提到的"京兆等二十四处城池"，也是以"京兆行省"承袭宋金陕西二十四州军的习称。

俞本《纪事录》载元末明初，明军北伐至潼关，元将李思齐据守陕西，"总辖山外二十四州之地"②。俞本是明将韦正帐下老卒，粗通文字，不习掌故，所记皆耳闻目睹，这里的"山外二十四州之地"应是陕西土语，李新峰疑"山外"或指崤山以西的陕西地区。《纪事录》又载："元太尉李思齐总关陕秦陇之兵，西至土蕃，南至矾头关（今汉中市褒河镇北鸡头关村），东至商洛，北至环庆，皆思齐主之，精兵不下十余万。"③可知此"山外二十四州之地"，囊括陕西行省（含陕西行省与宣政院双重管理的河州宣慰司之地）全境。但"山外二十四州"与《元史·地理志》陕西行省各个时期各种场合所辖路、府、州数都无法对应，应是流传已久的旧称。可见，宋金元时期，陕

　　① 李焘著，黄以周等辑补：《续资治通鉴长编》卷二〇四"英宗治平二年春正月癸酉"，上海古籍出版社1986年版，第1885页。
　　② 俞本撰，李新峰笺证：《纪事录笺证》卷之下，中华书局2015年版，第260页。
　　③ 俞本撰，李新峰笺证：《纪事录笺证》卷之下，中华书局2015年版，第282页。

西之地习称"二十四州军",亦称"二十四城",巩昌二十四城的说法源自金末特殊时期,即以巩州行省代表全陕之地时期,这一用法在元代得到延续。

　　以上讨论了巩昌二十四城用法的由来,两种说法视角不同,但可以兼容。由于数字上的重合或巧合,两种说法都有可能性,很难取舍或区分,巩昌二十四城之说,或是融合了两种历史传统的说法。

　　　　　　　　　　　　　　　　　　　　　　　　　(原刊《西北师大学报》2020年第6期,与杨帆合作)

草原文化对元代流刑的影响

关于元代的流刑，学界已有多篇文章讨论①，本文拟在此基础上综合各说，希望能弥合分歧，概括其特点，达成共识。

一

元朝是北方草原民族入主中原后重建的大一统王朝。按照"成吉思皇帝降生，日出至没，尽收诸国，各依风俗"②的原则，蒙元时代对各种文化包括宗教信仰、法律制度、风俗习惯采取了宽容态度，如在汉地兼行汉法，一度循用唐律或金律治理汉地。与此同时，蒙古法、回回法等也在特定的时空并行不悖。蒙元时期的流刑就兼具这种多元文化色彩。

在中原法系中，流刑是传统的五刑之一，所谓流"谓不忍刑杀，宥而窜于边裔使其离别本乡，若水流远而去也"③，唐律中流刑分二千里、二千五百里、三千里三等，皆役一年。宋律中流刑种类不断增

① 参见冯修青《元朝的流放刑》，《内蒙古大学学报》1991年第4期；陈高华《元代的流刑和迁移法》，《祝贺杨志玖教授八十寿辰中国史论集》，天津古籍出版社1994年版；吴艳红《关于元代出军的两个问题》，《中国史研究》1999年第3期；曾代伟《蒙元流刑考辨》，《内蒙古社会科学》2004年第5期；武波《元代刑法体系中的出军制度探析》，《山西师大学报》2006年第2期。

② 陈高华、张帆、刘晓、党宝海点校：《元典章》五十七《刑部卷之十九·诸禁·禁宰杀》"禁回回抹杀羊做速纳"，中华书局、天津古籍出版社2011年版，第1893页。

③ 徐元瑞著，杨讷点校：《吏学指南》（外三种）"五刑"，浙江古籍出版社1988年版，第73页。

加，逐渐发展到十四等。金朝则取消了流刑，规定"流两千里比徒四年，流两千五百里比徒四年半，流三千里比徒五年"。

北方草原民族也有放逐族人以示惩罚的习惯①。大蒙古汗国建立之初，流放远方（放逐）已是常用的惩罚手段。据《蒙古秘史》记载，成吉思汗拣选怯薛歹时曾宣旨："千户、百户、十户的'那颜'们及众人，奉到或听到我们这圣旨后，凡违背的，列为罪犯！应该入我们宿卫，而躲避不肯（充当）的；刁难应来我们跟前之人的；（或）使人顶替入（队）的，均应判罪，发配到眼睛所看不到的远处去！"②他还规定，宿卫"如应当值班而脱班，将该值班而脱班的（人），责打三下（柳）条子。这个护卫如再脱第二班，责打七条子。若是这人身体无病，又无该班长官的许可，三次脱了应值的班，责打三十七条子。（他）既然不愿意在我们这里行走，就流放（他）到遥远的地方去吧！"③乞颜贵族初立铁木真为汗时，他们宣誓："厮杀之际，如果违背了你发的命令，叫我们与妻儿家属分离，把我们的头颅抛在地上！和平之时，如果破坏了与你的协议，叫我们与妻妾属下分离，把（我们）丢弃在无人野地！"④同样，《史集》记载有成吉思汗的一道训令："我们的兀鲁黑中若有人违反已确立的札撒，初次违反者，可口头教训；第二次违反者，可按必里克处罚；第三次违反者，即将他流放到巴勒真——古勒术儿的遥远地方去。此后，当他到那里去了一趟回来时，他就觉悟过来了。如果他还是不改，那就判他戴上镣铐送到监狱里。"⑤早期蒙古习惯法中的放逐，主要是为了保障属下

---

① 《后汉书》卷九〇《乌桓鲜卑列传》载："若亡畔为大人所捕者，邑落不得受之，皆徙逐于雍狂之地，沙漠之中。"《三国志》记载略同。这是北方草原民族将罪人驱离氏族部落组织以示惩罚的最早记载。

② 札奇斯钦：《蒙古秘史新译并註释》卷9，第224节，台北联经出版事业股份有限公司1979年版，第335页。

③ 札奇斯钦：《蒙古秘史新译并註释》卷9，第227节，台北联经出版事业股份有限公司1979年版，第338页。

④ 札奇斯钦：《蒙古秘史新译并註释》卷3，第123节，台北联经出版事业股份有限公司1979年版，第144页。

⑤ ［波斯］拉施特主编，余大钧、周建奇译：《史集》第1卷第2分册，商务印书馆1986年版，第359—360页。

的纪律性和对大汗的忠诚性，处罚也是相当严厉的，为统一混乱的蒙古草原、建立大蒙古国做出了很大的贡献。

在蒙古习惯法中，流放与出军是密不可分的，草原游牧生活方式决定了蒙古人是天生的战士，一旦有罪流放就只能到军前效力，所以蒙古人的出军与流放本质上是一回事。志费尼在《世界征服者史》中说："按蒙古人的风俗，一个该当死刑的犯人，如果遇赦活命，那就去送他打仗。理由是：若他注定该死，他会死于战场，否则他们派他出使不那么肯定会送他回来的外国，再不然，他们把他送往气候恶劣的热带地方去。"① 具体的事例如窝阔台汗恼怒长子贵由挑衅术赤系诸王，要其出军赎过，"让他去当先锋，攀登山一般高的城，把十个手指的指甲磨尽！让他去当探马，攀登建筑坚固的城把五个手指的指甲磨掉！"② 出军显然属于蒙古习惯法，在蒙古人心目中，流远出军是一回事，作为减死一等的惩罚是天经地义的。窝阔台死后，窝阔台系和拖雷系发生了争夺汗位的斗争，失败的窝阔台系诸王"失烈门、脑忽和也孙脱花放逐到蛮子各省去"③，实际上就是出军，在征宋诸军中效力。宋人也记录了蒙古国将犯人罚充八都鲁军的习俗，"有过则杀之，谓之按打奚，不杀则罚充八都鲁军（犹汉之死士），或三次、四次，然后免其罪之至轻者，没其资之半"④。"八都鲁军皆死囚，使之攻城自赎。"⑤ 可知出军相当于减死一等的重刑。入元以后，一方面，忽必烈颁诏取消了流刑，另一方面流、流远、迁、出军等记载又屡见于文献，令人困惑。要理解这一现象，必须从多元文化角度入手。

① ［伊朗］志费尼著，何高济译：《世界征服者史》（上册），内蒙古人民出版社 1986 年版，第 59 页。

② 札奇斯钦：《蒙古秘史新译并註释》续卷 2，第 276 节，台北联经出版事业股份有限公司 1979 年版，第 438 页。

③ ［伊朗］志费尼著，何高济译：《世界征服者史》（上册），内蒙古人民出版社 1986 年版，第 695 页。

④ 彭大雅、徐霆：《黑鞑事略》，四部丛刊初编本。

⑤ 刘克庄：《后村先生大全集》卷一四一《神道碑·杜尚书》，四部丛刊初编本。

二

忽必烈中统建元（1260）时颁布的《中统权宜条理诏》中称：
"据五刑之中，流罪一条，似未可用，除犯死刑者依条处置外，徒年
杖数，今拟递减一等，决杖虽多，不过一百七下。著为定律，揭示多
方。"① 可知在此前后蒙古统治下的汉地没有实施传统意义上的流刑。
元代民间类书《事林广记》所收《至元杂令》之"笞罪则例"条仅
列出笞罪、杖罪、徒罪、绞罪，也没有列出流罪。论者多认为这是受
后期金律以徒刑折代流刑的影响②。这种说法有失于片面，因为尽管
有流刑"似未可用"的规定，但是事实上出军或流远的案例是广泛存
在的，这里既有观念上的问题，文化传统的因素，也有体制方面的
原因。

首先，虽然元初汉地没有实行传统意义上的流刑，但作为蒙古习
惯法的流远、出军普遍存在。具体的例子如武宗至大二年十一月，诸
王孛兰奚以私怨杀人，当死，大宗正也可札鲁忽赤议，孛兰奚贵为国
族，乞杖之，流北鄙从军，从之③。蒙古法中的出军，最初适用于蒙
古人，随着蒙古统治区域的扩大，出军的对象也扩展到其统治下的各
族，入元后汉人出军的现象日趋普遍，出军遂被时人理解为与传统流
刑相似的刑种，与传统流刑"似未可用"并不矛盾。以《元史·世
祖本纪》的记载为例：至元元年八月己未，凤翔府龙泉寺僧谋乱遇
赦，令从军自效；至元二年十月戊子，"诏随路私商曾入南界者，首
实免罪充军"；至元十年十月庚申，"有司断死罪五十人，诏加搜审，
其十三人因斗殴杀人，免死充军"；至元十八年二月，诏以刑徒减死

---

① 王恽：《秋涧先生大全文集》卷八二《中堂事纪下》，元人文集珍本丛刊，台北新
文丰出版公司1985年版，第2册，第390页。

② 参见陈高华《元代的流刑和迁移法》，《祝贺杨志玖教授八十寿辰中国史论集》，天
津古籍出版社1994年版；宫崎市定：《宋元时代的法制和审判机构》，刘俊文主编《日本学
者研究中国史论著选译》（第八卷法律制度卷），中华书局1992年版。

③ 《元史》卷二三《武宗纪二》，第519页。

者付忻都为军；至元十九年十一月甲戌，中书省臣言："天下重囚，除谋反大逆，杀祖父母、父母，妻杀夫，奴杀主，因奸杀夫，并正典刑外，余犯死罪者，令充日本、占城、缅国军。"以上汉人、南人出军的事例表明，蒙古法对汉地的影响是相当深刻的。而且，掌管蒙古人、色目人刑讼的札鲁忽赤（断事官），也一度掌管汉人词讼："根脚里成吉思皇帝时分立札鲁花赤呵，诸王、驸马、各怯薛歹、各爱马蒙古、色目人每奸盗、诈伪、婚姻、驱良等事，交管来。至元二十二年，汉人有罪过呵，也交俺管来。前者奸盗、诈伪、婚姻、驱良等事归断有。"① 因此，汉地的判例受到蒙古法的影响也就不足为奇了。如蒙古习惯法规定："今后豁开车子的，初犯呵，追了陪赃，打一百七下；再犯呵，追了陪赃，打一百七，流远有；三犯呵，敲了者。又怯烈司偷盗骆驼、马疋、牛只，初犯呵，追九个倍赃，打一百七，流远者；再犯呵，敲了者。又外头偷盗骆驼、马疋、牛只的，初犯呵，追九个倍赃，打一百七者。内若有旧贼每呵，数他每先做来的次数，依已定来的例，合配役的交配役，合出军的交出军者。先不曾做贼的每，开读圣旨之后，再犯呵，追了倍赃，打一百七，流远者；三犯呵，敲了者。"② 上述规定适用于草原地区，但是在司法实践中，却不适宜地扩大到汉族农耕地区，"今内外官府往往将州城村落穿窬取财、伏辕切物贼徒准依上例一体科断，甚失朝廷立法之意"③。正因为所有贼人配役出军体例都有也可札鲁忽赤参与制定，所以，在蒙古统治者的主导下，流远、出军一依蒙古"旧例"，只是出军的对象从蒙古人、色目人逐渐扩大到汉人、南人，并最终发展为新的流刑。无视蒙古法的因素，想当然地把出军、流远与古代谪戍、流配相联系或等同，是无法理解元代出军、流远与新流刑关系的。

其次，忽必烈即位之初，北方汉地尚沿袭世侯制度。史称"国家

① 陈高华、张帆、刘晓、党宝海点校：《元典章》四十九《刑部卷之十一·诸盗一·强窃盗》，"剜豁土居人物依常盗论"，中华书局、天津古籍出版社 2011 年版，第 1641 页。
② 陈高华、张帆、刘晓、党宝海点校：《元典章》四十九《刑部卷之十一·诸盗一·强窃盗》，"拯治盗贼新例"，第 1631—1632 页。
③ 陈高华、张帆、刘晓、党宝海点校：《元典章》四十九《刑部卷之十一·诸盗一·强窃盗》，"剜豁土居人物依常盗论"，第 1641 页。

自开创以来，凡纳土及始命之臣，咸令世守，逮今垂六十年，故其子若孙并奴视所部，而郡邑长吏皆其皂隶僮使，此在古所无"①。这些纳土及始命之臣主要是故金降蒙武装首领，他们在自己的辖境内，既统军，又管民，自行任命官属，征收赋税，处理刑罚，而且父死子继，兄终弟及，世袭相传，专制一方，称为诸侯世官。由于"国家未有律令，有司恣行决罚"②，"今民所犯，各由所司轻重其罪"③，地方司法权掌握在各个汉地世侯手中，故有识之士纷纷上书，要求"定法律，审刑狱，则收生杀之权于朝，诸侯不得而专，丘山之罪不致苟免，毫发之过免罹极法，而冤抑有伸"④。中统元年，立十道宣抚司，"示以条格"，"以总天下之政"。又在中书省立刑部，掌管刑律。但在形势尚未根本改变的情况下，跨区执法或垂直执法仍然是不现实的，以流远为特征的流刑自然是"似未可用"。中统三年（1262）山东世侯李璮兵变被平定后，忽必烈乘机释去诸世侯兵权，行迁转法，实行了集权化改革。在地方上，至元二年（1265），忽必烈正式规定："以蒙古人充各路达鲁花赤，汉人充总管，回回人充同知，永为定制。"⑤ 同时，省并州县，规范了路总管府的职权。至元六年二月，立四道提刑按察司。至此，地方司法权完全收归中央，"往日诸侯世官，擅生杀祸福、取敛封植之权，故一方愚民不知有朝廷之尊，而知有诸侯也。今之总管府有如是之权欤？常赋之外，不敢擅一钱，流罪以上之刑，一一申部，五十月而迁徙。何重权之有？"⑥ 由此看来，至元二年至六年以后，元廷才有可能在制度层面垂直执法或跨区执法，实施流刑。

---

① 苏天爵辑撰、姚景安点校：《元朝名臣事略》卷七《平章廉文正王》，中华书局1996年版，第133页。

② 杨士奇等撰：《历代名臣奏议》卷六六《治道》，文渊阁《四库全书》，第434册，第835页。

③ 苏天爵辑撰、姚景安点校：《元朝名臣事略》卷一〇《平章宋公》，中华书局1996年版，第202页。

④ 姚燧：《中书左丞姚文献公神道碑》，苏天爵《元文类》卷六〇，商务印书馆1936年版，第874页。

⑤ 《元史》卷六《世祖纪三》，第106页。

⑥ 胡祗遹：《紫山大全集》卷二三《论并州县》，文渊阁《四库全书》，第1196册，第414页。

元代文献中见到的最早的流刑案例，是至元三年济南路刘全被处以流刑的案例，不过，在这一判例中，济南路总管府的判决是"刘全合行处死，仍征烧埋银数"，"部准拟，呈省"，中书省改判"将刘全流去迄北鹰房子田地"①。至元五年三月，"田禹妖言，敕减死，流之远方"②。也是由中央改判的流刑。由后来的规定看，流罪以上须经所属廉访司官审覆无冤后方得结案上报，因此，从制度层面看，新流刑的实施在至元六年四道提刑按察司设立之后才有可能。

在蒙古统治者的司法理念中，出军、流远、迁徙本是性质相同的刑罚，只是因民族生计不同而有充军、屯种、配作之类的差别，但在汉地的司法实践中，却逐渐产生了将其整合而加以等级区分的要求，这与汉地的文化传统有关，量移流罪的呼声就代表了这一传统。随着汉化的日益加深，简单原始的出军、流远惩罚方式已不能适应文明高度发达的汉地社会的需要，出军、流远的适用范围日益扩大，从谋逆、杀人罪减死一等的重刑，扩大到诸盗、诸殴、豪霸等罪行，成为与笞、杖、徒、死并列的刑种之一。

大德五年定《盗贼通例》，其中对盗贼的逐项惩治方式中，仍以徒刑为主。到大德八年，省、院、台官和也可札鲁忽赤共同商定了新的处断原则："旧贼每根底不流远的上头，贼每多了的一般有。如今旧贼每三遍做了贼经刺的贼每，如今拿获呵，是第四遍有，交出军。又两遍做了贼经刺的贼每拿获呵，是第三遍有，这的每也交出军。……色目人每做贼呵，不刺，三遍做了贼，如今拿获呵，是第四遍有，也则依那体例交出军。又两遍做了贼，拿获呵，是第三遍有，这的每也交出军。"③ "汉儿、蛮子人申解辽阳省，发付大帖木儿出军。色目、高丽人申解湖广省，发付刘二拔都出军。"④ 大德十一年，

---

① 《元典章》四十二《刑部卷之四·诸杀一·杀亲属》，"打死婿"，第1454页。

② 《元史》卷六《世祖纪》，第118页。

③ 《元典章》四十九《刑部卷之十一·诸盗一·强窃盗》，"旧贼再犯出军"，第1628页。

④ 《元典章》四十九《刑部卷之十一·诸盗一·强窃盗》，"盗贼出军处所"，第1639页。

中书省和也可札鲁忽赤再一次重申了大德八年的决定①。从此开始，流远或出军的范围大大扩展，成为适用性很强的制度，形成了区别于前代的新流刑。

延祐六年七月，"钦察参议奏伯塔沙丞相等省官人每商量了教奏：有一件流将迤东去的罪囚每，都发将奴儿干里去有，到那里呵，每年他每根底站里运送将衣粮去有，似这般运送呵，站赤每消乏的一般有，今后合流将那壁去的罪囚内，分拣着较重每，教发将奴儿干地面里去，较轻的每教这壁肇州屯田里住着，种田自养活"②。到延祐七年三月："中书省议得：诸处合流辽阳行省罪囚，无分轻重，一概发付奴儿干地面。缘彼中别无种养生业，岁用衣粮，站赤重加劳费。即目肇州见有屯田，今后若有流囚，照依所犯，分拣重者发付奴儿干，轻者于肇州，从宜安置，屯种自赡，似为便益。"③ 正式将流远区分轻重，分屯种、出军二等，使流刑趋于规范化、等级化。

三

历史上，流放总是就远就偏，将流犯流到边疆贫瘠荒凉的地方以使其受到惩罚，元代也不例外。当然，流刑的地点还应该在中央政府的有效控制范围内，并能通过其独特的地理、恶劣的气候因素而起到一定的威慑、惩戒作用。宋承唐律，流刑法定刑为三等，即"两千里，两千五百里，三千里"④。但在实际操作中，不断增加流刑的种类，逐渐发展到"流刑十四等：一、永不放还者，二、海岛，三、远恶州军，四、广南，五、三千里外，六、两千五百里外，七、两千里外，八、一千五百里外，九、千里外，十、五百里外，十一、邻州，

---

① 《元典章》四十九《刑部卷之十一·诸盗一·强窃盗》，"流远出军地面"，第1630页。
② 《元典章》新集《刑部·刑制》"发付流囚轻重地面"，第2156页。
③ 《元典章》新集《刑部·刑制》"发付流囚轻重地面"，第2156页。
④ 窦仪：《宋刑统》，中华书局1984年版，第3—4页。

十二、本州牢城，十三、本州本城，十四、不刺面者"①。元代的流刑相对简单，名义上有二千里、两千五百里、三千里轻重三等，但在实践中并"不曾定到里数、并合流去处"，"别无所守通例"②，只是原则上规定了三个方向：辽阳、湖广、迤北，因民族而异。"诸流远囚徒，惟女直、高丽二族流湖广，余并流奴儿干及取海青之地。"③ 从《元典章》的判例看，流刑流放地的选择基本上遵循了"流则南人迁于辽阳、迤北之地，北人迁于南方湖广之乡"④ 的规定。其中有关私盐犯的规定最为具体："私盐事发，到官取讫招状，合以赦后为坐。其三犯者与再犯者一体断罪，蒙古、色目人发付两广、海南，汉人、南人发付辽阳屯田"⑤，"所断盐徒，如系两淮、两浙、福建、四川盐运司，广东、广海提举司者，长流奴儿干；山东、河间、陕西盐运司者，长流广海"⑥。虽然史料统计表明除两都和腹里外，几乎每个行省都安置过流囚，但具体分析又显示，流往三地以外的罪犯，主要为谋大逆或卷入政争的政治牺牲品，包括皇亲贵戚、随朝官员及其家属，由皇帝亲自判决，或大宗正府判决，不同于普通流刑，有临时制宜的性质。可见，元代流放地面的选择比较固定，并且渗透着利用族群差别进行统治的精神，在尽可能严厉惩罚罪犯的同时，也有利于维护多民族国家的稳定。

唐、宋、金流刑均以"里数定立程限"，有明确的服刑期限。但现存元代文献涉及流刑时，都只笼统说"流""流远"，"不曾定到里

① 马端临：《文献通考》卷一六八"淳熙十一年罗点言"条，中华书局1986年版，第1461页。

② 《元典章》四十九《刑部卷之十一·诸盗一·强窃盗》，"流远出军地面"，第1629页。

③ 《元史》卷一〇三《刑法志二》，第2634页。

④ 《元史》卷一〇二《刑法志一》，第2604页；《元文类》卷四二《经世大典》叙述"五刑"时说："流则南之迁者之北，北之迁者之南，大率如是"。商务印书馆1936年版，第606页。

⑤ 《元典章》二十二《户部卷之八·课程·盐课》"盐法通例"，第836页。

⑥ 韩国学中央研究院编：《至正条格·断例》卷一一《厩库·盐课·私盐罪赏》，2007年，校注本，第363页。

数并合流去处，何地所是，何官司交割，别无所守通例"①。也没有讲到流刑的年限。从各种现象分析，可以肯定，元代流刑犯是终身不还的，相当于宋律的"永不放还者"。文献中虽不乏流囚遇赦的记载，如："诸应徒流，未行，会赦者释之；已行未至，会赦者亦释之。……诸有罪，奉旨流远，虽会赦，非奏请不得放还。"② 具体事例如：至大元年，吴喜儿等流犯未及流所，钦遇诏赦，由于"似这般流远的贼每遇着赦呵，放了的也有，不曾放了的也有"，中书省讨论后决定："今后，流远去的田地里不曾到的，做个通例，交放呵。"③ 但这都是罪因未抵流放地以前遇赦的例子，如已抵流所，则终身不还。至元十三年十一月，刑部官员曾就此事请示世祖："在先断定流远的人每，遇着赦呵，合放？"忽必烈下旨："那的不是已了底事，那什么交流去者。"④ 因为流刑是终身不赦的，所以刑法还有通融规定："妻子从流，听。"⑤ 出军或流远不赦可能与元代的户籍制度有关，按照蒙古习惯法，每个人只能居住在指定的十户、百户、千户辖区内，不能随意迁徙到另一个单位去，也不能到别的地方去寻求庇护。如有违抗该命令的，迁移者要当众被处死，收容的人也要受到严厉惩罚，以保障千户制的稳定性。出军或流远的罪犯，一到流放地，即应编入当地军籍或民籍，而改换户籍在元代是非常困难的事。所谓"一入军籍永不可易"⑥。所以，当时人慨叹："夫大辟死罪或被赦原释然，归保妻小，而减死流罪竟无宽宥，不得生还闾里，此岂法之平允哉！"⑦ 当然，文献中也有流囚赦还的记载，但都是对政治上受到迫害的官员及

① 《元典章》四十九《刑部卷之十一·诸盗一·强窃盗》，"流远出军地面"，第1629页。

② 《元史》卷一〇三《刑法志二》，第2634页。

③ 《元典章》四十九《刑部卷之十一·诸盗一·流配》，"流囚释放通例"，第1669页。

④ 《元典章》四十九《刑部卷之十一·诸盗一·流配》，"流囚释放通例"，第1668页。

⑤ 《元典章》新集《刑部·诸盗·出军》"押发流囚期限名数"，第2178页。

⑥ 苏天爵撰，陈高华、孟繁清点校：《滋溪文稿》卷二三《元故参知政事王宪穆公行状》，中华书局1997年版，第381页。

⑦ 马祖常：《石田文集》卷七《请量移流罪》，元人文集珍本丛刊，台北新文丰出版有限公司1985年版，第6册，第608页。

其家属的平反昭雪行为，与正常流刑不同。从流放地面的选择和终身不还这两点看，元代流刑的惩治力度要大于传统流刑。

四

　　元代刑罚中与流刑有关的还有迁徙法。以往论者往往将其与汉代的"迁"法和唐代的"移乡"法相提并论，认为元代的"迁徙法"将前代的"迁"和"移乡"合而为一。实际上，迁徙法也是流远的一种，从出台时间和实施对象看，它曾是针对江南豪民的专项举措。成宗大德七年（1303），郑介夫上《太平策》，建言抑豪霸以安定社会，其措施之一是迁豪霸，"视所犯之重轻，以定地之近远"①。同年，奉使宣抚江西福建道的官员鉴于江西"豪霸"凌犯官府，欺压小民，提出惩治措施："初犯于本罪上比常人加二等断罪，红土粉壁，标示过恶。再犯痛行断罪，移迁接连。三犯断罪移迁边远。"② 中书省准拟。大德十年（1306），杭州路将把持官府豪霸、扰民破落泼皮等议罪，"籍充夫役三年"，警告"再犯加等断罪"，"迁移远郡，使其离乡，不能行志欺人"③。

　　"徙"法后来也常用来处罚斗殴致人残废的罪犯。武宗至大元年（1308），袁州路宜春县僧人彭妙净带领俗兄彭层二等将另一僧人张德云打伤，戳碎双目，"不能视物，已成废疾"。经刑部判决："将正犯人彭妙净迁移辽阳迄北屯种。"④ 皇庆二年（1313），顺昌冯崇、杨僧等"挟仇剜坏池杰眼睛，打折右手肘骨"，"依例迁徙"辽阳⑤。延祐

---

　　① 杨士奇等撰：《历代名臣奏议》卷六八《治道》，文渊阁《四库全书》，第434册，第888页。

　　② 《元典章》三十九《刑部卷之一·刑制·迁徙》"豪霸凶徒迁徙"，第1337页。

　　③ 《元典章》五十七《刑部卷之一九·诸禁·禁豪霸》"札忽儿歹陈言二件"，第1919、1921页。

　　④ 《元典章》四十四《刑部卷之六·诸殴·他物伤》"戳碎两眼双睛"，第1507页。

　　⑤ 《元典章》四十四《刑部卷之六·诸殴·他物伤》"冯崇等剜坏池杰眼睛"，第1508页。

三年（1316），龙兴路"童庆七、童庚二为崇法院僧游慧元拐借钱谷不还，挟仇用挑牙蓖子故将游慧元刺损双睛"，"断罪迁徙辽阳辽东屯种"①。延祐四年，萍乡州南源寺长老黄妙敬"主使贺志杭将佃户杨万三两眼针锥，用石灰、盐、醋擦人双目，不能视物，已成废疾。依例杖断一百七下，迁徙辽阳迄东屯种"②。延祐七年，松江府曹辛一兄弟因贩卖私盐，与叔父曹庆二结仇，将叔曹庆二左右两眼挖损，右眼已成废疾，"决杖一百七下，迁徙辽阳屯种"③。同年，鄱阳县"豪民陶孟方"诬指佃户程方二等为盗，"非理用刑，将各家夫妇六人凌虐拷打，损伤肢体"，"杖断一百七下，迁徙广东地面"④。至治元年（1321），建安县土豪魏畴一家倚恃富强，将魏子十一家"非理凌虐苦楚，良人俱成废疾"，"迁徙辽阳肇州屯种"⑤。至治二年（1322），衢州路百姓舒杞将侄舒寓一"剜损双目，俱各失明，已成废人"，"迁徙辽阳肇州屯种"⑥。以上七起致人眼盲或废疾的案例，罪犯除一起迁往广东外，余皆依例迁徙辽阳屯种。

综观以上迁徙案例，可以说迁徙法与流罪同多异少，基本上可归入流罪。首先，迁徙罪必须由地方上报中央，经刑部审核同意，都省准拟，才能施行。发遣前也要加杖刑，迁徙后遇赦不原。其发遣地面除少数迁往广东外，大多数都遣往辽阳屯种，符合"流则南人居辽东"的惯例，实际上也考虑到了民族身份的因素。元朝法律规定："诸以刃刺破人两目成笃疾者，杖一百七，流远。……诸挟仇伤人之目者，若一目元损，又伤其一目，与伤两目同论，虽会赦，仍流。"⑦比较两者的案由和量刑尺度，流远和迁移很难加以区分。而且迁徙法出台的时机恰与出军、流远规范化的进程一致，可以说是元朝整合新流刑的内容之一。

---

① 《元典章》三十九《刑部卷之一·刑制·迁徙》"迁徙会赦不原"，第1338页。
② 《元典章》新集《刑部·诸殴·毁伤眼目》"针擦人眼均征养赡钞"，第2212页。
③ 《元典章》新集《刑部·诸殴·毁伤眼目》"挖损两眼成废疾"，第2210、2211页。
④ 《元典章》新集《刑部·诸殴·毁伤肢体》"富豪打伤佃户"，第2208页。
⑤ 《元典章》新集《刑部·诸殴·毁伤肢体》"富强残害良善"，第2209页。
⑥ 《元典章》新集《刑部·诸殴·毁伤眼目》"戮剜双睛断例"，第2213页。
⑦ 《元史》卷一〇五《刑法志四·围殴》，第2673页。

延祐三年（1316），刑部曾就迁徙犯人遇赦是否放还时称："今之迁徙，即古移乡之法，比之流囚，事例不同。"但是，上述案例表明，"迁徙"与"流囚事例不同"只是刑部官员的主观看法，将其等同于古移乡之法意在规范流刑，减轻流刑，将流刑等级化。在汉族官员士人的呼吁下，文宗天历二年（1329）七月，"更定迁徙法：凡应徙者，验所居远近，移之千里，在道遇赦，皆得放还；如不悛再犯，徙之本省不毛之地，十年无过，则量移之；所迁人死，妻子听归土著。著为令"①。苏天爵叙述了这一法令出台的前因后果："先时，有罪移乡者，北人则居广海，南人居辽东，去家万里，涉瘴疠苦寒，往往偾于道路。公（王结）曰：'流囚尚止三千'，遂更其法，移乡者止千里外，改过听还其乡。因著于令。"②但是，"更定"以后不久，全国农民战争爆发，元朝统治趋于崩溃，新法推行的程度并不清楚。更定迁徙法从反面说明，此前迁徙法虽有接连、边远二等，但在"旧例"的强力制约下，与流刑在适用场合、流放地面上没有什么差别。更定迁徙法的目的就是想把"迁徙法"正式纳入新流刑，减轻其惩罚力度，或者说将流刑等级化。反映了在日益汉化的趋势下，新流刑向传统流刑回归的努力。元末沈仲纬作《刑统赋疏》，其中"刑异五等"条引"通例"云："流刑三等：流二千里，比移乡接连；二千五百里，迁移屯粮；三千里流远出军。"③该通例是取元代罪案、断例为佐证的，应该是当时情况的真实反映。说明在元代后期，通过将出军、流远屯种、迁徙等整合在一起，最终完成了流刑的规范化、等级化。《明史》卷九十三《刑法志一》称明代"流有安置，有迁徙（去乡一千里，杖一百，准徒二年），有口外为民，其重者曰充军。充军者明初唯边方屯种"。这应是传承自规范化以后的元代流刑。

（原题《试析元代的流刑》，刊于《西北师大学报》2008 年第 6 期，与李翀合作）

① 《元史》卷三三《文宗纪三》，第 736 页。

② 苏天爵撰，陈高华、孟繁清点校：《滋溪文稿》卷二三《元故资政大夫中书左丞知经筵事王公行状》，第 386 页。

③ 沈仲纬：《刑统赋疏通例编年》，黄时鉴辑点《元代法律资料辑存》，浙江古籍出版社 1988 年版，第 212 页。

蒙元时期契丹人婚姻状况

氏族外婚制习俗是我国古代北方游牧人群很普遍的婚姻习俗。辽朝建立前，契丹实行群婚与外婚①。契丹建国后，耶律氏、萧氏（述律氏）分别为皇族、后族②，其他本无姓氏的契丹人也纷纷附姓耶律、萧氏，使得辽代契丹"惟姓氏止分为二，耶律与萧而已"③。辽代契丹人的婚姻基本上只在耶律氏和萧氏之间，耶律氏和萧氏世世代代通婚构成了辽朝婚姻的特点④。

辽灭金兴，随着契丹人政治地位的下降和居住的分散，契丹族的婚姻出现多样性。契丹与女真、汉人之间的通婚频见于史册⑤，但耶律、萧两姓间的族内婚仍是契丹人婚姻的主流。

在蒙古灭金的过程中，契丹人积极参与，军功显赫，社会政治地位有所提高，并且随着战争的进程而更加分散。在多民族杂居的情况下，契丹耶律氏和萧氏的地域性婚姻受到极大冲击，通婚范围日益扩大，多样化趋势明显，不仅与蒙古人、色目人联姻，而且与占人口多数的汉人联姻，但总体上说，与汉人通婚是元代契丹人婚姻的主要

---

① 向南、杨若薇：《论契丹族的婚姻制度》，《历史研究》1980 年第 5 期；程妮娜：《契丹婚制婚俗探析》，《社会科学战线》1992 年第 1 期。

② 吴师道：《吴师道集》卷一八《述律元帅复姓卷跋》云："契丹肇迹唐末，盛强于五季。述律者，其后族姓也，又以萧并称，征诸史可见。金灭辽，改'述律'为'石抹'，辱以其国贱者之称，不道甚矣！"

③ 《辽史》卷八九《耶律庶箴传》，中华书局 1974 年版，第 1350 页。

④ 朱子方：《从出土墓志看辽代社会》，《社会科学辑刊》1979 年第 2 期；[日] 岛田正郎：《辽代契丹人的婚姻》，《蒙古学信息》2004 年第 3 期；黄莉：《辽代婚姻综述》，《昭乌达蒙族师专学报》2003 年第 3 期。

⑤ 参见夏宇旭《论金代女真人与契丹人的婚姻关系》，《北方文物》2008 年第 2 期。

选择。

一　契丹人的族内通婚

　　元代婚姻礼制的准则是尊重各民族的婚俗，各族自相婚姻，各从本俗法。元代法律规定："诸色人同类自相婚姻者，各从本俗法。递相婚姻者以男为主。蒙古人不在此例。"① 这有利于契丹人传统婚姻习惯的延续，耶律和萧氏两姓间的通婚继续存在，特别是在契丹人的传统居住地东北和华北地区，这种习惯更为明显。日本学者爱宕松男在其著作《契丹古代史研究》中统计了元朝时期契丹人婚姻情况，共十例，并列出图表，据作者说，基本上包含了耶律和萧氏两姓间通婚的全部②。据我们所见材料，至少还可以补充两例，一例是《故征南千户萧公神道碑》载："公讳世昌，字荣甫，系出辽右族述律氏，后赐姓萧……考珪，佩金虎符，征南千户，配耶律氏。"③ 另一例是当时契丹两大军功家族的联姻，即辽王耶律留哥和御史大夫石抹也先家族的联姻④，石抹也先"一女曰寿仙，适辽王子"⑤。实际情况当更多。

　　加入蒙古对金、宋及西域各国战争中去的契丹人，开始形成大分散、小集中的局面。例如契丹人组成的黑军曾是蒙古入主中原时的重要武装力量，然而至成宗、武宗之世（1295—1311），"黑军已式微，多散落他属"⑥。而石抹氏统率的南征四川云南的"冀宁旧军"，也

　　① 陈高华、张帆、刘晓、党宝海点校：《元典章》十八《户部卷之四·婚姻·婚礼》"嫁娶聘财体例"，中华书局、天津古籍出版社 2011 年版，第 614—615 页。

　　② ［日］爱宕松男：《契丹古代史研究》，内蒙古人民出版社 1988 年版，第 30—31 页。

　　③ 许有壬：《至正集》卷五二《故征南千户萧公神道碑》，元人珍本文集丛刊，台北新文丰出版公司 1985 年版，第 7 册，第 248 页。

　　④ 金灭辽后，改耶律为移剌，述律（萧氏）为石抹。耶律、述律也有相应的汉姓，《南村辍耕录》卷一《氏族》："石抹曰萧……移剌曰刘。"

　　⑤ 胡祗遹：《紫山大全集》卷一六《舒穆噜氏神道碑》，文渊阁《四库全书》，第 1196 册，第 278 页。

　　⑥ 黄溍：《金华黄先生文集》卷二七《沿海上副万户石抹公神道碑》，四部丛刊初编本。

"散入他部"，"未能复之"①。散落使契丹人难以保持耶律氏和萧氏通婚的传统，从而突破了"同姓可结交，异姓可结婚"②的固有婚俗，出现了同姓婚姻。最显著的例子就是汝州知州石抹谦甫娶管军万户石抹脱察剌之女③，石抹谦甫是窝阔台汗己丑年所立汉军三万户之一的石抹札剌儿之子，身世显赫；脱察剌则为窝阔台汗甲午年增立的四万户之一塔不已儿之子，同样是汉军显贵，同为石抹氏。所不同的是，前者是迪烈紨人，后者是束吕紨人。同样，黑军首领石抹也先有夫人三，"长曰蒙古氏，次萧氏、耶律氏"④。另外，《元史》卷一五〇、卷二〇〇还分别记载有耶律阿海后人耶律买哥之妻移剌氏和同知湖州路事耶律忽都不花之妻移剌氏。同姓之间的婚姻已经出现在各个民族，严重影响到传统的婚姻理念，所以元朝曾颁布法令："同姓不得为婚，截自至元八年正月二十五日为始，已前者准已婚为定，已后者依法断罪，听离之。"⑤禁止同姓间婚姻，以保持各族的婚姻旧俗。该法令的出台从反面说明同姓婚姻日益普遍，成为不可逆转的趋势。

总之，元朝时期的契丹耶律氏和萧氏的通婚继续存在，但同姓婚姻的出现说明，随着民族大迁徙，多民族杂居已成定势，继续维持传统的氏族外婚制习俗和完整的契丹族群生活已不可能，因此不得不打破禁忌，扩大通婚范围，异族通婚遂日益普遍。

二 契丹与蒙古、色目人的通婚

蒙元时期，蒙古人以征服者姿态成为新帝国的统治民族，在征服过程中，蒙古统治者还通过联姻，不断将其亲属关系扩大到不同的部

---

① 陈旅：《安雅堂集》卷六《舒噜复旧氏序》，文渊阁《四库全书》，第1213册，第79页。

② 《辽史》卷七一《后妃传》，第1198页。

③ 嘉靖《鲁山县志》卷九《石抹公墓志铭》，天一阁藏明代方志选刊，第50册，上海古籍出版社景印，1982年版。

④ 胡祗遹：《紫山大全集》卷一六《舒穆噜氏神道碑》，第278页。

⑤ 《元典章》十八《户部》卷之四《婚姻·婚礼》"嫁娶聘财体例"，第614页。

落和民族中，从而将整个部落或政权当作家族成员一样纳入其帝国内。这种政治联姻跨越宗教、种族或地域，建立在忠诚、信任和效忠的基础之上，使亲属关系的事务扩大为一种政治权利和义务。与此相应，蒙古统治疆域内的各部落和民族也以与蒙古人通婚为荣，以获得更多的政治权利。

在蒙古攻金伐宋过程中，契丹人成为蒙古人联合笼络的对象，出力极大，"策勋天朝，散处四方，率以武功显"①，出现不少勋臣世家，并与蒙古人保持通婚关系。中书令耶律楚材家族就是在金末元初形成的契丹勋臣世家，他们与蒙古人通婚，并深受蒙古婚姻习俗的影响。据考证，耶律楚材之子耶律铸就有多个妻子，分别是：也里可温真，赤帖吉真，雪尼真，奇渥温真（二人），瓮吉剌真，粘合氏②，其中奇渥温真氏、赤帖真氏、雪尼真氏、瓮吉剌真氏都是蒙古人。奇渥温氏即乞颜氏，乃是斡真大王女孙、捏木儿图大王幼女、塔察儿大王从妹，耶律希援的生母。赤帖吉氏为太宗皇后乃马真所赐，当为蒙古人，生耶律希亮。其余诸妻则分别出自蒙古雪尼惕部、弘吉剌部。耶律铸诸子中，耶律希亮"娶札剌真氏，郡王爪秃之长女"③。耶律希援则"娶瓮吉剌氏"④。耶律铸父子都与蒙古宗室联姻，其所联姻的瓮吉剌氏也是与黄金家族世代通婚的后族，可见该家族蒙古化程度之深。

与耶律楚材家族同样成为勋臣世族的石抹也先家族，也保持着与蒙古上层社会的婚姻联系。石抹也先属契丹迪烈紃人，原成于蒙金边界之北野山（内蒙古呼盟根河北岸苦烈儿山），蒙古起兵攻金，石抹也先从木华黎取东京（辽宁辽阳），"得地数千里，户十万八千，兵

---

① 陈基：《夷白斋稿外集》卷下《书舒穆噜氏家谱后》，文渊阁《四库全书》，第1222册，第389页。

② 参见澳大利亚学者 Igor de Rachewilez，A NOTE ON YELV ZHU 耶律铸 AND HIS FAMILY，郝时远、罗贤佑主编《蒙元史暨民族史论集》，社会科学文献出版社2006年版，第269—281页。

③ 危素：《危太朴文续集》卷二《涞水郡公谥忠嘉耶律公神道碑》，元人文集珍本丛刊，台北新文丰出版公司1985年版，第7册，第508页。

④ 《故郡主夫人奇渥温氏墓志铭》，见 Igor de Rachewilez，A NOTE ON YELV ZHU 耶律铸 AND HIS FAMILY。

十万"。《石抹公神道碑》载石抹也先"夫人三：长曰蒙古氏，次萧氏、耶律氏"。石抹也先之子石抹库禄满夫人亦为蒙古氏①，石抹也先之重孙石抹继祖则妻弘吉剌氏②。石抹也先家族可谓世姻蒙古，堪与耶律楚材家族相媲美。

从零散的资料中也可以发现契丹与蒙古通婚的现象。《元史·耶律阿海传》载："金人讶其使久不还，拘家属于瀛……帝闻之，妻以贵臣之女，给户，俾食其赋。"可见阿海也有蒙古人妻子。此外，《赠奉政大夫骁骑尉大同县子萧公神道碑铭》载碑主萧君弼有"继夫人察罕塔塔氏"。蒙古伯牙兀台氏泰不华③，至正元年除绍兴路总管，"娶石抹继祖女为妻"④。等等。

契丹人与色目人通婚也时有所见，包括畏兀儿人、西夏人、钦察人等。如畏兀儿大臣安藏之女"适荆湖北道宣慰副使耶律希图，中书左丞相铸之子也"⑤。深受忽必烈信任的畏兀儿大臣廉希宪之母就是"石抹氏，追封魏国夫人"⑥。《元史·布鲁海牙传》载廉希宪之父布鲁海牙随成吉思汗西征，"不避劳苦，帝嘉其勤，赐以羊马毡帐，又以居里可汗女石抹氏配之"。居里可汗即菊儿汗，是契丹耶律大石西迁后建立的西辽君主称号，其女应为耶律氏，与布鲁海牙婚配的石抹氏应为西辽后族之女。据《湖广行省左丞相神道碑》，畏兀儿人阿力海涯有"如夫人者萧，生拔突鲁海涯"⑦。也是畏兀儿人与契丹人通

①　许谦：《白云集》卷二《总管黑军舒穆噜公行状》，文渊阁《四库全书》，第1199册，第569页。

②　黄溍：《金华黄先生文集》卷二七《沿海上副万户石抹公神道碑》，四部丛刊初编本。

③　关于泰不华的族属，有蒙古与色目两种说法，本文取蒙古说。参见王颋《伯牙吾氏泰不华事迹补考》，《民族研究》2007年第2期。

④　黄溍：《金华黄先生文集》卷二七《沿海上副万户石抹公神道碑》，四部丛刊初编本。

⑤　程钜夫：《雪楼集》卷九《秦国文靖公神道碑》，文渊阁《四库全书》，第1202册，第105页。

⑥　苏天爵：《元文类》卷六五《平章政事廉文正王神道碑》，商务印书馆1936年版，第937页。

⑦　苏天爵：《元文类》卷五九《湖广行省左丞相神道碑》，商务印书馆1936年版，第855页。

婚之一例。此外，西夏人余阙，诸妻中有耶律氏①。前面提到耶律铸有个妻子是也里可温真，所谓也里可温指的是基督教聂斯托里派教徒，所以此也里可温真应是耶律铸的色目人妻子。契丹人萧爱纳霸突儿"配许氏、郭氏、钦察氏"②。钦察也是色目人之一种。文献中契丹人与色目人通婚的记载较少，这一方面有阶层差异方面的原因，色目人在四等人制中地位要高于汉人；另一方面也与色目人多来自异域，信仰不同，文化差异较大有关系。色目人中西夏人、畏兀儿人与汉文化比较近，与契丹人通婚的情况可能相对较多。

三　契丹与汉人的婚姻

辽朝时期，契丹人与汉人即有通婚的情况出现。辽太宗会同三年，诏"契丹人授汉官者从汉仪，听与汉人婚姻"③。萧启庆先生曾指出，辽朝虽以耶律、萧氏世代联姻为主，不可能与汉人世家全面通婚，但由于政治上的需要，契丹统治家族仍与汉人世家以婚姻相结纳，燕京五大汉人世家与辽朝帝后二族均有联姻的事实④。金朝时期，大部分契丹人保持着耶律和萧氏的内部婚姻，但也出现"与女直人相为婚姻"⑤的情况，与汉人的通婚更有所发展⑥。金后期实行迁徙契丹人南下政策，大量契丹人与汉人杂居，特别是进入蒙元时期，契丹

---

① 顾嗣立编：《元诗选初集》（全三册）庚集"余忠宣公阙"，中华书局1987年版，第1736页。妻，或作妾。

② 刘敏中：《中庵集》卷一六《赠奉政大夫骁骑尉大同县子萧公神道碑铭》，文渊阁《四库全书》，第1206册，第139页。

③ 《辽史》卷四《太宗纪下》，第49页。

④ 萧启庆：《汉人世家与边族政权》，收入《元代的族群文化与科举》，联经出版事业股份有限公司2008年版，第369—374页。

⑤ 《金史》卷八八《唐括安礼传》，中华书局1975年版，第1964页。

⑥ 吕居仁《轩渠录》载："绍兴辛巳冬，女真犯顺，米忠信夜于淮南劫砦，得一箱篋，乃自燕山来者，有所附书十余封，多是军中妻寄军中之夫。建康教授唐仲友于枢密行府僚属方圆仲处亲见一纸，别无他语，止诗一篇云：'垂杨传语山丹，你到江南艰难；你那里讨个南婆，我这里嫁个契丹'。"

人"支分蔓衍，散处北南"①，随着战争的需求而出现在大江南北，镇守在云南、四川、江浙、湖广等地。从《至顺镇江志》《至大金陵新志》等地方志中，就可看到当时南方各地有契丹户的存在。这些契丹人分散进入南方汉地，必然要与汉族人通婚以维持家族的发展。这种情况甚至受到官方的注意，元成宗大德七年，以"行省官久任，与所隶编氓联姻，害政"，"诏互迁之"②。可见当时南下任官的北方人与当地居民通婚的情况十分普遍，这些与治下百姓联姻的北方官员就包括契丹人。文献中反映元代契丹人与汉人通婚十分普遍，现将比较可靠的材料列表如下，以供参考。需要说明的是，这里所说的是广义上的汉人，包括当时的汉人（主要是汉人、女真）和南人。

表1　　　　　　　元代契丹、汉人通婚情况

夫名	官职	妻名	家世	备注
汪惟正	陕西四川行省左丞	石抹氏		《汪惟正神道碑》《耶律氏墓志铭》
		耶律昼锦	丞相耶律铸长女	
汪惟简	保宁等处万户	石抹氏	秦州管军元帅石抹氏之女	《汪惟简圹志》
汪懋昌	陇州知州	移剌氏	四川叙南宣抚使兼领叙南守镇万户移剌福山之女	《汪懋昌墓志》，汪惟正、汪惟简、汪懋昌皆出身陇右巩昌汪氏世家。此移剌氏出身于桓州耶律氏世家
张天佑	同知行宣政院事	耶律氏	翰林学士承旨耶律希亮从祖妹	《牧庵集》卷二〇《资善大夫同知行宣政院事张公神道碑》
王均	静江路总管	石抹氏	江汉万户老格之孙珲塔罕之女	《牧庵集》卷二一《少中大夫静江路总管王公神道碑》
傅昱	签汉中道廉访司事	耶律氏	中书左丞耶律埒克孙女	《榘庵集》卷八《朝列大夫金汉中道廉访司事傅公墓志铭》

① 陈基：《夷白斋稿外集》卷下《崇勋堂记》，第386页。
② 《元史》卷二一《成宗纪四》，第455页。

续表

夫名	官职	妻名	家世	备注
李遹生	知和州事	移剌氏	移剌氏之贵族也	《道园类稿》卷四五《李氏先茔碑》
张信	广济库提领	耶律氏		《侨吴集》卷一二《元从仕郎广济库提领张君墓志铭》
畅师文	翰林学士	耶律氏	上世辽贵族，佩金虎符万户某之女	《至正集》卷四九《畅公神道碑铭》
张氏		石抹引璋	万户萧札剌孙女	《鲁山县志》卷九《石抹公墓志铭》
聂希甫	广德军宣差	耶律氏		《山西通志》卷一五六《列女》
瓜尔佳隆古岱	兴元行省	耶律氏		《牧庵集》卷一六《兴元行省瓜尔佳公神道碑》
宋义		耶律氏	耶律楚材裔孙	《类博稿》卷九《关西宋处士行状》
粘合师奴		耶律氏	耶律希亮长女	《涞水郡公谥忠嘉耶律公神道碑》
梁完者笃		耶律氏	耶律希亮三女	《涞水郡公谥忠嘉耶律公神道碑》
李孝恭	川州知州	耶律氏	耶律铸侄孙女，耶律有尚女	《滋溪文稿》卷七《耶律文正公神道碑铭并序》
耶律有尚	昭文馆大学士兼国子祭酒	杨氏	五十四处宣差杨坤珍女	《耶律文正公神道碑铭并序》
		伯德氏	济、兖、单三州都达鲁花赤山哥女	
耶律希亮	翰林学士承旨	何氏	金徐州领军都统何立之女	《危太朴文续集》卷二《涞水郡公谥忠嘉耶律公神道碑》
耶律宝童	太傅总领也可那延	聂赫氏		《榘庵集》卷九《耶律濮国威愍公墓志铭》

夫名	官职	妻名	家世	备注
耶律忙古台	行大理金齿等处宣慰使都元帅	梁氏	四川千户某女	同上。耶律宝童、耶律忙古台父子出身于桓州契丹耶律氏世家。
		王氏	咨议王英长女	
耶律楷		王氏	翰林学士王恽孙女	《秋涧先生大全文集》附录《王公神道碑铭》
耶律谅		张氏	张诚女	《榘庵集》卷九《故张君彦谌墓志铭》
萧公男		王氏	王仲位女	光绪《永平府志》卷二八《奥鲁总管王公之碑》
耶律弼		姚氏	翰林学士承旨姚燧长孙女	
耶律希逸	左丞相耶律铸之子	贾邈罕	签书宣徽院事贾脱里不花孙女	《秋涧先生大全文集》卷五一《签书宣徽院事贾氏世德之碑》
萧世昌	征南千户	段氏	千户段高奴女,严东平鲁王甥	《至正集》卷五二《故征南千户萧公神道碑铭》,《紫山大全集》卷一七《萧千户神道碑铭》
萧璘	卫辉提领长官	满扎氏		《紫山大全集》卷一六《卫辉提领长官萧公神道碑》,萧璘、萧世昌同出于清平石抹氏。
耶律泽民	大名路征收课税所长官	刘氏		《紫山大全集》卷一七《故大名路征收课税所长官耶律公神道碑》
		萧氏		

以上仅仅是部分契丹人与汉人的通婚情况,像这样的实例尚多,举不胜举。甚至有一个家庭中两个兄弟同时娶契丹女的现象,如《大朝宣授沁州长官赠沁阳公神道碑铭》载:"公讳丰,字唐臣,汾州西河人……子四人,思明、思忠、思敬、思问。思明……娶平阳萧帅

女。思问……娶太原路治中耶律公之女。"① 至于那些与蒙古人、色目人通婚的契丹家族，也有更多与汉人通婚的例子，如萧君弼父子曾娶钦察人、蒙古人为妻，但该家族三代 12 人次婚娶汉姓人家；即使是蒙古化程度颇深的耶律楚材家族也多次婚娶汉姓人家。说明与汉人通婚是蒙元时期契丹人婚姻的主流。

由于蒙元时期契丹人改用汉姓的现象比较普遍，也影响到契丹人婚姻状况的统计。契丹人改用汉姓，最常见是萧、刘二姓，所谓"石抹曰萧""移剌曰刘"，《湛然居士文集》中多处见到移剌与汉姓刘互用的例子，《嘉靖开州志》卷五亦提到"元刘德裕，本辽东丹王耶律之胄，尝历州郡，多善政，至元中，为州尹"。可见契丹人中刘姓之普及。除此之外，还有改姓李氏、郑氏、王氏者，刘因《少中李公名字说》云："公之先，契丹氏之族也。其氏李，则远有端绪，而碑志存焉。"② 虞集《吏部员外郎郑君墓碣铭》载碑主郑大中"先世本契丹贵族石抹氏，后改从汉言曰萧氏者是也"。因幼时被千户郑公收养而改姓郑，"郑氏有以石抹氏改者，自真定讳显者始"③。从《元史》卷一四九《王珣传》可知契丹人也有改姓王氏者。其实契丹人还有改女真姓的，如完颜、蒲察、纥石烈等④。可见契丹人改姓情况之复杂。改姓无疑会淡化本民族意识，易认同于他族而互相联姻，这部分契丹人的婚姻情况混同于汉人而无法统计。这些改汉姓的契丹人，生活方式已与汉人没有太大区别，在婚姻和生产上受到汉人的影响加重，并世世代代与汉人通婚。到元代中后期，这部分契丹人固有的民族特征已然消失了。

综观蒙元时期契丹人婚姻情况，有以下一些特点：

---

① 清光绪八年《平遥县志》卷一一《艺文志上》，《中国地方志集成·山西府县志辑》第 17 册，凤凰出版社、上海书店、巴蜀书社 2005 年版，第 265、266 页。

② 刘因：《静修集》卷一二《少中李公名字说》，文渊阁《四库全书》，第 1198 册，第 577 页。

③ 苏天爵：《元文类》卷五五《吏部员外郎郑君墓碣铭》，商务印书馆 1936 年版，第 800 页。

④ 参见赵翼《陔余丛考》卷一八《元制蒙古色目人随便居住》，商务印书馆 1957 年版，第 355—356 页；冯继钦《金元时期契丹人姓名研究》，《黑龙江民族丛刊》1992 年第 4 期。

　　首先，蒙元时期契丹人主要向两个方向分化，即蒙古化和汉化。留居东北故地、不通汉语的契丹人与蒙古人错居，生活的各个方面受蒙古人影响较大。而南迁的契丹人与汉人杂居，早已开始汉化的进程。所以，虽然同是契丹人，又以出生何处，而分别属于蒙古色目人或汉人。至元二十一年八月，"定拟军官格例，以河西、回回、畏吾儿等依各官品充万户府达鲁花赤，同蒙古人；女真、契丹，同汉人。若女真、契丹生西北不通汉语者，同蒙古人；女真生长汉地，同汉人"①。从政策上确认了契丹人分化的现实。反映在婚姻方面，前者以和林时代的耶律楚材家族为代表，世代与蒙古人联姻，故有学者认为"元朝灭金后，原陷于金朝境内的契丹人也多成为蒙古人，如耶律楚材及其遗裔，就是明显例证"②。后者以清平萧氏为代表，该家族在金代始终与耶律氏通婚，保持着自己的族性，入元后通婚对象发生变化，开始与汉人通婚，反映了汉化的趋势。随着时间的推移，空间的南移，这种趋势更加明显，如元末淮安府耶律氏五节妇，分别为韩氏、贾氏、杨氏、丁氏、金氏，皆为汉人③。

　　其次，重视门第甚于保持族性。从契丹人在联姻对象的选择上看，并未表现出对本族群的认同，反倒是功利心强烈。除了选择第一二等级的蒙古人和色目人作为联姻对象外，在同为汉人的联姻对象中，也基本上是勋贵世家或文学名家，如巩昌汪氏等。这一方面与样本的情况有关，留下记载的多是势力文学之家，普通契丹人的情况则湮没无闻。另一方面则由于金元之际的社会动乱造成了族群意识淡化，蒙古统治者利用民族差别进行嵌入式统治的族群统合政策打破了地域隔阂和族群壁垒，有利于元代社会由种族社会向门第社会发展。

---

　　① 《元史》卷一三《世祖纪十》，第268页。

　　② 陈佳华、蔡家艺、莫俊卿、杨保隆：《中国历代民族史·宋辽金时期民族史》，四川民族出版社1996年版，第75页。

　　③ 《江南通志》卷一八四《人物志·列女·淮安府》，文渊阁《四库全书》，第512册，第277页。

最后，大多数契丹人的择偶倾向基于传统的乡谊和共同文化，因此，长期杂居于汉地环境中的契丹人主要选择与汉人通婚。

（原刊《西北师大学报》2009 年第 6 期，与苏鹏宇合作）

元代后期吐蕃行宣政院研究

元顺帝时期，元廷为镇压宣政院所辖吐蕃地区动乱，在吐蕃等处宣慰使司辖地临时设立了行宣政院①，吐蕃等处宣慰使司辖区在藏语中称为脱思麻（主要指历史时期的甘青藏区），所以顺帝时期的吐蕃行宣政院也称"朵思麻（行）宣政院"。此后，关于吐蕃行宣政院的记载频频出现在史籍中，这是一个值得注意的历史现象。学界关于元代行宣政院已有不少研究②，但对设置在脱思麻地区的行宣政院的机制与形态未作深入探讨，对吐蕃行宣政院的职权范围、治所及历任院使情况语焉不详，对吐蕃行宣政院与当地宣慰使司及镇戍诸王的关系尚待梳理。这些问题都关系到元后期吐蕃地区治理方略的调整与变化，值得重视。

一 元代吐蕃管理体制与行宣政院的设置

至元二十五年（1288），元世祖忽必烈将原统领释教的总制院改

---

① 元朝行宣政院有两类，一类是于世祖至元二十八年（1291）设立在杭州等地的杭州行宣政院，主管江南地区佛教事务，基本上是常设机构；一类是宣政院所辖吐蕃地区行宣政院。两类行院性质、职能等有所不同，本文主要以后者为中心展开讨论。关于杭州行宣政院的研究，详见邓锐龄《元代杭州行宣政院》，载《中国史研究》1995年第2期。

② 参见韩儒林《元朝中央政府是怎样管理西藏的》，《历史研究》1959年第7期；陈庆英《元代宣政院对藏族地区的管理》，《青海社会科学》1990年第4期；陈庆英《元代朵思麻宣慰司的设置年代和名称》，《中国藏学》1997年第3期；任树民《元代脱思麻宣慰司吐蕃社会状况略考》，《西藏研究》1998年第4期；张云《元代中央政府治藏制度研究》，黑龙江教育出版社2013年版；杜立晖《黑水城文书所见元代的朵思麻宣政院》，元史研究会编《元史论丛》第十四辑，天津古籍出版社2013年版。

为宣政院，"掌释教僧徒及吐蕃之境而隶治之"①。中央宣政院不仅管理全国佛教事务，还负责吐蕃地区的治理，为落实宣政院对吐蕃地区的管理，元朝还先后设立了三道宣慰使司都元帅府，即管辖脱思麻地区的吐蕃等处宣慰使司都元帅府，管辖朵甘思地区的吐蕃等路宣慰使司都元帅府，以及管辖前、后藏和阿里地区的乌思藏纳里速古鲁孙等三路宣慰使司都元帅府。三道宣慰使司都元帅府互不统属，直隶宣政院，"分而治之"。此后，元朝对吐蕃地区的管理一直保持着宣政院领辖、宣慰使司都元帅府分治的基本行政体制模式，辅之以宗王镇戍等配套措施，构成了元朝中央治理吐蕃地区的系统化军政管理制度。②

自顺帝朝至元三年（1337）始，元廷在吐蕃治理方略方面有了重大的调整和变化，表现为行宣政院的设立及其向在地化、常态化方向发展，呈现出机构实体化、军民兼管的行省化趋势。此前，宣政院掌管吐蕃地区行政、司法和军事等各类事务，是最高管理机构。只是在吐蕃地区发生重大事件时，才特别派遣军队入藏，如至元十七年（1280），总制院使桑哥率大军入藏平息了萨迦本钦贡噶桑布的叛乱。成宗元贞元年（1295），西平王铁木儿不花和搠思班父子带领蒙古骑兵入藏，联合萨迦十三万户军队打败西蒙古和止贡联军，使"乌斯藏肃然"。一般情况下，则是宣政院派出特使（金字使臣）或以院使为首的分院，携带敕旨与分院大印，会同乌思藏萨迦派本钦，办理括户、征税、置驿等专项事务，或就内部纠纷共同做出行政裁决。藏文史书里记载的分院，实际上就是行宣政院，只是这类行宣政院是因事而临时设置，没有固定治所和经制之费，往往直奔纠纷发生地或例行巡回，由沿途万户负责供给，事毕返回。正如《元史·百官志》宣政院条所说："遇吐蕃有事，则为分院往镇，亦别有印。"③ 可以说，吐蕃地区发生纠纷或动荡是行宣政院设立的背景和缘由。

顺帝后至元三年（1337）五月，脱思麻地区"西番贼起，杀镇西

① 《元史》卷八七《百官志》，第2193页。
② 张云：《元朝中央政府治藏制度研究》，黑龙江教育出版社2013年版，第123页。
③ 《元史》卷八七《百官志三》，第2193页。

王子党兀班",元廷"立行宣政院,以也先帖木儿为院使,往讨之"①,这是在乌思藏地区以外设立行宣政院的最早记载。柯劭忞《新元史》在照录《元史·百官志》"遇吐蕃有事,则为分院往镇,亦别有印"后,参照"行枢密院"条内容,补充了一句"事平即罢"②,实是蛇足之举。就乌思藏的情况而言,分院确实是临时设置的机构,"事平即罢"没有什么疑问,但具体到脱思麻地区,行宣政院似乎并非临设机构,而是向常设化方向发展,有其固定的治所和经费。

顺帝至正十四年(1354),元廷以河州土官"答儿麻监藏遥授陕西行省平章政事,实授行宣政院使,整治西番人民"③。至此,行宣政院使兼有行省长官名义,开始行使省级层面的行政权。至正二十三年(1363),吐蕃行宣政院使定住率大军巡狩洮州,刻石耀功,自称位在"迤西诸王驸马官员之上,总兵便宜行事,握银章,秉节钺,统制诸军,□慭治备……褒善赏功,擢用贤良,诛除凶丑,巡省风俗,问民疾苦"④。这里的行宣政院使,不仅统制诸军,"迤西诸王、驸马、官员之上总兵便宜行事",而且"整治西番人民","褒善赏功,擢用贤良,诛除凶丑,巡省风俗,问民疾苦",甚至参与乌思藏、朵甘思地区事务,表明吐蕃行宣政院已成为代表中央宣政院与陕西行省管理吐蕃事务的专设机构。洪武初年,明军进入河州时,面对的故元势力主要是宣政院使(实为行宣政院使)所统西番军民。由此可见,从最初的"军事戡乱"到"军民兼管",从"分治"到"专治",原来以宣政院领辖、三道宣慰司"分治"、宗王镇戍的治理格局逐渐被打破了,随之形成的是吐蕃行宣政院一定程度上"居上",代表宣政院总管吐蕃三路的新局面。

至正十九年(1359),前丞相太平之子也先忽都获罪,被贬往乌

---

① 《元史》卷三九《顺帝纪》,第840页。
② 柯劭忞:《新元史》卷五八《百官志》,中国书店1988年版,景印本。
③ 《元史》卷四三《顺帝纪》,第913页。
④ 张维:《陇右金石录》卷五,甘肃文献征集委员会1943年铅印本。

思藏之地，途经朵思麻，"行宣政院使桓州间素受知太平，因留居其地"①，事情泄漏后，也先忽都被杖死。行宣政院使桓州间能私自容留朝廷谪罪之人，应该是因其常居脱思麻且在脱思麻有治地的缘故②。黑水城出土文书中有两件关于元末行宣政院的史料，一件文书中有"土番行宣政院司徒、院使阿剌普花"③等字样，另一件文书中则有"朵思麻宣政院""正马贰匹""依例""至正廿六"等字迹。④该文书残缺严重，杜立晖依据"朵思麻宣政院""正马"等信息推断，此应为至正二十六年（1366）要求亦集乃路某站赤为朵思麻宣政院某行路官吏提供马匹脚程等物事的公文。文书中的"土番行宣政院"当即"朵思麻宣政院"，也就是《元史·也先忽都传》中提到的脱思麻行宣政院⑤。

黑水城文书中记载的"正马"，原为元代站赤正常当役的公用马匹，依例提供马匹等物具表明"朵思麻宣政院"应该已被纳入该站赤的正常支役范围。如若文书中的"朵思麻宣政院"为临时性的"往讨"机构，则在距脱思麻千里之遥的亦集乃路某站赤产生这种"依例"正常支役事务的可能性不大。治所是政府衙司设置固定化的基础和标志，有常例驿马的"朵思麻宣政院"当为元朝设在脱思麻地区的固定机构。

藏文文献中的记载印证了这一点。《红史》在"噶玛噶举"一部分中有关于顺帝时期四世噶玛巴乳必多杰受邀赴大都为皇室成员灌顶，途经脱思麻地区因遇叛乱而耽搁行程的详细记载：

　　　猪年（1359）二月六日，他到嘉噶地方，王子桑扎室利坚亲

---

　　①　《元史》卷一四〇《也先忽都传》，第 3372 页。

　　②　张云：《关于元代宣政院的几个问题》，《中国藏学》1995 年第 2 期。

　　③　该出土文书现藏于阿拉善博物馆，参郭明明、杨峰《黑水城出土的一件元代书信文书考释》，《西夏学》2018 年第 1 期。

　　④　塔拉、杜建录、高国祥：《中国藏黑水城汉文文献》第 5 册《军事与政令文书》，《朵思麻宣政院》（编号 M1·0801［84H·F16：W5/0523］），国家图书馆出版社 2008 年版，第 1029 页。

　　⑤　杜立晖：《黑水城文书所见元代的朵思麻宣政院》，元史研究会编《元史论丛》第十四辑，天津古籍出版社 2013 年版，第 483—489 页。

自前来迎接。八日，他被迎请到河州，达玛靖王把他请到索雅的
斡耳朵住了两天，以靖王官却贝为首的王族前来皈依，他为行院
的官员们举行了灌顶……在河州住了八天，住在王子官却贝在山
腰修建的寺院附近扎下的帐篷中。此时发生了叛乱，所有的驿路
都被阻断，而在当地住了六个多月。他的随从五百多人的食用都
由行院供给。①

此处的"猪年"为至正十九年（1359），设在河州的行院即脱思麻行
宣政院。四世噶玛巴活佛滞留河州期间，随行人员食用皆由行宣政院
提供，这是一笔较大的开支，非临时往镇的行院机构所能承担。况
且，当噶玛巴于兔年（1363）二月返藏时，宣政院和行宣政院的官员
为他送行，"当这些送行者们返回后，凉州国王的一切权利都归属于
大王子，由新委任的行院的官吏们侍奉"②。行宣政院不仅负责藏地僧
众与朝廷使臣的迎请接送，而且侍奉镇戍的蒙古宗王，参与乌思藏地
区事务，具备了军事、民政、财赋权力，基本成为行省一级的政权
机构。

元廷以行宣政院专治吐蕃，是其治藏策略的重大调整，这一变化
并非偶然，而是与当时复杂的政治态势有关。

首先，至正时期，朝廷内部纷争连绵不休，各地反元斗争此起彼
伏。面对内外激荡的政治局势，元廷对中书省、枢密院和部分行省、
行枢密院进行了"分省、分院"变革。《元史》载："至正兵兴，四
郊多垒，中枢、枢密俱有分省、分院。而行中书省、行枢密院增置之
外，亦有分省分院。"③ 自至正十一年始，朝廷先后在中书省辖区设立
彰德、济宁、保定等十处中书省分省，并对江浙、甘肃、湖广、江西
等行省及新置的淮南江北、福建、山东、胶东、福建江西、广西等行

①　蔡巴·贡噶多吉著，东嘎·洛桑赤列校注，陈庆英、周润年译：《红史》，西藏人
民出版社 1988 年版，第 100—101 页。

②　《红史》，第 105 页。

③　《元史》卷九二《百官志八》，第 2327 页。

省进行分省。① 中书省分省、枢密院分院说明元朝中央权力部分下放，行省权力增大，甚至部分行省长官被赋予便宜行事之权，所谓"凡军旅、钱粮、铨选之事，一听其便宜行之"②。设吐蕃行宣政院治理吐蕃无疑也是元廷中央权力下放的一部分。至正年间，虽然吐蕃各地动乱不止，但最令元廷头痛的还是体制内部各政教势力之间的倾轧，以及统治机构各部门或派系之间的争夺，而后者对元朝西部疆域的稳定安全造成的破坏更大。由于中枢决策与执行能力下降，遥远的藏地又值多事之秋，内部冲突频频发生，官司控状不断，宣政院的应对往往缓不济急，难以及时调控，而三道宣慰司又不相统属，很难集中力量应对复杂局面。在此情况下，设立行宣政院作为中央派出机构专管专治，不失为一种有效措施。朝廷于至正十四年设宣政院作为宣政院的派出机构治理吐蕃，显然是与至正十一年前后分省、分院变革的大背景有关。

其次，由于"差发浩大"和自然灾害频发，自成宗初起，脱思麻、朵甘思两地的吐蕃部落反元事变不断。先是成宗元贞二年（1296），陕西行省"土蕃叛，杀掠阶州军民"③，次年又攻阶州，"陕西行省平章脱列伯以兵进讨，其党悉平"④。武宗至大四年（1310），吐蕃乱民攻阶州、李店（礼店）、文州。仁宗皇庆元年（1314），吐蕃利族、阿俄等五族攻成谷。英宗至治元年（1331）参卜郎诸部叛，"敕镇西武靖王搠思班等讨之"⑤。至正三年（1343）七月，中书省奏："阔端阿哈所分地方，接连西番，自脱脱木儿既没之后，无人承嗣。达达人口头匹，时被西番劫夺杀伤，深为未便。"于是，元廷"遂定置永昌等处宣慰使司都元帅府以治之"⑥。至正十七年五月，永

---

① 温旭：《元末乱局与行省制度变革》（未刊稿），《色目（回回）人与元代多元社会国际学术研讨会论文集》，南京大学，2019年，第1038—1051页。

② （元）王祎：《王忠文公文集》卷六《送申巡检之官序》，文渊阁《四库全书》，第1226册，第119页。

③ 《元史》卷一九《成宗纪》，第404页。

④ 《元史》卷一九《成宗纪》，第410页。

⑤ 《元史》卷二八《英宗纪》，第629页。

⑥ 《元史》卷九二《百官志》，第2338页。

昌宣慰使司改属詹事院，实际上由脱思麻行宣政院管理。① 顺帝时期，吐蕃地区反元势力逐步扩大，斗争愈为激烈，需要强有力的机构协调宣政院、行省、宣慰司、诸王等各方力量，便宜行事。行宣政院设立不久，即有了行省化趋向，很大程度上是受局势的推动。

第三，脱思麻行宣政院职能的强化也与乌思藏萨迦体制崩坏有关。14 世纪中叶，帕木竹巴万户绛曲坚赞对萨迦政权的挑战导致了乌思藏的动乱，也引起了元廷的关注。1350 年左右，豫王阿剌忒纳失里与宣政院使南喀巴入藏调解，但双方并未形成合力，反而互相掣肘，豫王支持止贡万户，宣政院官员则与帕竹万户关系密切，争执的原因固然与元廷治藏的二元体制有关，但豫王阿剌忒纳失里好大喜功的个性进一步激化了矛盾。他排挤宣政院系统的同时，进而憎恨服从院使而拒绝自己指令的帕木竹巴万户绛曲坚赞，不屑于怀柔而一味强硬，结果是分裂的治藏系统无力阻挡帕竹派的进取，豫王方面的军队一败涂地，他本人也黯然离藏②。1353 年 7 月，绛曲坚赞击败萨迦朗扎、止贡万户和雅桑万户联军，其取代萨迦派掌管乌思藏政教权力的势头已经不可动摇。正是在这一背景下，至正十四年（1354），元廷以脱思麻贵族司徒答儿麻监藏出任吐蕃行宣政院使，"整治西番人民"，方便就近管控乌思藏局势。

二　脱思麻行宣政院的治所与院使

元代在脱思麻地区设立的军政管理体系比较复杂，管辖范围前后也有变化。在行宣政院设立后，此前设立的吐蕃等处宣慰使司都元帅府（亦称脱思麻宣慰司），受行宣政院和陕西行省双重管辖。永昌宣

---

① 《元史·顺帝纪》载至正十七年五月，"诏以永昌宣慰司属詹事院"。詹事院是至正十三年所设太子东宫官属，永昌宣慰司隶太子并由行宣政院代管之事在《红史》中也有记载："凉州国王的一切权力都归属于大王子，由新委任的行院的官吏们侍奉。"

② ［意］伯戴克著，张云译：《元代西藏史研究》，云南人民出版社 2002 年版，第105—121 页。

慰使司都元帅府设立后，可能也受行宣政院和甘肃行省双重管辖。那么，吐蕃行宣政院的治所设在何处呢？历任院使情况又如何呢？

（一）脱思麻行宣政院治所

历史上，河州是脱思麻地区的行政中心，元代吐蕃等处宣慰使司的治所就设在河州，所以，脱思麻行宣政院的驻地应首选河州。事实也是如此，《红史》记载至正十九年（1359）二月，噶玛巴四世活佛被迎请到河州后，为行宣政院的官员举行了灌顶。① 噶玛巴一行在河州滞留期间，吐蕃行宣政院供给了随从五百余人的日常用度。这一切似乎说明吐蕃行宣政院的治所就在河州，否则无法承担起如此大规模使团的食宿财用。

《唐李将军碑阴题记》中提到至正二十三年（1363）吐蕃行宣政院为头院使定住率领两院官廪、随从亲军开赴洮州讲武观兵的史事。出发前宣慰司代赐御酒，以勉其行，这说明大军的出发地就在宣慰司治所河州。

值得注意的是，嘉靖《河州志》卷二《典礼志·祠祀》载："报恩寺，在州东门街，至元十二年，土官平章答立麻坚藏建。洪武二十六年，立僧纲司，属卫。"② 这里的"至元"应为"至正"之误，土官平章答立麻坚藏应即上文提到的行宣政院使答儿麻监藏，平章头衔是因其后来遥领陕西行省平章。至正十二年时，他有可能已经是院使之一了，但不是为头院使。《河州志》又载："文昌观，在州东南，元辛卯，行宣正院经历善麻建。"③ 辛卯为至正十一年（1351），行宣政院经历善麻在河州建造经营庙观的事迹说明，至正十一年时行宣政院应该已经作为固定机构存在于河州了。元末最后一任院使何锁南普也驻衙河州。按照元代惯例，我们怀疑河州报恩寺就是脱思麻行宣政院使衙署所在。沈卫荣在考察西番三道宣慰司治地时，引用了《汉藏

---

① 《红史》，第100页。
② 吴祯著，马志勇校：《河州志校刊》，甘肃文化出版社2004年版，第55页。
③ 吴祯著，马志勇校：《河州志校刊》卷二《典礼志》，甘肃文化出版社2004年版，第56页。"行宣正院"应为行宣政院之误。

史集》中的一段记载：大臣答失蛮奉诏诰法旨往吐蕃建立驿传系统时，先达正法后弘之源头、朵思麻地丹底水晶佛殿（dan - tig - shel - gyi - lha - khang），后次第往朵甘思之昝多桑古鲁寺（gtso - mdo - bsam - vgrub）、藏之具吉祥萨思迦等地集聚民众，颁发赏品、宣读诏诰。① 他认为此处提到的这三座寺院，有可能分别为西番三宣慰司之治地。其中，萨思迦是帝师八思巴所领萨思迦派之根本之地，因此成为乌思藏宣慰司之治地。昝多桑古鲁寺在今西藏昌都贡觉县境内，即元朵甘思宣慰司之治地。② 丹底寺位于今青海省化隆回族自治县境内，寺处循化县城黄河北岸 10 余千米的小积石山中，乃藏传佛教后弘期的发祥地，一直是各派教徒向往的圣地，从吐蕃往内地朝贡的番僧多往此寺朝圣。丹底寺地处河州境内，故笼统地说元朵思麻宣慰司之治地为河州不错，而更确切的地点当是丹底寺。沈卫荣所举元明史料颇有说服力，青海学者叶拉太完全认同沈氏之说，并补充说明朵思麻宣慰司之治地初在宗喀之丹底寺，后来移至河州。③ 循此惯例，答立麻坚藏所修之河州报恩寺很可能就成为吐蕃行宣政院的治地。一直到明嘉靖年间，报恩寺仍是官府抚治属番的场所。明王珣《守备题名记》载：

> 嘉靖戊戌秋，予与守戎周公，受巡按对霍李公招番易马之责。事竣，例应赏番，盖圣朝柔远人之意也。乃集番于州之报恩寺，谕以恩信，犒以花红羊酒。番人稽首而退。周公作而西游僧舍，偶观碑刻，一座跌错，风雨剥落。摩挲睨观，乃知为先进守戎题名记也。自康公后，遗而未备。周公喟然叹曰："豪杰之名，记诸石用示不朽，今泯没于缁流，隐而弗见，犹弗见弗闻，犹弗题弗记也，岂勒名者之初意哉？"遂徙至公署，复加磨砺，序其

---

① 达仓宗巴·班觉桑布著，陈庆英译：《汉藏史集》，西藏人民出版社 1986 年版，第168 页。

② 沈卫荣：《元明两代朵甘思灵藏王族历史考证》，《中国藏学》2006 年第 2 期。

③ 叶拉太：《元代多康藏区与西藏的关系考略》，《青海民族大学学报》2016 年第3 期。

名氏，补其阙略，命工刻置堂左，灿然备具。①

可知明代招番易马政策，从布置到犒赏，都召集各族首领在报恩寺进行，所以历任河州守备将领都循例在此留下题名记，这显然都是袭元故制的结果，充分说明了报恩寺作为河州地方政教中心的地位。到了嘉靖时期，事过境迁，后任官员已不解旧制渊源，感叹"豪杰之名""泯没于缁流"，将"先进守戎题名记""徙至公署"，这一出自文化本能的行为，既是对历史的无知，另一方面也是河州郡县化现实的反映。

（二）吐蕃行宣政院历任院使辑考

文献中关于吐蕃行宣政院使及其佐贰官的记载时有所见，张云教授已有初步梳理，但人物还有缺漏，所辑事迹也比较简单，现在此基础上再做补充。

1. 也先铁木儿。后至元三年（1337）任行宣政院使，征讨西番。行宣政院设有数名院使，也先铁木儿应是为头院使。

2. 答儿麻监臧。顺帝至正十四年（1354），元廷"以答儿麻监臧遥授陕西行省平章政事，实授行宣政院使，整治西番人民"。同年所立《重修牛山土主忠惠王庙碑》题名中也列有"荣禄大夫、宣政院使答儿麻监臧，资善大夫、同知行宣政院事、克复房州守卫金州总兵官萧家奴……□□总兵官、行宣政院□史赵□木罕，行宣政院首领杨德才、□祥儿、亲□保"等职衔②，此处的"宣政院使"应为"行宣政院使"之误。

关于答儿麻监臧任行宣政院使后的行踪，《元史》仅有至正十五年（1355）"又兼知枢密院事，与四川行省左丞沙剌班、湖南同知宣慰使刘答儿麻失里，以兵屯中兴，诏谕诸处，有不降者，与亲王秃鲁

---

① 吴祯著，马志勇校：《河州志校刊》，甘肃文化出版社 2004 年版，第 147 页。

② ［日］松田孝一：《红巾の乱初期陕西元朝军の全容》，《东洋学报》第 75 卷 1·2 号，1993 年 10 月。

及玉枢虎儿吐华讨之"①一条。而据《红史》载，鼠年（1360）答儿麻监藏受人指控将被惩处，恰好四世噶玛巴乳必多杰入朝行至脱思麻后，有折返之意，因答儿麻监藏是法王的旧施主，同情他的官员们向元帝陈情，"增派他为迎请使臣，与行院和朵思麻地方的官员及军队一起前往"②。从至正十四年到至正二十年，答儿麻监藏在行宣政院使任上大约六年时间。这里有两点需要指出：首先，答儿麻监藏作为"河州土官"，无疑出身于脱思麻地方有力家族，他与萨迦派关系密切，是帕木竹巴万户绛曲坚赞在萨迦时的同门师弟，在担任行宣政院使之前，他曾以司徒身份于泰定四年（1327）和至正五年（1345）两次以朝廷钦使身份入藏调解纠纷，稳妥处理了帕竹万户与雅桑万户的纠纷，得到绛曲坚赞的认可。③绛曲坚赞推翻萨迦体制后，元廷随即任命答儿麻监藏为行宣政院为头院使，"整治西番人民"，这两件事应有内在联系，在萨迦派失势后，元廷可能想借重脱思麻地方势力，保持对乌思藏局势的控制。这或许说明脱思麻行宣政院有总管吐蕃三路的职权。其次，答儿麻监藏遭受弹劾离职，似乎是延续了宣政院系统和镇戍诸王在治藏策略上的矛盾纷争，特别是对帕木竹巴的态度上，权势煊赫的豫王阿剌忒纳失里在乌思藏丢脸而回，肯定不满意答儿麻监藏对绛曲坚赞的维护，其去职或与此有关。《红史》反映元末河州内乱不断，不仅陕西行省、宣政院系统与镇戍诸王有矛盾，西平王系统内部，武靖王卜剌纳一系也受到打压。

3. 桓州间。至正十九年（1359）前后任院使。从时间上看，此人应与答儿麻监藏在同一任上。

4. 定住。洮州《唐李将军碑》碑阴刻有一段重要的元代题记，信息量极大，是研究元代行宣政院职能的重要文献，现转录如下：

大元至正癸卯岁/便宜总兵官银青荣禄/大夫知枢密院事**虎符**

---

① 《元史》卷四四《顺帝纪》，第 926 页。

② 《红史》，第 103 页。

③ 参见张云《元代中央政府治藏制度研究》第十五章《元朝使者答儿麻监藏等入藏事迹杂考》，黑龙江教育出版社 2013 年版，第 265—270 页。

/行宣政院为头院使阿/□□速氏菊堂定**住**公/特命迤西诸王驸马官员之上总兵**便宜行**事/握银章秉节钺统**制**诸军□悆治备/宣慰司/劳赐御洒以勉其行人臣/眷顾隆重非前世所及是年冬军次洮州蒐狩/讲武褒善赏功擢用贤良诛除兇醜/巡省风俗问民疾苦因率两院官**廩**/从事将佐亲军观兵河/上过唐李将军碑时世/虽异事功则同寿诸碑/阴以纪其事云/冬十二月吉日

此碑原立于卓尼县布安村西，20世纪70年代末移至甘南州合作市文化馆，现存甘南藏族自治州博物馆院内。其碑阴内容最早录于光绪《洮州厅志》，但录文大多阙失，仅40余字，不及总字数的四分之一。① 民国学者张维在《陇右金石录》中将其定名为"李将军碑阴纪事"（本文作"李将军碑阴题记"或"李将军碑阴大元至正癸卯岁题记"），并详细录文，基本展现了碑文原貌，但未做研究。② 吴景山将其收入《安多藏族地区金石录》，参考张氏录文进行了录校，没有做出新的释读。③ 原碑在涉及碑主身份的关键部位有缺损，文字漫漶不清，此前治此碑者又不通元史，尚未能揭示该题记的价值。我们对原碑实地观察后重新释读，新识读出来的文字计有：第4行"虎符"二字，前人未辨识，今辨补。第5行的"住"字，前人未辨识，今辨补。第6行的"便宜行事"，《陇右金石录》误作"都督事"，今辨补改正。第7行的"制"字，《陇右金石录》误作"治"，今改正。第12行的"廩"字，泐蚀严重，前人未辨识，今辨补。新辨补的文字，录文中用斜黑体字表示。新识读的文字中，最关键的是人名"住"字的识读，该字左偏旁"亻"清晰，右半部残损，但上部"宀"可辨识，结合全字轮廓，联系相关史事，基本可判定为"住"字。据此，我们可以确认"李将军碑阴大元至正癸卯岁（1363年）题记"中耀兵洮州的行宣政院使就是《元史·顺帝纪》中至正十八年（1358年）

---

① 光绪《洮州厅志》卷一四《金石》，台湾成文出版社有限公司景印光绪三十三年抄本，1970年版。

② 张维：《陇右金石录》卷五，甘肃文献征集委员会1943年铅印本。

③ 吴景山：《安多藏族地区金石录》，甘肃文化出版社2014年版，第9—19页。

驻兵临洮的陕西行省平章定住（吐蕃行宣政院使均遥领陕西行省平章），年代事迹都能对上。突破这一点，对理清元末脱思麻地区纷乱如麻的历史过程极有帮助。

《元史》卷四十五《顺帝纪》载至正十七年"二月壬子，贼犯七盘、蓝田，命察罕帖木儿以军会答儿麻亦儿守陕州、潼关；哈剌不花由潼关抵陕西，会豫王阿剌忒纳失里及定住等同进讨"[①]。定住时任同知陕西行枢密院事，参与讨伐红巾军的军事行动。特别要注意的是，豫王阿剌忒剌失里与定住并肩战斗，暗示了两人可能有密切关系。至正十七年六月，罢陕西行枢密院。至正十八年夏四月："察罕帖木儿、李思齐，会宣慰张良弼、郎中郭择善、宣慰同知拜帖木儿、平章政事定住、总帅汪长生奴，各以所部兵讨李喜喜于巩昌，李喜喜败入蜀。察罕帖木儿驻清湫，李思齐驻斜坡（眉县），张良弼驻秦州，郭择善驻崇信，拜帖木儿等驻通渭，定住驻临洮，各自除路府州县官，征纳军需。"西北元军各部地盘一目了然。《元史·宰相年表》载定住至正二十一年（1361）九月始"出任陕西行省平章"[②]，恐是误记。《元史》卷四十六《顺帝纪》至元二十一年三月，"张良弼出南山义谷，驻蓝田，受节制于察罕帖木儿。良弼又阴结陕西行省平章政事定住，听丞相帖里帖木儿调遣，营于鹿台"。此后，定住不见于《元史》，应是专注于行宣政院事务，其驻地临洮正是当时的汉藏门户，暗示了其势力范围在河州宣慰司（脱思麻宣慰司）。

藏文史料《朗氏家族史》记载，从 1350 年开始的一段时间里，为解决止贡等万户势力与帕木竹巴之间的争端，朝廷派遣一位王子与院使出使西藏。在处理纷争的过程中，该王与院使南喀班发生冲突，与丁居（Ding ju）、贡巴等人密谋夺取宣政院的印信，"将蒙古都元帅的虎钮印章授给丁居，委任他为蒙古都元帅"[③]。根据伯戴克的研究，

---

① 《元史》卷四五《顺帝纪》，第 935 页。
② 《元史》卷一一三《宰相年表二》，第 2858 页。
③ 绛曲坚赞著，赞拉·阿旺、余万治译：《朗氏家族史》，西藏人民出版社 1989 年版，第 153 页。

这里的王子应是豫王阿剌忒剌失里（Ratnasrī），丁居是其亲信侍卫。①
《元史》与《朗氏家族史》中分别提到与豫王阿剌忒剌失里并肩行事
的"定住"或"丁居"，这两个人物有可能是同一人，这也进一步证
明"李将军碑阴题记"中的定住与《元史·顺帝纪》中的定住为同
一人。据我们研究，至正年间，镇戍河州的铁木儿不花家族大权被长
支豫王阿剌忒纳失里掌控，次支武靖王卜纳剌受到排挤而边缘化，在
此情况下，长期追随豫王的定住出任行宣政院使就是顺理成章的事，
陕西行省平章只是依例遥领的兼职，从其驻军临洮就可看出其地盘
所在。

　　《红史》记载藏历火鸡年，即至正十七年（1357），受到朝廷邀
请，噶玛噶举派活佛乳必多杰赴大都觐见顺帝。元廷派遣迎请噶玛巴
四世活佛的队伍中，有"定久院使、噶德寺官员官却坚赞和帝师下属
索南喜饶"②。这里的"定久院使"可能就是行宣政院使定住。《红
史》成书于至正二十三年（1363），恰是乳必多杰从内地回到西藏之
年。是年撰书者蔡巴·贡噶多吉还将乳必多杰请到蔡贡塘寺讲经，因
此其所叙述的史事是可信的。《明史·危素传》载："时乱将亟，素
每抗论得失。十八年参中书省事，请专任平章定住总西方兵，毋迎帝
师，误军事。"③宋濂在《故翰林侍讲学士中顺大夫知制诰同修国史
危公新墓碑铭》中也载："请专任甘肃行省平章定住总西方兵，勿遣
其迎帝师，误军事。"④综合各种记载，定住实际上是参加了迎请噶玛
巴的活动，危素的建言未被采纳，《危公新墓碑铭》中将定住称为甘
肃行省平章应是误记。从平章、总西方兵、迎帝师、豫王亲信等几点
看，上引《元史》中出现的陕西行省平章定住，就是《李将军碑阴
题记》《红史》《朗氏家族史》中提到的院使定住或定久。1350 年前
后，定住曾随豫王入藏，任蒙古军都元帅，经历了诸多事变。1357 年

---

①　［意］伯戴克著，张云译：《元代西藏史研究》，云南人民出版社 2002 年版，第
116 页。
②　《红史》，第 97 页。
③　《明史》卷二八五《危素传》，第 7314 页。
④　宋濂：《文宪集》卷一八《故翰林侍讲学士中顺大夫知制诰同修国史危公新墓碑
铭》，文渊阁《四库全书》，第 1224 册，第 130 页。

他以宣政院使的身份第二次入藏迎请噶玛巴活佛，可能与这段历史渊源有关。需要说明的是，如果以上出现的定住（定久）是同一人的话，按照《元史·顺帝纪》的记载，他迎请帝师的时间只能在至正十七年二月至十八年四月之间，而噶玛巴一行至正十九年二月才到达河州，可能是至正十七年定住送达邀请诏书后，先行返回，并未一路陪同，所以才能在至正十八年四月已出任陕西行省平章之职。

"李将军碑阴题记"中的定住出身于阿□□速氏，翻捡元代蒙古色目姓氏，阿□□速很有可能是"阿儿罗思"的异写，阿罗思又作斡鲁速、斡罗思、兀罗思、兀鲁斯等，即俄罗斯。1223 年哲别、速不台率领的蒙古军击败了"迄北康邻等十一部落"，即康里、钦察、俄罗斯、阿速等南俄草原部落，收其部众。1236 年拔都西征时，再次征服上述地区。两次西征后被掳掠东来的钦察等部众后被拣选编入色目侍卫亲军中，逐渐形成一个政治军事集团。元朝中期以后，该集团政治地位上升，左右朝政，出了不少权贵重臣。至正时期还有一位名叫定住的重臣，在"台阁三十余年"，至正十六年迁至中书右丞相，就是康里氏，宿卫出身。天历之变时，留守大都的宗王阿剌忒纳失里与金枢密院事的钦察贵族燕铁木儿共谋发动了大都政变，拥立武宗次子图帖睦儿，是为文宗，二人就此成为文宗朝内外领军人物。从两人的同盟关系看，阿剌忒纳失里应受到色目侍卫亲军集团的支持，由此推测他的心腹助手定住出身斡罗思卫是合理的。

5. 何锁南普。治明代西北史者都知道何锁南普是元吐蕃等处宣慰使司末代宣慰使，但很少有人注意到其行宣政院使的身份，张云、武沐曾提及这一点，亦未作深究。① 俞本《纪事录》洪武二年条载"河州土官院使锁南领番戎至城下哨掠"②。洪武三年条下又载："土番宣政院使锁南领洮州、岷州、常阳、帖成、积石等十八族六元帅府大小

---

① 张云：《元代吐蕃地方行政体制研究》，商务印书馆 2017 年版，第 85 页；武沐：《13—19 世纪河湟多民族走廊历史文化研究》，中国社会科学出版社 2017 年版，第 462—463 页。

② 俞本撰，李新峰笺证：《纪事录笺证》卷之下洪武二年己酉，中华书局 2015 年版，第 297 页。

头目，赍所授元宣敕、金银牌面、银铜印信，亲诣愈前降。愈悉纳之，具名闻。上以锁南为河州卫指挥同知，以其弟汪家奴为河州卫指挥佥事。"①这两处出现的十番宣政院使锁南即降明的河州吐蕃宣慰使何锁南普，因《明史》称何锁南普为河州吐蕃宣慰使，故以往都忽略了其另一头衔。李新峰就怀疑俞本因宣慰司属宣政院，遂将何锁南的官职夸大为宣政院使。②其实，何锁南普"荣禄大夫"头衔正是行宣政院使、行省平章一级的。《循化志》载："何氏，河州右丞里人。始祖何锁南，元授荣禄大夫、陕西等处行中书省平章政事，世袭土著为头宣慰使司都元帅。"③这与行宣政院为头院使答儿麻监臧的称衔完全一致。事实上，官修实录也明确记载了何锁南普行宣政院使的身份，《明太祖实录》卷二四五在宁正（韦正）卒后历数其功绩时，称其镇守河州期间，"又招降元宣政院使何锁南等"④。可证何锁南普以行宣政院使身份兼任宣慰使之职，这一点很重要，有利于我们认识吐蕃行宣政院与吐蕃等处宣慰司（河州宣慰司）的关系。《明太祖实录》卷六七洪武四年八月载："故元宗王子巴都麻失里、沙加失里、（何锁南弟）院使汪家奴等来降，贡马二十匹，及献铠甲器仗。上命中书赐巴都麻失里、沙加失里、汪家奴及知院琐南辇真金绣衣人一袭、文绮七匹。"值得一提的是何锁南之弟汪家奴的名字，蒙元时期"某某家奴"的名字很常见，如"文殊奴""汪家奴""万家奴""僧家奴""佛家奴""观音奴""长生奴"等，这种命名习惯广泛流行于畏兀儿人和信仰回鹘佛教的游牧部族中间。这似乎暗示了何锁南家族的族群背景与高昌畏兀儿首领统率的脱思麻探马赤军万户府的关系。

---

① 俞本撰，李新峰笺证：《纪事录笺证》卷之下洪武三年庚戌，中华书局2015年版，第310页。

② 俞本撰，李新峰笺证：《纪事录笺证》卷之下洪武三年庚戌，中华书局2015年版，第311页注［二］。

③ 龚景瀚编，李本源纂修：《循化志》卷五《土司》，台北成文出版社1968年版，第133页。下有小字夹注云："中间有脱误，元置吐蕃宣慰使司于河州镇，当为吐蕃宣慰使司都元帅也。"按："土著为头"四字不误，改为"吐蕃等处"不妥。"土著"即"土官"，元末明初是西北地区流行称呼。"为头"即"为头院使"或"为头宣慰使"，是元代官制。

④ 《明太祖实录》卷245"洪武二十九年四月甲寅"条，台北"中研院"史语所1962年校定本，第3564页。

6. 马梅，亦作马迷。《明太祖实录》载，洪武四年（1371）六月"以吐蕃来降院使马梅为河州卫指挥佥事"。"先是三年冬，马梅遣管不失结等贡马及方物。至是，偕孛罗罕等来朝复贡马及铁甲刀箭。上嘉其诚，故有是命。且谕礼部臣曰：时方隆暑，马梅等远来，宜早遣赴卫。于是复赐文绮及帛各十匹，其部属以下各二匹而遣之。"① 其实，马梅是与武靖王卜纳剌同时降明的，《纪事录》载洪武三年十月，"武靖王卜纳剌、院使马迷率番将士三十（"十"疑为"千"之误）余众及家属万人，至答失蛮沟下营"，向明军请降，经过双方将领饮金酒盟誓，"次日，卜纳剌、马迷领部下大小番酋，持所授元朝金银铜印、金银牌面、宣敕及金玉图书，曰'此王者所持信物也'，具省、院官员姓名、番军人数目，率家属于城东驻扎十营。具本奏闻，上于河州设武靖卫，以卜纳剌为指挥同知，马迷为指挥佥事，诠注河州，俱颁以金筒诰命，设千百户、镇抚之职，给以五花诰敕，管领旧蛮番酋"②。两书之"马梅""马迷"是同一人，所谓院使即吐蕃行宣政院使，其所"具省、院官员姓名"，即陕西行省、陕西行枢密院、吐蕃行宣政院官员姓名，武靖王卜纳剌、院使马梅与行宣政院使兼宣慰使何锁南分别降明，说明故元的河州势力仍处于分裂状态，并没有整合成功。

以上说明，从元顺帝至正年间开始，吐蕃行宣政院的治所已设在河州，从答儿麻监藏到何锁南，历任宣政院使前后相继，没有中断，职官设置完善，设有多名院使、同知院事、佥院及经历等首领官，并非因事而临时设置的机构，已经是在地化、常态化的一级政权机构。吐蕃行宣政院为头院使兼领陕西行省平章，资品是从一品的荣禄大夫，说明其以多种身份行使军政权力，已然成为行省级政区机构。

三　吐蕃行宣政院体制及其施政效果

吐蕃行宣政院长期设置在河州，势必与原有的吐蕃宣慰使司与诸

---

① 《明太祖实录》卷六六"洪武四年六月"条，第1237页。

② （明）俞本撰，李新峰笺证：《纪事录笺证》，中华书局2015年版，第321—322页。

王镇戍二元结构进行调适，形成新的地方权力结构。吐蕃行宣政院作为中央派出的最高权力机构，其权力机制必须协调三方面的关系，一是与河州宣慰使司的关系，二是与镇戍诸王的关系，三是与其他两道宣慰使司的关系。作为该机制运作平台的吐蕃宣慰司，原本就是综领军民之务、分道以总郡县的行省属下的分治机构，在上述运作过程中，不可避免地升格为行省级机构，具有了更多的权责。

从元代政权结构看，行宣政院是上级行政机构，其使命是管辖地西军务与民事，河州宣慰司也在其治下，答儿麻监臧为行宣政院院使，受命"整治西番人民"，这意味着行宣政院是河州宣慰使司的上级机构，院使整治的对象首先是吐蕃等处宣慰使司（河州宣慰使司或朵思麻宣慰使司）军民。但是，作为中央派出机构，行宣政院的编制很小，要整治西番人民，只能依靠当地原有的行政体制，所以，行宣政院一开始是借助河州宣慰使司的权力平台行使其职能的，行宣政院的官员往往以宣慰司官员兼任，如答儿麻监臧在任院使之前，就是河州宣慰司土官（司徒），末代河州宣慰使何锁南兼任行宣政院使，其弟汪家奴也称院使，洮岷十八族首领包锁南亦称"十八族土番院使"①。《明太祖实录》载洪武八年正月："置陕西归德守御千户所一，罕东等百户所五，以故元宣政院同知端竹星吉、万户玉伦、管卜答儿三人为千户。"② 可知元末行宣政院与宣慰使司既是上下级关系，也是两个机构一套人马的关系。明初也承袭了这个传统，以故元行宣政院官吏任千户，可见元末行宣政院官员已对接到部落世袭首领这一层级，与宣慰使司系统基本融合为一体了。正是通过与宣慰司合体的方式，吐蕃行宣政院迅速实现了在地化、实体化，从而成为行省性质的地方机构。

元代治理吐蕃地区的模式是宣政院总领、三道宣慰司分治，辅之以宗王镇戍。脱思麻是通往乌思藏的主要通道，脱思麻宣慰司最早成

---

　　① 《纪事录笺证》，第299页。
　　② 《明太祖实录》卷九六"洪武八年正月甲子"条，第1649—1650页。端竹星吉又作朵儿只星吉，为元必里万户府万户，兼行宣政院同知，据《明太祖实录》，他在洪武四年十一月已转任明必里千户所世袭千户。参见《纪事录笺证》第337页李新峰注。

立，曾是整个藏区唯一的宣慰司，也是经营整个藏区的大本营。至元六年（1269）前后脱思麻宣慰司设置，至元七年八思巴受封为帝师，仍领总制院事，标志着元朝对吐蕃地区统治体制的初步建成。在当时，元朝一方面是扶植以八思巴为首的萨迦地方政权管理乌思藏，另一方面又以设在河州的吐蕃宣慰使司都元帅府管理整个藏区的军事、司法和驿站交通。因此，河州在当时是元朝管理吐蕃地区的最主要的基地。正是由于这一原因，八思巴于至元八年驻锡临洮，在周边建立多所萨迦派寺院，兴教弘法，与脱思麻地方家族及其政教势力建立了密切联系。此后，入藏办事的使臣官员多出身于脱思麻地区。八思巴这次以帝师身份在临洮居住了三年多，其原因学者们多有推测，陈庆英先生认为最主要的原因还是因为作为领总制院事的帝师需要在河州、临洮一带办理新设置的吐蕃宣慰使司都元帅府的事务，特别是委任脱思麻各地的吐蕃僧俗担任地方的各级官职。① 至元十一年，真金皇太子又护送八思巴从临洮入乌思藏，举办曲弥大法会，其中颇有深意。真金返朝后，萨迦上层集团内部发生贡噶桑布之乱，此时辞世的八思巴亦死因成疑，促成忽必烈在八思巴圆寂后不久对乌思藏的行政体制作出重要调整，即设置"乌思藏纳里速古鲁孙等三路宣慰使司都元帅府"。而朵甘思宣慰司的设置则迟至泰定二年（1325）。可见，按照忽必烈的最初设想，除乌思藏地区扶植萨迦派地方政权管理行政外，其他吐蕃地区是由设在河州的吐蕃宣慰使司都元帅府进行管理。② 脱思麻地方家族及其政教势力与萨迦派帝师关系密切，入藏办事的使臣官员多出身于脱思麻。特别是元世祖第七子奥鲁赤家族驻守河州，联接吐蕃各地的军站都由其投下军民应役，负责吐蕃三道宣慰司辖地的军事行动。乌思藏十三万户由萨迦派帝师与本钦（相当于为头宣慰使）代表元廷管理，蒙古军镇戍于脱思麻，呼应萨迦，予以支援。元朝后期，随着萨迦衰微和帕木竹巴崛起，特别是蒙古宗王武力介入失败，元朝逐渐承认了帕木竹巴的合法地位，传统的体制开始失效。在这一背景下，元廷将吐蕃行宣政院设在河州，就是要利用脱思麻的区

---

① 陈庆英：《元代朵思麻宣慰司的设置年代和名称》，《中国藏学》1997 年第 3 期。
② 陈庆英：《元代朵思麻宣慰司的设置年代和名称》，《中国藏学》1997 年第 3 期。

位优势和军政实力，调解处理乌思藏诸派系矛盾，就近管理，稳定形势。只是行宣政院尽管拥有位在诸王之上的名义，却无力整合体制内各方势力，从《红史》《纪事录》《明实录》的相关记载看，元末河州不仅诸王内部纷争不断，行宣政院与诸王之间也是剑拔弩张，冲突有一触即发之势。明军进抵临洮后，当地元军各自为战，或逃或降，降者也是分别行事，分裂态势明显。体制内的冲突掣肘，导致元廷设立行宣政院统辖吐蕃三道的努力收效甚微。

从明太祖朱元璋对河州卫的定位，也可看出元代后期吐蕃行宣政院的职能。明朝初年，河州卫或者向中央政府反映乌思藏、朵甘藏区的情况，或者受中央政府委派诏谕未附的吐蕃首领，甚至一些国师、卫所官员的任命，亦由河州卫拟请申报，实际上起着联系明政府与藏地桥梁的作用。《明太祖实录》卷七十三洪武五年四月丁丑载河州卫言：

> "乌思藏帕木竹巴故元灌顶国师章阳沙加，人所信服。今朵甘赏竹监藏与管兀儿相仇杀，朝廷若以章阳沙加招抚之，则朵甘必内附矣。"中书省以闻，诏章阳沙加仍灌顶国师号，遣使赐玉印及彩缎表里，俾居报恩寺化导其民。

章阳沙加（释迦坚赞）是元末帕木竹巴首领，元顺帝时受封为灌顶国师，明太祖也依元例，仍然封给灌顶国师之号。帕竹噶举派的主寺是丹萨替寺（亦称帕竹寺），《明实录》写作报恩寺，有可能是帕竹寺汉译报恩寺，章阳沙加居报恩寺化导其民，彰显该寺是帕木竹巴的政教中心，似乎也暗示河州报恩寺具有同样地位。也有可能是帕竹寺曾遣使至河州，居报恩寺，联络明廷与吐蕃三道。

洪武六年十月乙酉，河州卫言："朵甘思宣慰赏竺监藏举西域头目可为朵甘卫指挥同知、宣抚司、万户、千户者二十二人。"① 诏从其请，命铸分司印与之。河州卫在其中的作用十分明显。正是在此基础

---

① 《明太祖实录》卷八五"洪武六年十月乙酉"条，第1520页。

上，明政府一度在河州建立西安行都指挥使司，以便更好地行使对藏地的管辖。洪武七年七月己卯："诏置西安行都指挥使司于河州，升河州卫指挥司［使］韦正为都指挥使，总辖河州、朵甘、乌思藏三卫。升朵甘、乌思藏二卫为行都指挥使司，以朵甘卫指挥同知琐南兀即尔、管招兀即儿为都指挥同知。"① 三卫或三指挥使司均由镇守河州的都指挥使韦正提调。永乐时，谪居河州的解缙回顾这一历史时曾说："国初置陕西行都司于河州，控西夷数万里，跨昆仑，通天竺，西南距川，入于南海。元勋大臣先后至其处，军卫既肃，夷戎率服，通道置驿，烟火相望。"② 言下之意是说明初的河州卫实际上实控故元西番三道宣慰使司。王继光先生曾指出："河州卫建卫后的相当时期，事实上仍履行着元代吐蕃宣慰司都元帅府的职责，甚至还有所扩大。"③ 这一见解无疑是正确的。当然，更准确的说法是，明初设立的河州卫及西安行都指挥使司一度履行了元代后期吐蕃行宣政院全面负责西番三路宣慰使司事务的职责。

（原刊《西北师大学报》2021 年第 6 期，与陈建军合作。）

① 《明太祖实录》卷九一 "洪武七年七月乙卯"条，第 1979 页。

② 《明经世文编》卷一一《解学士文集·送习贤良赴河州序》，中华书局 1962 年景印本。

③ 王继光：《明代的河州卫——〈明史·西番诸卫传〉研究之一》，《西北民族研究》1986 年第 1 期。

察合台系蒙古诸王集团
与明初关西诸卫的成立

明太祖洪武三年（1370），明军经过庆阳、沈儿峪（今甘肃定西巉口）两大战役，据有陇右地区以后，并没有乘胜进军河西，而是一边打击漠北残元势力，一边巩固对河陇地区特别是安多藏区的统治；对河西走廊特别是嘉峪关以西的残元势力则遣使招抚。此时，嘉峪关以西的残元势力都属于察合台后裔诸王集团，主要分为二支：一是以沙州、哈密为中心的出伯后裔诸王集团，控制着西域北道咽喉；一是据有撒里畏兀儿之地的安定王集团，在沙州西南。明朝根据他们的政治地位和态度，采取了不同的策略。

一　出伯后裔诸王集团与哈密、沙州、赤斤三卫

明初，据有哈密、沙州、瓜州一带的是故元肃王、豳王和威武西宁王集团，这一集团主要由元世祖忽必烈至元年间从中亚归来的察合台后裔诸王及其部属组成。简单说，察合台第六子拜答儿之子阿鲁浑曾为察合台汗，由于汗位旁落，其子出伯和合班投奔元朝，在元朝扶持下形成了另一个察合台兀鲁思，与中亚的察合台汗国相对应。不了解这一历史背景，就无法理解明朝设立关西诸卫的策略和目的。

1259 年蒙哥汗死后，以忽必烈、阿里不哥兄弟争夺大汗位为契机，蒙古各汗国走向分裂。忽必烈即位后，着手恢复大汗对各汗国的

权威，从而威胁到各汗国的既得权利。1269 年，交战多年的察合台汗国、窝阔台汗国和钦察汗国在塔剌思举行了重要的忽里台大会，会上察合台、窝阔台、术赤三系诸王决定一致反对拖雷系的忽必烈和伊利汗阿八哈，保持草原游牧生活习俗，拥戴窝阔台系的海都汗为中亚全体蒙古宗王的领袖，从而宣告了察合台汗国和窝阔台汗国从此脱离大汗的直接控制。察合台汗八剌死后，前阿鲁浑汗之子出伯、合班不满于海都侵吞察合台汗国在伊犁河流域和东突厥斯坦的领地，曾联合八剌诸子向海都开战，想把海都的军队从河中地区驱逐出去，战火燃遍了从忽毡到不花剌（今布哈拉）的广大地区。其后，1273 年 1 月，伊利汗阿八哈的将领阿黑伯统率的军队从西部攻入察合台汗国不花剌城，"察合台的儿子拜答儿的儿子阿鲁忽的儿子们出拜和合班带着一万骑兵"前来阻止。"几乎有三年，双方的军队，即阿黑伯、合班、出拜的军队进行掠夺、屠杀，结果使这样大的一座城及其郊区完全遭到破坏，在七年内这个地方没有任何一个生灵。"① 由于海都汗最终扶持八剌的儿子都哇做了察合台汗，对汗位旁落不满的出伯兄弟从海都集团出走，投靠了忽必烈，并很快在元朝抵御海都、都哇的战争中崭露头角。据《元史》记载，至迟在至元十九年以后，出伯兄弟便以诸王身分担任了元朝河西至天山南路方面的军事统帅，节制甘肃行省诸军、镇戍诸王军马及出征、镇戍蒙古探马赤军，提调军站仓库屯田采玉诸事宜，独当一面，权重位高。元朝政府还不断对其大量赏赐赈济，从经济上给予补充支持，表明了对出伯系的重视与依靠。对此《史集》也有相应记载，拉施特把出伯列为同甘麻剌、阿难答、阿只吉、奥鲁赤等一道镇守与海都、都哇领地接壤的边境地区镇戍宗王之一。屠寄曾总结说：当是时，朝廷宿重兵和林，以西陲军事委之出伯，兼领瓜沙以西北至合剌火州畏兀儿地征戍事，陇右诸王驸马及兀丹等处宣慰司都元帅、吐蕃乌思藏宣慰司、巩昌等处便宜都总帅府并听节制，在边十余年，河西编氓耕牧不惊，诸王将拱听约束，朝廷无

---

① ［波斯］拉施特主编，余大钧、周建奇译：《史集》第 3 卷，第 139—140 页。

西顾之忧①。这段话大体反映了当时出伯系崛起于河西方面的情况。今天甘肃省酒泉市西南约 15 千米的文殊山石窟保存有元代汉回鹘文双体碑刻《重修文殊寺碑》，此碑主要叙述喃答失太子及其兄弟亲属等发愿修盖文殊寺的功德，碑文提供了一个清楚的察合台汗系谱，即：

> 叉合歹（察合台）→拜合里（合为答的残字）→阿禄克（《陇右金石录》误禄为福，此据耿世民对回鹘文部分的解读改正）→主伯大王（《陇右金石录》误伯为龙，此据耿世民对回鹘文部分的解读改正）→喃忽里→喃答失太子

《重修文殊寺碑》将出伯以下诸王描述为察合台"金轮宝位"的合法继承人，说明元王朝为了对抗中亚的察合台汗国，曾扶持出伯家族形成另一个察合台兀鲁思，这个察合台兀鲁思就在嘉峪关以西的元朝西部疆域。

穆斯林史料《史集》和《贵显世系》对阿鲁浑汗以下世系有明确记载，其中多数人名也出现在元朝方面的记载中（其世系图参看图 2）。

对照《元史》卷一〇八《诸王表》、《本纪》以及明代相关记载，可以发现，图 1 中的出伯、合班子孙拥有多个王号（其传承见图 2）。

英宗至治元年（1321）四月丙午，元廷"给喃答失王府银印，秩正三品；宽彻、忽塔迷失王府铜印，秩从三品"②。结合图 2，可知其时出伯家族至少已分为三支，故设三王府，喃答失袭位约在至治元年，其印与秩均高于本系其他诸王宽彻、忽塔迷失等一级，这种差别正反映了他拥有本兀鲁思宗主的地位。

---

① 屠寄：《蒙兀儿史记》卷四二《出伯传》，《元史二种》，上海书店、上海古籍出版社 2012 年版，第 345 页。

② 《元史》卷二七《英宗纪一》，第 611 页。

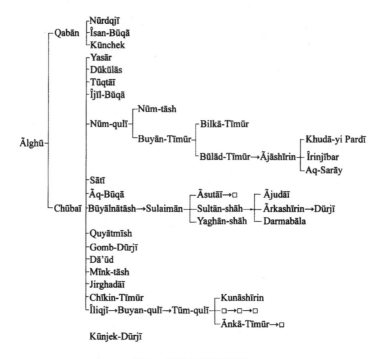

图 1　阿鲁浑汗世系图

　　资料来源：［日］杉山正明：《豳王出伯及其系谱——元明史料与《贵显世系》之比较》，《史林》65 卷 1 号，1982 年。

| 豳 | 王 | 出伯→南忽里→喃答失→忽塔忒迷失→不颜帖木儿→嵬里→亦怜真→别儿怯帖木儿？→桑哥失里？ |

豳　　　　王　　出伯→南忽里→喃答失→忽塔忒迷失→不颜帖木儿→嵬里→亦
　　　　　　　　　怜真→别儿怯帖木儿？→桑哥失里？

肃　　　　王　　宽彻……忽纳失里→安克帖木儿①

西　　宁　　王　　忽塔忒迷失→速来蛮→牙罕沙→速丹沙②

威武西宁王　　出伯—亦里黑赤—不颜嵬里—忽纳失里

图 2　出伯后裔诸王集团王号传承表

---

　　①　黑城出土文书中有"肃王帖乩"，"帖乩"一名不见于图 1，可能是哈密归明后，北元重新封授的王号。

　　②　西宁王忽塔忒迷失于 1329 年进封豳王，天历三年由其侄子速来蛮（那木达失之子）袭封西宁王，此后西宁王号一直留在该支。速来蛮死于至正十一年（1351）八月，其子牙罕沙袭西宁王位，至正十三年十二月，"西宁王牙罕沙镇四川，还沙州"，说明其分地在沙州。《重修皇庆寺记》《敦煌莫高窟至正八年造像记》等记载有西宁王家族人名，包括西宁王速来蛮（Sulaiman）、西宁王牙罕沙（Yaghan - shah）、王子速丹沙［Sultan - sh（ah）］、阿速歹（Asutai）、孛罗大王（Darmabala）等，与图 1 相印证。

元朝方面的记载表明，从中亚归来的出伯系诸王驻屯于河西西部至哈密一线，《史集》、《完者都史》等穆斯林史料也印证了这一点。如穆斯林史学家哈沙尼记载成宗大德年间元朝与察合台汗国军队沿边对峙屯戍的态势时写道：

> 合罕的军队的前 BHIRKĀ（？）在边界上，如同并联的手指一样相连地驻扎着……术伯（原文为 chūpān，疑误，似应为 chūpāi）之诸子喃木忽里（LMGHÛLI，疑误，似应为 Namghūli）和伯颜塔失（Biyāntāsh）以及 Qiyān（按，疑拼法误，似应为 Qabān，哈班）之子宽阇，率十二土绵之军，驻于 Sikhū——正是如此——直至感木鲁（Qāmal）和畏兀儿斯坦之境（Walāyāt）。①

可见出伯死后，其诸子南木忽里等统十二土绵（万户）之军驻于沙州（Sikhu）、哈密（Qamal）直到畏兀儿一带，与《史集》所记忽必烈至成宗时期出伯家族受重用的情形完全一样。《重修文殊寺碑》将肃州以西描述为出伯集团的分地，《纳门驸马书》则称之为兀鲁思。

明军攻下陇右后，河西元军以镇守哈密的肃王兀纳失里为首，作为北元政权的右翼集团，与明朝相抗衡。兀纳失里在图 1 中有记载，他是出伯之子亦里黑赤之孙②，元末为出伯系察合台兀鲁思的宗主——大大王。洪武五年（1372），明太祖朱元璋发兵北征，企图"永清沙漠"，彻底平定北元政权的抵抗。他以徐达为征虏大将军，总兵十五万，分三路北征。其中冯胜、傅友德所率西路军出兰州，趋西凉，在永昌击败元军后，兵分两路，一路进抵亦集乃城（今内蒙古额济纳旗黑城），守将卜颜帖木儿以城降；一路西至瓜州、沙州，驱走

---

① 哈沙尼：《完者都史》（1969 年罕伯里校勘本），第 202—203 页。转引自刘迎胜《皇庆、至治年间元朝与察合台汗国和战始末》，中国元史研究会编《元史论丛》第五辑，中国社会科学出版社 1993 年版，第 15—16 页。

② 顺帝元统二年五月己丑："诏威武西宁王阿哈伯之子亦里黑赤袭其父封"，"阿哈伯"当为'阿哈出伯'之误，意为大兄出伯。见《元史》卷三八《顺帝纪》，第 822 页。

元军，获马驼牛羊二万而还①。尽管后来明军在肃州站稳了脚跟，但由于中路军、东路军相继败还，北元政权乘机反扑，明军疲于守边，只能划嘉峪关而守。

明洪武十三年（1380），河西守将濮英请督兵略地，开哈梅里（哈密）之路，以通商旅，得许便宜行事。是年五月，"都督濮英兵至白城，获故元平章忽都帖木儿。进至赤斤站之地，获故元豳王亦怜真及其部属一千四百人，金印一"②。七月甲辰，"都督濮英兵至苦峪，获故元省哥失里王、阿者失里王之母、妻及其家属，斩部下阿哈撒答等八十余人，遂还兵肃州"③。白城约今金塔县绿洲。《大元马政记》作"甘肃州察罕八剌哈孙"，顺帝至元二年（1336），"以甘肃行省白城子屯田之地赐宗王喃忽里"④。此时喃忽里已死多年，赐地系指豳王位下而言，可知白城于顺帝时成为豳王分地。直至明宣德九年，沙州卫掌卫事都督佥事困即来还因不堪吐鲁番侵侮，上书明廷，要求迁回"察罕旧城居住"⑤。赤金站在今玉门市西北20里，即明代赤斤卫所在地，苦峪在今玉门镇一带。由于某种原因，除诸王阿者失里外，豳王亦怜真、诸王省哥失里不见于图1，但从其王号及亲属关系看，都应为豳王出伯后裔。两军的作战态势充分说明肃州以西确实是豳王分地。

经过洪武十三年的讨伐，豳王家族受到重创，退往哈密。加上洪武二十年以后，明军在辽阳、捕鱼儿海（今内蒙呼伦贝尔盟贝尔湖）两大战役中，大败北元主力，脱古思帖木儿汗逃至土拉河一带，被西蒙古支持的阿里不哥后裔也速迭儿王袭杀，北元走向分裂，出伯后裔诸王集团也与邻境部落混斗不断，在明使招抚下，开始向明纳贡输诚。洪武二十一年的《纳门驸马书》反映了这一转折：

① 《明太祖实录》卷七四"洪武五年六月戊寅"条，台北"中央"研究院历史语言研究所校定本，第1358—1359页。

② 《明太祖实录》卷一三一"洪武十三年五月壬寅"条，第2087—2088页。

③ 《明太祖实录》卷一三二"洪武十三年七月甲辰"条，第2104页。

④ 《元史》卷三九《顺帝纪二》，第837页。

⑤ 《明宣宗实录》卷一一〇"宣德九年四月壬申条"，第2473页。

上大明皇帝行纳门驸马、昂客秃剌勇士奏事，俺的根源兀鲁思主人成吉思合罕的圣旨里，主人察阿歹合罕行随分出达达百姓行整治着，祖宗里俺的委付着管教着有来，那时以来天护助着，平常但在前道理依着委付着有，今恩赐呵大国的基址，这些这些上相接的时分，使臣传言语的道理依着行教着，商贾路道教开通，古纳失里王行合迷里从行的大兀鲁孙基址行寻着整治的皇帝的圣旨知者，奏事俺的龙年冬的头目的八初行，合剌迭列有的时分写了。①

合剌迭列当为合剌迭别之误，即《西陲土地人物略》所记钵和寺城与腊竺城之间的哈剌帖瓜。古纳失里又作兀纳失里，即图 1 中出伯之子亦里黑赤的后裔。书中可见在当时吐鲁番、哈密一带蒙古人的观念中，占据哈密的兀纳失里王是大兀鲁思的整治者，该兀鲁思即成吉思汗分封给察合台让其整治的那个兀鲁思。元末明初时其范围东抵肃州，西近吐鲁番。直至明弘治年间，土鲁番速檀阿黑麻冒认察合台正统，致书沙州头目追溯这段历史时还说：

在前我祖宗拜答儿主人的子孙在哈密往（住）来，你沙州、瓜州大小人民皆属管束，进贡好物，和气住坐。此地原是我祖宗住的地方，如今我得了，缘何不照前例进贡？②

《纳门驸马书》的内容表明，洪武二十一年以后，哈密的出伯后裔诸王集团已经接受明朝招抚，在纳贡互市、保证商路畅通的前提下，明朝让其延续元朝以来在当地的统治。由于兀纳失里并未履行开通道路的承诺，"西域回纥来朝贡者，多为哈梅里王兀纳失里所阻遏，

---

① 火源洁：《华夷译语》，《丛书集成续编》，上海书店 1994 年版，第 20 册，第 970 页。

② 许进：《平番始末》，《续修四库全书》"史部·杂史类"，上海古籍出版社 2001 年版，第 433 册，第 261 页。

有从他道来者，又遣人邀杀之，夺其贡物"①。引起明朝不满。洪武二十四年（1391），明军再次由凉州出发，西出哈密之境，乘夜包围了哈密城。《明实录》载城破后：

> 斩齮王列儿怯帖木儿、国公省阿朵儿只等千四百人，获王子别列怯部属千七百三十一人，金印一，银印一，马六百三十匹……②

《全边略记》则云：

> 擒其伪王子别列怯、齮王桑里失哥、知院岳山等，杀其国公阿朵只，俘获虏众千三百人及金银印，悉送京师。③

对照《贵显世系》的记载，可以判定列儿怯帖木儿为别儿怯帖木儿之误，相当于图1中的Bilka－Timur，为齮王南木忽里之孙、不颜帖木儿之子。桑里失哥应为桑哥失里之误，也就是洪武十三年从苦峪逃走的省哥失里王。

经过这次打击，出伯集团元气大伤，齮王家族覆灭，肃王家族也一蹶不振，此后连年向明朝纳贡。明成祖即位后，对外采取积极的进取政策，可能是慑于这种压力，永乐二年六月，继承兄位的安克帖木儿遣使来朝，表请赐爵。明成祖命礼部尚书李志刚会太子太傅、成国公朱能等议。志刚等议奏："安克帖木儿兄忽纳失里元封威武王，改封肃王。忽纳失里卒，安克帖木儿继为肃王。今既内属，宜仍王爵而改封之。"上曰："前代王爵，不足再论。今但取其能归心朝廷而封之，使守其地，绥抚其民可也。"遂封为忠顺王，遣指挥使霍阿鲁秃等赍敕封之，并赐之彩币。同时，"以头目马哈麻火只等为指挥等官，

---

① 《明太祖实录》卷二一一"洪武二十四年八月乙亥"条，第3138页。
② 《明太祖实录》卷二一一"洪武二十四年八月乙亥"条，第3138页。
③ 方孔炤：《全边略记》卷五，国立北平图书馆1930年刊本。

分其众居苦峪城"①。说明其统治仍及于瓜、沙一带。

永乐三年，安克帖木儿卒，无嗣，明朝册封安克帖木儿兄子脱脱为忠顺王，因脱脱自幼被俘入中原，在当地没有根基，难以服众。永乐四年（1406）三月，设哈密卫，给印章，以其头目马哈麻火者等为指挥、千百户、镇抚，辜思诚、哈只、马哈麻为经历，周安为忠顺王长史，刘行为纪善，以辅脱脱。在一定程度上直接介入了对当地的统治。

沙州卫的设立与哈密大体同步，《明史》卷三三〇《沙州卫传》载，"洪武二十四年，蒙古王子阿鲁哥失里遣国公抹台阿巴赤、司徒苦儿兰等来朝，贡马及璞玉"。阿鲁哥失里无疑就是图1中的速丹沙之子 Arkashirin，与元代的西宁王家一脉相承，沙州为其分地。联系洪武十三年濮英西讨还师后沙州复为蒙古人所据，以及洪武二十四年明军攻破哈密后，沙州蒙古王子阿鲁哥失里来降的事实，可知明初据有沙州的仍是这支蒙古。永乐二年，沙州蒙古"酋长困即来、买住率众来归，命置沙州卫，授二人指挥使，赐印诰、冠带、袭衣"。该卫无疑与出伯家族的西宁王系统有密切关系，但困即来、买住并非王室，可能是阿鲁哥失里之后王统绝嗣。

赤斤卫的设立也与出伯后裔诸王集团有地域和隶属关系。永乐二年九月，"诏设赤斤蒙古所，以塔力尼为千户，赐诰印、绵币、袭衣"。八年，"诏改千户所为卫，擢塔力尼指挥佥事"。塔力尼自称丞相苦术子，这里的丞相，当然不是一般意义上的丞相，而应是《重修文殊寺碑》所提到的察合台兀鲁思的"众宰相官员"，即出伯后裔诸王集团中某王府的王傅或王相。苦术（阔出）为蒙古人名，塔力尼则为蒙藏混血儿，"先是，苦术娶西番女，生塔力尼；又娶蒙古女，生都指挥琐合者、革古者二人。各分所部为三，凡西番人居左帐，属塔力尼，蒙古人居右帐，属琐合者，而自领中帐。后苦术卒，诸子来归，并授官"。可知赤斤蒙古卫主要由蒙古族和藏族组成。

从设立的时间和部落关系看，哈密、沙州、赤斤同属出伯后裔诸

---

① 严从简著，余思黎点校：《殊域周咨录》卷一二《哈密》，中华书局2000年版，第412页。

王集团，三卫的设立是统一行动。如沙州头目只克所言："先年设立哈密、赤斤、罕东三卫，如一家一般。"① 这里的罕东卫指迁到沙州取代了沙州卫的罕东部落，设立之初是沙州卫。

二　安定王集团与撒里畏兀儿诸卫

在盘踞哈密、沙州的出伯后裔诸王集团与明军对抗期间，游牧于撒里畏兀儿之地的故元安定王集团却接受了明朝的招抚。《明史》卷三三〇《西域二·安定卫》载：

> 洪武三年（1370），遣使持诏招谕。七年（1374）六月，卜烟帖木儿使其府尉麻答儿等来朝，贡铠甲刀剑诸物。太祖喜，宴赉其使者，遣官厚赉其王，而分其地为阿端、阿真、苦先、帖里四部，各锡以印。

《明太祖实录》卷九〇亦云：

> 至是来朝贡，诏遣使赐卜烟帖木儿织锦文绮四匹、麻答儿等罗衣二袭，仍命诏其酋长，立为四部，给铜印，曰阿端、曰阿真、曰苦先、曰帖里。

洪武八年（1375 年）正月：

> 其王遣傅卜颜不花来贡，上元所授金银字牌，请置安定、阿端二卫，从之。乃封卜烟帖木儿为安定王，以其部人沙剌等为指挥。

---

① 许进：《平番始末》，《续修四库全书》"史部·杂史类"，上海古籍出版社 2001 年版，第 433 册，第 262 页。

《明太祖实录》卷九六洪武八年正月条亦云：

> 置安定、阿端二卫指挥使司，从撒里畏兀儿卜烟帖木儿之请也。

后两处都没有提到曲先卫，从洪武九年已有曲先卫之名、洪武十年"曲先卫指挥沙刺杀故元王卜烟帖木儿"[①] 来看，曲先卫的设立当也在洪武八年左右。

另外，新发现的俞本《纪事录》也提供了类似的信息：

> 洪武五年壬子正月，韦正遣镇抚张护神奴赍御榜，招谕撒立畏兀儿。安定王即以所授元朝金印及部下官员银铜印信、金银牌面、宣敕，遣府尉沙沙赍缴朝觐。上敕陕西参政盛周卿赍制往谕，赐以袭衣御酒、表里段匹，任择水草便益地方驻扎。开设安定斡端卫、曲先答林卫，以沙沙等为指挥同知，颁以金简诰命，设千、百户所及卫镇抚，给以五花诰命。[②]

安定诸卫以撒里畏兀儿之地置，《明史》只提到"元封宗室卜烟帖木儿为宁王镇之"，没有详细说明其来历，对四部或三卫的名称也未加解释，引起了许多猜测。实际上，安定王系也属于察合台后裔。《元史》卷一〇七《宗室世系表》成吉思汗第六子阔列坚条下，拜答寒兄弟一栏，列有安定王脱欢。《元史·诸王表》无国邑名条下载，"拜答寒大王，至元七年赐印，仍赐海青金符"。此拜答寒在《元史·世祖本纪》多次出现，至元七年八月，"诸王拜答寒部曲告饥，命有车马者徙居黄忽儿玉良之地，计口给粮，无车马者就食肃、沙、甘州"。至元二十五年十二月"丙子，也速不花以昔列门叛。甘肃行省官约诸王八八、拜答罕、驸马昌吉，合兵讨之，皆自缚请罪"。至

---

① 《明太祖实录》卷一一一"洪武十年四月"条，第1852页。

② 陈学霖：《史林漫识》附录（三）俞本《明兴野记》（《纪事录》），中国友谊出版公司2001年版，第444—445页。

元二十七年春正月，"章吉寇甘木里，诸王术伯、拜答寒、亦怜真击走之"。同年二月，"庚辰，伯答罕民户饥，给六十日粮"。可知世祖时期有诸王拜答寒活动在河西到哈密一带。又，《民国昌乐县续志》卷十七金石志《赵敦武先茔记》中，也可看到至元二十年左右，瓜州存在"大王伯答罕"这样的人物，此"伯答罕"即拜答寒。《元史·宗室世系表》将其列为阔列坚后裔，但《史集》和《贵显世系》所记阔列坚系谱中并无他的名字。杉山正明说《史集》察合台汗纪所列出的察合台庶长子莫赤·耶别的第三子迭克失诸子中有 Baideghan 之名（《史集》第 2 卷波义耳英译本《成吉思汗的继承者》中译本作塔不都忽儿 Tabudughar，俄译本作塔不都合儿，去掉头音节 ta，主要音节基本相符），《贵显世系》所记帖木儿朝以前所有蒙古王族中，拜答罕之名只有这一处。所以，1270—1290 年在河西方面活动的拜答寒（伯答罕），也属于察合台系的莫赤·耶别后裔。① 他应是在元朝与察合台汗国的战争中，投诚到元朝方面来的察合台系宗王之一。而且，《史集》所载莫赤·耶别后裔拜答寒的长子就叫脱欢（Toghan），《宗室世系表》虽然误将安定王脱欢列为拜答寒兄弟，但至少证实了此安定王脱欢属于拜答寒集团。《宗室世系表》又记脱欢之子名朵儿只班，此名虽不见于《史集》，但《元史·诸王表》安定王条下有："朵儿只班。脱欢，皇庆二年封。"与《宗室世系表》一致，只是次序倒误。《元史·仁宗纪》皇庆二年九月戊申，"封脱欢为安定王，赐金印"。泰定二年二月辛卯，'赈安定王朵儿只班部军粮三月'②，并"置王傅官四人，铸印给之"③。俄藏黑城遗书 TK—248 还提到北元宣光年间的"朵立只巴安定王"，当即朵儿只班。《明史》和《明实录》中出现的安定王卜烟帖木儿与安定王朵儿只班在时间上正好衔接（所谓"宁王"只是"安定王"的不同译法）。所以元代的安定王家无疑是明代安定卫的前身。明安定卫驻牧的撒里畏兀儿之地，与拜答寒、

---

① ［日］杉山正明：《两个察合台家族》，小野百合子编《明清时代的政治和社会》，京都大学人文科学研究所，1983 年，第 651—706 页。

② 《元史》卷二九《泰定帝纪一》，第 655 页。

③ 《元史》卷三六《文宗纪五》，第 802 页。

脱欢活动的地域也是一致的。明代记载屡称曲先安定王与哈密忠顺王同祖，"是一父母所生的"[①]，天顺年间忠顺王卜列革死后绝嗣，而安定王阿儿察有兄弟七人，在哈密卫众的请求下，明廷还特意派使臣前往安定卫选取王子一人掌管哈密卫事。也说明安定王系属于察合台后裔。《宗室世系表》将拜答寒、脱欢列入阔列坚家族是错误的。只是脱欢与朵儿只班究竟是兄弟关系，还是父子关系，尚无法取舍（拜答寒家族系谱如下）。

察合台——莫赤·耶别——迭克失——拜答寒——安定王
脱欢——安定王朵儿只班……安定王卜烟帖木儿

正因为安定王卜烟帖木儿系出蒙古黄金家族，所以明廷授以王号，承认其对各部的统治权，与后来的哈密忠顺王平起平坐。

与安定王号传承自元代一样，安定诸卫名称的来历，也是依其所上故元"金银字牌"或"印绶"，因为这是"王者所执信物也"。除了安定卫得名于安定王号外，阿端、曲先、帖里等也应得名于故元官号。这一点，前人已经指出，如阿端为斡端（于阗）的对音，曲先为苦先（库车）的对音，帖里为塔里木的对音，曲先塔林[②]就是今天新疆库车及其所在的塔里木河流域，岑仲勉先生首倡此说后[③]，和者甚众，而以刘迎胜先生所论最为详尽[④]，这一点已经没有疑问。那么，这些地名是怎样跑到撒里畏兀儿之地的呢？简单地说，这些地名迁移现象是随着元朝军队的撤退而发生的。

元世祖至元十六年（1279），拜延八都鲁之子兀浑察从元军征斡端，至元二十一年，"诸王术伯命兀浑察往乞失哈儿（今新疆喀什）

---

① 姚夔著，张元祯校正：《姚文敏公遗稿》卷一〇《为夷情事》，商务印书馆1936年版。

② 萧启庆先生比定为《元朝秘史》第263节中的"古先答邻勒"。萧启庆：《元代军事制度》，哈佛大学出版社1978年版，第59页。

③ 岑仲勉：《明初曲先阿端安定罕东四卫考》，《金陵学报》第6卷第2期，1936年。

④ 刘迎胜：《西北民族史与察合台汗国史研究》，南京大学出版社1994年版，第226—229页。

之地为游击军"，由于战事不利，至元二十六年（1289），元朝"罢
斡端宣慰使元帅府"，戍守此处的出伯属下兀浑察所部探马赤军撤回
天山南麓曲先所在的塔里木河流域一带。至元三十年，戍守曲先的
"兀浑察部兀末鲁罕军每岁运米六千四百二十六石"，因运费昂贵，诏
"边境无事，令本军屯耕以食"。同年兀浑察"以疾卒，次子袭，授
曲先塔林左副元帅"。元贞元年（1295）正月，元设曲先塔林都元帅
府，仍受诸王出伯节度。大德元年（1297）七月，还"罢蒙古军万
户府，入曲先塔林都元帅府"。此后，曲先塔林元帅府一名再没有出
现过。可能是随着战事向不利于元朝的方向发展，元军防线逐步东
撤。到1304年蒙古诸汗国约和前夕，察合台汗国已经控制了吐鲁番
盆地，与驻守哈密、沙州的出伯后王集团对峙。斡端宣慰使元帅府、
曲先塔林都元帅府的军队大概撤到了撒里畏兀儿一线，其军政建置仍
然保留，只是脱离出伯系诸王转受安定王节制。明朝遣使招抚后，根
据惯例，按其所上印绶设立卫所，授予官职。"曲先""帖里""阿
端"等名称说明，安定王统治之下的撒里畏兀儿并不是单一民族成分
的游牧集团，而是多种民族成分混杂，所谓"曲先""帖里""阿端"
不是得名于种族或部落，而是得名于元朝曾设于西域各地的军政机
构，正是这些西域驻军将西域地名带到了撒里畏兀儿，并演变成部落
名或卫名，这也说明蒙古族在撒里畏兀儿各卫起着支配作用。

　　总之，明初设立的关西诸卫，可分为两个系统：一是以出伯后王
集团为首的哈密、沙州、赤斤三卫，隶肃州卫管辖；一是以安定王集
团为首的安定、阿端、曲先三卫，隶西宁卫管辖。明朝封察合台后裔
为哈密忠顺王、安定王，让他们分别统率三卫，实际上是因袭了故元
体制，体现了王与卫之间的统属或尊卑关系。其目的是利用蒙古贵族
的政治资源，因为"番人重种类，且素服蒙古……非得蒙古后裔镇之
不可"[1]，"夷人以种类高者为根基，非根基正大者，不能管摄其族
类"[2]。在西部民族成分混杂的地区，承认蒙古贵族特别是元裔的政治
特权，有利于稳定西部地区的局势，使其从敌对状态顺利过渡到明朝

　　① 《明史》卷三二九《西域一·哈密》，第8518页。
　　② 《明孝宗实录》卷九三"弘治七年十月甲申"条，第1716页。

统治之下。由于哈密地理位置重要，哈密王家族历史上更有权势，血统更为尊贵，在西北各族中声望最显赫，明朝政府便有意擦亮察合台正统这面金字招牌，以哈密忠顺王领袖诸卫，拱卫西陲，并号召西域各地面，也就是说继续元朝以来与察合台汗国分庭抗礼的格局。只是在北元走向分裂的混乱中，同整个黄金家族一样，哈密王家衰落太快，未能达到明初统治者的预期。由于时过境迁，后人往往不能从这一角度认识明初经营西北的策略，如王世贞说："西虏如忠义王，北虏如太平王，如和宁王，皆待之以王号，取羁縻而已。独永乐哈密忠顺王筑城池，赐金印，复设长史、纪善、卫经历，以中国庶僚周安、刘行、韦（辜）思诚充之，则俨然亲王矣。"① 过高估计了明初对哈密的统治力度。郑晓的评价则走向反面："四夷何以首安南也，我郡县也。次兀良哈何，我武卫也。哈密、女直非欤，羁縻之虏，非我官长也。"② 又将哈密等卫视作羁縻之虏，低估了明朝对争取元裔的重视程度，这完全是不了解元明之际西北各族互动格局，特别是察合台正统的身份和作用所致。

（原刊《兰州大学学报》2005 年第 5 期）

---

① 王世贞著，吕浩校点、郑利华审订：《弇山堂别集》卷六，上海古籍出版社 2017 年版，第 137 页。

② 郑晓：《今言》卷四，中华书局 1984 年版，第 194—195 页。

中　编

边疆法律视野下的"秦胡"身份

20 世纪 70 年代,甘肃居延考古队在汉代居延遗址掘获"甲渠部吏毋作使属国秦胡卢水士民"简(又称《建武秦胡册》)三枚,简文为:

甲渠言部吏毋作使属国秦胡卢水士民者(新居延简 74. E. P. T22∶696)

建武六年七月戊戌朔乙卯,甲渠鄣守候敢言之,府移大将军莫府书曰:属国秦胡卢水士民,从兵起以来,□困愁苦,多流亡在郡县,吏□(新居延简 74. E. P. T22∶42 + 322)

匿之。明告吏民,诸作使秦胡卢水士民畜牧田作不遣有无?四时言●谨案:部吏作使属国秦胡卢水士民者,敢言之(新居延简 74. E. P. T22∶43)①

甘肃省文物考古研究所编注的《居延新简释粹》一书中,将上述三枚简文定性为一完整官文书,是甲渠候官接到由居延都尉府转发河西大将军莫府"关于追查民间擅自役使张掖属国各族为劳役"的文件后,所上呈调查报告的存档底稿②。简文中的"秦胡",显系张掖属国所辖人口,也是此前未被注意到的一种族群身份。

---

① 此编号据《居延新简释粹》(兰州大学出版社 1988 年版),《居延新简》(文物出版社 1990 年版)编号次序为:E. P. F22∶696 + 42 + 322 + 43。

② 甘肃省文物考古研究所编《居延新简释粹》,兰州大学出版社 1988 年版,第 62—63 页。

一

最早探讨"秦胡"问题的是甘肃省博物馆的初师宾先生，他根据颜师古注《汉书·匈奴传》"秦人"的意见，推测"秦胡有可能是指秦时移居河西已经匈奴化的外族人"①。他后来又更正了自己的说法，认为"属国秦胡卢水士民"一语不可分割，言及隶属、种族、地域、身份四事，特指汉代卢水（今黑河）流域的卢水胡，"秦胡"也有可能是个总称，包括许多"杂胡"，卢水胡是其中重要的一部分。"秦胡"当解作秦时之胡或已汉化之胡②。最近，初先生又发表《再释"秦胡"——兼与胡小鹏诸先生商榷》一文，重申了上述观点③。

自初师宾先生文章发表后，不少学者纷纷著文讨论"秦胡"问题，论见歧出，至今未达成一致。说法有 10 种之多④，将大同小异的说法归并起来，也有六、七种。现将各家说法归纳于下，以便进一步讨论。

（一）"秦胡"是卢水胡，是汉化的胡人

这是初师宾最早提出的看法。吴礽骧、余尧基本同意这一观点，所不同的是，其将"属国秦胡卢水士民"一语分割为"属国秦胡"与"卢水士民"两部分，主张"卢水士民"是世居弱水沿岸各郡县，从事农业生产之汉族骑士和农民。"属国秦胡"与"卢水士民"不仅隶属关系、经济生活各异，而且存在民族的差别，因此是绝对不容混

---

① 甘肃居延考古队：《居延汉代遗址的发掘和新出土的简册文物》，《文物》1978 年第 1 期。后来，该文的执笔者初师宾先生又另文申明，其原意是推测秦胡或为久居汉地业已"汉化"的胡族，此文中称秦胡为秦时移居河西的已经匈奴化的外族人，是刊出时没有及时更正的错误。

② 初师宾：《秦人、秦胡蠡测》，《考古》1983 年第 3 期。

③ 收入张德芳主编《甘肃省第二届简牍学国际学术研讨会论文集》，上海古籍出版社 2012 年版。

④ 参看胡小鹏、安梅梅《"秦胡"研究评说》，《敦煌研究》2005 年第 1 期；初师宾《再释"秦胡"——兼与胡小鹏诸先生商榷》。

湑的①。

（二）"秦胡"是指"秦"和"胡"

方诗铭先生反对将"秦胡"释读为汉化的胡人，不同意将"秦"视作"胡"的限制词。他主张"秦胡"就是"秦"和"胡"，自国内言之，指汉族和非汉族，自国外言之，则指中国和外国。简文中的"属国秦胡卢水士民"应点断为"秦、胡、卢水"，指张掖属国的汉族、非汉族和卢水胡三种人②。

（三）"秦胡"是胡化的汉人

邢义田先生认为"秦胡"的造辞法与《三国志·乌丸鲜卑东夷传》中的"秦韩"颇为相似，秦人入韩，称秦韩，秦人入胡，则可以称秦胡，提出了"秦胡"是胡化的汉人的假设。汉代属国的组成，是以降胡为主，降胡中可能有胡化的汉人。他检索出文献中与"秦胡"有关的七条材料，其中《樊利家买地铅券》尤应注意，因为该券表明"秦胡"不仅分布在边疆，而且出现在东汉的腹心之地，券文云："光和七年九月癸酉朔六日戊寅，平阴男子樊利家从洛阳男子杜謂子弟□买石梁亭桓部千东北是佰北田五亩，亩三千，并直万五千，钱即日毕。田中根土著，上至天，下至黄，皆□□并。田南尽佰北，东自比謂子，西北羽林孟□。若一旦田为吏民秦胡所名有，謂子自当解之。时旁人杜子陵、李季盛，沽酒各半，钱千无五十。"③ 这里的"吏民秦胡"并列，可能意味着"秦胡"还有非编户之民的含义④。李烨《"秦胡"别释》一文大致认同邢文的观点，但主张"秦胡"应分开理解，居延汉简中的"秦骑"、文献中的"秦人"都是指秦时亡

① 吴礽骧、余尧：《居延新获建武秦胡册再析》，《西北师院学报》1984 年第 4 期。

② 方诗铭：《释"秦胡"——读新出居延汉简"甲渠言部吏毋作使属国秦胡卢水士民书"札记》，《中国历史博物馆馆刊》1979 年第 1 期。

③ 罗振玉：《贞松堂集古遗文》卷 15，第 27—29 页。《中国历代墓券略考》也收录了此券（两件），文字略有差异。

④ 邢义田：《"秦胡"小议——读新出居延汉简札记》，载《傅乐成教授纪念论文集——中国史新论》，台湾学生书局 1985 年版。

入匈奴的已经胡化的华夏遗民，随着匈奴胡骑的归附生活在"属国"之中，居延汉简中的"秦骑""胡骑"分别指两汉属国中的秦人骑兵和胡人骑兵[①]。

（四）"秦胡"是秦地之胡、秦时之胡、接受秦统治之胡

赵永复先生认为"秦胡"为秦地之胡，指原居于统一六国之前的秦地或其附近的胡，秦以后虽有一部分已迁离秦地，但习惯上仍按其原居地称这些民族为"秦胡"。北地卢水胡即指原居于秦北地郡的卢水胡，因此卢水胡就是秦胡。两汉时期的"秦人"也是秦胡，他们广泛分布于西起甘肃河西走廊、青海，东至河北平原的广大地区[②]。弓建中、王青等学者与赵文的观点大同小异[③]。王宗维先生认为"秦胡"是秦代统治过的胡人，也就是居于秦地的胡人，卢水胡从未接受过秦的管辖，因此卢水胡不是"秦胡"。"属国秦胡卢水士民"一语中，"秦胡"和"卢水"是并列的，"士民"既有"秦胡"士民，也有"卢水"士民。"秦胡"应包括义渠和居延[④]。周银霞、李永平认为，春秋战国时期，北方民族南下与六盘山区域的原居民融合，形成了战国时期被秦称为"胡"的民族的雏形，也就是后来东汉简牍和史籍中的"秦胡"，有义渠、月氏、卢水胡、居延等部落部族。秦末汉初，一部分迁至河西走廊[⑤]。

（五）"秦胡"是降汉的匈奴人

赵向群先生持这一观点。具体而言，卢水胡是降汉匈奴人即"秦胡"的后裔，他们与居住在卢水的汉族土民同受河西大将军府及居延

---

① 李烨：《"秦胡"别释》，《内江师范学院学报》2012年第5期。

② 赵永复：《关于卢水胡的族源及迁移》，《西北史地》1986年第4期；《两汉时期的秦人》，《历史地理》第9辑，1990年。

③ 王青：《也论卢水胡以及月氏胡的居处和族源》，《西北史地》1997年第2期；弓建中等：《秦夷、秦人、秦胡》，《陕西历史博物馆馆刊》第7辑，三秦出版社2000年版。

④ 王宗维：《"秦胡"别议》，《西北历史资料》1984年第1期。

⑤ 周银霞、李永平：《"秦胡"的迁徙、流变与秦的民族政策——以六盘山区域考古材料为依据的考察》，《西安财经学院学报》2014年第5期。

属国都尉管辖。后来，政府为了便于管理内迁的"羌胡"，往往在他们的部种前加上现居籍贯，形成现籍、原籍、种族三位一体的复合式族名，于是有了凉州卢水胡、安定卢水胡、北地卢水胡等称谓①。

（六）"秦胡"即"支胡"

李志敏先生认为"秦胡"或"支胡"实即塔里木盆地土人之称号。"秦胡"之名消失于史册是因为被同名异译的"支胡"所取代②。

（七）"秦胡"为大秦之胡（罗马人）

先前有外国学者主张张掖骊靬因安置西域所俘罗马、叙利亚士兵而得名，近来有人转而以为"秦胡"为大秦胡人，西汉称骊靬，东汉称秦胡，魏晋名骊靬戎、力羯羌，活动于骊靬、临松、卢水、南山、番禾一带③。

各家的说法归纳起来，基本都同意"秦胡"与汉代北方边境地区的胡族有关，至少可以肯定世居卢水的卢水胡就属于"秦胡"。各家所纠结的问题集中在"秦胡"究竟是指一种胡人（专名），还是多种胡人（总称）？抑或分指胡、汉两种人？如果是一种胡人又是何种胡人？"秦胡"之"秦"的含义是什么？由于文献简略，研究者还联系秦汉时期的民族政策、民族互动、北方民族地理分布等相关历史背景，相互驳难订正，伸张己说，但始终难达成较一致的意见，各种解读混淆抵消，使珍贵文书的价值难以彰显。

与上述说法不同，笔者曾在评述各家说法的基础上，提出新的思考，认为"秦胡"应是一种法律身份，是对入塞各族的一种统称，而不是具体的种族名称。④ 这一观点至今尚未得到认可。再次研读上述

---

① 赵向群：《五凉史探》，甘肃人民出版社 2005 年版，第 216—217 页；赵向群、方高峰：《卢水胡源起考论》，《简牍学研究》第 1 辑，甘肃人民出版社 1997 年版，第 234 页。

② 李志敏：《支胡考——兼谈秦胡在史册消失问题》，《西北民族研究》1995 年第 1 期。

③ 王萌鲜、宋国荣：《一支古罗马军团的最后家园》，《甘肃日报》2005 年 12 月 1 日第 7 版。

④ 胡小鹏、安梅梅：《"秦胡"研究评说》，《敦煌研究》2005 年第 1 期。

诸文，经过反复思考，笔者仍然觉得这一说法的思路是正确的。兹在前文基础上，将"秦胡"置于秦汉以来边疆法律视野下作一新的考察，重新阐释"秦胡"的身份问题。

二

东汉时期，"秦胡"主要出现在西北边疆少数民族错居的张掖属国、金城属国等地，据此有两点可以肯定：一是"秦胡"应与汉代河西各属国部落密切关联，二是"秦胡"至少应包括卢水胡和湟中小月氏胡。因此，研究"秦胡"问题的切入点也有两个：一是秦汉的属国制度，二是已确认"秦胡"身份的卢水胡。

众所周知，汉承秦制，汉代的属国与秦代的臣邦、属邦有着渊源关系，尽管时代变迁，两者之间在属地、人口、管理方式、法律规定方面可能存在诸多不同，但其主要精神和原则应当是一致的，是可以借鉴的。秦代的臣邦（属邦），文献记载极简，具体内容只能从云梦秦简中的《属邦律》《法律答问》中窥知一二。日本学者工藤元男根据《法律答问》的内容，以汉代属国的形成为线索，对秦的臣邦概念作了分析，对秦如何将非秦人编入秦的逻辑作了探讨，其结论可概括如下：秦如果征服了相邻的少数民族居住地，会在那儿设置郡，其法制上的地位是作为属邦的臣邦，它由几个（县）道构成。居住于这种臣邦（属邦）的少数民族，被编入秦的爵制秩序中，接受了一定的法制统治。这种臣邦（属邦）的人被编为秦人时，起重要作用的是以"真""夏子"区别为依据的身份制原则。就是说，秦首先将征服地的少数民族当作"真"（客身份），若他们想要成为"夏子"（身份上完整的秦人），逻辑上至少要生于秦母（夏子身份的母亲）。这在将臣邦（属邦）的少数民族编入秦时，起到了重要作用。

如《法律答问》546：

臣邦人不安其主长而欲去夏者，勿许。　●可（何）谓

"夏"？欲去秦属是谓"（去）夏"。

《法律答问》547—548：

真臣邦君公有辠（罪），致耐辠（罪）以上，令赎。●可（何）谓"真"？臣邦父母产子及产它邦而是谓"真"。●可（何）谓"夏子"？●臣邦父、秦母谓殹（也）。

从上述律文中可见，臣邦人口具有两种不同的法律身份，即"真"和"夏子"。日本学者工藤元男对这两种法律身份产生的依据进行了分析：如果认为臣邦是"臣属于秦的邦国"即"秦统治下的国家"，那么"真"的第一定义就是"秦之臣属国的父母所生的孩子"（臣邦父臣邦母）。"真"的第二定义是与秦之间没有统治/被统治关系的他国之父母生的孩子（产它邦）。但《法律答问》的讨论当然以他由于某个原因或某件事情入秦并居住了一定时间为前提，因此更严格地说，第二定义的"真"是"虽然父母都是他国人，但（本人）后来入秦并定居的人"①。那么，"真"这一概念究竟是什么意思？整理小组作注释说"指纯属少数民族血统"，于豪亮先生的解释也相同②。但如果这样解释的话，臣邦、它邦都成为少数民族的国家，不能说明为什么《法律答问》要将这两者区别记述了。所以，工藤元男认为臣属秦的不限于少数民族，两种定义中居于秦的"客"，其法律上的名称很可能就是"真"③。与"真"相对的概念是"夏子"，不管居于故秦还是臣邦，臣邦父和秦母间的孩子都被认为是"夏子"④。笔者认为，

①　［日］工藤元男著，广濑薰雄、曹峰译：《睡虎地秦简所见秦代国家与社会》第三章《秦的领土扩大与国际秩序的形成》，上海古籍出版社 2010 年版，第 90 页。

②　于豪亮：《秦王朝关于少数民族的法律及其历史作用》，收入中华书局编《云梦秦简研究》，中华书局 1981 年版，第 317—318 页。

③　［日］工藤元男引《庄子·秋水篇》"谨守而勿失，是谓反其真"，及郭象注"真在性分之内"，设想"出生"→"天生"→"天性"的意思变化，认为"真"有可能来自"出生"之义。

④　［日］工藤元男著，广濑薰雄、曹峰译：《睡虎地秦简所见秦代国家与社会》第三章《秦的领土扩大与国际秩序的形成》，上海古籍出版社 2010 年版，第 91 页。

还有一种可能，即臣邦君长与秦女通婚，其人民也可获得"夏子"身份。《后汉书》卷八十六《南蛮西南夷列传》载："及秦惠王并巴中，以巴氏为蛮夷君长，世尚秦女，其民（"民"字衍）爵比不更，有罪得以爵除。"可知巴郡南郡蛮被纳入秦臣邦体系后，君长世尚秦女，爵比不更，有罪可以爵除罪，其民也仿照秦爵制秩序编制，与《法律答问》的规定相印证。

　　上述分析对我们理解汉代属国中的"秦胡"问题极有启发意义。汉代属国是汉朝政府对归附的少数民族部落划定地区进行管理的一种行政管理机构，来降的各族部落，"各依本国之俗而属汉"①。因此，秦汉属国的性质大体相同，其管理原则也应一致，即实行身份制管理原则。《建武秦胡册》是汉时刺史级官文书原件，用词理当严密审慎，"属国秦胡卢水士民"应是官方身份，其名称具有法律性和严肃性，是不应带有歧义的。文书中的"秦胡"应当是张掖属国管辖下所有非汉族群的总称，指内属或归化之少数民族，并不限定为某一族群，乃是官方的法律身份。从这个意义上说，所谓"汉化"的胡人或"降汉的匈奴人"虽然表述的角度不准确，但与"秦胡"的身份有重合之处。而把张掖属国境内的"秦胡"解为"秦"（汉人）和"胡"，加以并列的观点是难以成立的。

<h1 style="text-align:center">三</h1>

　　从《法律答问》的规定看，秦代臣邦之民分别有两种身份——"真"与"夏子"，按照上引《后汉书·南蛮西南夷列传》的记载，"汉兴，南郡太守靳彊请一依秦时故事"，汉代属国也应沿用秦代边疆法律，那么，汉简中的"秦胡"应当与《法律答问》的"夏子"与"真"分别对应，也就是说居延简中的"秦胡"既可以分开，分别指"秦"（相当于"夏子"）与"胡"（相当于"真"），也可以看作是对

---

① 参见王宗维《汉代的属国》，《文史》第 20 辑，中华书局 1983 年版。

两种法律身份的合称，他们共同构成属国士民。与此相印证，简牍中也反映出汉代属国有秦（秦骑）、胡（胡骑）两种人群。

《居延汉简甲乙编》中的甲 2112 号简（正反面）有："元凤五年尽本始元年九月以来秦属国胡骑兵马名籍。"据邢义田先生提供的原简红外线照片，其释文应为："元凤五年尽本始元年九月以来秦骑属国胡骑兵马名籍。"① 又，《肩水金关汉简（壹）》所收残简有"所将胡骑秦骑名籍"。（73EJT1：158）此二简之"秦"，上大下禾，为"秦"之俗字②。两支简文中"秦骑"与"胡骑"并列，共载于一编名籍简中，二者显然既有区别又有联系。初师宾认为，两支简文中秦（骑）是用作胡骑的定语，并非是有秦骑、胡骑两种骑兵，这种解释从语法来看不能成立。李烨则认为居延汉简中的"秦骑""胡骑"分别指两汉属国中的秦人骑兵和胡人骑兵，这里的秦骑（秦人）指胡化的汉人骑兵。但从秦汉历史看，昭宣时期河西走廊无论如何是不会有成规模的胡化汉人集团。两种解释都难以令人信服。如果从上引《法律答问》的规定看，则可以合理解释张掖属国中并存的"秦骑"与"胡骑"的关系。秦代臣邦中的"真"和"夏子"两种身份，可分别对应汉代属国中的"胡"（胡骑）和"秦"（秦骑）两种骑兵。秦律中的"夏子"意味着与上国之人通婚所生子，或者是久居臣邦（属国）的人。也就是说，归属秦国成为臣邦后，臣邦之人先获得"真"的身份，其所生第二代即可获得"夏子"的资格。同理，汉代属国的骑兵，依归汉时间的长短，归化程度的深浅，也可分为"秦"（秦骑）和"胡"（胡骑）两种身份。实际上，随着时间的推移，属国部落迟早都会获得汉士民的资格，正如"属国秦胡卢水士民"这一身份所表述的那样，"秦胡"成为新的统一的称呼，其法律身份相当于"秦人"（汉人），但仍保持胡人特征。

以明确为"秦胡"的卢水胡为例，学界公认其为融合了匈奴、月氏、羌人的杂胡集团，并非单一族群。十六国时期，建立了北凉政权

---

① 邢义田：《地不爱宝：汉代的简牍》，中华书局 2011 年版，第 78 页。

② 初师宾：《再释"秦胡"——兼与胡小鹏诸先生商榷》，张德芳主编《甘肃省第二届简牍学国际学术研讨会论文集》，上海古籍出版社 2012 年版，第 21 页。

的卢水胡人仍保持鲜明的胡人特色和意识，仅此一点，就很难将四百年前的卢水胡看作已经汉化的胡人。所以，卢水胡被称为"秦胡"，只能说明"秦"有标示其法律身份的含义，也就是说"秦胡"是接受汉王朝行政管理的边疆少数民族。《后汉书·邓训传》载邓训"发湟中秦胡羌兵四千人"，这里的"秦胡羌兵"，中华书局本点断为"秦、胡、羌"，意为汉兵、小月氏胡与羌兵，这是不对的。"秦胡羌兵"指湟中小月氏与义从羌，不应点断，"秦"修饰"胡羌"，意为"秦胡"与"秦羌"，即属国义从胡羌，并没有汉兵在内。与此相似，王沈《魏书》载曹操与韩遂、马超的凉州兵团在渭水相持，"贼将见公，悉于马上拜，秦胡观者，前后重沓。公笑谓贼曰：'汝欲观曹公邪？亦犹人也，非有四目两口，但多智耳！'胡前后大观。"[1] 这里的"秦胡"也不是"汉"与"胡"，因为下文又单称"胡"。可见，"秦胡"即习称之为"归义蛮夷"的属国部落。秦汉时期的典属国，其职责就是"掌诸侯及归义蛮夷"。属国归义诸胡羌，接受汉朝政府管辖，有固定居住地，人户登记造册，承担徭役，不得随意迁离。汉朝在北方边疆"设塞徼，置屯戍，非独为匈奴而已，亦为诸属国降民，本故匈奴之人，恐其思旧逃亡"[2]。可见汉朝政府将属国部落看作自己的士民，属国降胡逃亡被视为叛乱，如汉元帝时，"上郡属国归义降胡万余人反去"[3]，汉将冯奉世将兵追击，想将他们拦截回来。属国胡骑、羌骑也和边郡汉骑士一样，人马俱编有名籍。如上引"秦骑属国胡骑兵马名籍""所将胡骑秦骑名籍"二简文。悬泉汉简《归义羌人名籍》册中，共出现 9 个人名，分属 7 个羌种，说明河西羌人在归附汉朝后，一方面仍继续保持原有的部落组织，另一方面则获得了"归义"身份，接受汉朝政府行政管理，"归义羌"人被广泛用于军事、邮驿和其他各种劳作。悬泉汉简《案归何诬言驴掌谋反册》还记载了酒泉属国（或酒泉郡）博望候官处理羌人之间纠纷案件的过程，包括

①　《三国志》卷一《魏书·武帝纪一》注引王沈《魏书》，中华书局 1975 年版，第 36 页。

②　《汉书》卷九四下《匈奴传下》，中华书局 1975 年版，第 3804 页。

③　《汉书》卷七九《冯奉世传》，第 3295 页。

受理、断案与执行各环节。羌民财产或债务纠纷也有上诉于巡视该地的护羌使者（护羌校尉）者。说明"归义羌"人均受所在郡县或属国管理①。这些被编入名籍的胡骑、羌骑必须接受汉朝边郡长官调遣，从军出征，如元鼎五年，以属国骑击匈奴；元鼎六年，从骠侯赵破奴统属国骑及郡兵数万出塞，至匈河水，欲以击胡；太初元年，贰师将军李广利征大宛，发属国六千骑②。这些名在籍册服兵役的属国胡骑还从汉朝获得固定的廪给，其口粮标准与汉兵一致③。直到东汉末，凉州董卓兵团的"秦胡"还因"牢直不毕，廪赐断绝，妻子饥冻"而鼓噪。

归义的各族部落首领，都担任汉属国各级官吏，有战功还可获赏赐封侯，如"复陆支本匈奴胡也，归义为属国王，从骠骑有功，乃更封也"④。西汉惠帝至景帝间，"外国归义，封者九十有余"⑤。《秦汉南北朝官印徵存》所见归义王侯官名有"汉匈奴恶適尸逐王""汉匈奴伊酒莫当百""汉匈奴归义亲汉长""汉匈奴破虏长""汉匈奴守善长""汉归义胡长""汉率善胡长""汉休著胡佰长""汉卢水仟长""汉卢水佰长""汉屠各率众长"等印文。从各族归汉首领的官号看，属国部落民实际上获得了"汉归义胡""汉率善胡"之类的汉朝士民身分，总称为"秦胡"。这也体现了汉朝政府对属国人口的身份制管理原则。

"秦胡"是一种政治身份或法律身份，还可从其与郡县"吏民"的异同中看出。《建武秦胡册》提到"属国秦胡卢水士民"时，是将其与郡县"吏民"并列的，要求郡县吏民不得役使因战乱流落郡县的

---

① 胡平生、张德芳：《敦煌悬泉汉简释粹》，上海古籍出版社2001年版，第205页；初师宾：《悬泉汉简羌人资料补述》，载中国文物研究所编《出土文献研究》第6辑，上海古籍出版社2004年版；张俊民：《敦煌悬泉出土汉简所见人名综述（二）——以少数民族人名为中心的考察》，《西域研究》2006年第4期；高荣：《敦煌悬泉汉简所见河西的羌人》，《社会科学战线》2010年第10期。

② 分见《史记》卷二〇《建元以来侯者年表》、卷一二三《大宛列传》，第1049、3171、3174页。

③ 参见孙言诚《秦汉的属邦和属国》，《史学月刊》1987年第2期。

④ 《汉书》卷八《宣帝纪》苏林注，第240页。

⑤ 《史记》卷一九《惠景间侯者年表》，第977页。

"属国秦胡卢水士民"。《樊利家买地铅券》也将洛阳当地的"秦胡"与"吏民"并列。可见两者是有所区别的。吴礽骧、邢义田诸先生将"属国秦胡卢水士民"断开，将"属国秦胡"与"卢水士民"相区别，认为"属国秦胡"与"卢水士民"为两种身份，即"非编户与编户"之别。我们认为这一理解有误。正如初师宾所指出，"属国秦胡卢水士民"乃一语言及隶属、种族、地域、身份四事，"属国秦胡卢水士民"是一个整体称呼，指张掖属国境内的卢水流域杂胡，因其隶于汉朝管理，故称"秦胡"（汉归义胡），其政治身份是汉朝政府管理下的士民，但与郡县制下的编户还是有所区别，其原有的部落组织仍然保留，其首领在担任属国千长、百长的同时，仍保有王侯称号，故有"汉匈奴""汉卢水""汉休著胡"等种号。

既然"秦胡"之称与属国部落身份制管理有关，那么"秦胡"之名的消失应与属国制度的解体有关。两汉之际，安定属国匈奴部落起兵失败后，"胡人还乡里，积苦县官徭役"[①]。说明某些属国士民开始由部落民变成乡、里百姓，与郡县编户同样负担徭役，即由"秦胡"向编户过渡。东汉以后，属国"稍有分县，治民比郡"，逐步向郡县化方向发展，其人口身份理应也有所变化。到东汉后期，张掖属国、居延属国等改为郡县，说明属国郡县化、部落编户化是边疆法律规制的方向。边疆少数民族内迁日久，分布日广，融合到当时的社会政治经济生活中去，已然编户化，再没有从身份上加以区别的必要了，这是"秦胡"之名消失的原因。而按族属、地域区分的诸胡名称，如卢水胡、支胡、黄石胡等，则继续保留。这也从一个方面说明了"秦胡"是总称，不是以某一族属、某一地域命名的。

四

在解读"秦胡"问题时，有必要说一下汉代的"秦人"问题。

---

① 《后汉书》卷一二《卢芳传》，中华书局1973年版，第508页。

《汉书·匈奴传》载武帝时"卫律为单于谋穿井、筑城，治楼以藏谷，与秦人守之。"颜师古注此处"秦人"曰："秦时有人亡入匈奴者，今其子孙尚号秦人。"《汉书·西域传》又云："匈奴缚马前后足，置城下，驰言：'秦人，我匄若马！'"师古注文与上稍异："谓中国人为秦人，习故言也。"据此，对于"秦人"的解释传统上有秦时入胡之人（胡化的汉人）说和匈奴、西域地区称呼汉朝治下的汉人这两说。其中，秦人入胡说被用来支持"秦胡"为胡化的汉人说。近代新疆拜城县境内发现的东汉永寿四年（158）《刘平国治关亭颂》石刻中也出现了"秦人"一词："龟兹左将军刘平国以七月廿九日发家，从秦人孟伯山、狄虎贲、赵当卑、石□羌、石当卑、程阿羌等六人共来作列亭。"这里提到的"秦人"，研究者除沿用以上二说解释外，还有人提出了塔里木盆地居民说①。从本文的视角分析，这里的六名"秦人"，多是汉姓胡名，其中至少包括两名羌人，他们应当是受东汉政府调遣的胡羌，并非汉人或当地居民。东汉时期，常征发河陇胡羌到西域服役，如安帝永初元年夏，遣骑都尉王弘发金城、陇西、汉阳数千羌骑征西域，群羌忧惧，行到酒泉溃散，诸郡派兵缉捕，遂激起羌变。东汉后期，西域事务主要由凉州负责，属国羌胡自然成为经略西域的主要兵员，石刻中的"秦人"或与河西属国秦胡有关。库车地区沙雅县于什格提遗址内出土的"汉归义羌长印"，也证实了汉代归义羌人远戍西域的史实。这似可说明，《刘平国治关亭颂》中的"秦人"，与《汉书》中的"秦人"不同，西汉武帝、昭帝时期的"秦人"，指秦汉王朝统治下的汉人，东汉时期的"秦人"已与"秦胡"混同，指东汉河西诸郡国归义各族，不是族群身份，而是法律身份。

又，《华阳国志》卷二《汉中志》载：武都郡"土地险阻，有麻田、氐傁，多羌戎之民。其人半秦，多勇㦾"。这里的"半秦"，应该也是指武都郡"羌戎之民"的法律身份。"半秦"意指武都郡氐民因长期接受汉朝属国县道统治，很大一部分已获得"秦"的身份了

---

① 参见李铁《汉刘平国治关刻石小考》，《社会科学战线》1979 年第 4 期；王炳华《"刘平国刻石"及有关新疆历史的几个问题》，《新疆大学学报》1980 年第 3 期。

（接近编户化），故称为"秦"，意思相当于"秦氏"，其含义与"秦胡"有相通之处。另有部分氐人"分窜山谷间"，仍保持一定的独立性。两者各半，故谓之"半秦"。

我们还可以用隋唐时代的蕃户作为例证。唐代在边境所置都督府州，所领户口称蕃户，如《旧唐书》卷三八《地理志》丰州条载，"贞观四年以突厥降附，置丰州都督府，不领县，唯领蕃户"。唐朝政府对蕃户实行行政管理，蕃户分为不同的等第，负担一定的赋役。《唐六典》卷三《尚书户部》："凡诸国蕃胡内附者，亦定为九等：四等已上为上户，七等已上为次户，八等已下为下户。上户丁税银钱十文，次户五文，下户免之。附贯经二年已上者，上户丁输羊二口，次户一口，下户三口共一口。"其下注文曰："无羊之处准白羊估折纳轻货。若有征行，令自备鞍马，过三十日已上者免当年输羊。凡内附后所生子，即同百姓，不得为蕃户也。"值得注意的是，内附蕃户所生子即取得百姓资格，"不得为蕃户也"。也就是说内附蕃胡，先取得蕃户身份，其第二代自动获得百姓身份，与其父母身份有别。相当于秦律中从"真"的身份变为"夏子"的身份。实际上，这里的百姓是较笼统的称呼，与真正的州县编户（良民）还有一定区别。《旧唐书》卷四三《职官志》载："（官奴婢）一免为蕃户，再免为杂户，三免为良民。"《旧唐书》卷一八八《裴守真附子子余传》载景龙中，"时泾岐二州有隋代蕃户子孙数千家，司农卿赵履温奏悉没为官户奴婢，仍充赐口，以给贵幸。子余以为官户承恩始为蕃户，又是子孙，不可抑之为贱"。可知隋唐时期蕃户虽可取得百姓资格，但与良民还是有所区别的。

五

纵览秦、汉、唐代边疆法律，可以看出，各朝对边疆内附各族部落的管理有相通之处，即对内附部落民都实行身份制管理，而且这种身份并不是一成不变的，而是分为等第，有一个逐步同化（汉化）、编户化的过程。秦律中的臣邦之民，从归属秦王朝管理后，即获得"真"的身份，"真"与秦人通婚后，所生子即获得"夏子"身份。由此推理，"真"之后代，由于久受秦朝管理，也可获得"夏子"身份。这里的"真"，或可理解为"使用原来称呼的人""原住民"之意，"夏子"可理解为华夏之裔，借用前朝之名称呼被同化之人，其同化进程为：臣邦父臣邦母→真→夏子。同理，汉代属国部落民也可分为"秦""胡"两个层次，最初归属汉朝统治的部落民，保持原有的"胡"名，相当于"真"；数代之后，获得"秦"的身份，亦即汉朝士民的身份，相当于"夏子"，也是借用前朝之名称呼被同化之人。在不同场合下，"秦胡"既可分指属国士民中两种不同的身份，如"秦骑""胡骑"；也可合称，统指属国士民，如"属国秦胡卢水士民"。这里的"秦"，可以理解为"属汉""归化""归义""率善"等义。隋唐的蕃户，也是分为两个层次，初附为蕃户，蕃户所生子即视同百姓，但与良民还有差别。以上沿革说明，自秦以来，历代王朝对边疆民族的管理相当严密，其身份有严格的法律规定和籍册登记，有明确的内地化、编户化导向。

综上，根据秦汉属国制度的身份制管理原则，从古代边疆法律角度去解读"秦胡"问题，可以合理解释汉代"秦胡"身份，这比论辩"秦胡"究竟是"汉化"的胡人，还是"胡化"的汉人，抑或是哪种胡人更有说服力。

（原刊《社会科学战线》2017 年第 6 期，与郑煦卓合作）

《契丹国志》中的"小食国"

《契丹国志》卷二十一"诸小国贡进物件"条载:

> 高昌国、龟兹国、于阗国、大食国、小食国、甘州、沙州、凉州:已上诸国三年一次遣使,约四百余人,至契丹贡献。

《文献通考》卷三四六《四裔·契丹下》述及契丹周边民族分布时也说:

> 自阿保机相承二百余年,尽有契丹、奚、渤海,及幽、燕、云、朔故地,四面与高丽、安定、女贞、黑水灰国、屋惹国、破古鲁、阿里玛、铁离、鞑靼、党项、突厥、土浑、于厥、哲不古、室韦、越离喜等诸国相邻,高昌、龟兹、于阗、大小食、甘州人时以物货至其国,交易而去。

比较两书记载,契丹西面诸族及其割据政权都被提到,包括河西诸州,独独未提到西夏(《文献通考》中则将党项与土浑、突厥、甘州并列),可知《契丹国志》所指"贡进"情形应在西夏统一河西之前的五代宋初,所谓诸小国主要指塔里木盆地及其周缘地区的诸突厥—回鹘集团,包括高昌回鹘(今新疆吐鲁番盆地和准噶尔盆地的东南部)、龟兹回鹘(今新疆库车县周围)、尉迟氏于阗国(今塔里木盆地南缘和阗一带)、喀喇汗王朝(今新疆喀什至中亚楚河流域)、沙州归义军政权(含沙州回鹘)、甘州回鹘、凉州回鹘,当时都在辽

朝的羁縻统治之下，《辽史》卷四六《百官志二》记作阿萨兰回鹘大
王府、回鹘国单于府、沙州回鹘敦煌郡王府、甘州回鹘大王府、高昌
国大王府、于阗国王府等。诸小国中唯独小食国何指，迄今未有确
考。从其周边民族情况看，当亦属某突厥—回鹘集团。

两书中"大食""小食"并举，似乎有连带关系。以"大食"定
"小食"是人们容易想到的思路。这里的"大食"，无疑即喀喇汗王
朝。关于喀喇汗朝在宋辽文献中习称"大食"或"大石"的情况，
在史学界已成共识，[①] 这里不再赘述。北宋初年，辽与喀喇汗王朝不
仅有密切的贡赐关系，据《遣使赐建都阿富汗吉兹尼之素丹马合木
书》，[②]《辽史·圣宗纪》、《辽史·属国表》等记载，辽圣宗太平元年
（1021），即喀喇汗朝玉素甫·卡迪尔汗在位期间，辽还嫁公主给大食
（喀喇汗朝）王子册割（察格里特勤）。《辽史》卷三〇《天祚本纪》
载耶律大石西迁，致书高昌回鹘亦都护毕勒哥曰："今我将西至大食，
假道尔国，其勿致疑。"毕勒哥质子孙为附庸，送至境外。兵行万里，
"至寻思干，西域诸国举兵十万，号忽儿珊，来拒战。……三军俱进，
忽儿珊大败，僵尸数十里。驻军寻思干凡九十日，回回国王来降，贡
方物"。又西至起儿漫，文武百官册立大石为帝，改元延庆，号葛儿
汗。"延庆三年，班师东归，马行二十日，得善地，遂建都城，号虎
思斡耳朵。"耶律大石不远万里西迁大食（喀喇汗王朝）地，说明两
国间存在某种特殊关系。契丹西征的结果，就是在喀喇汗朝故地建立
了西辽政权。既然与辽有密切关系的大食是喀喇汗朝，那么小食自然
也与喀喇汗朝有关，或即喀喇汗朝别部。有一种说法就认为《契丹国
志》中的大食国、小食国分别指喀喇汗王朝的长支、幼支，或分裂后
的东西部喀喇汗朝。[③]

以前人们曾将喀喇汗朝大食国与阿拉伯大食混为一谈，而将小食

---

① 参见钱伯泉《大石、黑衣大石、喀喇汗王朝考实》，《民族研究》1995 年第 1 期；
《大食与辽朝的交往和耶律大石的西征》，《社会科学战线》1995 年第 2 期。

② 陈辽辑校：《全辽文》卷一，中华书局 1982 年版，第 15—16 页，注文："右据友人
周一良撰《亚剌伯人关于中国之记载》。"参见《马卫集论中国》，胡锦州、田卫疆译，《中
亚研究资料》增刊《中亚民族历史译丛》，新疆社会科学院中亚研究所 1985 年版。

③ 胡小鹏：《辽可老公主出嫁"大食"史实考辨》，《西北师大学报》1995 年第 6 期。

考为塞尔柱王朝属部。如陈汉章在《中国回教史》中解读《天祚本纪》这段话说："盖其时大食东部，久已分出塞而柱克朝……都于波斯忽儿珊。故先拒契丹。又有货勒自弥沙，都于乌尔躔赤城（在今机洼城东偏北），时亦战败，被擒于寻思干，其子服属焉。故概之曰'回回国王来降'，亦曰'回回大食'。"又有阿萨兰回鹘，"其西南即大食所分各部。以回鹘种人改从大食法，回鹘本名回纥，转为回回，于是大食亦冠以回回之号，大食各部，亦统名以回回。自《辽史》以前，固未之闻也"。他还在注文中引用《契丹国志》卷二十一说："大食国外有小食国，小食即各部名。"将小食国比定为塞尔柱王朝（大食）的附庸或属部。[①] 循其思路，有人还确指大食为阿拉伯帝国阿巴斯王朝（黑衣大食），小食为喀喇汗朝，说辽朝与大食（阿拉伯帝国）、小食（喀喇汗朝）均有交聘关系。[②]

两书将"大食""小食"并举，还使人联想到《新唐书》卷四十三下《地理志七下》安西道上的"大石城""小石城"。志文云：

> 安西西出柘厥关，渡白马河，百八十里西入俱毗罗碛。经苦井，百二十里至俱毗罗城。又六十里至阿悉言城。又六十里至拨换城，一曰威戎城，曰姑墨州，南临思浑河。乃西北渡拨换河、中河，距思浑河百二十里，至小石城。又二十里至于阗境之胡芦河。又六十里至大石城，一曰于祝，曰温肃州。又西北三十里至粟楼烽。又四十里度拔达岭。又五十里至顿多城，乌孙所治赤山城也。又三十里渡真珠河，又西北度乏驿岭，五十里渡雪海，又三十里至碎卜戍，傍碎卜水五十里至热海。又四十里至冻城，又百一十里至贺猎城，又三十里至叶支城，出谷至碎叶川口，八十里至裴罗将军城。

唐朝称今新疆温宿县古城为"大石城"，阿瓦提县境的古城为"小石

---

① 陈汉章：《中国回教史》，李兴华、冯今源《中国伊斯兰教参考资料选编》，宁夏人民出版社1985年版。

② 邱树森主编：《中国回族史》上册，宁夏人民出版社1996年版，第35—36页。

城",其居民多是石国(今乌兹别克斯坦塔什干市)移民。宋初该地为葛逻禄人所据,后又归属喀喇汗王朝(大食国)。钱伯泉先生据此认为,"小食国"即此"小石城"。①

上述各种说法其实都没有什么确切证据,基本是从大食、小食应存在某种对应关系的预设条件出发,围绕大食国(喀喇汗朝或阿巴斯王朝)的情况,对小食国做出上述推测的。然而,笔者在翻检宋元史料的过程中,发现若干蛛丝马迹,顺藤摸瓜,得出了小食国与大食国并不存在对应关系,小食国在今新疆哈密一带的结论。现陈述于下,以就教于方家。

首先,"小食(国)"的地望在宋元史书中有明确记载。《事林广记》是南宋人陈元靓所编撰的一部日用百科全书型的民间类书,该书癸集卷上《历代舆地之图·大元混一之图·甘肃行省所辖》中赫然列有"小食(国)",方位在阳关之北,畏吾儿之东,居延之西,相当于今新疆哈密一带。② 此外,元刻《大元混一方舆胜览·混一诸道之图》甘肃行省图中,也将"小食"标在相同的位置。③ 这是关于小食方位最具体的记载。《事林广记》的宋季原本,今不可见。现存元、明刊本,都是经过增广和删改的,所以图中宋元地名并存。《事林广记》成书于南宋末而混有元代内容,这与《契丹国志》《文献通考》的情况非常相似。《契丹国志》的作者叶隆礼也是南宋末年人,其书不见于陈振孙《直斋书录题解》和《宋史·艺文志》著录,袁桷《清容集》卷四十一《修辽金宋史搜访遗书条列事状》中所列遗书凡140余种,尚无此书,可见元初未行于世。苏天爵《滋溪文稿》卷二十五《三史质疑》中始论及此书,《千顷堂书目》卷三注为元人叶隆礼所撰。所以余嘉锡、李锡厚诸先生认为有可能是入元之后撰次此

① 钱伯泉:《大石国史研究——喀喇汗王朝前期史探微》,《西域研究》2004年第4期。

② 陈元靓:《事林广记》,中华书局1999年景印本,第238页。

③ 刘应李著,郭声波整理:《大元混一方舆胜览》,四川大学出版社2003年版,第18页。

书。① 叶隆礼自述"臣奉勅命，谨采摭遗闻，删繁剔冗，缉为《契丹国志》"，《四库全书总目提要》据此评价说，该书"仅据宋人所修史传及诸说部钞撮而成，故本末不能悉具"，但"诸家目录所载《辽庭须知》《使辽图钞》《辽遗事》《契丹疆宇图》《契丹事迹》诸书，隆礼时尚未尽佚，故所录亦颇有可据"。可知是书实为抄撮北宋人著述而成。《文献通考》的作者马端临生于南宋理宗宝祐二年（1254），34 岁左右开始编写《文献通考》，元成宗大德十一年（1307）书成，泰定元年刊成。以上三书作者大体属同一时代人，成书年代也相近。所以叶隆礼、陈元靓、马端临关于契丹（包括小食）的材料应出自上述诸佚书，即三书史源相同，不存在彼此沿袭的问题，其记载不仅可信，还可以互相发明。假设小食国为哈密，重新考虑《契丹国志》《文献通考》对小食国的记载，我们会有新的发现。宋人庞元英所著《文昌杂录》卷一载主客所掌诸番：

> 西方有九：其一曰夏国，世有银、夏、绥、宥、静五州之地，庆历中，册命为夏国。其二曰董毡，居青唐城，与回鹘、夏国、于阗相接。其三曰于阗，西带葱岭，与婆罗门接。其四曰回鹘，本匈奴别裔，唐号回纥，居甘、沙、西州。其五曰龟兹，住居延城（应为延城），回鹘之别种，其国主自称师子王。其六曰天竺，旧名身毒，亦曰摩伽陀，又曰婆罗门。其七曰瓜沙门，汉敦煌故地。其八曰伊州，汉伊吾郡也。其九曰西州，本高昌国，汉车师前王之地。有高昌城，取其地势高、人昌盛以为名。②

与《契丹国志》诸进贡小国相比，少了大食、小食，多了伊州（哈密）、天竺。大食所指已无疑义，小食则与伊州（哈密）存在对应关系。

其次，"小食"即宋初《王延德行记》中的"小石州"。《宋史》

---

① 余嘉锡：《四库提要辨证》卷五，中华书局 1980 年版，第 272、273 页；李锡厚：《叶隆礼和契丹国志》，《史学史研究》1981 年第 4 期。

② 文渊阁《四库全书》，第 862 册，第 652 页。

卷四九〇《外国六·高昌国传》载王延德行程云：

> 初自夏州历玉亭镇，次历黄羊平，渡沙碛，无水，行人皆载水。凡二日至都啰啰族，汉使过者，遗以财货，谓之“打当”。次历茅女喝子族，族临黄河，以羊皮为囊，吹气实之浮于水，或以橐驼牵木栿而渡。次历茅女王子开道族，行入六窠沙，沙深三尺，马不能行，行者皆乘橐驼。不育五谷，沙中生草名登相，收之以食。次历楼子山，无居人，行沙碛中，以日为占，旦则背日，日中则止。夕行望月亦如之。……次历拽利王子族，有合罗川，唐回鹘公主所居之地，城基尚在，有汤泉池。次历阿墩族，经马骏山望乡岭，岭上石室有李陵题字处。次历格啰美源，西方百川所会，极望无际，鸥鹭凫雁之类甚众。次至托边城，亦名李仆射城，城中首领号“通天王”。次历小石州。次历伊州，州将陈氏，其先自唐开元二年领州，凡数十世，唐时诏敕尚在。

伊州就是今哈密，其东的小石州，是因为其地有石山、石城而得名。宋辽文献中，“食”“石”二字经常互换，如“大食”（喀喇汗朝）或作“大石”。[①]《宋史·音乐志》商声七调中大食调、小食调也写作大石调、小石调。所以，“小食（国）”乃是“小石（城）”之异写。元代文献中又写作“塔失八里”或“塔失城”，是突厥语“石城”的意思。如《经世大典》载延祐元年闰三月六日，诸王“宽彻言塔失城立站”，以转运察合台汗国哈儿班答所遣使臣过川。宽彻为察合台后王合班之子，当时驻守在与察合台汗国交界处的哈密前线。[②]又，《经世大典》中统三年记事载“中书省奏：近以西夏之西近川黄兀儿于量站、塔失八里站、揽出去站，此三处阙铺马”[③]。塔失八里就

---

① 如《宋史》卷四九〇《拂菻国传》中的“西大食”，《宋会要辑稿·拂菻国传》作“西大石”；《宋史》卷四九〇《龟兹传》和《王延德行记》、《辽史》卷三〇《天祚本纪》和卷七〇《属国表》中的“大食”（喀喇汗朝），《吴船录·继业行程》、敦煌文书 P. 4065 均作“大石”。

② 胡小鹏：《元代河西出伯系诸王初探》，《西北师大学报》1991 年第 6 期。

③ 《永乐大典》卷一九四一七“站赤二”，第 7196 页。

是塔失城，突厥语石城之意。《经世大典》附图将塔失八里标在阿模里（哈密）之东北，当即今哈密东北的石城子。与《王延德行记》记载的伊州（哈密）东面一站"小石州"的方位相合。这里是宋朝从夏州通往高昌道路的必经之地，也是塔里木盆地诸小国经草原向大辽朝贡的交通要道。陶保廉《辛卯侍行记》卷六"哈密岐路"条载：哈密城东八十里下庙儿沟（今新疆哈密东北下庙儿沟），七十里茇茇台（今哈密东茇茇台子），三十里乌拉沟，五里四屯庄，五里阿敦沟，五里照壁沟，五里头道沟，二十里沁城（稍西有旧城址，东北五十里河源小堡庄，有石城古迹。又东北逾塔什岭）。这里的沁城即哈密市东的沁城乡，蒙古语称呼勒塔纳沁，意思是旷野有鸦，突厥语称塔什伯拉克，意思是石头庙。可知这里不仅有塔什岭（突厥语石山的意思），还有石城、石头庙等遗迹，小石州的得名当与此有关。

第三，宋辽时期的"小食"或"小石州"属于伊州（元代称"哈密力"），是独立于高昌畏兀儿的一个突厥—回鹘集团。从《王延德行记》的记载看，当时伊州和小石州别有州将，并不隶属于高昌回鹘，是一个相对独立的集团。《金史》卷一二一《粘割韩奴传》载：

> （天会）八年，遣耶律余睹、石家奴、拔离速追讨大石，征兵诸部，诸部不从，石家奴至兀纳水而还。余睹报元帅府曰："闻耶律大石在和州之域，恐与夏人合，当遣使索之。"夏国报曰："小国与和州壤地不相接，且不知大石所往也。"

如果"和州"系"火州回鹘"或"西州回鹘"，而西夏与之"壤地不相接"，则说明介于二者间的"伊州"或"哈密力"，仍保持独立地位。① 日本学者安部健夫就认为："哈密力好像在元代以前，就存

---

① 《宋史》卷四八五《夏国传》："明年（庆历三年），遣六宅使伊州刺史贺从勗与［李］文贵俱来，犹称男邦泥定国兀卒上书父大宋皇帝，更名曩霄而不称臣。"有人据此认为哈密力似曾隶属过元昊治下的西夏王朝，而将此"和州"比定为叶密立一带的"忽只儿"（今哈萨克斯坦塞米巴拉金斯克市东南乌尔贾尔）。参见王颋《耶律大石西征与金山以西交通路线》，载《西北师大学报》2002年第6期。

在着回鹘人的小朝廷，或者勿宁说是'封侯'之类的东西。"① 这个独立的回鹘小政权应该就是"小食"。直到元代，哈密力仍保持这种相对的独立。公元 13 世纪初，蒙古人崛起于漠北。公元 1206 年，铁木真称成吉思汗，高昌畏兀儿亦都护巴而术阿而忒的斤立即背西辽来归，"与者必那演征罕勉力、锁潭回回诸国"，② 迫使哈密力向蒙古称臣纳贡。当时哈密力首领称"的斛迭林"，"的斛"即"的斤""特勤"，为突厥语官号，相当于"王子"；"迭林"是突厥语 Terim（宫廷的、尊贵的）的音译。从"的斛迭林"的称号，以及哈密力人的风俗看，这也是一支突厥—回鹘集团。哈密归附蒙古后仍与高昌畏兀儿并称，陈高华先生指出，在元代官方文书中，无例外地将"的斛迭林为头哈迷里每"与"亦都护为头畏吾儿每"相提并论，一则说明当时哈迷里人与畏兀儿人有别，二则说明当时哈迷里首领的斤帖林与畏兀儿人首领亦都护之间并无上下隶属关系。③

综合上述三点，可以肯定地说，《契丹国志》和《文献通考》中的"大食""小食"不存在对应关系。"小食"乃"小石"的异写，即《王延德行记》中的"小石州"，《经世大典》中的"塔失八里"，在今新疆哈密市东北的石城子一带。"小石州"得名于当地的石山、石城。宋辽时期的"小食"是以哈密为中心的一个突厥—回鹘集团，独立于高昌回鹘，入元后称哈密力。

（原刊《西域研究》2006 年第 3 期）

---

① ［日］安部健夫：《西回鹘国史的研究》，中译本，新疆人民出版社 1986 年版，第 374—375 页。

② 《元史》卷一二二《巴而术阿而忒的斤传》，第 3000 页。

③ 陈高华：《哈密里二三事》，收入《元史研究论稿》，中华书局 1991 年版，第 441—443 页。

明代哈密经略视角下的
忠顺王家族世系问题

　　明朝平定西北之初，嘉峪关以西仍为察合台后裔诸王的游牧地，大体上豳王亦怜真一支据有沙州、瓜州一带，肃王兀纳失里一支以哈密为中心，安定王卜烟帖木儿游牧于沙州西南一带。此后，明廷交替运用剿抚策略，次第招抚了关外诸势力，将其纳入边疆卫所体系。明永乐二年（1404），明朝册封故元肃王安克帖木儿为忠顺王，并于1406 年正式建立哈密卫，以领袖关西诸卫，屏障西陲。但哈密卫自第二任忠顺王脱脱之后，内部纷争不断，导致忠顺、忠义二王系并立，诸王多不得善终，实力渐衰，其内幕颇耐人寻味。哈密长期内争并最终脱离明朝掌控，原因是多方面的，学界已有深入研究①，但这些研究均未注意到忠顺王脱脱的身世疑云，而这一问题又至关重要，对哈密政局影响深远，故在此一申管见。

一

　　关于脱脱身世及其袭封忠顺王的过程，明朝方面有较详细记载，

---

　　①　参见冯家升、程溯洛、穆文广编《维吾尔族史料简编（上）》，民族出版社1958 年版；谢玉杰：《明代哈密卫探研》，《西北民族文丛》1983 年第 3 期；田卫疆：《明哈密、土鲁番速檀（王）世系补正》，《新疆大学学报》1986 年第 3 期；杨林坤：《明代哈密察合台后王统治世系考》，《西北第二民族学院学报》2003 年第 2 期；尹俊耸：《明代哈密忠义王小考》，《新疆大学学报》2007 年第 2 期；施新荣：《关于明永乐初年哈密的两个问题》，《西域研究》2009 年第 2 期。

《明实录》载永乐三年三月，"哈密头目遣使奏忠顺王安克帖木儿卒。命礼部遣官赐祭，诏以脱脱袭封忠顺王，送还哈密。脱脱，安克帖木儿兄子，自幼俘入中国。上即位求得之，抚养甚至。及闻安克帖木儿卒死，无嗣，欲以脱脱往嗣其爵，恐其众不从，尝遣回回可察吉儿等访其祖母速可失里及其头目。至是，哈密头目来告丧，且请脱脱还抚其众。仍命脱脱袭封忠顺王，赐印诰、玉带、文绮，并赐其祖母及母文绮表里"①。脱脱袭封忠顺王，可以说是明廷干预哈密内部事务，重新进行西北战略布局的重大举措，永乐帝的个人意志在其中起了决定性的作用。在明廷的强大压力下，哈密统治阶层被迫接受了脱脱袭封忠顺王的事实。虽然哈密王室承认了脱脱继统的合法性，但脱脱身世始终没有交待清楚，各种记载均含混地称其为"安克帖木儿兄子"，其父究系何人？无从得知，不能不令人生疑。既然脱脱为安克帖木儿兄子，那我们先来看看哈密王室系谱。穆斯林史料《贵显世系》记录了察合台家族系谱，其中安克帖木儿所在的一支即威武西宁王（肃王）一系的系谱如下②：

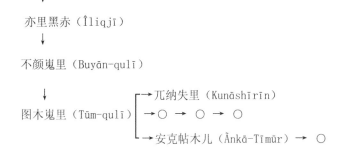

系谱中可见，兀纳失里兄弟有三人，长兄兀纳失里身后无嗣，三

---

①　《明太宗实录》卷四〇"永乐三年三月己亥"条，第662—663页。

②　参见［日］杉山正明《两个察合台家族》，小野百合子编《明清时代的政治和社会》，京都大学人文科学研究所，1983年；杉山正明：《豳王出伯及其系谱——对元明史料和〈贵显世系〉之比较》，《史林》第65卷第1号，1982年；胡小鹏《元代西北历史与民族研究》，甘肃文化出版社1999年版，第50页。

弟安克帖木儿虽有一子，但其死后妻子逃往东部蒙古，从此退出哈密政局，则安克帖木儿之后哈密王室仅剩不知名的二房一支，按道理脱脱只能出身于这一支，但脱脱之后哈密出现了忠顺、忠义二王并立局面，这就不免产生疑问，为什么哈密王室会多出一支？到底谁是哈密王室的唯一传人？比较而言，忠义王系应该没有假托的必要，反倒是明朝方面提供的脱脱身世有可疑之处，不能排除永乐帝为贯彻自己的战略意图而将脱脱身世强加于哈密王室的可能性。

我们再看脱脱作为安克帖木儿兄子自幼俘入中国的说法是否成立。明洪武十三年（1380），河西守将濮英请督兵略地，开哈密之路，以通商旅，得许便宜行事。是年五月，"都督濮英兵至白城，获故元平章忽都帖木儿。进至赤斤站之地，获故元豳王亦怜真及其部属一千四百人，金印一"①。七月甲辰，"都督濮英兵至苦峪，获故元省哥失里王、阿者失里王之母、妻及其家属，斩部下阿哈撒答等八十余人，遂还兵肃州"②。白城约今金塔县绿洲，赤金站在今玉门市西北 20 里，苦峪在今玉门镇一带。阿者失里王相当于《贵显世系》中的 Ajashi-rin，为豳王不颜帖木儿之孙，亦怜真、桑哥失里虽然在《贵显世系》中没有反映，但从其王号、活动地域及其连带关系上应能断定他们也是出伯后裔豳王一系。经过洪武十三年的讨伐，豳王家族退往哈密。洪武二十四年（1391），刘真、宋晟等率明军再次由凉州出发，西出哈密之境，乘夜包围了哈密城。"黎明，兀纳失里驱马三百余匹突围而出，官军争取其马，兀纳失里以家属随马后遁去。真等遂攻破其城，斩豳王列儿怯帖木儿、国公省阿朵儿只等千四百人，获王子别列怯部属千七百三十一人，金印一，银印一，马六百三十匹。"③ 同时，另有一种不同记载曰："擒其伪王子别列怯、豳王桑里失哥、知院岳山等，杀其国公阿朵只，俘获房众千三百人及金银印，悉送京师。"④

---

① 《明太祖实录》卷一三一"洪武十三年五月壬寅"条，第 2087—2088 页。

② 《明太祖实录》卷一三二"洪武十三年七月甲辰"条，第 2104 页。

③ 《明太祖实录》卷二一一"洪武二十四年八月乙亥"条，第 3138 页；《明史》卷三三○《西域二·哈梅里传》，第 8567 页。

④ 方孔炤：《全边略记》卷五，《续修四库全书·史部》，上海古籍出版社 2002 年版，第 738 册，第 364 页。

《明太宗实录》又作"虏其王子别列怯及伪国公省哈朵儿只"①。《明史》卷一五五《宋晟传》则作"擒其王子列儿怯帖木儿"，《明史》卷三三〇《西域传》作"斩幽王别儿怯帖木儿""获王子别列怯部属千七百三十人"。各种记载颇不一致，对照《贵显世系》的记载，可以判定列儿怯帖木儿为别儿怯帖木儿（Bilka-Timur）之误，为幽王南木忽里之孙、不颜帖木儿之子。桑里失哥应为桑哥失里之误，也就是洪武十三年从苦峪逃走的省哥失里王，他应该是出伯家族幽王系成员。哈密围城之战的过程和结果均显示出，幽王一系担任了掩护，故损失惨重，被俘者甚众，肃王一系则成功突围，并无被俘的记载，所以脱脱是安克帖木儿兄子，自幼俘入中国的说法是靠不住的。永乐帝宣称脱脱是安克帖木儿兄子，却不说其父亲是谁，尚属含混之词。后来明英宗给忠顺王倒瓦答失里敕文中的"尔祖脱脱早亡父，继亡伯，茕茕无依，乃流来中国"②一语，则有摆乌龙之嫌，因为"继亡伯"中之伯显系指安克帖木儿，而安克帖木儿在三兄弟中最幼，不可能称"伯"，显示明廷给出的脱脱身世有漏洞。

二

正因为脱脱的身世有问题，所以在他承袭忠顺王位后，哈密政局持续动荡，很不正常。

首先是脱脱被逐及暴卒。永乐四年正月，"甘肃总兵官西宁侯宋晟言哈密忠顺王脱脱为其祖母速哥失里所逐。遂遣（使）敕谕哈密大小头目曰：安克帖木儿死，朕念一方之人无所统属，其侄脱脱久在朝侍卫，朕抚之如子，遂令袭封王爵，仍回哈密承其宗祀，抚绥其人。比闻其祖母以脱脱不能曲意奉承，一旦逐出之。然脱脱朝廷所立，虽其有过，不奏而擅逐之，是慢朝廷。老人昏耄，任情率意，不顾礼法如此，尔大小头目亦不知有朝廷，故坐视所为而不言耶？朕念此事，

---

① 《明太宗实录》卷六九"永乐五年秋七月癸丑"条，第966页。
② 《明英宗实录》卷一二四"正统九年十二月癸亥"条，第2480页。

初非出汝等本心，故持敕往谕尔等，宜即归脱脱，俾其复位，尔等尽心赞辅之，善事祖母，孝敬如初，则尔哈密之人，亦永享太平之福于无穷"①。脱脱被逐事件说明他在哈密毫无根基，上至王祖母，下至大小头目，均不表支持。明廷只得强力介入，永乐四年三月，"设哈密卫，给印章，以其头目马哈麻火者等为指挥、千百户、镇抚，辜思诚、哈只马哈麻为经历，周安为忠顺王长史，刘行为纪善，以辅脱脱"②。并且至少派遣了一个百户的军队作为后盾。《明实录》载宣德二年（1427）十月丙子，"凉州、永昌、山丹土鞑官军摆摆罗哈剌等七十家居哈密者皆思归，令怕哈木来奏，愿赴京师效力。上遣内官李信、林春赍敕谕哈密忠顺王卜答失里、忠义王脱欢帖木儿，俾悉遣来"③。这部分河西土达官军应该是永乐年间明廷护送脱脱归国即位的武装力量，后成为哈密的土著。显然，脱脱复位是明朝施加压力并派官员军队进驻哈密的结果。这一强制措施虽然确保了明廷对哈密的控制，但并不能消除哈密统治阶层对脱脱的敌意，矛盾激化的结果是脱脱暴卒，且背负恶名。永乐九年三月丁卯，"忠顺王脱脱未闻戒谕之命，先以暴疾卒"。永乐帝将脱脱不得善终归咎于其自身："尔乃沉湎于酒，不治国事，肆为无道，方谕尔改过，尔遽云亡，盖尔自绝于天也。"事实上，脱脱之表现并不像永乐帝所说的那样差，明许进撰《平番始末》载："哈密之人凡三种：曰回回，曰畏兀儿，曰哈剌灰，皆务耕织，不尚战斗，脱脱善抚之，国殷富。"说明脱脱还是有一定能力的。永乐帝在脱脱死后，一改此前力挺的态度，不过是对哈密政治现实的一种妥协。

其次是明廷对安克帖木儿妻、子的打压与防范。《平番始末》等书称安克帖木儿死后"无嗣"，故脱脱以兄子身份袭位。而《明实录》、《明史》都记载了脱脱袭位后，"安克帖木儿妻、子往依鬼力赤"，《贵显世系》也显示安克帖木儿有一位继承人，说明安克帖木儿一系其实是被迫离开了哈密，从此退出了哈密政局，故诸书云"无

① 《明太宗实录》卷五〇"永乐四年正月辛酉"条，第759页。
② 《明太宗实录》卷五二"永乐四年三月丁巳"条，第786—787页。
③ 《明宣宗实录》卷三二"宣德二年十月丙子"条，第826页。

嗣"是借口，不符合事实。脱脱袭位是名符其实的鸠占鹊巢。为了确保脱脱对哈密的统治，明廷对安克帖木儿后裔持排斥态度，深恐其卷土重来。永乐五年七月，永乐帝敕甘肃总兵官宋晟曰："安克帖木儿妻、子往依鬼力赤，恐诱虏入侵哈密，不可不备"①，于是遣一千骑士，"由甘肃取道出哈密之北，觇虏动静"②。在这种情况下，安克帖木儿妻、子是不可能回到哈密的，鬼力赤死后，鞑靼势衰，瓦剌崛起，安克帖木儿后裔下落不明，退出了历史舞台。明廷对安克帖木儿一系的排斥态度毫无道理，只能理解为会对脱脱造成威胁。如果不是脱脱身世有问题，何至于如此。

　　再次是脱脱死后哈密出现二王并立的奇怪现象。脱脱死后，永乐九年十月癸卯，明廷册封"哈密免力帖木儿为忠义王……免力帖木儿，脱脱从父之子也"③。宣德元年（1426）免力帖木儿死后，明廷"仍命其侄卜答失里嗣封忠顺王"，因为"免力帖木儿初承其兄忠顺王脱脱，今脱脱子卜答失里亦长，宜仍立为忠顺王守其地，赐以绮帛"④。宣德三年正月庚寅，明廷又以"哈密忠顺王卜答失里尚幼，未能胜事，遣使立故忠义王免力帖木儿之子脱欢帖木儿嗣为忠义王，俾同忠顺王绥抚部属"⑤。"自是，二王并贡，岁或三四至。"⑥ 正统二年（1437年）十一月甲午，脱欢帖木儿死，"封（其子）哈密脱脱塔木儿为忠义王"。脱脱塔木儿死后，忠义王系绝嗣。忠顺、忠义二王并立局面才告结束。对哈密忠义王系统及二王并立现象，学界已有讨论⑦，但都没有涉及其系谱所出，所以不能从根本上说明二王并立现象的本质。免力帖木儿既然是脱脱从父之子，则其父只能是兀纳失里

---

①　《明太宗实录》卷六九"永乐五年七月壬子"条，第965页。
②　《明太宗实录》卷七三"永乐五年十一月丙子"条，第1022页。
③　《明太宗实录》卷一二〇"永乐九年十月癸卯"条，第1516页。
④　《明宣宗实录》卷一三"宣德元年正月庚戌"条，第351页。
⑤　《明宣宗实录》卷三五"宣德三年正月庚寅"条，第877页。
⑥　《明史》卷三二九《西域传·哈密卫》，第8513页。
⑦　参见谢玉杰《明代哈密卫探研》，《西北民族文丛》1983年第3辑；杨林坤：《明代哈密察合台后王统治世系考》，《西北第二民族学院学报》2003年第2期；尹俊耸：《明代哈密忠义王小考》，《新疆大学学报》2007年第2期。

三兄弟之一，从前引威武西宁王（肃王）一支系谱看①，兀纳失里死后绝嗣，安克帖木儿妻子离开了哈密，所以忠义王免力帖木儿只能出自兀纳失里三兄弟中佚名的二房一支，这样脱脱在系谱中就没有了位置，只能视作外来者。这就是为什么哈密内乱不止，甚至二王并立的根本原因。正因为免力帖木儿一系是哈密正统的实力派，在脱脱身死而其子尚幼的情况下，明廷只能选择立免力帖木儿为哈密的实际统治者，同时保留忠顺王位，这就是二王并立局面的由来。

　　最后是哈密内部反脱脱系活动始终存在，刺杀事件屡屡发生。永乐五年七月，"甘肃总兵官西宁侯宋晟奏：哈密头目陆十等作乱，忠顺王脱脱已杀之，恐有它变，遣人请兵为守备。敕晟以兵五百或一千，选才能之将率领赴之，且令熟计，使相更代"②。同年十二月，"哈密指挥法都剌欲设把总官一员，以理政务"，永乐帝敏锐地指出："朕尝敕哈密官校惟听令于忠顺王，若复置把总官，则是又添一王，而政令不出于一。令出不一，则下难奉承，争强竞胜，乱所由生，宜审熟计具可否以闻。"③ 予以否决。但"又添一王"的呼声也暴露了哈密内部存在着与忠顺王脱脱分庭抗礼的势力，二王并立其实早有端倪。尽管明廷力挺脱脱，脱脱还是莫名其妙地暴卒了。此后，忠顺王卜答失里的死因也很可疑，正统四年十月，沙州卫都指挥同知阿赤卜花奏："先被阿台、朵儿只伯等劫掠，遁往哈密地面。后闻平定欲回，而哈密都督皮剌纳等不遣，意欲相图。且其国中仇杀，又与瓦剌有衅。臣恐祸及，因弃部属遁还。"④ 同年十二月，明廷封已故哈密忠顺王卜答失里男倒瓦答失里为忠顺王，敕文中特地强调"不许头目人等互相仇杀，俾大小官员各安其职，军民各安其业。……如有头目人等

<hr>

　　① 《明实录》《明史》等文献记载兀纳失里、安克帖木儿先后袭号肃王，实际上肃王为出伯之侄宽彻的封号，亦里黑赤袭自出伯的王号是威武西宁王，故《肃镇华夷志》记载兀纳失里、安克帖木儿的王号是威武王，这应当是正确的。肃王兀鲁思在哈密一带，该系绝嗣后亦里黑赤一支入主哈密，可能因此改称肃王。

　　② 《明太宗实录》卷六九"永乐五年七月壬子"条，第965页。

　　③ 《明太宗实录》卷七四"永乐五年十二月甲午"条，第1026页。

　　④ 《明英宗实录》卷六〇"正统四年十月辛丑"条，第1154页。

不遵朝廷号令，仍前仇杀，不服管束者，王即具实奏闻，必罪不赦"①。从时间上看，卜答失里很可能就死于这次内部仇杀中。这次仇杀规模不小，甚至波及新立的忠顺王倒瓦答失里。正统五年九月，哈密使臣奏："彼处都督皮剌纳潜通胡寇猛哥卜花等，谋杀忠顺王倒瓦答失里弟兄"②，倒瓦答失里只是幸免于难。倒瓦答失里之后继立的忠顺王卜列革（一名孛罗帖木儿，卜答失里之子，倒瓦答失里之弟）也被部下所杀。王世贞《弇州史料前集》卷一八《哈密卫》载："忠顺王三传而至脱脱，卒，子孛罗帖木儿立，为其下者林所弑。王母弩温答力守国。"《肃镇华夷志》卷四《属夷内附略》载："孛罗帖木儿乃脱脱子，被头目者林所杀。"这里将孛罗帖木儿误记作脱脱之子，实际是脱脱之孙。孛罗帖木儿死后绝嗣，王母守国摄政，也曾遭遇暗杀，"孛罗帖木儿故，无嗣，王母努温答力理国事，严毅有威，国人畏服。有谋弑之者，见其面则战栗失措，剑器则堕"③。对于哈密内部无休止的纷争，文献中多归因于哈密回回、畏兀儿、哈剌灰三大种族并立，互相抗衡的结果。这当然是其中的原因之一，但外来的脱脱忠顺王系与本土的忠义王系之争也是不可忽视的原因。

三

如果忠顺王脱脱是外来者，那么其身世真相是什么呢？从成吉思汗分封以来的草原传统看，他肯定是蒙古黄金氏族血统，而且是察合台后裔，只有这样才可能承袭哈密忠顺王位。从各种迹象看，脱脱很可能出自于察合台后裔安定王一系。下面作具体分析。

首先，明代方志《肃镇华夷志》中关于脱脱和畏兀儿的记载很值得重视。《肃镇华夷志》卷四《属夷内附略·种属》载："一种畏兀儿原系扬州乐户，元朝迁之，以侍脱脱者。凡其服食皆随于夷后，永

---

①　《明英宗实录》卷六二"正统四年十二月戊寅"条，第1176—1177页。
②　《明英宗实录》卷七一"正统五年九月辛丑"条，第1371页。
③　许进：《平番始末》，《续修四库全书·史部》，第433册，第257页。

乐初年因西夷入贡，又封脱脱为忠顺王，以居哈密。时脱脱从西宁往哈密，遂以此夷为撒力畏兀儿，带至哈密，加以指挥之职。后因哈密被扰不宁，正德间归附肃州，准其进贡。国师拜言卜剌管束，万历中属见袭国师把的卜剌管束。"①《肃镇华夷志》卷四《属夷内附略·族类》载："头目拜言卜剌族原系撒力畏兀儿是也。祖乃乐户，元为撒力畏兀儿，明国初在于西宁安定王部下，永乐中封元之遗摩［孽］脱脱为忠顺王，居哈密卫，将此族迁以侍之，后加指挥职事，静［净］修国师之职。"② 这两条史料说明，哈密卫三大种类之一的畏兀儿原是安定卫的撒里畏兀儿，永乐时由忠顺王脱脱从西宁边外带往哈密，也就是说，脱脱出自于西宁安定王家，永乐帝出于掌控哈密的战略目的，将其指定为安克帖木儿从兄之子，空降哈密承袭忠顺王位。所以与《贵显世系》记载的系谱不符。尽管脱脱不是兀纳失里三兄弟之后，但同属察合台后裔，血统尊贵，由他袭位符合成吉思汗以来北方游牧民族的正统观念。只是受到哈密王室的排斥，所以自脱脱以来，哈密内乱不断，甚至出现二王并立局面，根源盖在于此。《肃镇华夷志》的撰者系嘉靖至万历年间的二任肃州兵备道张愚和李应魁，他们对与边备有关的属夷情况极为重视，当时自哈密内迁的畏兀儿、哈剌灰就寄居于肃州东关，这些不见于正史记载的内容当采自哈密寄居夷人的口碑资料，可信程度应当很高。

　　其次，忠顺、忠义两系绝嗣后，关于忠顺王的继承问题哈密内部出现了两种不同的声音，"哈密忠顺王卜列革死后世绝未封，屡诏哈密议当袭封者，其使臣哈只请以命王女之子把塔木儿，王母奴温答失里请于阿儿察王兄弟中命一人。至是使臣苦儿鲁海牙来言：把塔木儿难袭，阿儿察王见居阿真地面，乃王母同祖兄弟，宜袭"③。在这一场争论中，卜列革之母弩温答失里主张从安定王家选嗣，另一派则主张

①　李应魁撰，高启安、邸惠莉点校：《肃镇华夷志》，甘肃人民出版社 2006 年版，第 281 页。

②　李应魁撰，高启安、邸惠莉点校：《肃镇华夷志》，甘肃人民出版社 2006 年版，第 283 页。

③　《明英宗实录》卷三五九"天顺七年十一月丙寅"条，第 7141—7142 页。

以忠义王疏属把塔木儿袭位，因为"他的根基是脱欢帖木儿王姐姐生的"①。这一争论实际上是忠顺、忠义两系对立的延续。因为脱脱出身于安定王家，所以忠顺王母弩温答失里反对忠义王一系的把塔木儿承袭王位，"这把塔木儿虽好，只是王女所生，系臣宰的儿子，不相应做"，主张从安定卫阿儿察王兄弟中选嗣，"今有阿真地面与王母一祖所生的阿儿察王，见有弟七人，乞圣旨差使臣去拣选一人，着来掌管卫事"②。只是由于安定卫方面的拖延，王子多年未到，"经今八年有余，城中无人掌管……人心皆乱，多有反出各处达达地面并西番土儿地面去了"③。双方才不得不妥协，"以把塔木儿为右都督，摄行国王事"。把塔木儿死后，子罕慎立，罕慎死后，明廷最终从安定王家选取了陕巴继承哈密忠顺王位。明廷和忠顺王系多次主张从安定王家选嗣绝不是偶然的，应当与忠顺王脱脱的身世有关。值得注意的是，多种文献均强调安定王与忠顺王的血缘关系，声称安定王与忠顺王脱脱是一母所生。如《兴复哈密记》中称"曲先安定王遣使入贡，即忠顺王裔派也"。《平番始末》云："大臣欲求忠顺王子孙袭封，询诸夷使，得安定王侄名陕巴者系其裔。"赵伸《筹边疏》"奏以脱脱裔派陕巴袭封忠顺王"④。《肃镇华夷志》称陕巴"乃西宁安定王亦板丹之孙，因与脱脱同宗，取立为王"⑤。《明史·西域传》则称："陕巴实忠顺王之孙。"正是基于以上理由，弘治五年二月，明廷"诏哈密故忠顺王脱脱近属侄孙陕巴袭封忠顺王"⑥。上述文献在叙及忠顺王系与安定王家的血缘关系时，均上溯到脱脱止，这是很耐人寻味的。

再次，因为脱脱出身于安定王家，所以文献中有哈密曾受安定王统治的说法。如《肃镇华夷志》既说哈密畏兀儿"明国初在于西宁

---

① 姚夔：《姚文敏公遗稿》卷一〇《为夷情事》，《四库全书存目丛书·集部》，第34册，齐鲁书社1997年版，第589页。

② 姚夔：《姚文敏公遗稿》卷一〇《为夷情事》，第590页。

③ 姚夔：《姚文敏公遗稿》卷一〇《为夷情事》，第589页。

④ 《皇明经世文编》卷二三四《赵中丞奏疏》，中华书局1962年版，第2452页。

⑤ 李应魁撰，高启安、邰惠莉点校：《肃镇华夷志》，甘肃人民出版社2006年版，第275页。

⑥ 《明孝宗实录》卷六〇"弘治五年二月丙寅"条，第1157页。

安定王部下"，又说"哈剌灰者，本安定王之部卒，前元之达种"①。畏兀儿、哈剌灰与回回并称哈密三大种类，远在沙州西南的安定王的势力从未伸展及哈密，说哈剌灰本安定王之部卒，只能理解为哈密忠顺王与安定王家有关。无独有偶，《高昌馆课》中收录的一篇西域来文中称："火州地面千户亦思麻因叩头奏：奴婢是安定卫所管的头目，在边效力年久，未蒙升赏，羊儿年土鲁番抢掠，也曾效力。仰望天皇帝怜悯，照例加升都指挥职事，奴婢在边好用心补报，今为此奏得圣旨知道。"② 所谓羊儿当为成化十一年（1475），此时吐鲁番速檀阿力首次占据哈密，并威胁到沙州、赤斤诸卫，火州地面千户亦思麻因可能是在此期间依附于哈密，共同抵抗吐鲁番政权的东扩。《明宪宗实录》卷二二〇成化十七年十月条曾提到"哈密故指挥同知亦思马因"其人，时间、人名、官职均相当吻合，或即一人，之所以称安定卫所管头目，当与哈密忠顺王出身于安定王家有关。

（原题《哈密卫忠顺王脱脱身世及相关问题考述》，刊于《民族研究》2010年第 4 期）

---

① 李应魁撰，高启安、邰惠莉点校：《肃镇华夷志》，甘肃人民出版社 2006 年版，第275 页。

② 《高昌馆课》，《北京图书馆古籍珍本丛刊》6，书目文献出版社 1998 年版，第316 页。

明代哈密卫之"哈剌灰"名实考

　　明洪武、永乐年间，在嘉峪关以西建立了哈密、安定、阿端、曲先、沙州、赤斤、罕东等七卫，统治当地的蒙古、藏、撒里畏兀儿等各族，而以察合台正统所在的哈密卫为诸卫领袖。但哈密卫自安克帖木儿之后，诸王"率庸懦，又其地种落杂居，一曰回回，一曰畏兀儿，一曰哈剌灰，其头目不相统属，王莫能节制。众心离涣，国势渐衰"①。可知永乐年间，哈密卫部众主要由三大种族集团构成，其中"回回"是信仰伊斯兰教者的统称，主要来自吐鲁番及以西中亚各地；"畏兀儿"则指信仰佛教的哈密畏兀儿人（包括撒里畏兀儿），至于哈剌灰人学者多考释为蒙古种②，考虑到哈密自元世祖至元后期即为东归的察合台后裔出伯、合班兄弟之驻地，入明后仍"多蒙古、回回人"③ 这一情形，所以哈剌灰与蒙古人当存在某种对应关系④，所谓哈剌灰系"前元之达种"⑤ 的说法也证实了这一点。只是"达种"的说法还比较笼统，"哈剌灰"一词的含义也不明确，有必要进行更深入的探讨。

---

　　① 《明史》卷三二九《西域传·哈密卫》，第8513页。
　　② 参见马寿千《明代哈密地方的哈剌灰人》，《新疆社会科学》1983年第2期；曾文芳《明代哈剌灰人的来源、组成和名称诸问题》，《西域研究》2002年第2期；《明代哈剌灰人族源探讨》，《伊犁教育学院学报》2002年第1期；吐娜《明朝哈密卫的哈剌灰人及其内迁》，《甘肃民族研究》2003年第3期。
　　③ 严从简著，余思黎点校：《殊域周咨录》卷一二，中华书局1993年版，第413页。
　　④ 参见施新荣《明代哈密卫部众渊源考》，载余太山、李锦绣主编《欧亚学刊》第8辑，中华书局2008年版。
　　⑤ 李应魁撰，高启安、邰惠莉点校：《肃镇华夷志》，甘肃人民出版社2006年版，第275页。

一　哈剌灰的成分

　　哈密卫三大种类并立格局的形成时间应不晚于明永乐朝，明许进撰《平番始末》载："哈密之人凡三种：曰回回，曰畏兀儿，曰哈剌灰，皆务耕织，不尚战斗，脱脱善抚之，国殷富。"杨一清《关中奏议》卷十八亦载："托克托部下有三种：曰辉和尔，曰哈喇辉，皆西北之敌，而回子则吐鲁番之遗孽也。"脱脱，为明永乐帝所立之哈密忠顺王，执政时间为明永乐初年（1405—1411），可知在永乐帝经略哈密之初，哈剌灰人即已成为哈密主要种落之一。由于哈密卫统治阶层是蒙古人，所以回回、畏兀儿二种以外的另一大种落哈剌灰当与蒙古有密切关系，《大明一统志》引陈诚《西域记》就说哈密"回回、鞑靼、畏兀儿杂处"①，《大明会典》卷一〇七亦说"其国部落与回回、畏兀儿三种杂居"。《肃镇华夷志》更是明确指出哈剌灰"乃元之达种，属哈密卫都督管束，土鲁番之夷亦间有之"。可知哈剌灰当以蒙古人为主。从文献上看，哈剌灰虽以蒙古人为主，但其来源较复杂，除了元代迁居于此的蒙古人（察合台后裔诸王属民）外，还包括明代陆续迁入的瓦剌、哈密北山之野乜克力、沙州部落、土鲁番之夷等多种成分。

（一）乜克力，亦称野乜克力

　　蒙元时期称"篾儿乞惕（markīt）"、"篾克里惕（makrīt）"、"篾克邻（makrīn）"、"灭乞怜"、"灭乞里"等，据《史集·部族志》记载，属于"现今称为蒙古的那些突厥部落"之一，即乃蛮人的一支。成吉思汗战胜乃蛮部后，部分篾克邻人逃往畏兀儿国，被归顺成吉思

汗的亦都护打败后收为属民，遂分布于高昌、哈密一带①。明代汉文史料称乜克力或野乜克力，蒙古文献中则称畏兀特、委兀慎，意为类畏兀儿，即畏吾儿化的蒙古人②。乜克力在元代隶属于东归的察合台后王出伯兀鲁思（包括沙州、瓜州、哈密一带），元仁宗延祐元年七月的一份文件专门提到了这支灭吉怜人，在讨论于哈密境内设立驿站事宜时，"中书省奏：迩者议将元金站户发遣答失城当站，数内有四枝灭吉怜民，或称属阿八赤、昔宝赤，因以避役者。据诸王南忽里来文，称当时百姓众多，故充阿八赤、昔宝赤，今百姓数少，合令当站。此议诚然。又灭吉怜民有散居各处者，宜从彼省与南忽里差人收聚，悉令当站。奉圣旨准"③。诸王南忽里为出伯之子，时已袭位为本兀鲁思宗主，灭吉怜即乜克力，答失城即哈密境内的答失八里（今哈密沁城乡），可知元时哈密境内已有不少乜克力人，与明代"野乜乞里原属哈密"的记载一致④。明初，还有一支野乜克力人，即乩加思兰暨亦思马因遗落部种，原居于甘肃迤北亦集乃地方，后迁往哈密北山地方，其首领为亦剌思王、满哥王、不列因王等。这支野乜克力人也常有投奔哈密者。在明代文献中，常将乜克力与哈剌灰混称，如成化九年（1473），吐鲁番攻破哈密，哈密右都督罕慎率众逃往肃州，明廷将"哈密并乜克力、畏兀儿夷人"，安置"于甘肃苦峪等处安驻种牧"。明宪宗敕罕慎曰："今特命尔掌管哈密人民，暂于苦峪等处驻扎，仍令乜克力指挥脱脱不花等协谋守护，蓄养锐气，以图后功。"⑤"哈密右都督罕慎、乜克力指挥脱脱卜花等为土鲁番所驱，在苦峪城暂住。"⑥ 这些内迁的哈密部众被称为寄住夷人，"初，哈密寄住夷人

①　参见［波斯］拉施特主编，余大钧、周建奇译《史集》第1卷第1分册第2编，商务印书馆1986年版，第148、186—190页；贾敬颜校注，陈晓伟整理《圣武亲征录》（新校本），中华书局2020年版，第201页。

②　李文君：《明代西海蒙古史研究》，中央民族大学出版社2008年版，第21页。

③　《永乐大典》卷一九四二一"站赤六"，中华书局1986年景印本，第7232页。

④　《明孝宗实录》卷九一"弘治七年八月甲申"，台北"中研院"史语所1962年校定本，第1679页。

⑤　《明宪宗实录》卷一三四"成化十年十月己丑"条，第2516页。

⑥　《明宪宗实录》卷一五一"成化十二年三月甲子"条，第2766页。

有三种：一曰回回，二曰委兀儿，三曰哈剌灰"①。到后期则专指畏兀儿、哈剌灰二种②。两相比较，此处的乜克力相当于哈剌灰。乜克力与哈剌灰混称的例子还有一些，如《明孝宗实录》记弘治六年四月，"哈密都督阿木郎两次引领野乜克力人马"，抢劫吐鲁番牛羊③，魏焕《明九边考》卷四《甘肃夷情》则记作："阿木郎勾引哈剌灰夷人潜往土鲁番地方盗马杀人，阿黑麻领众入哈密杀阿木郎支解。"《肃镇华夷志》卷四《属夷内附略》载："曰新哈剌灰者，又他失把力城之达虏也。"其下小字注曰："以其后归附肃州，故以先来者为旧哈剌灰，而后来者为新哈剌灰。"同卷《种属》载："一种新哈剌灰，乃达种，在哈密北他失他力城住坐，与北山也密克力达虏交通，后因哈密不宁，瓦剌抢掠，见先哈剌灰投顺肃州近地，嘉靖初年亦投肃州。"④ 王琼《晋溪本兵敷奏》卷七则有"他失把力城哈剌灰头目添哥乩儿的"。他失把力即前引《永乐大典》站赤门之答失城，又作答失八里，住坐于此之达虏即野乜克力，这部分乜克力人内迁肃州后被称为新哈剌灰。可见，乜克力人是哈剌灰最早也是最重要的组成部分。

（二）瓦剌

明永乐朝以后，在绰罗斯部的脱欢、也先父子领导下，瓦剌联盟日趋强大，在统一漠北后，通过联姻与武力，曾将哈密纳入其控制之下。明英宗正统八年（1443），瓦剌"太师头目奄克土剌等率领人马寻猛哥不花，同哈密叛逃头目陕西丁围哈密城一月，杀头目三人，及城外男妇五十余人，抢去忠顺王母及人口千余并牛羊马疋等件，纵火焚其田禾。又令忠顺王逼年去瓦剌，见令陕西丁同忠顺王一处管

　　① 《明孝宗实录》卷九三"弘治七年十月甲申"条，第1716页。
　　② 《明孝宗实录》卷五七载"寄居苦峪城哈密卫都指挥阿木郎遣使臣阿力克等来贡，迄西哈剌灰及他失卜剌哈孙等地面头目，原属哈密，今同寓苦峪者亦遣使随之入贡"。《明世宗实录》卷八六载刑部尚书胡世宁奏："忠顺王速坛拜牙即已自归土鲁番，虽回哈密亦其臣属，其他裔族无可立者，回回一种久已归之，哈剌灰、畏兀儿二族逃附肃州已久。"
　　③ 《明孝宗实录》卷七四"弘治六年四月己亥"条，第1382—1383页。
　　④ 李应魁撰，高启安、邰惠莉点校：《肃镇华夷志》，甘肃人民出版社2006年版，第281页。

事"①。明廷不得不封陕西丁为哈密正千户，承认了与瓦剌共管哈密的现实。也先死后，瓦剌势衰，一些瓦剌部落投奔哈密。天顺三年（1459）八月，"升哈密忠顺王使臣都指挥同知把秃帖木儿为都指挥使，伯都王使臣指挥佥事夫剌力为指挥同知，命克夫秃王使臣故都督佥事把伯子把秃孛罗为指挥佥事"②。天顺五年（1461）四月，明廷又"命瓦剌也先弟伯都王为都督佥事，侄兀忽纳为指挥佥事"③。可见瓦剌人已是哈密重要势力之一。据此，白翠琴《瓦剌史》认为：绰罗斯的一支在也先弟伯都王、侄子兀忽纳的率领下，投奔也先姊哈密忠顺王母弩温答失里，这一支后来成为哈密三大部之一的哈剌灰④。此后陆续还有瓦剌部落进入哈密，如成化五年（1469）五月，"有瓦剌虏酋拜亦撒哈率众四百人，皆披甲，至哈密城中屯聚"⑤。这就进一步充实了哈密瓦剌人的力量。一些记载还表明，进入哈密的瓦剌人也被称为哈剌灰人，如弘治十年十一月，明肃州官员称"哈剌灰头目拜迭力迷失等家口一百九十人，乃瓦剌种类，留住肃州境外"⑥。"都督拜迭力迷失等乃哈剌灰头目，原非哈密之人。"⑦ 凡此种种，皆说明这些迁居哈密的瓦剌部众后来成为哈剌灰人的重要组成部分⑧。

（三）沙州等处蒙古部落

　　流入哈密境内的蒙古各部，除瓦剌、野乜克力以外，还有来自沙州等地的部落。如：宣德二年（1427）十月丙子，"凉州、永昌、山

---

①　《明英宗实录》卷一〇九"正统八年十月庚子"条，第 2208 页。

②　《明英宗实录》卷三〇六"天顺三年八月庚戌"条，第 6443 页。

③　《明英宗天顺实录》卷三二七"天顺五年四月甲申"条，第 6740 页。

④　白翠琴：《瓦剌史》，广西师范大学出版社 2006 年版，第 121 页。

⑤　《明宪宗实录》卷六七"成化五年五月辛丑"条，第 1346 页。

⑥　《明孝宗实录》卷一三一"弘治十年十一月庚子"条，第 2313 页。

⑦　王越：《黎阳王襄敏公集》卷一《处置夷情复国土以继封爵疏》，国家图书馆藏刻本。

⑧　参见 Oda, Juten, *Historical Studies on Central Asia：Part1，Uiguristan*. AA, No. 34 (1978)，pp. 22–25. 曾文芳：《明代哈剌灰人的来源、组成和名称诸问题》，《西域研究》2002 年第 2 期；《明代哈剌灰人族源探讨》，《伊犁教育学院学报》2002 年第 1 期。

丹土鞑官军摆摆罗哈剌等七十家居哈密者皆思归，令怕哈木来奏，愿赴京师效力"①。这部分土达官军应该是永乐年间明廷护送脱脱归国即位的武装力量，后成为哈密的土著。正统四年（1439）六月丁酉，沙州卫都督困即来等奏："都指挥阿赤不花等一百三十余家皆逃往哈密，屡奉命往取，不即发遣"②。后明廷出面干涉，哈密不得不将这部分逃人归还沙州一些，"都指挥桑哥失里等八十四家已遣还矣，尚有指挥哈剌苦木等六十八家仍留不遣"③。此后，沙州卫"所管人民往尔哈密趁食"的事仍时有发生④，直到沙州卫内迁入关时，还可见"沙州之众有散在哈密诸处者"⑤。说明两卫关系密切，有不少沙州蒙古人流入哈密。这部分蒙古人既不是回回，又不是畏兀儿，只能成为哈剌灰的一部分。

二　哈剌灰的分布

《肃镇华夷志》载，哈密"所辖地方若剌术城、哈剌哈尔畏堡，并速卜哈剌灰、畏兀儿巴力之属，皆领于都督，而听于忠顺王者也"。以上诸城多为哈剌灰人所居，"一种旧哈剌灰……在哈密卫剌术、哈剌哈儿畏等堡"，"一种新哈剌灰乃达种，在哈密北他失他力城住坐"。可知哈剌灰人居住在哈密四周的剌术城（《经世大典》作"揽出去"，《西域行程记》作"腊竺"，《西域图志》作"拉布楚喀"）、哈剌哈尔畏堡（《西域土地人物略》、《哈密分壤》作"哈剌哈剌灰"）、速卜哈剌灰城（《新疆识略》作"苏门哈尔辉"，《西域闻见录》作"素木哈尔灰"，《辛卯侍行记》作"苏木哈喇灰"）、他失把力（塔失八里）城等。剌术城为哈密西面的四堡⑥。塔失八里城即今

---

①　《明宣宗实录》卷三二"宣德二年十月丙子"条，第826页。
②　《明英宗实录》卷五六"正统四年六月丁酉"条，第1080页。
③　《明英宗实录》卷六九"正统五年七月丁巳"条，第1341页。
④　《明英宗实录》卷一四一"正统十一年五月庚辰"条，第2792页。
⑤　《明英宗实录》卷一六〇"正统十二年十一月戊戌"条，第3114页。
⑥　陶保廉：《辛卯侍行记》卷六，甘肃人民出版社2002年版，第379—380页。

哈密东面的沁城乡①。速卜哈剌灰城为今哈密西 60 里之头堡，佐口透认为，su – mu 可以解释为蒙古语的 sumun（寺院），并推测其来源于 Qaraqoi 人的佛寺及村落②。陶保廉则说："苏木，部落也。"苏木哈喇灰"其地在前明为哈喇灰人所居地"。从《西域土地人物略》等所记载的西出嘉峪关到哈密的行程看，哈剌哈剌灰当在哈密南面与敦煌分界处的星星峡，《肃镇华夷志》作"哈剌骨"，康熙《皇舆全览图》称之为喀拉岭③，为明末清初哈密十三邑之一。这些堡镇均处在哈密周边迎来送往的要道，也就是说哈剌灰人实际上是哈密边境的守卫者。

从哈剌灰成分、居地两个特点还可以引申出第三个特点，即"传译""通事"之特点。哈剌灰居于哈密周边咽喉要地，除了巡哨、守卫之职外，其传译护送、探听诸番消息的作用也十分突出。明廷与哈密周边民族的联系，也多借助于哈剌灰人。如弘治八年，主持兴复哈密事务的都御史许进先后两次遣"抚夷千户陈杰同夜不收杨荣泪哈密哈剌灰夷人二名"往谕野乜克力，令"哈剌灰头目拜迭力迷失量带本卫夷人十名"，往见小列秃及野乜克力④。即使东迁肃州后，哈剌灰人仍保持这一本色，"虽居关厢，实通四境"，"潜通四夷，恐非可养之虎也"⑤。如肃州顺城寺"内住番人俱是南山西番种族，与东关哈剌灰交相往来……凡城中事体，南山诸夷无不悉闻"⑥。因常与各族交往，其风俗也兼具各族特色，"诸番行礼各不同，若哈剌灰，则效回夷之礼，把斋为戒，散饭施恩，嫁女毡抬，相揖交股。今居东关厢，见汉人则长揖鞠恭，盖亦因人而施也。见头目则跪拜，见官府则如汉

---

①　参见胡小鹏《〈契丹国志〉中的"小食国"考》，《西域研究》2006 年第 3 期。

②　［日］佐口透著，章莹译：《新疆穆斯林研究》，新疆人民出版社 2012 年版，第 157 页。

③　陶保廉：《辛卯侍行记》卷六，甘肃人民出版社 2002 年版，第 360 页。

④　许进：《平番始末》，《续修四库全书·史部》，第 433 册，第 265 页。

⑤　李应魁撰，高启安、邰惠莉点校：《肃镇华夷志·族类》，甘肃人民出版社 2006 年版，第 283 页。

⑥　《肃镇华夷志》，第 151 页。

人"①。"凡有所为与回夷同俗，但不剔发缠头，自以为回回骨头是也。"② 这种多元风俗当与其种族成分复杂，与周边各族往来密切有关。

三　哈剌灰的名称

关于哈剌灰名称的来源及含义，目前学界有多种说法：第一种意见认为哈剌灰就是"哈拉回"，即"黑帽回回"，原为蒙古人，由于受周围回回文化的影响，逐渐改变其生活习俗，成为伊斯兰化的蒙古人③。第二种意见认为哈剌灰人是信仰佛教的野乜克力人，野乜克力人是活动在哈密北山的一个蒙古部落，为瓦剌蒙古的一支，"哈剌灰"就是"哈剌辉特"的省称④。第三种意见认为"哈剌灰"本是地名，有时也作"哈剌垓"或"哈剌怀"，居住在哈剌灰地面的蒙古部落通称为"哈剌怀（灰）人"⑤，即以地名族。第四种观点是日本学者佐口透提出来的，他认为"哈剌灰"的原语似为 Qaraqoi，是突厥语"黑羊"的意思，这是一个部族的名字，分布在中亚⑥。这些研究虽然没有达成共识，但考虑了多种可能性，为进一步研究开拓了思路。分析以上观点，"黑帽回回"说明显受清代文献影响，《新疆图志》记载，哈密"其民三种杂居，而缠回为土著……畏兀儿、哈剌灰同奉

---

① 《肃镇华夷志·风俗》，第290—291页。

② 《肃镇华夷志》，第275页。

③ 马寿千：《明代哈密地方的哈剌灰人》，《新疆社会科学》1983年第2期。还有一些观点与此相近，如赵俪生《明朝与西域的关系》（《东岳论丛》1980年第1期）认为哈剌灰是哈剌汗王朝的后裔。王建民《新疆民族族称与族群》（载周大鸣主编《中国的族群与族群关系》，广西民族出版社2002年版）认为哈剌灰是已皈依了伊斯兰教的哈剌鲁人，哈剌回为皈依伊斯兰教的瓦剌人。均有意无意地将"哈剌"释为"黑"，"灰"释为有伊斯兰教色彩的"回"。

④ 白翠琴：《瓦剌史》，吉林教育出版社1986年版，第74页。

⑤ 曾文芳：《明代哈剌灰人的来源、组成和名称诸问题》，《西域研究》2002年第2期。

⑥ ［日］佐口透著，章莹译：《新疆穆斯林研究》，新疆人民出版社2012年版，第157页。

摩哈默德教，衣服亦同，初以白布束头，故称'白帽回'，后有杂色称'红帽回'，各族久无分别"。《钦定外藩蒙古回部王公表传》卷一〇七《哈密回部总传》载哈密"其地皆缠头回种……尝以白布蒙头，故称曰缠头回，又称白帽回，回人自呼白帽曰达斯塔尔，别有红帽回、辉合儿、哈拉回诸族"。清顺治六年，"河西逆回丁国栋等煽哈密及吐鲁番部掠内地民，伪立哈密巴拜汗子土伦泰为王，据肃州叛，集缠头回、红帽回、辉和尔、哈拉回、汉回等数千，分置都督"①。故晚清学者丁谦认为，"哈剌"译言"黑"，"灰"亦"回"字转音，"哈剌灰"即"黑帽回"②。上述清代文献提到的哈剌灰或哈拉回显然已经伊斯兰化，而明代哈剌灰虽已有伊斯兰化的苗头，尚保持蒙古文化传统，并始终抵抗吐鲁番政权发动的伊斯兰"圣战"，其完全伊斯兰化是内迁肃州以后的事，所以，不能将明代哈剌灰等同于清代哈剌灰（哈拉回、黑帽回），二者不能混为一谈。尤其是自元代以后，"回"是涵盖所有伊斯兰信仰者的专用词，作为族群名称，"回""灰"绝不会混用。白翠琴的"哈剌辉特"说，从语音上说得通，与史实也有契合之处，但证据太少，对哈剌灰成分的复杂性估计不足。以地名族说则有倒果为因之嫌，因为文献中哈剌灰地名不止一处，有哈剌灰、速木哈剌灰、哈剌哈剌灰、乞台哈剌兀等，哈剌灰人的活动范围也不限于上述各地，他失把力城、剌术城等也是哈剌灰人居地，所以，应当是地因人而得名，即哈剌灰地名是因居住在其地的哈剌灰人而得名。比较而言，佐口透的"黑羊"说较为合理，不过哈密之哈剌灰与中亚的黑羊王朝并没有什么关系③，而是另有来源。据明代汉／畏兀儿双语文献《委兀儿译语·地名门》的记载，河西走廊西端苦峪城至土

① 《钦定外藩蒙古回部王公表传》卷一〇七《哈密回部总传》，景印文渊阁《四库全书》本。
② 丁谦：《〈明史·西域传〉地理考证》，收入《二十五史三编》，岳麓书社1994年版，第9册，第591页。
③ 黑羊王朝（Kara koyunlu，约1375—1468）是蒙古伊利汗国解体后，土库曼游牧部落与札剌亦儿人在今伊朗西北部建立的以伊斯兰教什叶派为国教的王朝。因其旗帜上绘有黑羊图案，故名。

鲁番之间有地名"噶剌塊",当即哈剌灰,释义为"黑羊群"①。由于在苦峪城和土鲁番之间并没有出现哈密这一不可或缺的地名,所以此"噶剌塊"(哈剌灰)应是哈密的别称,即以种名代称地名,这种用法史不乏例。现将该地名表记载的明代从撒马儿罕到北京之间的交通地名排列如下:

撒马儿罕/撒马儿酣、土鲁番/土儿番、石头城/他失把里、泥水滩/肯儿把儿赤、黑虎窝/噶剌巴儿思、狼地方/伯律叶儿、一个圣城/必儿哑禄兀子脱因、一个女人城/必儿哈吞炭、大天方/也客忝额力、小天方/兀出干忝额力、黑羊群/噶剌塊、黑风川/噶剌克思剌、九眼泉/脱库子卜剌、苦峪城/苦欲把里、三颗树/玉除塔剌、骟马城/影聂赤、大草滩/条故禄自栾、夹峪关/叉剌兀儿、肃州/肃出、甘州/甘出、三跳涧/玉除阿力、凉州/额儿焦、黄羊川/者连串、黑松林/噶剌阿察塔剌、蓝州/噶剌木连、陕西/勤昌府、河南/客尔帖木连聂、北京/罕把里

比较同时期的《西域行程记》、《西域土地人物略》②、《蒙古山水地图》③ 等的记载,可以确定土鲁番以东的石头城/他失把里(Tashbal-iq)就是今哈密东之沁城乡的石城子遗址,泥水滩/肯儿把儿赤就是哈密与格子烟墩之间的长流水,一个圣城/必儿哑禄兀子脱因(源于突厥语 Yalghuztoyin,意为"孤僧")就是格子烟墩,一个女人城/必儿哈吞炭就是今吐鲁番鲁克沁镇的亚力忽思(Yalghuz)麻扎(意思是一个女人的麻扎),大天方/也客忝额力与小天方/兀出干忝额力则分别是今哈密二堡的阿斯塔纳和吐鲁番的阿斯塔纳(意为"圣贤之墓"),黑风川/噶剌克思剌指哈密西自三间房(今新疆哈密市西北、

---

① 《译语》,《北京图书馆古籍珍本丛刊》6,书目文献出版社 1998 年版,第 598 页。
② 这一地理文献版本众多,嘉靖《陕西通志》卷一〇、嘉靖《肃镇华夷志》、张雨《边政考》、顾炎武《天下郡国利病书》、梁份《秦边纪略》卷六都收有该篇。
③ 林梅村:《蒙古山水地图——在日本新发现的一幅十六世纪丝绸之路地图》,文物出版社 2011 年版。

瞭墩西 160 里）经十三间房（在新疆鄯善县东北、接哈密市界）至七克腾木（今新疆鄯善县东北之七克台镇）之间的大风砂碛地带。位于其间的噶剌塊无疑就是哈密这一不可或缺的西陲门户。可见，哈剌灰是畏兀儿语，既是族群之称，也是地名，其意为"黑羊群"（Qaraqoi）。历史上，突厥—蒙古种落以"黑羊"命名的不乏其例，除上面提到的中亚黑羊王朝外，成吉思汗时代的漠北克烈部/客列亦惕，也有黑羊之称①，而克烈与蔑克邻（乜克力）关系十分密切，甚至有学者将二者混为一谈②。明代哈剌灰也许与蒙古时期的克烈有渊源关系。又，明代文献《高昌馆课》中多次出现"哈剌怀"这一地名，如"哈剌怀地面马哈木王奏奴婢在边效力二十多年，赏蒙重赏，今进贡西马四匹"③、"哈剌怀地面也先卜花王叩头奏"④、"哈剌怀地面奴婢陕得克奏有"⑤ 等。刘迎胜先生怀疑这些西域来文中出现的"哈剌怀地面"可能就是"哈剌灰地面"，也就是哈密地面⑥。来文中出现的马哈木王、也先不花王，均为察合台汗国亦力把力政权首领，当时并未领有哈密之地，为什么会用这种措辞呢？如果来文中的"哈剌怀"是哈密的话，应与当时哈密卫的地位有关。明朝设立哈密卫，意在"为西域之襟喉，以通诸番之消息"⑦，具体而言，就是"使掌

---

① 阿布尔—哈齐—把阿秃儿汗所著《突厥世系》中，将克烈人称为"黑绵羊"（qārā – barān），参见《突厥世系》，中华书局 2005 年版，第 44 页。《史集》第三编说，古代有个客列亦惕君主，他的七个儿子肤色全都是黑黑的，"因此之故，他们被称为客列亦惕"。由黑皮肤可以联想到 qara，进而联想到客列亦惕（karāit）就是突厥语"黑绵羊"的意思。

② 参见陈得芝《十三世纪以前的克烈王国》，元史研究会编《元史论丛》第三辑，中华书局 1986 年版。

③《高昌馆课》，《北京图书馆古籍珍本从刊》6，书目文献出版社 1998 年版，第 320 页。

④《高昌馆课》，《北京图书馆古籍珍本从刊》6，第 312 页。

⑤《高昌馆课》，《北京图书馆古籍珍本从刊》6，第 276 页。

⑥ 刘迎胜：《十三—十六世纪中国与东亚以外地区交往的外交语言问题》，收入《华言与蕃音——中古时代后期东西交流的语言桥梁》，上海古籍出版社 2013 年版，第 369 页。曾文芳也持这种观点。

⑦ 马文升：《兴复哈密记》，《续修四库全书》，第 433 册，第 252 页。

西域贡事"①，"凡夷使入贡者，悉令哈密译语以闻"②，并由"哈密忠顺王差人伴送"③。因此，上述来文或是按惯例在哈密书写或译写的，负责迎送接待的可能就是哈剌灰人，故抬头即写"哈剌怀地面"，表明是从哈密地面向明廷报关的。但是，也不能排除地名重复的可能性，从现有的文献看，"哈剌怀"与"哈剌灰"（噶剌塊）名称虽同，却很可能不是同一个地方，《蒙古山水地图》载有"哈剌欢"这一地名，标在今新疆伊犁阿里麻里城西北④，这里正是察合台汗国亦力把力政权的势力范围，《高昌馆课》中马哈木王、也先不花王所在的"哈剌怀地面"应即此处（哈剌欢）。

　　那么，哈剌灰（黑羊群）有什么含义呢？从前述史实看，哈剌灰人首先是一个混合集团，具体说是由哈密蒙古人、北山瓦剌、野乜克力种落、土鲁番之夷等混合而成的新的地域性集团，故其内部有新旧哈剌灰之分，有速卜哈剌灰、哈剌哈剌灰之别，他们有旧称而不用，说明哈剌灰这一称呼带有明显的外部性，也就是说哈剌灰最初是他称而非自称。这对弄清哈剌灰一词的含义大有裨益。美国学者杰克·威泽弗德在《成吉思汗与今日世界之形成》一书中说："蒙古帝国内所有的非蒙古王国都被称为哈里（Khari），哈里来自于'黑'（black）这个词，并且暗含有姻亲的意思。"他在解释哈剌契丹一词时又说："因为'黑'表示他们的血缘关系疏远，而尤其是因为这种颜色象征西部。"⑤ 在蒙汉语对译过程中，蒙古语 qara（黑）一词可用不同的

　　① 严嵩：《南宫奏议》卷二九《议处甘肃夷贡》，《续修四库全书》，第 476 册，第 494 页。

　　② 许进：《平番始末》，《续修四库全书》，第 433 册，第 257 页。

　　③ 严嵩：《南宫奏议》卷二九《议处甘肃夷贡》，《续修四库全书》，第 476 册，第 493 页。

　　④ 《蒙古山水地图·地名考释［一〇五］》，林梅村认为这里的"哈剌欢"一名源于突厥语 Qarakol（黑湖），与《西域土地人物略》的"哈剌灰"是同一地。

　　⑤ ［美］杰克·威泽弗德著，温海青、姚建根译：《成吉思汗与今日世界之形成》，重庆出版社 2006 年版，第 82、109 页。威泽弗德可能把 qari（外邦）和 qara（黑）两个词搞混了，不过，qara 有血缘关系疏远的意思是可信的。

汉语词汇合里、合剌、哈剌等来表示①，用来称呼某一集团或人群时，表示其"异教""异俗""异邦""血缘关系疏远"等特性。这是蒙古本位的命名习惯。我们还可以举出一些这方面的实例，《元史》中的"哈剌赤"虽有牧人之意②，但很少有人注意到此牧人特指外族牧人，"哈剌赤"或"哈剌赤军"实因他们是由钦察、康里、阿速等诸国人组成而得名③，冠以"哈剌"这一称号以区别于正统的蒙古牧民。又如，《元史》卷一六九《刘哈剌八都鲁传》载，刘哈剌八都鲁先以医术侍忽必烈，"初赐名哈剌斡脱赤"，后因立功于漠北，深受忽必烈赏识，"更其名曰察罕斡脱赤"，"斡脱赤"意为医生，同是医生，由"哈剌"（黑）更名为"察罕"（白），表明关系由远到近，地位由低到高。这一解释与前述哈剌契丹、哈剌灰的族性特征是吻合的。瓦剌、乜克力等"原非哈密之人"，自外部流入，相对于哈密乃至东察合台汗国的统治者察合台后裔，族属疏离，地位低下，很可能因此被称为哈剌灰。哈剌灰又分新旧哈剌灰，新哈剌灰就是哈剌哈剌灰，意为"生哈剌灰"。关于这一点，文献中还有一些例证，据18世纪德国人帕拉斯对伏尔加河流域的土尔扈特部的考察，在卫拉特蒙古土尔扈特部的各鄂拓克中，除了起源于汗属兀鲁思和诸旁系亲属的鄂拓克外，"从其他兀鲁思逃过来的人（sabssar）以及其他因结婚或其他事由归属汗部的臣民被安置在特设的小鄂拓克中，诸如萨卜苏尔（sabssor）、哈喇霍思（charachus）和哈布沁（chabutschiner）"④。从文意看，与萨卜苏尔（逃民）鄂托克并列的哈剌霍思鄂托克乃因非统治者

---

① 文献中"哈里""哈剌"相通的例子很多，如明代西域诸国中的"哈烈"，明代文献有时译作"哈喇"，有时译作"哈里"。参见张文德《〈明史·西域传〉黑娄考》，《西域研究》2001年第1期。

② 《元史》卷一〇〇《兵志三》，第2554页。

③ 参见姚家积《元代的"驱军"和军驱》，《中国史研究》1986年第1期。姚文将"哈剌赤"释为"色目牧奴"。事实上，蒙古语牧人称兀剌赤，《黑鞑事略》就说："牧者谓之兀剌赤，回回居其三，汉人居其七。"《元史·兵志》牧人则作哈赤、哈剌赤。有人认为哈剌赤与兀剌赤是同音异写或音转，不妥。从各种记载分析，蒙古贵族将战争中俘掠来的汉人、色目人等外族人称为哈剌赤，其中有些役为牧奴，并承担酿造黑马奶的工作，所以哈剌赤也有了牧人之意。

④ ［德］P. S. 帕拉斯著，邵建东、刘迎胜译：《内陆亚洲厄鲁特历史资料》，云南人民出版社2002年版，第213页。

亲属的流民或杂种组成而得名，与前考哈剌灰的音义有关联性。明代以哈密为首的关西七卫内迁后，以撒里畏兀儿人和蒙古人为主体，逐渐形成了今天的裕固族，据芬兰学者马达汉、俄罗斯学者波塔宁 20 世纪初的调查，西剌尧呼儿（撒里畏兀儿）内部分为说蒙古语和说突厥语的两个集团，说蒙古语的西剌尧呼儿称说突厥语的同部落集团成员为"哈剌尧呼儿"①，这一称呼当然是为了突出本集团的正宗地位，客观上也反映了两个集团与正统蒙古人不同的亲疏关系。综上所述，哈剌有外部落人、杂类、非正统、平人的意思，常用来表示种名，哈剌灰（黑羊群）这一称呼应该有这层意思，可释为"杂类平人"。

（原刊《西北师大学报》2016 年第 6 期，与郑煦卓合作）

---

① ［芬兰］曼内海姆著，安惠娟译：《在西喇尧熬尔人中间》；［俄罗斯］G. N. 波塔宁著，范丽君译：《南山中的尧乎儿人》，均收入钟进文主编《国外裕固族研究文集》，中央民族大学出版社 2008 年版。前文又见于《马达汉中国西部考察调研报告合集》，新疆人民出版社 2009 年版，第 197 页。

明代丝绸之路双语文献
《委兀儿译语·地名》考述

　　明代丝绸之路交通文献，人们比较熟悉的是陈诚的《西域行程记》。陈诚于永乐十一年（1413）出使西域，抵达帖木儿帝国哈烈城，往返历时三年，回京覆命时呈上《西域行程记》《西域番国志》等实地考察记录。此后，明人著述凡涉西域山川风物者，无不以陈诚书为圭臬，《明实录》《明史·西域传》也多所采撷，一直受到学者的重视。除此之外，大约在嘉靖时期成书的《西域土地人物略》也是重要的丝绸之路交通文献，目前所见到的版本主要有嘉靖《陕西通志》卷十所载，顾炎武《天下郡国利病书》卷一一七所载，梁份《秦边纪略》卷六所载，万历《肃镇华夷志》卷一《西域疆里》略有改动，明代张雨《边政考》卷八《西域诸国》则以表解形式呈现。虽然这一文献存在许多明显不足和错误，正如陶保廉所批评的："地名多与今异，方向里数尤不足据，而传写脱误，正文小注搀杂失次，几难卒读。"[1] 但它提供的地名数量最多，几近 300 个，敦煌一带尤为集中，独具价值，也有不少学者提及或使用。[2] 还值得一提的是，2002 年，两位北京收藏家从日本购回一幅中国山水画形式的古地图，由于图上题款被人撕去，原名不得而知，林梅村根据此图背面尚友堂题签定名为《蒙古山水地图》，并考定此图大约绘于明嘉靖三年至十八年之间（1524 年—1539 年）。《蒙古山水地图》中有他书未见的地

---

① 陶保廉著，刘满点校：《辛卯侍行记》，甘肃人民出版社 2002 年版，第 379 页。
② 李之勤：《〈西域土地人物略〉的最早、最好版本》，《中国边疆史地研究》2004 年第 1 期。

名，为研究明代西北交通路线提供了新的重要资料，林梅村对图中地名进行注释考证后，于 2011 年影印出版。① 遗憾的是，还有一份重要的明代双语文献《委兀儿译语》尚未引起学者重视，② 其中的"地名"部分是一份从撒马儿罕到北京的汉语畏兀儿语双语地名录，③ 其趣味之处在于地名与以上文献多有不同，迄今尚未有人做过考证，地名中出现的伊斯兰文化因素，反映了当地居民文化的变迁，也值得重视。与《委兀儿译语·地名》类似的反映丝绸之路东段交通情况的文献，还有明代郭绅的《哈密分壤》④，明末清初梁份《秦边纪略》卷六所附《嘉峪关至哈密路程》⑤，均记录明代丝绸之路东段即嘉峪关西至哈密周边的地名。本文即综合以上资料，对《委兀儿译语·地名》中的地名及交通路线作一考证。

《委兀儿译语》"地名"部分收录了以下地名（按原书顺序排列，标点符号为笔者所加)⑥：

撒马儿罕/撒马儿酣、土鲁番/土儿番、石头城/他失把里、泥水滩/肯儿把儿赤、黑虎窝/噶剌巴儿思、狼地方/伯律叶儿、一个圣城/必儿哑禄兀子脱因、一个女人城/必儿哈吞炭、大天方/也客忝额力、小天方/兀出干忝额力、黑羊群/噶剌塊、黑风川/噶剌克思剌、九眼泉/脱库子卜剌、苦峪城/苦欲把里、三颗树/玉除塔剌、骟马城/影聂赤、大草滩/条故禄自栾、夹峪关/义剌

---

① 林梅村：《蒙古山水地图——在日本新发现的一幅十六世纪丝绸之路地图》，文物出版社 2011 年版。

② 目前所见到只有胡振华、黄润华《北图藏明代文献〈委兀儿译语〉》（《中央民院学报》1990 年第 5 期）一篇简介。

③ 《北京图书馆古籍珍本丛刊》6 景印贞节堂袁氏钞本，书目文献出版社 1990 年版。《委兀儿译语》分为"天文门""人事门"等，惟"地名"部分没有"门"字，可能是脱落。

④ 万表辑：《皇明经济文录》卷四〇，《明代经济文录三种》，新华书店北京发行所，1994 年版，第 967—968 页。

⑤ 梁份：《秦边纪略》，青海人民出版社 1987 年版，第 396 页。

⑥ 《北京图书馆古籍珍本丛刊》6，书目文献出版社 1990 年版，第 598 页。

兀儿、肃州/肃出、甘州/甘出、三跳涧/玉除阿力①、凉州/额儿焦②、黄羊川/者连串③、黑松林/噶剌阿察塔剌④、蓝州/噶剌木连⑤、陕西/勤昌府⑥、河南/客尔帖木连聂、北京/罕把里

这份地名录列举了从明朝帝都北京到撒马尔罕这一交通路线上的地名，尤以嘉峪关至吐鲁番一段最为密集，这一带正是明朝以哈密卫为首的关西诸卫势力范围，所以《委兀儿译语》之委兀儿应指哈密卫的畏兀儿。明朝设立哈密卫，意在"为西域之襟喉，以通诸番之消息"⑦。具体而言，就是"使掌西域贡事"⑧，"凡夷使入贡者，悉令哈密译语以闻"⑨，并由"哈密忠顺王差人伴送"⑩。这份地名录可能就是哈密卫为此目的提供的，所以对哈密周边的地名记载最详。

　　明代长城西到嘉峪关止，关内为陕西行都司辖地，关外诸部落设边境卫所统辖，以哈密卫为诸番领袖。本文即以嘉峪关为西行起点，

---

　　① 《委兀儿译语·数目门》："三：玉除"。《委兀儿译语·宫室门》："沟渠：阿力。"可能是今永昌县三条沟。

　　② "额尔焦"是蒙古语对凉州的称呼。《蒙古秘史》265节"额里折兀"，汉文旁译"西凉"，伯希和还原为"Ergiuul"。《马可波罗游记》中凉州作"额里湫"（Erginul）。参见［法］伯希和著，赵琦译：《阿拉善、额济纳、也里合牙、额里折兀地名考》，《蒙古学信息》1998年第2期。张星烺解释说："蒙古民族发音无L字母，凡有L字母者，皆用r字母代之，而对于r字母发音前，辄加有一音字母，如a或e或o或u等。故汉人之凉州Liang Chow，依蒙人读法，应作Erichew。"参见张星烺《中西交通史料汇编》第一册，中华书局1977年版，第295页。

　　③ "者连"，蒙古语"黄羊"之称，《委兀儿译语·地理门》："川：串。"实为蒙古语čül～čöl，又作"川勒""啜勒"，指荒漠戈壁。黄羊川在今武威靖边驿，即老黄羊镇。

　　④ 今武威黑松驿。

　　⑤ 蓝州为蘭州之讹，噶剌木连为蒙古语黄河之称。《沙哈鲁遣使中国记》称黄河对岸有大城，即兰州。

　　⑥ 勤昌府为"京兆府"之谐音，指唐代西安城，元代习称京兆府，既为陕西首府，也为陕西代称。

　　⑦ 马文升：《兴复哈密记》，《续修四库全书》，上海古籍出版社2002年版，第433册，第252页。

　　⑧ 严嵩：《南宫奏议》卷二九《议处甘肃夷贡》，《续修四库全书》，第476册，第494页。

　　⑨ 许进：《平番始末》，《续修四库全书》，第433册，第494页。

　　⑩ 严嵩：《南宫奏议》卷二九《议处甘肃夷贡》，《续修四库全书》，第476册，第494页。

考证嘉峪关以西哈密诸卫境内的诸地名。

1. 夹峪关/义剌兀儿

夹峪关即嘉峪关。《委兀儿译语·地理门》："关：义剌兀儿"。义剌兀儿当为叉剌兀儿之讹，源自波斯语。波斯人称嘉峪关为喀剌兀勒（Qara'ul），意为哨兵、守卫。[①]

2. 大草滩/条故禄自栾

大草滩，畏兀儿语作"条故禄自栾"，未知何解。《西域土地人物略》："嘉峪关西八十里为大草滩，其地广而多草。"《哈密分壤》所记略同："嘉峪关西七十里至大草滩。"与以上记载不同，嘉靖《肃镇华夷志》《明史·西域传》《秦边纪略·嘉峪关至哈密路程》乾隆《重修肃州新志》均作"关西二十里"。一些学者如林梅村、高启安、张晓东等认为是不同版本造成的数字出入，否定"二十里"之说，肯定"八十里"之说。但是《蒙古山水地图》显示嘉峪关以西有两个大草滩：一是嘉峪关西二十里之大草滩，《西域行程记》载出嘉峪关"约行十余里，至大草滩沙河水水边安营"，《辛卯侍行记》卷五嘉峪关外黑山湖军塘下注云："岭北有草滩，肃州标营及乡民均于此放牧"，即今嘉峪关西黑山湖水库一带。嘉靖十八年在此建永兴后墩，亦称大草滩墩。《肃镇华夷志》卷三《烽堠》记载，"永兴后墩，在关西，离（肃州）城八十里，参将刘勋添设以备西夷烽火。今改并大草滩村"。一是嘉峪关西八十里（一作七十里）之大草滩，后者《蒙古山水地图》标为"赤斤大草滩"，蒙古语为"赤斤塔拉"，当即《马可波罗游记》所记肃州、哈密之间的"欣斤塔拉思"（chinginta-las）。"赤斤"为蒙古语"耳朵"之意，[②] 大概是指赤斤大草滩形似耳朵状。永乐中设赤斤蒙古卫，扼赤金峡，可能还有耳目之意。《沙哈鲁遣使中国记》提到的大草滩距嘉峪关约八十里，即此。《委兀儿译

---

① ［法］阿里·玛扎海里著，耿昇译：《丝绸之路：中国—波斯文化交流史》注（44），中华书局1993年版，第86页。

② 《蒙古译语·身体门》："耳：赤斤"。张德辉《岭北纪行》"忽兰赤斤"一词下注曰："山名，以其形似红耳也。"贾敬颜案："此蒙古语之 Hula'an Ciki（n）。"参见贾敬颜《五代宋金元人边疆行记十三种疏证稿》，中华书局2004年版，第348页。

语》中之大草滩在骟马城东，当为前者。

3. 骟马城/影聂赤

《西域行程记》载自大草滩"约行七十里，地名回回墓……向西行约五十里，地名骟马城，安营"。《西域土地人物略》："（回回）墓西四十里为扇马城。""影聂赤"，畏兀儿语意为骟马匠、骟马人，骟马城应为元代河西出伯兀鲁思所属骟马匠人居住地，地在今玉门市清泉乡骟马城。回回墓后称惠回堡，在今玉门市清泉乡新民堡，东至嘉峪关约 80 里。

4. 三颗树/玉除塔剌

《委兀儿译语·数目门》："三：玉除。"《委兀儿译语·地理门》："树：塔拉。"《肃镇华夷志》："（骟马）城西八十里至赤斤城，中途有三棵树，即赤斤蒙古卫。"《西域土地人物略》："（扇马）城西三十里为三棵树，以地有三树，故名。树西三十里为赤斤城。"《哈密分壤》："骟马城西三十里至三棵树，也先克等族住牧。三棵树西五十里至赤斤城，卜束儿加等族住牧，今赤斤蒙古卫即此地。"据考古调查，赤斤城故址在今玉门市西北赤金乡，有新旧两城，明代赤斤城在东边旧城。《辛卯侍行记》载骟马城与赤斤之间有"膊膝盖子卡"，陶保廉目睹此地有"大树五"，谢彬描述说"过此草滩宽平，广数十里，最宜游牧，并可耕种"①。其位置在今玉门市清泉乡西腰泉子村南。

5. 苦峪城/苦欲把里

《西域行程记》载自赤斤城"向西北行，渡溪水，入平川。当道尽皆沙砾，四望空旷，约行百余里，有古墙垣，地名魁里，安营"。《西域土地人物略》："赤斤西百五十里为苦峪城。""魁里"，又作"苦峪里""苦峪谷"等。有学者将"苦峪里"之"里"释为乡里组织之"里"，将"苦峪里"视为敦煌或沙州下属之一里，纯属望文生义。"苦峪里"是"苦欲把里"的省称，即"苦峪城"。清代志书标在今安西县锁阳城，今人多沿袭此说，林梅村《蒙古山水地图》注释部分仍持此说。这无疑是错误的。从各种记载看，苦峪城应在今玉门

---

① 谢晓钟：《新疆游记》，甘肃人民出版社 2003 年版，第 63 页。

市玉门镇一带，李正宇认为是玉门镇东二里之古城（此处原有古城，清康熙五十七年在此置靖逆卫，乃就古城废墟重筑新城）。① 苦峪，元代作"曲尤"，《集韵·虞韵》："曲，颗羽切"，"苦，孔五切"，音相近。汉语文献中常见的蒙古人名"阔出""曲出""曲术""苦术""屈术"之"阔""曲""苦""屈"等字，都是同音异写。《集韵》："尤，羽求切"，在尤韵；"峪，余玉切"，在沃韵。"尤"属阳声，"峪"为入声，而元代以来入声消失，二字同读"邮"音。《元史·成宗纪》大德七年（1315）六月乙巳条载："命甘肃行省修阿合潭、曲尤濠以通漕运。"说明曲尤（苦峪）一带有利用疏勒河通漕的条件，因此疏浚了曲尤至阿合潭之间的河道。李正宇实地考察发现玉门镇以西以南，有断断续续的故河道，怀疑可能是元代曲尤濠的遗迹。《元史》卷二十五《仁宗纪》载延祐二年九月己巳，"徙曲尤仓于赤斤之地"。《元史》卷三十《泰定帝纪二》泰定三年（1326）五月，"甘肃行省臣言：'赤斤储粟，军士度川远给不便，请复徙于曲尤之地'。从之"。所谓度川远给不便之"川"，非指河，而是指赤斤至曲尤（苦峪）之间的沙碛地带，沙碛称川是元代习惯用法。② 陈诚《西域行程记》中所谓"川"，也均指荒漠平原而言。③ 陈诚从赤斤出发，渡溪水后，所入之"平川"，即《蒙古山水地图》标在苦峪城之东的"苦峪川"，是大片的荒漠戈壁，谢彬曾形容赤斤至玉门镇之间的道路情况说："发赤金硖，行戈壁，东西宽八十里，南北长倍之，碎石整砂，车声嚓嚓。"④ 地名地貌都十分吻合。只是实际距离与上引《西域行程记》等书所载里数不合，明人记载西疆里程，出入几十里是常见现象，不必拘泥于此。《委兀儿译语》和《高昌馆杂字》中，"苦欲"都译作"稠"，玉门以出石油而闻名，"苦峪"应是形容石油稠

---

① 李正宇：《"曲尤"考》，《丝绸之路民族古文字与文化学术讨论会文集》，三秦出版社 2007 年版，第 489—498 页。

② 参见李治安《元中叶西北"过川"及"过川军"新探》，《历史研究》2013 年第 2 期。

③ 陈诚著，周连宽校注：《西域行程记》注释［二七］，中华书局 2000 年版，第 53 页。

④ 谢晓钟：《新疆游记》，甘肃人民出版社 2003 年版，第 63 页。

腻之状。

《西域行程记》载从苦峪城西北"约行五十里,有古墙垣,地名王子庄,安营,住一日"。王子庄在今安西县三道沟镇一带。赤斤、苦峪、王子庄东西一线,位置关系明确,也说明苦峪城应在今玉门镇一带。

实际上,明清时期曾出现过两个苦峪城。《重修肃州新志·柳沟卫》虽然推测"苦峪城在废瓜州",即今锁阳城遗址,但也承认有两个苦峪城的历史事实,"按关外俗称达儿兔即苦峪之谓,所以,靖逆本名苦峪,人谓之达儿兔。兹苦峪城(按即锁阳城),人称上达儿兔,以别于靖逆"。徐松《西域水道记》卷三记载:"苦峪者,夷言达里图。达里图有二,相去二百五十里(小字注云:布朗吉尔城西南九十里至黑水桥,桥南二十里为苦峪城)。今于东达里图建玉门县治,故谓苦峪为上达里图也。"可知清代有上苦峪城(上达儿兔)与下苦峪城(下达儿兔),上苦峪城即历史上的瓜州城,今天的锁阳城;下苦峪城即元代的曲尤,明代的苦峪城,清康熙五十七年在此建靖逆卫城,即今玉门镇。① 高启安也肯定苦峪城为靖逆城之说,指出明代从嘉峪关赴哈密共有三道,均由苦峪分路,锁阳城位置偏西南,赴哈密不必非经此城。② 所言甚是。

6. 九眼泉/脱库子卜剌

脱库子,畏兀儿语"九"之意,在畏兀儿语中,九为极多之意。卜剌、布拉克即畏兀儿语、蒙古语"泉"之意,脱库子卜剌为畏兀儿语 toguzbulaq,直译为九眼泉。《蒙古山水地图》在沙州与哈密之间标有"脱忽思孛罗",即是。据《秦边纪略》等书载,河西一带九眼泉地名颇多,《重修肃州新志·山川》载:"九眼泉,在州西嘉峪山下,水清碧不竭,溉田数顷。又城北三百八十里有九眼泉,近羊头泉。"林梅村引他人之说,认为沙州附近有"九泉烽",但均不是此处之九眼泉。《西域行程记》载陈诚从玉门镇西行,直抵布隆吉,具体路线

---

① 黄文炜《重修肃州新志》第15册《属夷》说:"苦峪卫者,即在今之靖逆城也。"甘肃省酒泉县博物馆1984年内部翻印本。

② 高启安:《明代苦峪卫、苦峪城考索》,杨永生、李玉林主编:《火烧沟与玉门历史文化研究文集》,甘肃文化出版社2015年版,第656—667页。

可参考谢彬《新疆游记》所载，经头道沟、二道沟、三道沟（王子庄）、四道沟、五道沟、六道沟、七道沟、八道沟、九道沟、十道沟，然后到达布隆吉尔城，"诸沟皆微泉"①，七道沟至布隆吉城，"地尤沮洳，水富草丰"②，特别是布隆吉城一带，如《西域水道记》所形容："处处涌泉，钟为小泽"，布隆吉尔河发源处"平地七泉，罗列如星"，称柳湖或七星泉，"柳湖水挟诸泉北流，经城北，分为三，皆东北流，汇于苏勒河"③。此汇入疏勒河的支流即布隆吉河。今布隆吉一带仍然是河西西部泉眼最丰富之处，与九眼泉（脱库子卜剌）地名意合，而且方位里程合理，九眼泉应在今布隆吉乡布隆吉旧城一带。明代，这里是前往哈密的必经要道，明军几次对哈密、吐鲁番用兵，都先在卜隆吉儿川一带会合赤斤、罕东诸部，然后出发。

7. 黑风川／噶剌兑思剌

黑风川，赵伸《筹边疏》载："且土鲁番至哈密十数程，中经黑风川，俱无水草。"④ 李承勋《论土鲁番入贡事》说："自彼国至哈密六百余里，经黑风川三百余里，无水草，瓦剌多于此邀而覆之。"⑤ 可知黑风川在吐鲁番、哈密之间。具体说是在纳职城到鲁克沁（柳城、鲁陈）之间。黑风川亦称鬼魅碛、瀚海道，《宋史·外国传》载王延德自纳职城鬼魅碛三日行，至鬼谷口避风驿。《大明一统志·火州》山川条称为"瀚海"，"在柳城东，地皆沙碛，若大风则行者人马相失，夷人呼为瀚海"。陈诚《西域番国志》："鲁陈城，古之柳中县地，在火州之东，去哈密千余里。其间经大川砂碛，茫然无有水草，头匹过此，死者居多。若遇大风，人马相失。道傍多骸骨，且有鬼魅，行人晓夜失侣，必致迷亡，夷人谓之瀚海。"陈诚使团"行经二

---

① 徐松著，朱玉麒整理：《西域水道记（外二种）》卷三，中华书局2005年版，第135页。
② 谢晓钟：《新疆游记》，甘肃人民出版社2003年版，第64页。
③ 徐松著，朱玉麒整理：《西域水道记（外二种）》卷三，中华书局2005年版，第140—141页。
④ 《皇明经世文编》卷二三四《赵中丞奏疏》，中华书局1962年景印本。
⑤ 《皇明经世文编》卷一〇〇《李康惠公奏疏》，中华书局1962年景印本。

昼夜，约有五百里方出此川"。《辛卯侍行记》卷六载哈密西自三间房①经十三间房②至七克腾木，③"此路恒有怪风，因改设驿站于一碗泉"。七角井至十三间房一带是天山南北通道，常年有大风，古人遂有"黑风川"之称呼。

　　8. 黑羊群/噶剌塊

　　噶剌塊，突厥语 Qaraqoi，释义为"黑羊群"。佐口透认为，明代哈密卫三大种类之一的"哈剌灰"可释为"黑羊群"。④ 佐口透没有引用《委兀儿译语》的资料，却能提出这样的见解，感觉十分敏锐。《委兀儿译语》的语料表明"哈剌灰"即"噶剌塊"（Qaraqoi），的确是突厥语"黑羊"之意。蒙古伊利汗国解体后，土库曼游牧部落与蒙古札剌亦儿部在今伊郎西北部曾建立以伊斯兰教什叶派为国教的黑羊王朝（Kara koyunlu），与哈密卫之哈剌灰人称呼相同，可知用黑羊称呼种落是内亚游牧文化常见现象，成吉思汗时代的漠北克烈部（客列亦惕），也被释为黑羊。⑤ 哈密境内与哈剌灰有关的地名有几个，一是哈密城有可能以哈剌灰（噶剌塊）代称，二是速卜哈剌灰，三是哈剌哈尔畏，四是哈剌骨。《肃镇华夷志·属夷内附略》载哈密"所辖地方若剌术城、哈剌哈尔畏堡、并速卜哈剌灰、畏兀儿巴力之属，皆领于都督，而听于忠顺王者也"⑥。速卜哈剌灰城，《新疆识略》卷三作"苏门哈尔辉"，《西域闻见录》卷一作"素木哈尔灰"，《辛卯侍行记》卷六作"苏木哈喇灰"，在今哈密西 60 里之头堡。哈剌哈尔畏堡，《西域土地人物略》、《哈密分壤》作"哈剌哈剌灰"，《明英宗实录》卷一〇八作"哈剌忽鲁烘"，当在哈密与敦煌分界处之星星峡

---

①　今新疆哈密市西北、瞭墩西 160 里。

②　在新疆鄯善县东北、接哈密市界。

③　唐赤亭守捉，今新疆鄯善县东北之七克台镇。

④　［日］佐口透著，章莹译：《新疆穆斯林研究》，新疆人民出版社 2012 年版，第157 页。

⑤　阿布尔—哈齐—把阿秃儿汗所著《突厥世系》中，将克烈人称为"黑绵羊"（qārā – barān）。参见《突厥世系》，中华书局 2005 年版，第 44 页。《史集》第 1 分册第三编作"客列亦惕"（karāit），就是"黑绵羊"。商务印书馆 1986 年版，第 206 页。

⑥　李应魁著，高启安等点校：《肃镇华夷志校注》，甘肃人民出版社 2006 年版，第274 页。

镇，为明末清初哈密十三邑之一。《肃镇华夷志·西域疆里》有"哈剌骨"①，《西域土地人物略》作"哈剌灰"，康熙《皇舆全览图》称之为"喀拉岭"②，可能是哈剌哈剌灰的别称，诸书有混用现象。《委兀儿译语·地名》中的"噶剌塊"应为"哈剌骨"或"哈剌哈剌灰"，地在今星星峡。

9. 小天方/兀出干忝额力

天方，指麦加，《明史·西域传四·天方》："天方，古筮冲地，一名天堂，又曰默伽。"后泛指阿拉伯半岛。这里应指新疆地区的伊斯兰教圣地。《蒙古秘史》卷九第 219 节"兀出干"，旁译"小"。《华夷译语》："兀出干，小。"《委兀儿译语·天文门》："天：忝额力。"忝额力即腾格里（tengri），意为天神。大天方、小天方地名此前未见，用畏兀儿语、蒙古语"忝额力"译称"天方"，而不用麻扎、拱北之类的表述，说明哈密卫王统尚在，当地处于伊斯兰信仰本土化的早期阶段。根据伊斯兰教东传的时间和地名规律看，大小天方应指明代前期哈密周边的伊斯兰教圣地。笔者推测可能与哈密、吐鲁番地区的两个阿斯塔那城有关。阿斯塔那有人释为突厥语 Astane（都城）③，有人释为波斯语 Astana（圣者之墓）④，陶保廉则将哈密二堡的阿斯塔纳解释为回语（畏兀儿语）"圣贤之墓"⑤。《西域图志》卷一四载吐鲁番阿斯塔克（阿斯塔拉）城"相传其先国师所居"。可见阿斯塔那一名与伊斯兰宗教圣贤有关。《沙哈鲁遣使中国记》提到该使团离开哈剌和卓后，曾抵达一个叫做苏菲—阿塔（Sûfî - Atâ）的村庄，原籍为帖尔美兹的一名赛夷、尊敬的阿克完德—扎答·塔术丁在这里定居，⑥ 并

---

① 李应魁著，高启安等点校：《肃镇华夷志校注》，甘肃人民出版社 2006 年版，第 58 页。

② 陶保廉：《辛卯侍行记》卷六，甘肃人民出版社 2002 年版，第 360 页。

③ 林梅村：《蒙古山水地图》地名考释［四一］"阿思打纳城"。

④ ［日］佐口透著，章莹译：《新疆穆斯林研究》，新疆人民出版社 2012 年版，第 156 页。

⑤ 陶保廉：《辛卯侍行记》卷六，甘肃人民出版社 2002 年版，第 382 页。

⑥ 此人是哈密穆斯林长官爱迷儿·法合鲁丁的女婿。法合鲁丁作为哈密使臣屡见于《明实录》和《高昌馆来文》，可见在永乐年间哈密地区的伊斯兰化已经开始了。

建造了一座苦行僧古修院①。Atâ 本意为"父亲"，也可指某一地区的"圣者"。② 阿思塔纳之得名当与苏菲－阿塔有关。作为苏菲派贤者之墓所在，称为"天方"或"忝额力"是合情合理的，这一对译关系也反映了当地蒙古人开始伊斯兰化的现实。"小天方"当即哈密二堡之阿思塔纳，这里的古代佛教遗迹很有名，后来被用作伊斯兰墓地，成为圣所。斯文赫定描述说"村北有墓地，有无数带石碑的墓，石碑朝麦加方向立着。其中有一块相当大的'苏勒坦'碑，有几个坟包，用圆屋顶［拱拜］装饰，是一个很气派的墓地"③。《平番始末》《西域土地人物略》《蒙古山水地图》始有阿思塔纳之名，说明《译语》成书年代不晚于弘治时期。

10. 大天方/也可忝额力

"也可"，蒙古语"六"之意。今吐鲁番东阿斯塔那有阿勒帕塔和卓麻扎，据当地传说，阿勒帕塔和卓在唐汗时代与汉人斗争了 12 年，他占领哈刺和卓城 18 年，死后长眠于阿斯塔那。马达汉描述说："阿斯塔那附近有一大片麻扎（墓地）。其中，鲁克沁（Luktsun）的诸多苏丹安躺在清真墓塔的地下。另一座墓塔是用绿色的瓷砖镶嵌的。旁边还有一座墓，它的下面躺着阿尔帕塔和卓（Alpata Khodsha）的骨骸——这位著名人物曾打败了轶恰努斯（Dachianus），摧毁了喀喇和卓城，到头来还是死在了轶恰努斯手下人的手里。于是，他的灵魂成了他的众多的战争牺牲者陵墓的陪葬品。"④ 夏训诚、胡文康在《吐鲁番盆地》一书中说，阿斯塔纳西南角有一座艾利帕塔麻扎（阿勒帕塔是艾利的 7 世孙），现在作为伊斯兰教徒的墓地被使用，以前是吐鲁番郡王家族历代墓所。⑤ 因此吐鲁番的阿斯塔那可能是"大天

---

① 何高济译：《沙哈鲁遣使中国记》，中华书局 1981 年版，第 106 页。

② ［法］阿里·玛扎海里著，耿昇译：《丝绸之路：中国—波斯文化交流史》，第 80 页注（19）。

③ 转引自［日］佐口透著，章莹译《新疆穆斯林研究》，新疆人民出版社 2012 年版，第 157 页。

④ ［芬兰］马达汉著，王家骥译：《马达汉西域考察日记 1906—1908》，中国民族摄影艺术出版社 2004 年版，第 301 页。

⑤ 夏训诚、胡文康：《吐鲁番盆地》，新疆人民出版社 1982 年版，第 120 页。

方"所在。《西域土地人物略》哈喇火州下云："又西五十里为我答刺城",冯承钧《西域地名》Astana 条认为"十"字疑衍,火州西五里即阿斯塔纳,我答刺疑即阿斯塔纳。[①]

11. 一个女人城/必儿哈吞炭

《委兀儿译语·数目门》:"一:必儿。""哈吞"又作"合屯"、"哈屯",蒙古语"皇后""娘子"之意,《委兀儿译语·地理门》:"墙:炭。""必儿哈吞炭"直译为"一个女人的墙",可能是指伊斯兰教拱北之类的建筑。今吐鲁番鲁克沁镇有亚力忽思(Yalghuz,寂寞)麻扎,佐口透释为一个女人的麻扎,明代的一个女人城可能即指该麻扎所在的鲁克沁镇[②]。

12. 一个圣城/必儿哑禄兀子脱因

陈诚《西域行程记》:"过一平川,渡一大溪,名畏兀儿河,溪南有古寺,名阿里忽思脱因。有夷人种田,好水草,系哈密大烟墩处。""阿里忽思脱因",《蒙古山水地图》作"牙力忽思脱因",林梅村认为源于突厥语 Yalghuztoyin,意为"孤僧"(一个道人),全称则为"必儿哑禄兀子脱因"。称"一个圣城"有伊斯兰文化色彩,先贤称圣是穆斯林的传统。吐鲁番、哈密一带的伊斯兰宗教建筑,大多利用了原有的佛教基址。《中国历史地图集》把哈密大烟墩标在"哈剌木提"东南。林梅村认为在格子烟墩。

13. 狼地方/伯律叶儿

《委兀儿译语·鸟兽门》:"狼:伯律。"《委兀儿译语·地理门》:"地:叶儿。"《蒙古山水地图》在哈密五堡西南与"比站"(蒲昌)之间标有"乩力孛罗",当为突厥语 böribulaq,意为"狼泉",与"狼地方"当为一地。根据 1891—1892 年访问吐鲁番盆地并采录了吐鲁番人口碑资料的俄罗斯人卡塔诺夫记载,吐鲁番直隶厅所属城邑有 buli‐yoq。[③] 马达

---

①　冯承钧原编,陆峻岭增订:《西域地名》,中华书局 1980 年版,第 7 页。

②　参见〔日〕佐口透著,章莹译《新疆穆斯林研究》,新疆人民出版社 2012 年版,第 89 页。同书第 191 页还记载哈密城东有 Khotuntam(夫人的废墟),村中也有 Yalghuz(寂寞)布孜尔加(麻扎),Khotuntam 当即"哈吞炭",此地也有可能是"一个女人城"。

③　〔俄〕N·Th·卡塔诺夫:《来自中国新疆的民俗学文书》Ⅱ,13,转引自〔日〕佐口透著,凌颂纯译《新疆民族史研究》,新疆人民出版社 1993 年版,第 186 页。

汉也调查了吐鲁番县周边的乡村，其中有"布鲁英克"（buluynk）①，与伯律叶儿音近，当即《译语》中的"狼地方/伯律叶儿"（böriyoq）。《重修肃州新志》附《西陲记略》"土鲁番"条记其所属有十七城，"在东南者有鲁普秦、叶赫、土郁克、哈喇合酌、案吉烟"，这里的"叶赫"，可能就是 buli‑yoq 的省称，与《西域土地人物略》中的"羊黑城儿"（故址在今新疆鄯善县鲁克沁西北洋海乡）非一地。

14. 黑虎窝/噶剌巴儿思

《委兀儿译语·鸟兽门》："虎：巴儿思。""噶剌巴儿思"这一地名各书未见，只出现在《委兀儿译语》中。据《清一统舆图》中卷西五图和北一卷西五图，从布隆吉尔城以北渡疏勒河，西北行荒漠中，经准托赖，北过博罗椿集（青墩子，大约为今石板墩，②康熙三十五年（1696），清军设哨于布隆吉尔之博罗椿济），经一地名察罕椿集（白墩子，与安西北之白墩子重名），再北行稍偏西，经一地名"哈拉博尔屯"，当为"哈拉博尔思"之误，即蒙古语"黑虎"之意。从哈拉博尔屯（思）向西北行，经一地名额里根布拉克，当在今小红泉一带，过此即入星星峡。③可知"黑虎窝/噶剌巴儿思"在小红泉东南一日程左右。这里涉及明清时期从苦峪城往哈密的路线问题，需要说明一下。

明中期以后，据《西域土地人物略》所载，从苦峪通往哈密有三条道路，最主要的是中道，即从苦峪城到布隆吉城后，顺疏勒河水至安西，再西北经白墩子、红柳园、大泉、马莲井子进入星星峡。清代以后，驿站军塘主要设在这条路上。

但是明初出使西域的使者，多从苦峪、桥湾、布隆吉一带取东道北上。如陈诚从布隆吉城出发，渡河后即入荒漠，行百余里不得水，连续四日行程都在荒漠中，可见未走安西—白墩子—红柳园—大泉—马莲井子一线，走的是《清一统舆图》标出的东面并行的一路。上面

---

① 《马达汉西域考察日记1906—1908》，第296页。

② 徐松：《西域水道记》卷三注曰："蒙古语：孛罗，青色；椿济，墩台也。"

③ 参见周连宽校注《西域行程记》注释［一三］至［一七］，中华书局2000年版，第51—52页。

考出的"噶剌巴儿思"方位，表明《委兀儿译语·地名》反映的交通路线也与陈诚一致，取东道北入荒漠而行。

《肃镇华夷志·西域疆里》载明代东路行程："一路自苦峪，歧而少北，至羽寂灭（今布隆吉河北之荒漠），历阿赤（《哈密分壤》作"哈至"，今苦水沟）等地，皆山口石路，甚为险厄。"可见是取道今肃北县马鬃山区。《重修肃州新志·西陲记略》、张寅《西征纪略》①也记载了清初从桥湾至哈密的歧路：桥湾七十里至黄芦冈，又七十里至尖山子，又九十里至刺窝泉（茨窠），又六十里东长流水（今马鬃山区的长流水），至此分路，一路西行七十里至白茇茇滩（疑为《译语》"噶剌巴儿思"所在），又九十里至马莲井子，又七十里至星星峡；另一路北行，经明水，至探纳沁河，再经上莫艾、塔失八里，到哈密。这一路线应是《委兀儿译语·地名》反映的交通路线。

回过头来看，永乐帝对哈密部落的安排就暗示了交通路线的走向。永乐二年（1404），明朝封安克帖木儿为忠顺王，永乐四年（1406）三月设哈密卫。与此同时（永乐二年），"以头目马哈麻火只等为指挥等官，分其众居苦峪城"②，永乐三年（1405）十二月，又发仓粟赈济居住在苦峪城的哈密归附头目买住、察罕不花等二百七十八户③。永乐帝在设立哈密卫的同时，也将赤斤卫与沙州卫之间的苦峪城交给了哈密卫，这意味着哈密卫从苦峪城开始就接手明朝使者的导译护送任务，为了不受外部干扰，从苦峪—布隆吉一带取道马鬃山区北上哈密是最安全便捷的。

15. 泥水滩/肯儿把儿赤

泥水滩的畏兀儿语为"肯儿把儿赤"，《委兀儿译语·地理门》："堤：肯儿"，"泥：把儿赤"，"肯儿把儿赤"指堤内之泥水，准确译为泥水塘。《西域同文志》卷三"哈喇刻尔"条释"刻尔"为"回语"（维吾尔语），意为"潴水之堤"。《西域土地人物略》作"乞儿

---

① 张寅于康熙五十四年往西域效力，所著《西征纪略》收入吴丰培整理的《丝绸之路资料汇钞（清代部分）》，全国图书馆文献缩微复制中心景印本1996年版。

② 严从简：《殊域周咨录》卷一二《哈密》，中华书局2000年版，第412页。

③ 《明太宗实录》卷四九"永乐三年十二月癸酉"条，第739页。

把赤"，《秦边纪略》、《哈密分壤》作"克力把赤"，诸书关于乞儿把赤或克力把赤的方向、里数比较混乱，现引几段比较可靠的里程记载进行比较：《肃镇华夷志》卷一"西域疆里"："阿赤西一百七十里至克力把赤，西一百三十里至撒力哈密失，西五十里至哈剌木提，西四十里至哈密头墩。"《秦边纪略·嘉峪关至哈密路程》记："俄倒海牙一百四十里阿赤一百四十里克力把赤一百三十里撒力哈密失五十里哈剌木提四十里至哈密卫。"嘉庆《清会典则例》卷五五九《驿程一》："星星硖塘九十里至沙泉子塘，八十里至苦水塘，一百四十里至格子烟墩塘，六十里至长流水塘，七十里至黄芦冈塘，七十里至哈密。"《辛卯侍行记》：沙泉驿七十五里至苦水驿（缠回呼阿及克苏①），一百六十里至长流水，一百二十里至黄芦冈，二十里至哈喇木提（一棵树），五十里至哈密。比较以上里程记载，"俄倒海牙"为"俄例海牙"之误，《西域行程记》作"斡鲁海牙"，即今沙泉井子；"阿赤"为畏兀儿语"苦水"之意，即今苦水；"撒力哈密失"为畏兀儿语 Sariqamish（黄芦苇），"撒力"，畏兀儿语"黄色"，"竹：哈蜜失"，陶保廉言康熙图作"西拉虎鲁苏"（蒙语黄芦苇也），即哈密南之"黄芦冈"，地在今哈密市东南 70 里。②"乞儿把赤"在苦水与黄芦冈之间，当即长流水，蒙古语称"额铁木儿"（《肃镇华夷志》作"也帖木儿泉山"），意思是"高坡出泉"。陶保廉《辛卯侍行记》卷五云："细流出沙间，刺以树枝则发泡，至坡下汇为池，作墙护之。""肯儿把儿赤"的本意是泥水塘，从陶保廉对长流水的描述看，是砌墙将泉水汇聚成池，池水可能浑浊似泥水，故名。地在今哈密市东、烟墩西 70 里。《蒙古山水地图》作"吉儿马术"，林梅村认为是伊朗语 Kirbagig（虔诚的），标在沙州西，语源、地望皆误。

16. 石头城/他失把里

《大元混一方舆胜览》《事林广记》作"小食国"，标在今哈密

---

① 《委兀儿译语·地理门》："水：速。""阿及克苏"为畏兀儿语 achighsu，简称"阿赤"，意为"苦水"。

② 参见林梅村《蒙古山水地图》地名考释［五一］"撒力哈迷失"；陶保廉著，刘满点校：《辛卯侍行记》卷五，甘肃人民出版社 2000 年版，第 363 页。

一带。①《王延德行记》作"小石州"。②《经世大典·站赤》作"塔
失八里站"或"塔失城"，是通往哈密、揽出去站（腊竺城，今哈密
四堡）、黄兀儿于量站（今鲁克沁）的甘肃纳怜道站赤之一，《经世
大典图》标在阿模里（哈密）以东。《明实录》③、《哈密分壤》亦载
哈密东有他失把力哈孙城。按塔失八里为突厥语"石城"之义，今哈
密东北约70里处沁城乡有石城子，《辛卯侍行记》卷六记沁城东北五
十里河源小堡庄有石城古迹，当即元塔失八里站之所在。此地"北连
外蒙，东通安西，西近哈密，南通镇西，为防蒙第一紧要之区。若果
有事之时，敌人由外蒙古来哈，势必由土葫芦以至沁城"④。由此可见
塔失八里交通位置之重要，自宋历元明清，都有驿路通过。

　　综上所考，《委兀儿译语》中嘉峪关以西的地名都分布在明代所
设哈密、沙州、赤斤三卫地面，这三卫都源出蒙古察合台系出伯兀鲁
思，"如一家一般"。三卫以哈密卫忠顺王为首，受明朝委任，维护明
朝与西域地面的交通往来。《委兀儿译语》中的委兀儿指哈密卫畏兀
儿，这份地名录也是哈密卫提供的，提供者很可能是一位畏兀儿穆斯
林⑤，所以地名的汉译有明显的伊斯兰文化色彩。这份地名录反映的
交通路线与陈诚《西域行程记》所载相同，都是取道今肃北县马鬃山
区北上，两者可能是同一时期的文献。布隆吉尔（九眼泉）以下，地
名方位顺序混乱，可能是哈密卫方面有意所为，以巩固其"掌西域贡
事"之地位。

　　　　　　　　　　（原刊《中国边疆史地研究》2018 年第 2 期，与丁杨梅合作）

---

　　① 刘应李著，郭声波整理：《大元混一方舆胜览·混一诸道之图·甘肃行省图》，四
川大学出版社 2003 年版，第 18 页。陈元靓：《事林广记·大元混一之图·甘肃行省所辖》，
中华书局 1999 年景印本，第 238 页。

　　② 《宋史》卷四九〇《外国六·高昌国传》，第 14111 页。

　　③ 见《明宪宗实录》卷二九〇"成化二十三年五月丙寅"条，《明孝宗实录》卷二六
"弘治二年五月甲子"条。

　　④ 杨增新：《补过斋文牍》癸集八，新疆人民出版社 2012 年版。

　　⑤ 王宗载在其《四夷馆考》卷之下《高昌馆》中曾注意到哈密所进文字属高昌馆，
及高昌馆与回回馆相互代译现象："哈密地近高昌，本属高昌馆译审，但其中多回回人，入
贡时亦有用回回字者，故又属回回馆。"1924 年东方学会印本。

《明兴野记》与明初河州史事考论

　　研究明初河洮岷地区史事，依靠的材料主要是《明实录》《明史》，地方志及传世碑刻。这些文献一般来说，纪事比较简略，而且已经挖掘利用得较为充分，所以，进一步深化、细化明初西北历史研究非常困难，需要广泛搜集新的文献，明人俞本的《纪事录》就是近年发现的与明初河洮岷地区历史有关的重要文献。《纪事录》又称《皇明纪事录》，为元末明初之人俞本所撰的一部编年体私史。钱谦益编纂《开国群雄事略》（又名《国初群雄事略》）时，辑存元明之际罕见史料，引此书逾五十条，同时人潘柽章著《国史考异》亦屡用其书，足见其史料价值之高。后此书或以为已亡佚，实际上尚有刻本存世，只因其书名被明人窜改，故鲜为人知，陈学霖先生考订今台北国家图书馆所藏之天启年间张大同所编《明兴野记》，即俞本《纪事录》之改编①。

　　《明兴野记》记事起自元顺帝至正十一年（1351），终于明洪武三十年（1397），分上下两卷，其间"将相升黜，华夷顺逆"等本末皆有记述。值得重视的是其下卷内容多涉及元末明初河洮岷史事，特别是对俞本亲身参与之事件记载比较赡详，洪武十一年之后所记闻见逐渐简略，似多采自传闻，史料价值亦较逊色。作者俞本的生平事迹史籍没有专门载录，陈学霖先生据《明兴野记》的零星记载钩稽了其大致履历：俞本字从道，扬州高邮人氏，生于元至顺二年（1331），元至正十一年（1351）"从事行伍"，永乐元年（1402）撰成《纪事

---

　　① 陈学霖：《俞本〈明兴野记〉与元末史料》，元史研究会编《元史论丛》第七辑，江西教育出版社1999年版，第154—155页。

录》。俞本初入行伍效力于朱元璋帐前亲兵都指挥使冯国用（原文误为冯国兴）麾下，后转隶冯（国）胜，亲历元末诸多战役。朱元璋称帝后，俞本改隶凤翔卫指挥副使韦正。韦正数从大将军徐达、冯胜、邓愈等讨伐北元、略定西番，洪武三年（1370）授河州卫指挥使，八年（1375）升陕西都指挥使。俞本自洪武三年追随韦正，虽其具体官阶职品不清，但应为韦正亲信，因此，《明兴野记》对元末明初河州史事多有详细记载，其叙事和评论均不乏直言，少有忌讳，立论与文人截然不同，故而有极高的史料价值。这一文献自 2001 年由海外学者陈学霖公布后，已有十年之久，但尚未引起治西北史者的重视。本文就以该文献为据，与《明实录》《明史》《河州志》等史料对照参证，对明初河州史事做一些梳理稽考。

一　明军平定河州过程

关于明军平定河州地区的过程，以《明太祖实录》的记载最为详细，但是对照《明兴野记》的记载，发现有比较重要的缺漏，有必要予以梳理说明。

首先，关于明军首次攻克河州的时间。《明史》记洪武三年五月辛亥，"邓愈克河州"①。《明实录》记洪武三年五月，"左副将军邓愈自临洮进克河州，遣人招谕吐蕃诸酋"②。嘉靖《河州志》记洪武三年，"征虏将军邓愈克河州，吐蕃乌思藏等部来归者甚众"。均系其事于洪武三年五月。对此，《明兴野记》记："洪武三年庚戌四月，达遣左副将军邓愈率仁和、襄阳、六安、沔阳、巩昌、临洮等卫将士数万众克河朔（当为'河州'）。"③因此，可以肯定洪武三年四、五月

---

① 《明史》卷二《太祖纪二》、卷三三〇《西域传二》，第 24、8539 页。

② 《明太祖实录》卷五二"洪武三年五月辛亥"条，"中央"研究院历史语言研究所校印，上海古籍出版社 1983 年景印本，第 1027 页。

③ 俞本：《明兴野记》（《皇明纪事录》），陈学霖《史林漫识》附录三，中国友谊出版公司 2001 年版，第 439 页。

间，邓愈攻克了河州，但这是不是明军最早攻克河州的时间呢？《明兴野记》续云：

> 大都督冯胜先于洪武二年四月克河州，以化外之地，不可守，将城楼仓库房屋尽行焚烧殆尽，拘虏南归。自洮河至积石关，三百余里，骸骨遍野，人烟一空。至是，愈复克之，韦正守其地，军士食苦薇，采木茸之，城楼仓库衙门厅舍一新。

据此可知，冯胜早于洪武二年四月即攻克河州，但认为此地不宜驻守，遂将河州城焚烧殆尽，致使"自洮河至积石关，三百余里，骸骨遍野，人烟一空"。《明太祖实录》记洪武三年九月，"（韦）正初至河州时，城邑空虚，人骨山积"的原因也正在于此。当河州正式纳入明朝统治后，冯胜在敌境的残暴行径显然不符合新王朝仁义之师的形象，因此为正史所隐讳，明军首次攻克河州的时间遂隐而不彰。嘉靖《河州志》卷四《文籍志·南门城楼记》："元置吐蕃宣慰使司。迨其季年，则山后部落诸酋，自相雄长，战斗无虚日，民歼于兵，城池室庐鞠为茂草。天兵南下，降者宥，拒者戮，咸畏威怀德，款塞内附。遂置河州府以治民，设河州卫以戍兵。"将明初河州残破的原因归咎于元末部落仇杀，也属于选择性书写。《明太祖实录》载洪武二年四月丁丑，"右副将军冯宗异师至临洮"，冯宗异即冯胜，四月丁丑为四月十三日，从时间上看，明军完全有可能于当月顺势攻克河州。冯胜是著名骑兵将领，擅长轻骑奔袭，又"乃急功贪财之徒"，完全有可能捞一把就走。洪武五年冯胜攻克甘州后，也是"惧回鹘之兵，将甘州所葺城池、营房、仓库、转运米麦料豆二十余万石及军需尽焚之，弃城归，并宁夏、西凉、庄浪三城之地亦弃，仅以牛羊马驼令军人赶归"①。可见这是其一贯作风，也因此受到朱元璋惩处。俞本就此事评论说："予嗟冯胜不知得寸则寸，得尺则尺，不葺守而弃之，其见斯浅矣。"综合以上各种记载，可以确认明军首次攻克河州的时间应在

① 俞本：《明兴野记》，陈学霖《史林漫识》附录三，中国友谊出版公司2001年版，第445页。

洪武二年四月。洪武三年五月，明军再次进驻河州，正式将河州纳入统治之下。

其次，补充了明初招抚河州蒙藏诸部的史事，反映了元代对安多藏区的治理体制，以及明初对这一体制的借鉴。洪武三年五月，明军再次攻克河州，在重兵压境和招抚政策的双重作用下，以河州吐蕃宣慰使何锁南普和镇西武靖王卜纳剌为首的大批故元官吏贵族纷纷归附，并迅速转化为明朝地方统治基础。《明太祖实录》记洪武三年六月乙酉，"故元陕西行省吐蕃宣慰使何锁南普等，以元所授金银牌印宣敕诣左副将军邓愈军门降，及镇西武靖王卜纳剌亦以吐蕃诸部来降。先是，命陕西行省员外郎许允德招谕吐蕃十八族、大石门、铁城、洮州、岷州等处，至是何锁南普等来降"①。《明史》记洪武三年五月，"吐蕃宣慰使何锁南普等以元所授金银牌印宣敕来上，会邓愈克河州，遂诣军前降。其镇西武靖王卜纳剌亦以吐蕃诸部来纳款"②。《明史》与《明实录》的记载虽然在具体时间上略有出入，但给人的印象都是何锁南普和卜纳剌大约同时来降，且都降于邓愈军前。《明史·邓愈传》则只提到何锁南普等纳印请降，不及卜纳剌。而《明兴野记》明确记载何锁南普率众归附是在洪武三年四月，此后，邓愈遣参政朱亮祖等，"领兵追袭镇西武靖王卜纳剌、院使马迷，行至乞台山。亮祖谓正曰：'我以边兵至锐，负荷衣粮如此沉重，安能远征，终不如腹里士卒轻健。'比至土鲁干河，山水泛涨，深急不能渡，军士无粮，饥甚。时六月二十四日夜，雪雨大作，仁和、襄阳、六安、沔阳等卫士卒，俱穿夏布衣裤，未赍糇粮，饥寒特甚。亮祖遣人谓正曰：'士卒饥寒将死，公当救之'。正即令巩昌、临洮二卫旗军以膻衫热食济之，次日遂回"。七月，邓愈大军班师。"八月，杀马关守者报韦正曰：'山后马步数千人云西安王、豫王欲越境东走'。正即整兵，令指挥孙德率将士追之，至打剌海大战，擒西安王母老哈，及平章木把黑厮番骑士卒马匹辎重以归。"所谓山后指河州南部群山阳坡草原，

---

① 《明太祖实录》卷五三"洪武三年六月乙酉"条，第1056—1057页。
② 《明史》卷三三〇《西域传二》，第8539页。

打剌海《明实录》作答剌海子，约在河州土门峡之南①，西安王、豫王是在洪武二年平凉战役后逃往甘南草原投奔镇西武靖王的。《明史·邓愈传》载何锁南普请降后，明军"追豫王至西黄河，抵黑松林，破斩其大将。河州以西朵甘、乌思藏诸部悉归附"。可见何锁南普降明后，明军继续追剿河州残元势力，两书所记战事均为这一大战役的组成部分。在巨大军事压力下，镇西武靖王卜纳剌被迫投降。《明兴野记》载洪武三年十月卜纳剌诣河州守将韦正降，与何锁南普归顺时间前后相差六个月，这期间的战事《明实录》均未记载。这一时间差也显示二者是同一地域上不同的两个军政体系。

《明兴野记》关于镇西武靖王卜纳剌来降的细节描述极为生动，为其他史书所不载：

> 洪武三年庚戌十月，武靖王卜纳剌，院使马迷率番将士三十余众及家属万人，至答失蛮沟下营，遣人至河州，谓韦正曰："我等胡人，畏威不敢造次近城，韦相公若到营中，同饮金酒即降，若不来，我等即回。"正谓俞本曰："我不造营纳其降，彼兵远来，饥甚，必大掠良民而归，虽无大害，恐烦上虑，托圣天子洪福，去必无虞。夏月远劳官军追袭，今亲领众至此，机不可失，我以诚信待人，彼已知之。"整马步兵数千，四鼓遂行，布马步于两翼，亲率骁士百余骑，直造房营，相去百余步，令骑士下马，俱止此地，仅与俞本数骑至营。卜纳剌、马迷迎之，互拜毕，共坐帐中，大小头目罗拜于前。正谕以天道人事，西番俗例以金磨酒共饮为誓，设大牢宴之，至酉而回。次日，卜纳剌、马迷领部下大小番酋所授元朝金银铜印、金银牌面、宣敕及金玉图书曰："此王者所执信物也"，具省院官员姓名番军人数目，率家属于城东驻箚十营。具本奏闻。上于河州设武靖卫，以卜纳剌为指挥同知，马迷为指挥金事，诠注河州，俱颁以金筒诰命，设千

---

① 《明太祖实录》卷八四"洪武六年八月丙子"条载："胡兵寇河州，夜入土门峡，千户王才战死，临江侯陈德统兵击败之。"八月癸未，"临江侯陈德、巩昌侯郭子兴进兵至答剌海子口，遇胡兵战败之"。第1498、1500页。

百户镇抚之职，给以五花诰敕，管领旧蛮番酋。河北岐王阿剌乞巴亦赍金印降，遂设岐山卫于河州，以阿剌乞巴为指挥同知，颁以金筒诰命。①

双方由试探到交心，气氛之紧张，细节之具体，若非亲历其境者难以形容，文中提及"西番俗例以金磨酒共饮为誓"，实际上这是蒙古风俗②，正符合卜纳剌的身份，俞本限于认知，误以为是西番俗，却恰好证明了《明兴野记》的可靠性。

明朝对于以何锁南普、卜纳剌为首的两个军民系统的安排，反映了元代对安多藏区的治理体制，以及明初对这一体制的借鉴。《明兴野记》载：

> 洪武三年庚戌四月，土番宣政院使锁南领洮州、岷州、常阳、帖城、积石等十八族六元帅府大小头目，赍所授元宣敕金银牌面银铜印信，亲诣愈前降，愈悉纳之，具名闻。上以锁南为河州卫指挥同知，以其弟汪家奴为河州卫指挥佥事。改洮州六元帅府为千户府，其百户镇抚敕谕锁南举之。锁南、汪家奴颁以金筒诰命，各千户百户镇抚俱给诰命，敕命锁南仍领原管土著军民。

《元史》卷九十一《百官志七》宣慰司条下载土蕃宣慰司下隶九个元帅府：李店文州元帅府、帖城河里洋脱元帅府、朵甘思元帅府、常阳元帅府、岷州元帅府、积石州元帅府、洮州路元帅府、脱思麻路元帅府、十八族元帅府。可见何锁南属下六元帅府基本保留了河州吐蕃宣慰司的主体部分，明朝正是在此基础上改设六个或八个千户所，重建了地方统治。《明实录》卷六〇洪武四年正月辛卯条载明河州卫下："置所属千户所八：曰铁城、曰岷州、曰十八族、曰常阳、曰积石州、曰蒙古军、曰灭乞军、曰招藏军；军户千户所一：曰洮州；百户所

---

① 俞本：《明兴野记》，陈学霖《史林漫识》附录三，中国友谊出版公司 2001 年版，第 440—441 页。

② 参见党宝海《古代蒙古的饮金为誓》，《欧亚学刊》第 6 辑，中华书局 2007 年版。

七：曰上寨、曰李家五族、曰七族、曰番客、曰化州等处、曰常家族、曰爪黎族；汉番军民百户所二：曰阶文扶州，曰阳呱等处。"《明太祖实录》载洪武六年二月庚辰，"置洮州、常阳、十八族等处千户所六，百户所九，各族都管十七，俱以故元旧官鞑鞑等为之"。以上记载反映了元朝在河州地区行政建置的一大特点，即吐蕃宣慰司和宗王镇戍分立并存。何锁南普身兼河州吐蕃宣慰使与行宣政院使二职，下辖洮州、岷州、常阳、帖城、积石、十八族六元帅府，管理汉藏交界的各族杂居之地，而卜纳剌作为镇戍蒙古宗王，主要统率草原蒙藏部落。所以，明朝河州所置六个或八个千户所主要以前者为基础，何琐南普等土官"原管土著军民"，既是少数民族首领，又是封建皇朝的地方官吏，兼具双重身份，尽管改朝换代了，但是作为地方的实力派，仍被纳入地方土流参治体系之中。而以武靖王所置武靖卫、岐王所置岐山卫、高昌王所置高昌卫似为虚置，虽有千百户组织，但没有具体辖地，蒙古宗室成员也被召入朝侍卫，失去了在当地的影响。朱元璋标榜说："推诚心以待人，路人可使如骨肉，以嫌猜而御物，骨肉终变为仇雠。朕遇前元亲族如高昌、岐王等，皆授以显职，仍令带刀侍卫，一无所疑，朕待之如此，彼岂肯相负哉！"① 但这三卫辖地不明，在《明史》中均没有记载，在《明实录》中仅提到武靖卫是卜纳剌家族世袭，岐山卫和高昌卫再也没有被提及，可见这三卫只有虚名而已。卜纳剌卒于洪武六年，其子沙加失里袭位，《明兴野记》载洪武八年十月，"上敕元武靖王沙加失里同河州卫俞本往西海子招谕元国师必麻剌失里"。此事官书无载，不知成败。洪武九年，以卜纳剌男答里麻剌哑为指挥同知、带刀宿卫。此后镇西武靖王一系从史书上消失。

第三，反映了明朝对当地统治策略的转变。明朝攻占临洮之初，曾以武力镇压为主。临洮守将潘彝性"苛刻，贪贿嗜杀，临洮内外军民远遁，间有附者，彝嗔来迟，即凌迟之。自四月至九月，无一人降者。时有河州戎瞥至城下剽掠"。徐达察知后，于洪武二年八月，遣

---

① 《明太祖实录》卷六〇"洪武四年春正月庚寅"条，第 1172—1173 页。

凤翔卫指挥韦正领全卫马步兵，诣临洮代之。"正至临洮，尽收刑具于市中焚之，远近闻正代彝，渐有降者，正给以衣粮。逃者遣人赍御榜以招之，远居土穴者抚之再四，负固者率壮士掘出之，亦不加刑。河州土官院使锁南领番戎至城下哨掠，被擒者即令浴身，易衣，梳剃，给以酒肉饼饵，纵令还其家中，伤者命医治之。四山潜伏军民，自此闻风相率而至者无虚日。土著士卒来降，悉置之左右，访其地理人情。此地遂安。"① 这一由威压向怀柔的转变过程，是明朝迅速平定当地的重要原因，《明实录》载有朱元璋赦临洮将士亡匿山谷者诏，韦正所为应是对这一宽大政策的落实，官史中只见皇恩浩荡，未能如实反映明初施政中残暴的一面。实际上，明军经略西北之初，统军之将多横暴，喜烧杀劫掠，不知安定人心。除了冯胜先后焚掠河州、庄浪、凉州、甘州外，又如巩昌守御都督郭子兴，"酒色贪婪，鄙人也"，"日以伎乐歌舞自娱，十八族土番院使包锁南率部下番族首目，赍所授元朝宣命印信牌面来降，子兴怒无金宝马匹，俱令剥皮枭示"②。洪武十一年任河州守将的叶升贪婪无耻，"刺哥站土官刺哥，率合族酋长，以牛羊马匹羊毛至河州易粮。升见头畜无数，欲尽得之，诡文密奏西番侵河州。上允其奏，悉收诛之，升拘番货牛羊马匹，尽入私家。其余六站番民，闻之皆遁去，朵甘思、乌思藏之路自此亦梗，不复通往来矣"③。这些史实由于政治原因，在明代正史上都没有记载，而《明兴野记》中则保留了历史原貌。

二　明初河州的战略地位

明朝初年，辽东、岭北、甘肃、云南等地仍受蒙古势力控制，对明朝形成军事压力，所谓"引弓之士，不下百万众也，归附之部落，

---

① 俞本：《明兴野记》，陈学霖《史林漫识》附录三，中国友谊出版公司 2001 年版，第 437 页。

② 《明兴野记》，陈学霖《史林漫识》附录三，第 437 页。

③ 《明兴野记》，陈学霖《史林漫识》附录三，第 450 页。

不下数千里也，资装铠仗，尚赖而用也，驼马牛羊，尚全而有也"，
"元亡而实未始亡耳"①。就西部而言，云南梁王拥众十余万，察合台
后裔盘踞河西走廊以西，与北元小朝廷连为一气，遥相呼应，原吐蕃
宣慰司下属的西番各族位于这一弧形包围圈正中，成为双方争夺招抚
的对象。《明兴野记》记洪武六年正月：

> 元庚申君崩，其子爱猷失里答剌即位，遣和林国师赍金银铜
> 印、宣敕、牌面，游说朵甘思、乌思藏、朵思麻及临洮、巩昌等
> 处土官。至西宁，都指挥韦正察知，调千户魏平领骑兵五百人，
> 于亦匝地面邀擒，解送上前。问其由，赦其罪，以礼待之。敕令
> 译诏旨往乌思藏。国师诡译上意，西行至河州，正复令译者宣其
> 文，方知为诈，差人赍奏国师诡译之罪。上敕令以国师沉于钱塘
> 江中。②

元朝灭亡后，藏传佛教萨迦派的一部分僧侣跟随元朝统治者迁居蒙古
草原，在和林沿用国师封号。北元企图利用藏传佛教高僧的宗教影响
力，煽动朵甘思、乌思藏、朵思麻及临洮、巩昌等处西番信众脱离明
朝，恢复故元统治，虽然未能实现，但由此可见北元朝廷与藏区仍保
持密切联系。《明史》记洪武八年（1375）九月，"梁王遣铁知院辈
二十余人使漠北，为大将军所获，送京师"③。《明实录》也记录此
事，但甚为简略。《明兴野记》的记载较为详细，"洪武八年乙卯八
月，云南孛罗梁王遣府尉涅哈列并二十五人前去元君处通南蛮信，自
建昌、罗罗田、长河西，经朵甘思、罕东诣撒立畏兀儿安定王处往沙
漠，韦正察知，遣千户魏平领马步兵邀截以归，令俞本解送京"。这
一记载提供了从云南经西番到漠北草原的具体路线，弧形包围态势明

---

① 谷应泰：《明史纪事本末》卷一〇，中华书局1977年版，第149页。

② 《明兴野记》，陈学霖《史林漫识》附录三，中国友谊出版公司2001年版，第
445—446页。

③ 《明史》卷二八九《忠义一·王祎传附吴云》，第7416页；《明太祖实录》卷一一
〇"洪武八年九月戊辰"条，第1706页。

显，体现了河湟地区战略地位的重要性。针对以上态势，明朝以河州
为战略支点，西南积极招抚乌思藏、朵甘思等处西番势力，西北招谕
撒里畏兀儿，出击河西走廊，以打破北元弧形包围圈。《明兴野
记》记：

> （洪武）四年辛亥五月，乌思藏、朵甘未通，韦正具本奏。
> 上遣卫知事王太不花及参随头目杨善，赍书由罕东直抵朵甘、乌
> 思藏二处招谕……洪武七年甲寅（1374）五月，王太不花、杨善
> 自乌思藏回，帝师及土官遣子弟，赍土仪及元赐帝师金玉图书、
> 金玉印信，并宣慰银铜印信宣敕赴京缴纳，进贡马匹、刀、甲、
> 表文，承认三年二次进马二千匹。至洪武八年五月遣归。上命礼
> 部员外郎许允德、中书舍人锁南等赍诏往谕，授帝帅长阳沙加监
> 巴藏卜为圆智妙觉弘教大国师，赐以玉印金筒诰命、金灯盏一座
> 重二百两。开设朵甘思、乌思藏二处，俱设都指挥使司，以土官
> 为都指挥同知及都指挥佥事，世袭。

据《明实录》等记载，从明军攻取临洮后，朱元璋就开始招抚吐蕃，
占领河州后更派出僧克新、许允德、何锁南等多次前往乌思藏招抚。
而王太不花和杨善出使招谕朵甘、乌思藏之事，《实录》和《明史》
均不见记载，此事出自韦正建议，出使二人为河州卫官员或头目，可
见河州地区在交通吐蕃中的重要战略地位。王太不花等从出使到返回
历时三年，取得了重大进展，参照《明实录》可知，王太不花出使前
后正是明朝在乌思藏、朵甘思设立官署，封授官职，建立政治关系的
关键时期，这一进展应与此二人的出使有重大关系。帝师长阳沙加监
巴藏卜，即帕木竹巴灌顶国师章阳沙加和萨迦派高僧公哥坚藏巴藏
卜，洪武七年七月，后者遣使者来朝，明廷封其为圆智妙觉弘教大国
师，从时间上看，其使者应即《明兴野记》中帝师及土官所遣随王太
不花、杨善入朝之子弟。

河州地区也是招抚撒立畏兀儿的前沿，明初前往柴达木盆地及以
西地区的使者都是从河州出发的，《明兴野记》记载"洪武五年壬

子，韦正遣镇抚张护神奴赍御榜，招谕撒立畏兀儿安定王，即以所授元朝金印，及部下银铜印信、金银牌面宣敕，遣府尉沙沙赍缴朝觐。上敕陕西参政盛周卿赍制往谕，赐以袭衣御酒表里缎匹，任择水草便益地方驻牧，开设安定斡端卫、曲先答林卫，以沙沙等为指挥同知，颁以金筒诰命，设千百户及卫镇抚，给以五花诰命"。关于关西七卫设立的时间，一般认为在洪武七、八年间，《明实录》载，洪武七年（1374）六月壬戌，"西域撒里畏兀儿安定王卜烟帖木儿遣其府尉麻答儿、千户剌儿嘉来朝，贡铠甲刀剑等物。……仍命诏其酋长，立为四部，给铜印，曰阿端、曰阿真、曰苦先、曰帖里"①。又载：洪武八年正月丙戌，"置安定、阿端二卫指挥使司，从撒里畏兀儿卜烟帖木儿之请也"②。《明史·西域二·安定卫》对此事亦有记载：洪武八年（1375）正月，元安定王"遣傅卜颜不花来贡，上元授金银字牌，请置安定、阿端二卫，从之。乃封卜烟帖木儿为安定王"。而据《明兴野记》，早在洪武五年，河州守将韦正即已派人招抚撒里畏兀儿，这应是明代安定诸卫始终受河州卫或西宁卫管辖的原因。《实录》所记乃是撒里畏兀儿受抚后遣使入朝，正式设卫的时间。《明兴野记》不仅记载了河州遣使招抚的时间，还提供了明朝派往撒里畏兀儿宣谕使者的姓名、官职，十分珍贵。

三　岐王朵儿只班

《明兴野记》载洪武三年十月，"河北岐王阿剌乞巴亦赍金印降，遂设岐山卫于河州，以阿剌乞巴为指挥同知，颁以金筒诰命"。岐王一系为蒙古弘吉剌氏，蒙古帝国时期弘吉剌部驸马赤窟四千户分封于今黄河北岸永登到西宁一带，故称河北岐王③。《元史》记顺帝至正九年闰七月戊子，"命岐王阿剌乞（巴）镇西番"；至正十二年

---

①　《明太祖实录》卷九〇"洪武七年六月壬戌"条，第1586—1587页。

②　《明太祖实录》卷九六"洪武八年正月丙戌"条，第1654页。

③　胡小鹏：《蒙古弘吉剌部赤窟驸马系诸王初探》，《西北师大学报》1998年第5期。

（1352）七月，"以杀获西番首贼功，赐岐王阿剌乞巴钞一千锭"①。至正二十五年二月戊午，"命甘肃行省平章政事朵儿只班以岐王阿剌乞儿军马会平章政事臧卜、李思齐，各以兵守宁夏"②。可知阿剌乞巴应是元朝末代岐王。但是洪武三年岐王阿剌乞巴归降后，西宁一带又有朵儿只班称岐王，当是北元所封。在河州的镇西武靖王降明后，河湟一带最大的残元势力就是以西宁为中心的岐王朵儿只班所部，明朝对其剿抚并用，双方周旋多年。《明兴野记》记：洪武四年（1371年）正月，"西宁州地名锁罕秃，朵只巴岐王遣元参政阿失宁至河州降。韦正令镇抚张护神奴遣书及御榜往谕之。朵只巴虽奉书，而时遣人通语其家，无归心"。《明太祖实录》则载洪武三年八月，"故元高昌王和尚、岐王桑哥朵儿只班以其所部来降"；五年四月庚寅："故元参政阿失宁自西蕃来降，贡马，以灌顶国师玉印来上"③。比较两书记载，朵只巴即桑哥朵儿只班，简称朵儿只班或朵只巴，故元参政阿失宁实为岐王派来与明朝接洽的使者，朵儿只班并未亲身来降，两书所记为同一事，《明兴野记》记载翔实，而《明实录》记载简略且有所夸大。《明兴野记》载四年"十二月，韦正遣人谕朵只巴曰：'元朝皇帝海外中原天下尽归天朝，昔颁诏旨，略曰：胡君远遁沙漠，皇子爱猷失里答剌若能审识天命，衔璧来归，待以殊礼。量汝有多少气力，若做一家，上必任以重职，汝既年老，恣择便利草地处之，汝当静思之'。朵只巴遂遣侄朵失结至河州奉表朝觐，上授朵失结为河州卫指挥金事，颁以金筒诰命"。"是年，朵只巴遣参政阿失宁朝京，以其女献为东宫次妃。上允，敕女官于兰州迎娶，遣礼部官设御宴于兰州待之。朵只巴在红楼子驻营，终不肯赴宴，寻领众遁于西宁。"可见在洪武五年明军三路北伐前夕，明廷曾极力招抚朵儿只班，为西路军创造条件，甚至许其联姻东宫，百般优礼。朵儿只班虽然最终不受招抚，但明朝也取得部分成果，分裂了岐王所部。《明太祖实录》载

---

① 《元史》卷四二《顺帝纪五》，第887、901页。
② 《元史》卷四六《顺帝纪九》，第969页。
③ 《明太祖实录》卷五五"洪武三年八月"条、卷七三"洪武五年四月庚寅"条，第1077、1342页。

洪武六年正月，"己未，置西宁卫，以朵儿只失结为指挥金事。朵儿只失结，西宁人，仕元为甘肃行省右丞。初，王师下关陕，与太尉朵儿只班在青海，朵儿只班遣其来朝进马。上赐以袭衣文绮，令还招谕其部曲。朵儿只班不奉诏，遁甘肃，朵儿只失结自率所部二千余人还西宁，遣弟赉答等赴京，言朵儿只班不奉诏之故"①。此朵儿只失结，《明兴野记》称其为朵儿只班之侄，他的降明意味着岐王朵儿只班众叛亲离，不得不退往河西走廊，与甘肃元军合为一处，继续对抗明西征大军。洪武五年，明军三路北伐，西路军由冯胜率领，西出河西走廊，六月戊寅，"征西将军冯胜、左副将军陈德、右副将军傅友德率师至甘肃，故元将上都驴降。初，胜等师至兰州，友德先率骁骑五千直趋西凉，遇元失剌罕之兵，战败。至永昌，又败元太尉朵儿只巴于忽剌罕口，大获其辎重牛马，进至扫林山。胜等师亦至，共击走胡兵。友德手射死其平章百花，追斩其党四百余人，降太尉锁纳儿加、平章管著等，至是上都驴知大将军至，率所部吏民八百三十余户迎降，胜等抚辑其民，留官军守之，遂进之亦集乃路，元守将卜颜帖木儿全城降。师次别笃山口，元岐王朵儿只班遁去，追获其平章长加奴等二十七人，及马驼牛羊十余万。友德复引兵至瓜沙州，又败其兵，获金银印马驼牛羊二万而还"②。在这次西征过程中，岐王朵儿只班受到沉重打击，逃往青海。明军乘胜追击，《明兴野记》载洪武五年十二月明军分两路出击，陕西前卫指挥濮英"领西安、平凉、巩昌、临洮将士，往西海追袭朵只巴，出兰州，由大通河，直抵西宁铁佛寺"；陕西行指挥使韦正"自归德州渡黄河，由巴亦咂沿西海边抵北而进"，征西将军邓愈派骑士俞本赴濮英军传令，"督英与正合兵，凡六昼夜，大雪，不及而归"。不知什么原因，这次大规模的出击，在《明实录》中竟然没有记载，但却提到洪武五年九月，冯胜命河州卫指挥徐景、朵儿只失结等"领兵至西宁息利思沟闪古儿之地攻破岐王朵儿只

① 《明太祖实录》卷七八"洪武六年正月己未"条，第1430页。
② 《明太祖实录》卷七四"洪武五年六月戊寅"条，第1358—1359页。

班营，朵儿只班遁去，获岐王金印一、司徒银印一，及其士马而还"①。结合各种记载分析，《明实录》这条记事可能系年有误，如果洪武五年九月明军已击垮朵儿只班，就没必要在当年十二月又大举出击。事实上，徐景出击朵儿只班营是有针对性的，史载洪武六年七月，"洮州三副使阿都儿等以出猎聚众，约故元岐王朵儿只班寇边。朵儿只班等遂率众驻大通山黑子城，入寇河、兰二州。西宁卫千户祈者公孙哥等领兵击之，斩其知院满答立等一百余人，千户伦达力战死，寇遂解去"②。正是在这次朵儿只班入寇后，明军有针对性地展开了反击，《明兴野记》载洪武六年十二月，"朵只巴移驻煖州，韦正料其不备，调河州卫指挥徐璟领精锐马步兵二千人夜袭其营，朵只巴单骑而遁。璟获其金银（印？）并妻子及部下番戎以归，正遣人奏闻"。与《明实录》洪武五年九月条纪事内容相符，而年月不同，排比以上事件顺序，《明兴野记》的系年比较合理。经过这次打击，朵儿只班被迫求抚，洪武六年闰十一月，"西番土官朵儿只巴遣其子知院僧吉加督、左丞管著等来朝，贡方物，并以故元詹事院印来上，诏以僧吉加督、管著俱为镇抚，赐织金、罗绮、衣服、帽、靴，仍赐第居于京师"③。洪武七年春正月，"置岐宁卫指挥使司，以故元平章答里麻、国公买的为指挥同知，枢密院判官古巴、平章着实加、亦怜真为指挥金事"④。此岐宁卫实际上是为招纳朵儿只班部落而设立的，《明太祖实录》载洪武八年，"西戎朵儿只班率其部落内附，上以（熊）鼎老成，授岐宁卫经历，赐白金五十两，钞一万二千贯。鼎至岐宁，知西戎狙诈，有再叛意，密疏论之。上遣使慰劳，赐鼎裘帽，已而遣中使赵成复召之还朝，鼎行至西凉打班驿，朵儿只班果叛，令酋长么哥答儿胁鼎还，鼎以大义切责之，遂与赵成及知事杜寅俱被

① 《明太祖实录》卷七六"洪武五年九月"、卷七八"洪武六年正月己未"条，第1407、1430页。
② 《明太祖实录》卷八三"洪武六年七月己巳"条，第1492页。
③ 《明太祖实录》卷八六"洪武六年闰十一月"条，第1541页。
④ 《明太祖实录》卷八七"洪武七年春正月"条，第1555—1556页。

害"①。此事件发生在洪武九年六月，八月，"西番土官朵儿只巴叛，率众寇罕东，河州卫指挥使宁正率兵击走之，追至西海北山口而还"②。洪武十年，"番将朵儿只巴叛走沙漠，经安定，大肆杀掠，夺其印去"③。岐王朵儿只班从此退出河湟地区。熊鼎于洪武八年正月授岐宁卫经历，"经历，幕府之长，无所不当问"，朱元璋要求他"务持汉案，以便来闻，其余蒙古行移，从其自择"④，可知他对岐宁卫下属的蒙古部落有全权监督之责，他到任后发现"朵儿只把虽降，而持两端"，遂上书言"西凉岐宁，汉唐内地，不可弃，朵儿只把非有归向之诚，特假我声援，胁服邻邦，为自安计，朝廷宜思制之之道"⑤。由此可见双方周旋之曲折。《明兴野记》则记徐景捕获朵儿只班妻子后，"上怜之，遣赵内侍赍制往谕，以所获妻子送还。朵只巴已复驻西凉，赵内侍至，待之甚厚，数日令归，至乌鞘岭，朵只巴遣番骑数十人追及，尽杀之"。叙事侧重虽有不同，史实则无大的出入。比较可见，《明兴野记》对朵儿只班的记载更为详尽，与《实录》对照互补，可梳理出明初岐王与明军周旋过程和细节。有意思的是，《明太祖实录》对朵儿只班称呼的变化，由岐王、太尉到西番土官、西戎、番将，反映了明朝对其态度由重视而转为敌视和轻蔑，这也曾使人误认为岐王朵儿只班与番将朵儿只巴是不同的两个人⑥。《明兴野记》的记载则可澄清这一误解，上述朵儿只班、朵只巴、朵儿只巴、朵儿只把实为一人，都是岐王桑哥朵儿只班的简称或异写，番将、西戎则是对他的蔑称。

---

① 《明太祖实录》卷一〇六"洪武九年六月戊申"条，第1776页。《明史》卷二八九《忠义·熊鼎传》、卷二八五《文苑·杜寅传》略同。

② 《明太祖实录》卷一〇八"洪武九年八月"条，第1802页。

③ 《明史》卷三三〇《西域传二》，第8550页。

④ 朱元璋撰，胡士尊点校：《明太祖集》卷六《谕岐宁卫经历熊鼎知事杜寅西凉卫经历蔡秉章甘肃卫经历张讷等》，黄山书社1991年版，第86页。

⑤ 宋濂著，黄灵庚编辑点校：《宋濂全集》卷六三《故岐宁卫经历熊府君墓铭》，人民文学出版社2014年版，第1557—1558页。

⑥ 吴均：《安定、曲先、罕东、必里等卫地望及民族琐议》（《青海师范大学学报》1988年第3期）中就将朵儿只班与朵儿只巴视为二人，将其藏文名分别译写为 rdo rje dpal 和 rdo rje - pa。

四　洮州纳怜七站

元朝在大都、上都至岭北行省之间设置了帖里干、木怜、纳怜等一百一十九站，均属通政院管辖的"蒙古站赤"。纳怜，蒙古语"小"之意，纳怜道驿站"系蒙古军人应当，专备军情急务"，规定除"悬带金银字牌面、通报军情机密重事使臣"① 外皆不得通行。据《析津志》记载，纳怜道的基本走向是从大都（今北京）西行至东胜（治今内蒙古托克托县西城关镇），由东胜沿黄河而行至西夏中兴府（治今宁夏银川），从中兴府经贺兰山后沙漠到亦集乃路即为甘肃纳怜道。《明兴野记》则反映元代河州吐蕃宣慰司境内也有纳怜站道。《明实录》记洪武四年八月，"遣工部主事王伯彦往河州，赐山后七驿世袭土官劳哥等文绮、银椀"②。此山后指河州南部白石山、大力加山以南草原，元代河州纳怜七站即设于此。《明兴野记》完整地提供了七站站名：洪武四年二月，"韦正遣人招抚山后好来、阿仁、刺哥、美吉、朵的、云都、亦思麻因等七站人民，并下缺军总旗仲兴等七人，委监站掌印，以土官为副，共牧人民"③。可知在这次招抚之后，明廷专门派员劳赐山后七驿世袭土官。参照《南村辍耕录·河源图》、嘉靖《河州志·河源图》及明张天复撰《皇舆考·洮河边图》，可以确定此七驿都在白石山、大力加山之南黄河沿线，其中"朵的站"又作"脱的站"，"美吉站"当即"灭乞里站"，纳怜七站走向是从河州东南行至宁河驿（今和政县），再西南至杀马关，南下洮州（今临潭）附近再西行往乌思藏，符合纳怜站道设在偏僻小道的特征。因其经过洮州境内，故明代史籍又称为"洮州纳怜七站"。按照纳怜道"系蒙古军人应当，专备军情急务"的规定，这七站应以蒙古色目部

---

① 《永乐大典》卷一九四二一"站赤六"，第 7232 页。
② 《明太祖实录》卷六七"洪武四年八月己酉"条，第 1268 页。
③ 俞本：《明兴野记》，陈学霖《史林漫识》附录三，中国友谊出版公司 2001 年版，第 442 页。

落设，如灭乞里（美吉）站当以灭乞军置，亦思麻因站当以色目部落置，云都当即云都赤（蒙古语"带刀之人"）。洪武十一年，"陕西土鲁于［干］保安驿丞宗失加及剌哥、美吉站黑鞑靼叛，掠驿马而去，守御千户李德率兵追击斩之"①。也将剌哥站、美吉站称为黑鞑靼。据以上三图所示，山后之地还标有蒙古崖站、术赤站等，或即七站之另名。蒙古纳怜道站官由土官世袭，明初在继承元制的同时，进一步强化了控制，"委监站掌印，以土官为副，共牧人民"，既承担"通达边情、布宣号令"的功能，也是管理西番达达人户的基层行政组织。明代边境地区和土司境内的驿站与内地不同，如"居庸关外抵宣府，驿递官皆百户为之。陕西环县以北抵宁夏亦然"②。河洮地区也是这样，据《皇舆考·洮河边图》所绘，山后各驿旁边均标有百户名称，说明驿站组织和百户制度是合为一体的。《明兴野记》提供了这一制度的由来。

洮州纳怜七站卷入了洪武十二年的洮州之乱，《太祖实录》载洪武十二年，"洮州十八族番首三副使汪舒朵儿、瘿嗉子乌都儿及阿卜商等叛，据纳邻七站之地，命征西将军沐英移兵讨之"③。《明兴野记》则记载此事别有根由，洪武十一年六月，冯胜借归德州西番土人叛变之事诬"韦正不以国法为重，不善治西番，致有叛"，降韦正为归德州守御千户，以陕西都指挥使叶升代镇河州。"升贪婪无耻，至则尽更正令。十一月，剌哥站土官剌哥，率合族酋长，以牛羊马匹羊毛至河州易粮。升见头畜无数，欲尽得之，诡文密奏西番侵河州。上允其奏，悉收诛之，升拘番货牛羊马匹，尽入私家。其余六站番民，闻之皆遁去，朵甘思、乌思藏之路自此亦梗，不复通往来矣。"④ 此事《实录》无载，仅记"陕西土鲁于［干］保安驿丞宗失加及剌哥、美吉站黑鞑靼叛，掠驿马而去，守御千户李德率兵追击斩之"。当即叶

①《明太祖实录》卷一二一"洪武十一年十一月"条，第1963页。
② 陆容：《菽园杂记》卷一，上海古籍出版社2012年版，第3页。
③《明太祖实录》卷一二二"洪武十二年正月甲申"条，第1972页。
④ 俞本：《明兴野记》，陈学霖《史林漫识》附录三，中国友谊出版公司2001年版，第450页。

升所诬事由。可见发生叛乱时，边境将吏总是试图让这类事件"呈现出边境战争的特征，而不是由下级指挥官管理不当而造成的一次内部的暴动"，因此官方史书很难保证客观性。洮州之乱实际上由两股力量发动，一股是洮州三副使汪舒朵儿等，一股是纳怜七站部落，前者是主动发起叛乱，后者是被逼反的，官史不分青红皂白均记载为叛乱，官军也一并镇压，七站部落沉冤莫白。《明兴野记》的作者俞本是韦正爱将，为韦正受诬抱打不平，在书中揭露了叶升的不法行为，才使真相保留下来。

　　综观《明兴野记》西北纪事，可以发现，最有史料价值的部分多与韦正有关，这是因为俞本是韦正部下，自洪武三年追随韦正参与了河湟诸役，掌握第一手材料，故所述翔实生动，可信度颇高。有些内容可与官史相印证，如《明兴野记》载韦正初至河州，"河州军士饥甚，夜逾城而遁者七百余人"，"民间讹言官军某月某日弃城去矣，人心不安"，为安定人心，解决军粮问题，"正即遣军占荒田屯牧，民心遂安"。又采木修葺城池，"城楼仓库衙门厅舍一新"。《明史·宁正传》亦云："正初至卫，城邑空虚，勤于劳徕。不数年，河州遂为乐土。玺书嘉劳，始复宁姓。兼领宁夏卫事，修筑汉、唐旧渠，引河水溉田，开屯数万顷。兵食饶足。"《明兴野记》载洪武三年："上念西方土寒艰苦，遣户部袁郎中、陕西李理问、西安都司总制王铭诣河州，每军一名，赏赐十三两，粉皮袄、裤各一件，又运粮二万石，以赡军需。召募商贾，中纳淮浙盐粮，每盐一引纳米二斗五升，期年仓储米麦二十五万，渐成乐土。招集复业人民四十四里有奇。"《明实录》洪武九年五月甲戌条载："中书省言：兰州、河州旧募商人入粟中盐，每引计米一石，道远费重，故商人稀少，宜减其价，庶边储可积。于是，命淮盐减米二斗，浙盐减米三斗，河东盐减十之四。"嘉靖《河州志·里甲》称河州"原额四十五里"，与俞本所记"招集复业人民四十四里有奇"完全一致。也有部分内容官史缺载或失于简略，有独到价值，如《明兴野记》载洪武六年，"上谕以辽东、北平、山东、山西、河南、陕西指挥千百户、镇抚有犯法者俱发河州充军"。此举意在加强河州的军事力量，意义重大，《明实录》等均没有记载。俞本作为韦正麾下爱将，颇眷其上司，对韦正的劳绩德行悉心记录，如《明兴野记》载洪武三年："上敕户部差官赍缎三百匹，传旨给指挥韦正自用。正拜受毕，悉付杂造局收贮，凡遇罕东及撒立畏兀儿、川藏、金佛寺等处来降人，制衣与之。"对一些重大战略举措，如遣使招抚乌思藏、撒里畏兀儿等处，俞本限于职位眼界，归其功于韦正。对韦正降职一事，俞本大鸣不平，指斥冯胜、叶升辈"急功贪财""贪婪无耻"，或有感情用事之成分。《明兴野记》最大的问题是系事年月与《实录》颇有出入，对研究者造成不小的困扰，也影响了其利用价值。

总体而言，《明兴野记》作为出身行伍、亲历战争的当事人留下的第一手资料，较为清晰地反映出明初河州地区的战略地位及元明政府的治理模式，对我们研究明初对这一地区的征服过程和经营策略有非常重要的价值。

（原刊《西北师大学报》2011 年第 6 期，与魏梓秋合作）

明代茶马制度新论

——以卫所属番体制为中心

　　20 世纪 30、40 年代西南边疆危机，国民政府边防吃紧，印茶大量销藏，英帝国主义者试图通过经济侵略来占领西藏市场，进而达到侵占西藏的罪恶目的，在这种历史背景下，有一些学者开始关注和考察我国历史上的以茶易马活动，并将自唐以来中原王朝与周边游牧民族以茶易马的活动，包括明代"纳马酬茶"制度均称之为"茶马贸易"或"茶马互市"。之后的此类研究，均冠以"茶马贸易"或"茶马互市"之名。然而，相较于唐宋王朝同西南、西北诸边族开展的"茶马贸易（互市）"，将明王朝主要在河湟洮岷一带针对西番诸卫属番所实行的茶马之制称之为"互市"或"贸易"是不准确的。实际上，明王朝制定的茶马制度，虽然有茶马交易的内容，学界称之为"官营茶马贸易"或"垄断性的茶马贸易"，但就其实质而言，却是非经济性行为，甚至是阻碍了真正的、正常的茶马贸易。明代的茶马制度是河湟地方属番体制建立健全的产物，其政治意义远远大于经济意义，纳马酬茶的行为不能简单地视同茶马贸易。

一　明代"茶马互市"的提法、定义及评价

　　现代学术意义上对历史上中原王朝以茶易马的活动进行专题研究发轫于 20 世纪 30—40 年代。1925 年，毕业于日本京都大学的经济学博士黎世蘅发表《最初华番茶马贸易的经过》一文，该文主要考察了

宋、明两代中央王朝在西部边地同诸番族开展以茶易马活动的原因及其组织管理，学经济出身的黎世蘅将宋、明两代的以茶易马称之为"茶马贸易"。至于为何以此命题，作者在文章的开头做了简单说明，"最近看了同事陈翰笙先生所著的《最初中英茶市组织》，乃缘类联想选了这个题目"①。从文章的具体内容可以看出，作者想考察历史上中央王朝以茶易马的活动，而随机选用了经济属性浓厚的"贸易"一词给予冠名，将历史上的"以茶易马"称之为"茶马贸易"。但遍寻历史上各种史料的记载，似无"茶马贸易"之称。所以，以茶易马冠以"贸易"之名并不严谨。由于该文是茶马研究的开篇之作，故影响极大。此后，1935 年竟凡发表《历代汉番茶马互市考》② 一文，将宋至清代中央王朝以茶易马的活动称之为"茶马互市"。

学界"茶马贸易"和"茶马互市"提法源自上述两篇文章，不过，继二文之后的 40 年代，对明代茶马之制的研究，很少再将明王朝组织和实施的纳茶酬马称之为"贸易"或"互市"的。③ 这极可能是因为在 40 年代中国边疆研究热的影响下，研究者更多是以边茶与边政为研究视角，而偏重于经济属性的"贸易"或"互市"之称无法准确概括明代边茶与边政的密切关系。整体来讲，对历史上茶马制度早期的研究，虽然关注点主要集中在茶叶边销与边政关系上，但对于茶马制度具有浓重经济属性的"贸易"或"互市"的冠名，却奠定了学界对茶马之制经济属性认知以及概念定义的基础，尤其对 20世纪 80 年代以来此专题的研究产生了极大的影响。以后的研究，将

---

① 黎世蘅：《最初华番茶马贸易的经过》，《国立北京大学社会科学季刊》1925 年第 2期。此文后收录于 2012 年出版的《北京大学经济学院先贤经典文集》，北京大学出版社，第 178—182 页。

② 竟凡：《历代汉番茶马互市考》，《开发西北》1935 年第 5 期。

③ 40 年代具有代表性的研究主要有李光璧的《明代西茶易马考》(《中央亚细亚》1943 年第 2 卷第 2 期)、谭英华的《明代西南边疆之茶马市易》(1943 年《边政公论》第11—12 期合刊)、徐方干的《历代茶叶边易史略》(1944 年《边政公论》第 3 卷第 11 期"茶研究专号")、李进贤的《宋明两代西北茶政考》(《西北日报》1944 年 2 月 25 日)、景敖的《宋明两代甘肃茶政考》(《西北日报》1947 年 2 月)，另外还有一部西北茶史专著，即 1943 年叶知水所著的《西北茶史》，该著是作者奉命考察了西北茶市的现状后，结合历代茶政的历史而作，仍以边茶与边政为研究视角，是研究有关西北茶政的第一部专著。

明代在西番地区实施的茶马之制、宋代与西南吐蕃等族的以茶易马活动不加区分地统称为"茶马互市"或"茶马贸易",宋、明两代中央王朝与西部番族以茶易马的属性几乎被等同看待,即便自 20 世纪 80 年代以来,有更多的研究者指出宋、明两代以茶易马的性质不同,强调了明代以茶易马的政治属性,但仍习惯性地将明代的茶马制度冠以"贸易"或"互市"之名,这似乎已是无法改变的事实了。

改革开放后,随着国家民族政策的落实以及各民族地区社会经济发展的迫切需求,到 80 年代中期以后,学界掀起了一股民族贸易经济研究热,在此背景下,学者们从民族贸易史的视角对以茶易马的历史进行了详细考察和研究。为了方便研究,学界对"茶马贸易(互市)"的概念作了进一步的界定,具有代表性的观点有以下几种:

白振声认为:"茶马互市,主要是指我国北部与西部从事畜牧业经济的少数民族,用马匹等牲畜及畜产品与内地换取茶叶、布帛、铁器等生产、生活必需品的比较集中的大规模集市性贸易活动。"[①] 郭孟良认为:"茶马贸易主要是指历史上居住在我国西北部的游牧民族用马匹与中原地区交换茶叶的一种较大规模的贸易活动。"[②] 赵毅认为:"所谓茶马互市,就是藏族人民用马或其他物产交换汉地茶叶的一种经济活动。"[③] 叶依能认为:"茶马贸易是我国自唐以后,历代中央王朝同西南西北少数民族,主要是藏族之间进行的以茶易马的经济交流活动。"[④] 朱自振认为:"茶马互市,是我国唐宋至明代时在边境少数民族地区实施的一种以茶易马的贸易制度。我国内地有茶缺马,北方和西北少数民族地区,又多马和无茶,故我国历史上的边茶贸易,长期就多采用以茶易马或易马换茶的交换形式。"[⑤] 李三谋认为:"所谓茶马互市,就是在封建国家财经计划的范围内,由政府主持和组织的

① 白振声:《茶马互市及其在民族经济发展史上的地位和作用》,《中央民族学院学报》1982 年第 3 期。

② 郭孟良:《古代茶马贸易史浅探》,《河南师范大学学报》1988 年第 2 期。

③ 赵毅:《明代的汉藏茶马互市》,《中国藏学》1989 年第 3 期。

④ 叶依能:《明代的茶叶专卖和茶马贸易》,《农业考古》1992 年第 2 期。

⑤ 朱自振:《茶史初探》,中国农业出版社 1996 年版,第 80 页。

一种易货贸易，即为以物易物的一种交换活动。"① 王晓燕认为："茶马贸易是自唐宋以后中原从事农业的以汉族为主的民族和周边从事畜牧业的少数民族之间的茶（以茶为主）与马（以马为主）的物物交换的一种社会分工协作、互惠互利的经济活动。"② 象多杰本认为："茶马互市是中国古代朝廷在尚不具备征税条件的西部游牧民族中实行的一种财政措施，是中原农耕民族和西部游牧民族之间进行的一种'以茶易马'或'以马换茶'为中心内容的以物易物的特殊商业贸易形式。"③

归纳上述较有代表性的认识，可以看出学界对以茶易马的定义既有共识，也有分歧。共识主要体现在较明显地侧重于强调是一种唐宋以来不同经济体系间——中原汉民族与周边游牧民族以茶和马为代表的互通有无的民族经济贸易活动；分歧即所谓广义和狭义之分，主要体现在两个方面，一是对开展以茶易马的主要地域以及参与其中的客体游牧民族界定不同；二是对以茶易马主要组织形式的性质认识不同，即中央王朝控制下的"官市"和民间自由互易的"民市"。④ 但是，以上学者都忽略了一点，即茶马之制运行的前提除了经济上的互通有无外，地方属番体制的存在更为重要，这是茶马制度存在的保障性体系。从制度渊源来讲，明代茶马制度源自元代的土司土官牌符制、括马和头口抽分制、榷茶制、"一体当差"的原则，而加以整合变通，其中最重要的是土司牌符制和"一体当差"原则，"以茶怀柔"则是明代嵌入的新因素。茶马制度内嵌于属番体制，其形成既有历史渊源，也有现实基础。

梳理明人"以茶易马"的表述，其逻辑出发点是番族嗜茶如命，"诸番之饮食，莫切于吾茶。得之则生，不得则死，故严法以禁之，

① 李三谋：《明清茶马互市探析》，《农业考古》1997 年第 4 期。
② 王晓燕：《官营茶马贸易研究》，民族出版社 2004 年版，第 4 页。
③ 象多杰本：《略论茶马互市的历史演变》，《青海社会科学》2007 年第 5 期。
④ 学界对"茶马贸易（互市）"定义中的广、狭义之分参见郭孟良先生和王晓燕先生的相关论述。

易马以酬之"①。朝廷设立茶马司，以茶易马，"戎人得茶不能为我之害，中国得马实为我利之大"②，"禁之而使彼有所畏，酬之而使彼有所慕，此所以制番人之死命，壮中国之藩篱，断匈奴之右臂者"③。可谓一举多得，"岂徒羡茶榷之利，为理财计乎？亦岂徒慕云锦之盛，为强兵计乎？番在塞外，虏又在番外，以茶系番之命，即以番当虏之冲，祖宗为藩篱计，良深远矣。"④ 即以茶驭番，联番御虏。从今天的眼光看，明人对茶叶的作用明显夸大，以此为基础的驭番捍虏之策未免一厢情愿。今人更多的是从经济意义去考虑茶马之制，将其称为茶马互市，强调其在不同地区、不同民族之间互通有无、开展经济交流的作用。

实际上，明朝设立西番诸卫和茶马司几乎是同时进行的，二者互相作用，共同营造了地方体制。从主次关系来讲，西番诸卫及其下的属番体制显然居于主导地位。明朝在设立西番各卫的同时，也在各卫地面建立了属番体制，授予属番部落头目以各级官职，将其"编族"，铺展为基层组织，确立其马赋差发，将"以茶易马"的内容嵌入这一体系中，并为此目的，严格茶法，厉禁私茶，限制民间真正的茶马贸易。所以，立足于属番体制上的纳马酬茶，只能称为茶马之制或茶马制度，不宜称为茶马贸易或互市，哪怕是官营茶马贸易的称呼也是不准确的。尽管客观上存在着茶马贸易的需求，但茶马制度的实施有赖于卫所属番体系，这一体系在元代已经存在，明在承继元制的同时，嵌入了以茶怀柔的新因素，称为茶马制度更为合适。

① 陈子龙等编：《明经世文编》卷一〇六《梁端肃公奏议·议茶马事宜疏》，中华书局1962年版，第955页。

② 严从简撰，余思黎点校：《殊域周咨录》卷一〇《吐蕃》，中华书局2000年版，第364—365页。

③ 陈子龙等编：《明经世文编》卷一〇六《梁端肃公奏议·议茶马事宜疏》，中华书局1962年版，第955页。

④ 徐彦登编著：《历朝茶马奏议》卷五《万历二十四年御史徐侨题虏谋叵测边报日殷招中稽延敬陈肤见以伸国威疏》，国家图书馆藏本。

二　明代茶马制度的基础——属番体制

　　明王朝建立以后，在西北藏族地区继承了元朝的遗产。明朝在河湟洮岷地区设立了河州卫、西宁卫、洮州卫、岷州卫等西番诸卫，将接收的故元官吏以土官的身份整合在其中，实行土流参治，故元僧俗土官只要换授新朝牌符，就可以加入新朝的地方体系。尤为重要的是，对西番诸卫地面的属番（熟番）部落，也根据部落大小，授予千户、百户、镇抚、驿丞等不同官职牌符，继承了元代的属番体制。正如《明史》所概括的："原夫太祖甫定关中，即法汉武创河西四郡隔绝羌、胡之意，建重镇于甘肃，以北拒蒙古，南捍诸番，俾不得相合。又遣西宁等四卫土官与汉官参治，令之世守。且多置茶课司，番人得以马易茶。而部族之长，亦许其岁时朝贡，自通名号于天子。"参治、世守、牌符制、以马为科差都是元代遗制，明代新设茶马司，为旧制添设了新衣。"国初散处降夷，各分部落，随所指拨地方，安置住劄。授之官秩，联络相承。以马为科差，以茶为价，使知虽远外小夷，皆王官王民，志向中国，不敢背叛。"① 属番又称熟番，朝廷认可其常居塞内，以族的形式存在，实际上就是一个个游牧单位或住牧单位，各族受爵首领并非空有名号，而是享有相应的权利和义务，既有金帛钱粮之赐，朝贺节会之仪，还要根据户口多少，向朝廷纳马，称为"差发马"。如西宁十三族熟番"有明时岁时纳马"②，"每岁元旦及至日、万寿节，十三族受爵大酋，咸赴卫城，随班朝贺。次日宴于卫堂，颁赉而去"③。岷州"土司之设，原为把守隘口，约束番人

---

① 杨一清撰，唐景绅、谢玉杰点校：《杨一清集》卷三《为修复茶马旧制以抚驭番夷安靖地方事》，中华书局 2001 年版，第 74 页。
② 梁份：《秦边纪略》卷一《西宁卫》，青海人民出版社 1987 年版，第 51 页。
③ 杨应琚：《西宁府新志》卷一九《武备·番族》，青海人民出版社 1988 年版，第 471—472 页。

招中，与内地汉民无涉"①。岷州各土司与番僧纲所管番民均为中马番族。所以，明代文献在提到茶马的时候，总是与设官授爵联系在一起，即将权利、身份和义务相联系，将纳马看作"熟番"的义务，是"常例"，是"职贡"，酬茶只是经济补偿而已。也就是说，西番诸卫及其下建立的属番体制，是茶马制度运行的保障。对此明人的认识十分清楚，杨一清在弘治末年整顿陕西茶马时对"金牌制"进行了详细的考察，认为"至我朝，纳马谓之'差发'，如田之有赋，身之有庸，必不可少。彼既纳马而酬以茶斤，我体既尊，彼欲亦遂。较之前代曰'互市'，曰'交易'，轻重得失，较然可知"②。叶向高认为："我朝纳马谓之'差发'，如田之有赋，身之有庸，必不可阙，非虐使于番也。因纳马而酬茶，体尊名顺，非互市交易之比也，且非独以马故也。盖西番之为中国藩篱久矣。"③谭希思曰："矧于时以国重臣定茶法，彼其纳马不曰'易茶'，而曰'差发'，如田有赋，如身有庸，示职贡无可逃；国酬以茶斤不曰'市马'，而曰'劳赏'，谓因其供贡赉予之，中国之体统既尊，外夷之威棱自振。"④嘉靖时户部言："国家令番夷纳马，酬之以茶，名曰：'差发'，非中国果无良马而欲市之番夷，亦以番夷中国藩篱，故以是羁縻之耳。"⑤李润《重修河州茶马司记》曰："至我朝底定西羌，分族立长，符合金牌纳马，谓之差发，以茶酬之。而茶马司之设，实肇于国初焉。"⑥万历十九年巡茶御史王有功疏言："洪武年间，各设番官头目请给敕印金牌，钤束番人，令其中马易茶，出入内地，为我外藩，颇同编户，虽间有骄

---

① 康熙《岷州志》卷三《舆地下·番属》，岷县志编纂委员会办公室编《岷州志校注》，1988 年版，第 88 页。

② 杨一清撰，唐景绅、谢玉杰点校：《杨一清集》卷三"茶马类"，中华书局 2001 年版，第 74 页。

③ 陈子龙等编：《明经世文编》卷四六一，中华书局 1962 年版，第 5057 页；叶向高：《苍霞正续集》"西番考"，中华书局 1962 年版，第 5058 页。

④ 谭希思：《明大政纂要》卷三，清光绪思贤书局刊本，台北文海出版社 1986 年版，第 164—165 页。

⑤ 《明世宗实录》卷二四"嘉靖二年三月辛未"条，第 700 页。

⑥ 吴祯著，马志勇校刊：《河州志》卷四《文籍志》，甘肃文化出版社 2004 年版，第 142 页。

悍，然终不敢大肆。"① 上述言论，均强调"差发马"类似于编户义务，酬茶是经济补偿，并不是一般意义上的互市交易。纳马酬茶实现的前提是稳定的属番体制，纳马酬茶反过来又强化了藩篱功能，两者的关系不能倒置。所以，明代的巡按茶马御史，"一切边计民生，靡弗轸念"，甚至兼任学政，兼有教化番族的使命，这在《洮州凤山书院记》和《史直指新置学田碑》② 中都有记载。如赵时春《洮州凤山书院记》载："洮州距京师几五千里，介居河源之表，控诸杂蕃羌部落，特置茶马博易，以为羁縻之计。……然自创置之始，已招置儒生学徒，而近岁专命监察御史以纠察其治。夫以宪臣领利权而兴文教于高尚武力之所，此其于教化之意宁可谓微？而防萌杜微之术抑其可少哉？宣圣教于遐夷，播皇风于无外，实于御史焉攸赖。"③

《明史》记载朱元璋"以西番产马，与之互市，马至渐多"，遂设河州、西宁、洮州茶马司。一般认为明代茶马司承继自宋代的都大提举茶马司，是具体办理以茶易马诸事务最重要的机构。洪武五年（1372 年），"设茶马司于秦、洮、河、雅诸州，主以茶易马之政"④。同时，"遣官赍金、铜信符敕谕，往赐凉州、甘州、肃州、永昌、山丹、临洮、巩昌、西宁、洮州、河州、岷州诸番族"，谕令"遇有征发，必比对相符始行"⑤。其中，"河州地方，原设必里卫二州、七站，西番二十九族，原额金牌二十一面，认纳差发马七千七百五匹。西宁卫地方，曲先、阿端、罕东、安定四卫，巴哇、申冲、申藏等族金牌一十六面，该纳差发马三千二百九十六匹。洮州卫地方，火把哈藏、思曩日等族金牌四面，该纳差发马三千五十匹"⑥。似乎茶马司之设推动了以茶易马的发展，茶马司与金牌制是官营茶马的制度保障。

---

① 徐彦登编著：《历朝茶马奏议》卷四《万历十九年御史王有功题酌议收番中马以裨边计疏》，国家图书馆藏本。

② 汪楷主编：《陇西金石录》上卷，甘肃人民出版社 2010 年版，第 186 页。

③ 赵时春撰，杜志强校笺：《赵时春文集校笺》卷三，天津古籍出版社 2011 年版，第 133 页。

④ 《续通志》卷一五五《食货略四》，浙江古籍出版社 2000 年版，第 4176 页。

⑤ 《明史》卷三三〇《西域二》，第 8541 页。

⑥ 杨一清著，唐景绅、谢玉杰点校：《杨一清集》卷三《为修复茶马旧制以抚驭番夷安靖地方事》，中华书局 2001 年版，第 77 页。

实则不然，明代的茶马司，实际作用是收纳、储存、支付茶叶，夸大一些说，就是个储茶仓库。"常例贡马"的实现，茶马的征收，主要依靠卫所官军和属番体制。关于中马的方法和程序，杨一清有详细描述："臣受命督理茶马，亲诣西宁、洮州等卫地方，督同兵备、守备等官，陕西按察司副使萧翀，署都指挥佥事蒋昂等，选差抚夷官员，带领通事，分投抚调各族番夷，中纳茶马。随据差去人员陆续抚调各族番官指挥、千、百户、镇抚、驿丞，偕其国师、禅师，各赍捧原降金牌信符而至。……彼皆北向稽首云：'这是我西番认定的差发，合当办纳。近年并不曾赍金牌来调，止是一年一次着我每将马来换茶。今后来调时，天皇帝大法度在，我西番怎敢违了。'"① 尽管都承认国家法度，自认合当办纳差发马，但各族对中马并无积极性，如没有强力的执行手段和基层组织，"常例纳马"或"纳马酬茶"是很难实现的。这也说明了明代的官营茶马，只能称为茶马制度，而不能称为茶马互市，纳马番族并不是市场主体。所以，对轻视国法、不肯前来中马的属番，明廷往往调动军马剿平，武力收马。《洮州厅志》卷10《职官·名宦》载洮州卫指挥李达，"永乐元年，成祖命镇洮州，抚安军民，招番纳贡。惟西宁申藏番丑生拗，领军剿平。……常例纳马。此后不次入番，收马数万，或给操军，或送京师"。嘉靖年间，守备河州署都指挥佥事蒋昂也要求对不知法度、不肯前来中马的番族"动调军马、通事，统领前去，直抵巢穴，务将前项累抚不来中马、为恶黑章咂、朵工、远竹等族番人量剿一二族，俾无遗种，庶使余族番夷寒心知惧"②。

英宗正统以后，茶马之制渐弛，一般认为是茶法废坏，私市盛行的原因。实际上，私茶盛行固然是官营茶马衰落的原因之一，但更重要的原因是属番体制的崩坏。弘治末年，杨一清整顿马政，首先重建属番体制，他指出土木堡事变后，"边方多事，陕西军民转输军饷，无暇运茶，腹里卫分官军又各调去甘、凉、宁夏等处征操，别无官军可调，茶马因是停止"，而"番官指挥、千、百户、镇抚、驿丞等官，

<hr />

① 《杨一清集》卷三《为修复茶马旧制以抚驭番夷安靖地方事》，第73页。
② 《杨一清集》卷三《为修复茶马旧制以抚驭番夷安靖地方事》，第75页。

久不袭替"，"递年累抚老番俱故，后生不知法度，强硬生拗，不肯前来中马"。因此，下令兵备、守备官将以前的土官查出奏请，就彼各袭原职，"统领番族，认纳差发"①。

武宗正德四年，蒙古部酋亦不剌、阿尔秃厮获罪其主，拥众西奔，袭据青海，大肆焚掠，番人失其地，多远徙，其留者不能自存，反为所役属。自是西宁、碾伯始有海寇之患。后蒙古真相部移驻莽剌川，火落赤部移驻捏工川，逼近西宁，日蚕食番族，番不能支，转而效顺蒙古。蒙古首领扯力克又西行助之，势益炽。属番体制再次瓦解，原来的纳马诸番分别役属于蒙古各部，"私馈皮币曰手信，岁时加馈曰添巴，或反为向导，交通无忌。而中国市马亦鲜至，盖已失捍外卫内之初意矣"②。明王朝审时度势，提出了"保属番，以固藩篱"的应对之策，万历年间，尚书郑洛、中丞田乐、兵备副使刘敏宽、参将达云剿抚悉合机宜，驱逐蒙古部落，番人渐复归业，重归属番体制。如河州诸番族都是在万历十八、十九年至二十三年，郑洛经略青海期间，重新招收开族，安插住牧，岁纳差发马。张雨《边政考》、梁份《秦边纪略》、杨应琚《西宁府新志》、康熙《岷州志》所载各中马番族，都是弘治末年到万历中期这一时间段内重新招收编族的。至明末清初，和硕特蒙古入主青海，藏传佛教格鲁派政教势力也随之兴起，许多纳马番族又被和硕特蒙古各部和格鲁派上层役属，正如梁份所言："今诸番分纳各夷添巴，不纳中国茶马，已判然为夷属。"③

从明代中后期巡茶御史的奏疏中可以看出，嘉靖、万历时期的"招番中马"仍然属于"差发"的性质。隆庆二年（1568）李良臣疏言："臣惟番夷之中马，犹汉人之纳粮也，粮马均属国课，番汉当为一体。"④ 隆庆六年（1572）褚鈇疏曰："据各番及通事禀称，以茶中

---

① 《杨一清集》卷三《为修复茶马旧制以抚驭番夷安靖地方事》，第78页。
② 《明史》卷三三〇《西域二》，第8549页。
③ 梁份：《秦边纪略》卷一《西宁卫》，青海人民出版社1987年版，第51页。
④ 徐彦登编著：《历朝茶马奏议》卷三《隆庆二年御史李良臣题为虏贼劫抢纳马属番官军不行救护恳乞圣明重加罚治以实边防疏》，国家图书馆藏本。

马此是朝廷大法度，亦是我西番认定的差发，怎敢违误。"① 万历三年
（1575） 傅元顺疏曰："行令兵备、参将等官选差的当通事及番僧深
入番族，宣布朝廷威德以从违祸福，既抚之后，务要感戴国恩，约束
部落，照旧中纳茶马，不许执拗，致误差发。"② 万历二十二年
（1594） 李楠奏请朝廷于岷州设司招番中马，其疏亦言："已经屡行
洮岷兵备副使郭万里再三译审，情愿岁纳差发，呈覆到臣。"③ 嘉隆万
时期所收中马诸番，明廷清点人口，安插住牧，周其疾困，给以口
粮，各番头目授以冠带，给以半俸，令其管束部落，分把关隘，中马
易茶④。虽然还没达到内地编户的程度，称之为"编族"则不为过。

　　显然，明初建立茶马制度的主要用意，并不是要通过传统的以茶
易马在经济上获利，而主要集中体现在"联番御虏"的政治考量上。
所以，从根本上来看明王朝与西番的以茶易马，并不是如其表面所体
现的是一种经济关系，而是一种明确的政治统属关系。对明王朝而
言，以茶易马最重要的意义体现在得番御虏的政治功能上，从这个角
度讲，以茶易马首先是蕴涵着深远政治用意的政治问题，这是明统治
者的现实统治利益诉求所决定的。

　　明人对以茶易马的政治属性一直有着清醒的认识，在明人的记述
中，将明王朝与西部属番的以茶易马极少有称之为"互市"的，更不
称"贸易"。在"西番易马"与"北方马市"同时记述时，明人只将
朝廷与北方蒙古的"马市"称为"互市"。如万历初年巡茶御史傅元
顺疏言："今甘镇立厂开市，而虏酋丙兔等住牧西海，其互市往回必

　　① 褚鈇：《褚司农文集·目击番虏情状疏》，陈子龙等编：《明经世文编》卷三八六，
中华书局1962年版，第4185页。
　　② 徐彦登编著：《历朝茶马奏议》卷三《万历三年御史傅元顺题为酌议茶马事宜恳乞
圣明裁择以便招中以固边防疏》。
　　③ 徐彦登编著：《历朝茶马奏议》卷五《万历二十二年御史李楠题巡历事竣谨陈末议
以饬茶法以重马政疏》。
　　④ 分见：《明神宗实录》卷二三二"万历十九年二月乙未条"、卷二三九"万历十九
年八月丁酉条"、卷三五六"万历二十九年二月戊子"条、卷五二三"万历四十年二月八月
丙戌"条，第4308、4306、6656、9843页。

由西宁、甘州中马番族经过，使互市之期与招中同举。"① 明人只将与蒙古的"马市"称之为"互市"，而极少见到将"以茶易马"称为"茶马互市"的，"招中（招番中马）"的属性显然不同于"互市"。《明会典》记述了明代战马的收买之法，分别为西番易马、各处银易、各边互市、盐池开中②。杨时乔《皇朝马政纪》记"收买之法：或以茶，或以盐，或以互市，或以价银"。并分别在"互市夷马"条下主要记述与蒙古的"马市"，在"陕西三茶马司马"和"四川茶马"条下专记陕西、四川地区的以茶易马。③

明王朝组织和实施的茶马政策主要针对归顺于明朝廷的西部众属番，臣服于明王朝且接受"中马"形式"差发"的属番才有资格参与以马中茶。属番的住牧地由明王朝划拨，各属番头目由明朝廷授以冠带，给以俸禄，并且明朝廷还给边界住牧的众属番定期发放口粮。毋庸置疑，众属番与明王朝是明显的臣属关系，属番受朝廷俸禄甘愿接受"中马"形式的"差发"，"颇同编户"，"属番受我正朔，岁纳马万计，以资我武备，番人即吾人"④。这与唐宋跟境外番夷以茶易马有着本质的区别。明代名臣丘浚在其《大学衍义补》中按曰："唐宋以茶易马多是交互市于境外之夷，我朝于四川置茶马司一，陕西置茶马司四，以茶易马设官掌之，盖取之我羁縻之土民，非若前代出境外而与蕃戎交易也。"⑤

总之，明代的茶马之制绝非着眼于经济意义上的"互市"或"贸易"，而是注目于"得番固圉"的政治问题，"得番"在于建立卫所下的属番体制，设官"编族"，该制源自元代，明代嵌入以茶怀柔的新因素。欧美学者持单一的惟经济贸易论，将"茶马司"称为"茶

---

① 徐彦登编著：《历朝茶马奏议》卷三《万历三年御史傅元顺题为酌议茶马事宜恳乞圣明裁择以便招中以固边防疏》，国家图书馆藏本。

② 参见申时行等重修《明会典》卷一五三《马政四》，中华书局1989年版，第783—784页。

③ 杨时乔：《皇朝马政纪》卷五、卷一二。见方健汇编校证：《中国茶书全集校证》6（补编），中州古籍出版社2015年版，第3181、3183—3187、3284—3289页。

④ 《明熹宗实录》卷五六"天启五年二月乙酉"条，第2565页。

⑤ 丘浚编：《大学衍义补》卷一二五《牧马之政（下）》，上海书店出版社2012年版，第327页。

马贸易司"，对"金牌制"的理解则完全经济化，"易货贸易每三年进行一次，规模很大。官方的贸易定额规定，在每个茶马市场，100万斤茶将换得1.4万匹马。大部分的马由青海地区的游牧部落饲养，它们的酋长被授予金牌形式的纹章。纹章的一半由朝廷保存，相配的一半由各该部落持有，以表示他们有进行这项贸易的资格"①。这种纯经济的解读显然带有某种特定的倾向性，并不符合历史事实。

（原刊《青海民族研究》2018年第2期，与敏政合作）

---

① ［美］牟复礼、［英］崔瑞德编：《剑桥中国明代史》，中国社会科学出版社1992年版，第350页。

边疆治理视野下的清朝
驻京喇嘛制度

    清朝非常重视民族问题，而民族问题又是与宗教、边疆问题交织在一起的。藏传佛教是当时蒙藏地区主流的思想意识形态，因此，清朝政府在确立治理边疆政策时，认识到藏传佛教在蒙藏地区的影响力，考虑到宗教因素在解决民族问题中的重要性，把尊崇、利用藏传佛教作为治理蒙藏地区的政策，设立了驻京喇嘛，并制定了驻京喇嘛制度。特别是征召蒙藏地区藏传佛教上层大喇嘛进京供职，服务于清朝政府，充分利用他们的宗教影响力，宣传清朝政府的治理政策，消弭地方纷争，安抚信教民众，加强清朝中央政府和蒙藏地方之间的联系，对维护统治和巩固国家政权起到了十分重要的作用。

一　清朝的驻京喇嘛制度

    驻京喇嘛，是清朝统治者出于政治统治的需要，精心培养、扶持起来的群体。主要是指归入驻京喇嘛管理体系的所有喇嘛群体，是清朝从信仰藏传佛教地区调入北京任职的较有影响的藏传佛教高僧，以及在北京等内地藏传佛教寺院出家的满、蒙、汉喇嘛。清朝政府将全国的喇嘛分为三类，包括驻京喇嘛、西藏和蒙古各地游牧喇嘛、甘肃庄浪等处番寺喇嘛。按照《大清会典事例》中关于喇嘛封号的记载："又由驻京喇嘛派往伊犁之掌教堪布一人。派往四川懋功之广法寺堪布一人。其热河堪布达喇嘛二人，达喇嘛四人，副达喇嘛十一人，闲散喇嘛八人。盛京达喇嘛八人。锡呼图库伦札萨克达喇嘛一人，札萨克达喇嘛四人。西安广仁寺达喇嘛一人。五台山札萨克喇嘛一人，达喇嘛一人。归化城札萨克达喇嘛一人，副札萨克达喇嘛一人，札萨克喇嘛六人。多伦诺尔札萨克达喇嘛一人，达喇嘛二人，副达喇嘛二人。"① 这些大喇嘛的"额缺升转，皆照驻京喇嘛之例"②，说明清朝政府把以上这些外派大喇嘛纳入驻京喇嘛的管理系统，因此也属于驻京喇嘛的范畴。

制定驻京喇嘛制度是清朝政府治理边疆地区的重要政策，是清朝政府为了加强对驻京喇嘛的管理，增加驻京喇嘛对国家的服从性，使其能在政治统治中发挥更大的作用，针对驻京喇嘛的各项事务、职责而建立起来的具体的办事规程和行为准则。清朝政府在驻京喇嘛制度的形成、发展、完善过程中，制定了一系列详细的制度，诸如划分驻京喇嘛的等级，确定不同的职衔，规定不同寺庙喇嘛的额缺，不同等级的喇嘛设立不同的服饰、饩廪、度牒、札付制度等，从而不断地完善对驻京喇嘛的管理。

清朝政府制定驻京喇嘛制度，不仅赐给驻京呼图克图名号和优厚的待遇，还给予其一定的宗教、行政权力。清朝政府仿照官员品级划分驻京喇嘛的等级，担任掌印札萨克达喇嘛、副掌印札萨克达喇嘛、札萨克喇嘛等职务的驻京呼图克图主要管理北京及周边多伦诺尔、五台山、归化城、热河等地的诸如编订各地喇嘛名册，接待来京朝觐的大喇嘛，代表各地活佛向理藩院转呈奏折，安排或推荐蒙藏地区主持政教事务的高僧和进京任职的喇嘛，编制驻京喇嘛衣单钱粮名册，管理驻京喇嘛修习经典，组织各种诵经法会等藏传佛教事务。同时，驻京呼图克图作为清朝政府处理蒙藏地区事务的顾问，为清朝统治者制定治理蒙藏地区的政策和处理蒙藏民族事务等方面提供建议。驻京呼图克图除了在北京等地担任职务外，还经常奉旨充任清朝中央政府处

---

① 《钦定大清会典事例》卷九七四《理藩院·喇嘛封号·驻京喇嘛》，中国藏学出版社 2006 年版，第 150 页。

② 《钦定大清会典事例》卷九七四《理藩院·喇嘛封号·驻京喇嘛》，中国藏学出版社 2006 年版，第 150 页。

理蒙藏事务的使臣，前往西藏、蒙古等地办事，传达清朝政府的旨意，处理相关的宗教、行政事务。有的在军前效力，有的奉旨前往西藏地区担任摄政，有的奉命前往蒙藏地区弘法传教，举行佛事活动。而西藏等地需要与中央对话，则多选派在西藏学习的驻京呼图克图充任达赖喇嘛、班禅额尔德尼等人的信使，沟通中央与西藏等地的关系。清朝政府同时建立严格的制度规范驻京喇嘛的行为，加强对驻京喇嘛的管理，使驻京喇嘛制度在清朝政府的政治统治中发挥着最大的效用。

二　清朝驻京喇嘛的群体特征

清朝时期，几乎每位驻京大喇嘛，都受到清朝政府的政治扶植，凡是驻京呼图克图的转世灵童，一经确认，举行坐床典礼之后，就要奉旨进京任职，其实是将各呼图克图从孩童时就迁至北京，精心培养。例如三世章嘉呼图克图，八岁就奉旨进京，享受前代章嘉呼图克图的待遇，并同皇四子弘历（乾隆）一同学习，雍正皇帝亲自给三世章嘉制定要学习的功课，包括各种佛教经典，政教典籍，还要学习汉、满、蒙三种文字。三世章嘉18岁就袭封国师名号，并奉旨前往西藏地区，广泛接触西藏地区的政教人士，经过在西藏的学习、历练后，又奉旨进京任职，执掌教权。

驻京呼图克图中，章嘉呼图克图、土观呼图克图来自青海互助佑宁寺，敏珠尔呼图克图出自青海大通广惠寺，噶勒丹锡呼图呼图克图、阿嘉呼图克图和拉果呼图克图来自青海西宁塔尔寺，洞阔尔呼图克图原属青海湟源洞科寺，济隆呼图克图来自西藏昌都的八宿寺，贡唐呼图克图和那木喀（萨木察）呼图克图来自甘肃夏河拉卜楞寺，察罕达尔汗呼图克图来自蒙古，鄂萨尔呼图克图寺籍不明。

由此可以看出，驻京喇嘛具有一定的群体特征。首先，驻京喇嘛是在清朝政府特别的扶持、提升下，产生并迅速发展起来的宗教势力。其次，驻京大喇嘛作为清朝政府处理蒙藏地区事务的顾问，为清朝统治者制定治理蒙藏地区的政策提供建议，协助处理蒙藏民族的各项事务。再次，驻京喇嘛中影响较大，事迹突出的大呼图克图，主要来源于青海地区的各寺院，实质上是以青海各活佛系统为主体的宗教群体。这是清朝政府考虑到从明朝以来，青海、甘肃等地的番僧就与中原保持良好、持久的关系，特别是青海的藏传佛教僧人最早与蒙古地区和清朝政府建立联系，是蒙古地区和清朝政府联系西藏的中介。这些青海藏传佛教高僧分散了西藏地区藏传佛教高僧的宗教影响力，平衡了西藏和其他地区的藏传佛教势力，通过他们清朝政府更好的利用藏传佛教处理蒙藏地区的政治、宗教、社会事务，加强对蒙藏地区的管理，维护了国家的统一和边疆地区的安定。

三　驻京喇嘛制度在清朝统治中的作用

驻京喇嘛的活动不仅是念经礼佛，而是涉及政治、文化等多个领域。清朝政府通过他们在蒙藏地区的影响力，贯彻统治政策，解决民族纠纷，避免战争发生，维护民族团结，抵御外敌侵略，确保西藏地区的稳定。蒙藏地区的僧俗民众也通过对驻京藏传佛教高僧的崇奉和信任，认同清朝政府对蒙藏地区的治理政策，适应清朝政府的管理。

（一）驻京大喇嘛参与政治宗教活动

首先，驻京喇嘛在清朝政府建立统一的多民族国家，加强中央政府和蒙藏地区的联系，巩固清朝政府对蒙藏地区的统治等方面起到了积极作用。

早在清崇德四年（1639），一世察罕达尔汗呼图克图就奉皇太极之命，进藏会见五世达赖喇嘛及西藏地方的政教领袖。崇德八年（1643），携带皇太极的书信再次前往西藏，建立清朝和西藏的联系。顺治八年（1651），奉顺治皇帝谕旨，进藏迎请五世达赖喇嘛进京，顺治九年（1652）十二月，五世达赖喇嘛到达北京朝觐顺治皇帝，开启了清朝中央政府对西藏地方的统治。而二世章嘉呼图克图于康熙三十六年（1697）奉旨前往西藏，经过青海地区时，专程召集厄鲁特蒙古各部台吉，向他们说明清朝中央政府的统治政策，尊崇藏传佛教的态度，劝导各台吉服从清朝政府的统治，进京朝觐康熙皇帝。《蒙藏佛教史》记载："三十六年，第六世达赖喇嘛转世。（二世章嘉）初乘宝车入藏，由蒙古道经甘肃、宁夏。旋奉帝旨，命至青海，劝导各台吉晋京入觐。当驰抵青海，召集各台吉，谕以崇奉天朝，莅京朝觐之意，各台吉均能服从，各朝京师，咸悦内附。"[①] 这对厄鲁特蒙古归附清朝政府，稳定青海的局势，起到了一定的作用。

从顺治十年（1653）开始，历世达赖喇嘛的认定、坐床，几乎都有驻京大喇嘛奉旨前往西藏参与办理，例如康熙三十六年（1697），二世章嘉给六世达赖喇嘛仓央嘉措颁发金册、金印；雍正十二年（1734），三世章嘉迎送七世达赖喇嘛入藏，颁发金册；乾隆二十二年（1757），七世达赖喇嘛圆寂，三世章嘉入藏主持八世达赖喇嘛的寻访、认定；嘉庆十三年（1808），四世噶勒丹锡呼图赴藏看视九世达赖喇嘛坐床；道光二十二年（1842），四世章嘉看视十一世达赖喇嘛坐床；光绪五年（1879），十世济隆入藏摄政，主持十三世达赖喇嘛的认定。可以看出，驻京呼图克图参与历世达赖喇嘛的寻访、认定、坐床事宜，确定了清朝政府在藏传佛教大活佛认定上的权威性，表明清朝政府将蒙藏地区的宗教事务纳入国家管理中，在处理藏传佛教的问题上不是简单尊崇，同时也实行严格的管理，防止地方宗教势力过度膨胀，以确保国家政权的稳固。

其次，驻京喇嘛在调解蒙藏地区民族纠纷，维护地区安定团结，反对民族分裂，抵御外敌入侵，帮助清朝政府维护国家的和平稳定，维护主权的统一产生了重要影响。

康熙二十三年（1684），蒙古喀尔喀部土谢图汗和札萨克图汗之间为争夺属民的矛盾激化，甘丹赤巴罗追嘉措（一世噶勒丹锡呼图呼图克图）与二世章嘉呼图克图一同前往漠北调解纠纷。康熙二十五年（1686）八月，土谢图汗和札萨克图汗达成和平协议，在库伦伯勒齐

---

① 释妙舟：《蒙藏佛教史》，广陵书社 2009 年版，第 187 页。

尔举行会盟。从而维护了和平，避免了战争。

察罕达尔汗呼图克图是唯一在军队中服务的驻京呼图克图，这一世系的呼图克图随军出征蒙藏地区，协助处理征战中遇到的宗教问题。一世察罕达尔汗呼图克图曾效力于西藏军前；康熙三十六年（1697），二世察罕达尔汗呼图克图随康熙皇帝御驾征伐准噶尔。康熙五十七年（1718）和五十九年（1720），三世察罕达尔汗呼图克图两次随军驱逐准噶尔势力，为清朝政府安定蒙古诸部，控制西藏局势，发挥了重要作用。

乾隆十年（1745），准噶尔部首领噶尔丹策零去世，其内部为争夺汗权而内讧，纷争不已。乾隆皇帝派遣驻京喇嘛前往该地区弘法，宣谕中央政府的政策，"朕令于伊犁地方，设立一库伦，由京师遣呼图克图喇嘛前往教经①。"班第奏准噶尔旧日供养之大喇嘛，现俱无存，请派济隆呼图克图前往等语。著照所请遣往，将此传谕班第知之。"② 派遣七世济隆呼图克图前往该地讲经传教，缓解各部之间的矛盾。

再次，驻京喇嘛在促进藏传佛教在内地的传播，增进民族间的文化交流，协助清朝政府制定蒙藏政策，增强边疆民族对中央的向心力等方面发挥着重要的作用。

驻京呼图克图依靠自己对蒙藏地区情况的了解，自身具备的学识，以及在蒙藏信教民众中的影响力，协助清朝政府制定治理蒙藏地区的政策，具体的管理措施。乾隆十五年（1750），管理西藏政务的郡王珠尔默特那木扎勒叛乱，乾隆皇帝决定要仿照中原地区的管理方式，彻底改变西藏当地世俗首领掌管西藏政务的状况。三世章嘉呼图克图认为西藏是教法的发源地，如果按照内地治理的方式管理，藏传佛教必然会逐渐衰落，因而劝谏乾隆皇帝，"陛下之父祖先帝竭力尊崇佛教，尤其陛下是最为关心佛法事务的大法王，西藏乃教法之发源

---

① 《清高宗实录》卷四八五"乾隆二十年乙亥三月丙申"条，中华书局1986年版，第15册，第73页。

② 《清高宗实录》卷四九三"乾隆二十年乙亥七月戊子"条，中华书局1986年版，第15册，第193页。

地，如果按圣上所下的旨令，藏地的佛教必将衰微，万望陛下无论如何以恩德护持佛教"①。乾隆皇帝认为章嘉呼图克图说的确有道理，改变了之前的想法，谕示"将西藏的一切政教权力都授予西藏的怙主达赖喇嘛执掌"②，决定让达赖喇嘛处理西藏的政教大事，并与驻藏大臣共同领导新的西藏地方政府。

乾隆二十二年（1757）二月，七世达赖喇嘛圆寂。章嘉呼图克图上奏乾隆皇帝，分析了西藏的局势，阐述了自己对西藏事务的意见，建议乾隆皇帝让第穆呼图克图担任西藏摄政，全权处理达赖喇嘛所辖的西藏政教事务，避免再次出现类似珠尔墨特那木扎勒叛乱的事件。乾隆皇帝采纳了他的意见，有效地预防了西藏政教权力的分散，防止了僧俗势力的互相争斗，维持了西藏社会的稳定。虽然如此，但乾隆皇帝仍旧关注西藏事务，特别是关于七世达赖喇嘛的转世灵童的寻访、认定。达赖喇嘛的转世灵童能否顺利确认，直接会影响到蒙藏地区的局势稳定，于是派遣章嘉呼图克图入藏寻访确认达赖喇嘛的转世灵童。

三世章嘉呼图克图到达拉萨后，立即开始着手达赖喇嘛转世灵童的寻访，西藏噶厦政府已经按照第穆呼图克图的安排，秘密寻访转世灵童，但并不顺利，"章嘉国师此次进藏，主要是为了辨认遍知一切达赖喇嘛的转世灵童，在上一年前，有三个待认定的转世灵童分别出现在东、南、西三个方向，西藏的有形无形的生灵都象期望把水搅浑能得到酥油一样，各种流言鹦鹉学舌般传布"③。乾隆二十四年（1759），三世章嘉邀请六世班禅额尔德尼到拉萨，共同主持认定达赖喇嘛的转世灵童，《章嘉国师若必多吉传》中记载了这一认定过程："……章嘉国师说：'现在我们大家只好一起请求班禅大师，无论他作何指示，我们都应相信才是。'西藏所有管理事务的人都说：'这样最

① 土观·洛桑却吉尼玛著，陈庆英、马连龙译《章嘉国师若必多吉传》，中国藏学出版社 2007 年版，第 212 页。

② 土观·洛桑却吉尼玛著，陈庆英、马连龙译《章嘉国师若必多吉传》，中国藏学出版社 2007 年版，第 212 页。

③ 土观·洛桑却吉尼玛著，陈庆英、马连龙译：《章嘉国师若必多吉传》，中国藏学出版社 2007 年版，第 262—263 页。

好.'于是,以章嘉国师为首,由摄政、噶伦等所有办事人员都一致
恳切请求班禅大事预言达赖喇嘛的真正转世。班禅大师以他超绝的智
慧,降示了后藏所出的那个孩童是三界怙主达赖喇嘛的真正转世的预
言。"[①] 乾隆二十六年(1761)四月,颁给七世达赖喇嘛的转世灵童
敕谕,给予赏赐,并安排给其传授知识的经师。乾隆二十七年
(1762)七月初九,举行了八世达赖喇嘛的坐床典礼。

三世章嘉呼图克图这次出使西藏,圆满完成了乾隆皇帝交与的寻
访七世达赖喇嘛的转世灵童的任务,很好的贯彻了清朝政府的治理政
策,对维护西藏局势的安定,加强清朝对蒙藏地区的统治起到了非常
重要的作用。

乾隆初年,青海安多地区的一些藏传佛教寺院受到当地贪官和衙
役的破坏,三世章嘉呼图克图认为:"要立即对寺院有利益,必须使
寺院受大皇帝颁赐的敕令的保护。"[②] 于是,他请求乾隆皇帝给塔尔
寺、佑宁寺、赞布寺(即广惠寺)等寺院颁赐字匾,乾隆下诏赐匾。
乾隆十四年(1749),三世章嘉返回故乡,乾隆皇帝下诏,"章嘉胡
图克图前往故乡寺院,由蒙古理藩院差遣一员加尔古齐随行。赐给安
多地区三大寺院的御匾由兰州巡抚送去,待胡图克图抵达彼处后,由
胡图克图分别颁给各个寺院"[③]。这些举措使这些寺院得到了有效的保
护和尊重,促进了青海地区民族间的和睦与团结。

驻京各大呼图克图,按照清朝统治者的旨意,在北京、热河等地
广建寺庙,弘扬佛法,同时担任掌印札萨克达喇嘛、副掌印札萨克达
喇嘛等职,掌管各地的藏传佛教事务。清朝统治者为了防止蒙古诸部
与西藏来往过密,同时也为了满足蒙古诸部宗教信仰的需要,不断的
提高驻京喇嘛在藏传佛教中的地位。对于蒙古诸部到西藏延请高僧传
教的要求,都是下旨派遣驻京大喇嘛前往,或是安排蒙古诸部王公贵

---

① 土观·洛桑却吉尼玛著,陈庆英、马连龙译:《章嘉国师若必多吉传》,中国藏学
出版社 2007 年版,第 266—267 页。

② 土观·洛桑却吉尼玛著,陈庆英、马连龙译《章嘉国师若必多吉传》,中国藏学出
版社 2007 年版,第 193 页。

③ 土观·洛桑却吉尼玛著,陈庆英、马连龙译《章嘉国师若必多吉传》,中国藏学出
版社 2007 年版,第 193 页。

族来京朝拜驻京大喇嘛，阻止了蒙古与西藏的直接联系，加强了边疆地区与中央政府的关系，增进了民族团结。

广建寺院，延聘大喇嘛，使北京有能力举办大规模的有影响的藏传佛教法事活动，方便来京蒙古教众观看。如乾隆十五年（1750），准噶尔使者至北京，曾遍访驻京喇嘛驻锡之各寺，叩拜大寺之佛尊及著名呼图克图，寺庙之供佛等，"观之皆甚神奇壮观"。"我等叩拜济隆呼图克图，据闻济隆呼图克图乃宗喀巴佛之徒弟，名喇嘛之呼毕勒罕，由藏而来方一二年，我等得以叩拜，甚是造化。"又拜见章嘉呼图克图、噶尔丹锡勒图呼图克图、查干萨固尔泰佛，"委是神奇"。"我等惟有感激文殊菩萨大皇帝之恩外，无以言表。"陪同的清朝官员也乘机宣传，"尔等仰承我等大皇帝之恩，得以叩拜各大寺、塔及呼图克图等，实乃尔等之大造化"①。让来京蒙古使臣参观藏传佛教寺院，一则是展示北京寺院之堂皇，黄教之兴盛，清朝皇帝真心弘法；二则是将参拜机会纳入朝廷掌控之中，蒙古客人拜见活佛，必须向清廷请求，得到允准，借机树立清朝皇帝护教形象。

蒙古客人来京，不仅参拜寺、佛，也经常观赏佛事活动。跳步扎（金刚驱魔神舞）乃藏传佛教重要佛事活动，极受蒙古人重视，"按我蒙古例，若能观看跳步扎，则一年顺畅"②。乾隆十一年（1746）之前，跳步扎多在中正殿、乾清宫举行，其后基本在雍和宫进行，"每年十二月，喇嘛等于中正殿跳步扎"，"跳步扎之日，令蒙古客人等进入观赏"③。蒙古客人是指年班进京的蒙古王公、额驸等。跳步扎的过程并非仅仅表演驱鬼，诵经亦为主要内容之一，故每次参加跳步扎的喇嘛较多，且呼图克图亦参与诵经，如乾隆十五年（1750）雍和宫跳步扎时，参加的喇嘛多达1200余名，其中多数为诵经喇嘛，可见驻京喇嘛阵容甚大。举办各种盛大的佛事道场时，清朝皇帝、侍卫

---

① 乾隆十五年正月十四日《协办大学士阿克敦等奏闻尼玛等前往各寺礼佛情形片》，引自《军机处满文准噶尔使者档译编》，中央民族大学出版社2009年版。

② 乾隆十五年正月二十八日《内大臣海望奏请准尼玛等于观看布扎时向三位呼图克图进献木碗片》，引自《军机处满文准噶尔使者档译编》。

③ 乾隆四年十二月二十一日《军机大臣鄂尔泰等奏请令使臣等入中正殿观赏跳布扎折》，引自《军机处满文准噶尔使者档译编》。

大臣、呼图克图、众喇嘛、满洲文武大臣、蒙古各部使者，均依等次安排座位，仪注盛大庄严，营造皇帝扶佑黄教、喇嘛为国祈福、政教和谐的氛围，从佛事活动方面展示清朝黄教事业兴盛状况①。

驻京大喇嘛还积极参与佛教经典的翻译，三世章嘉和二世噶勒丹锡呼图将藏文大藏经《丹珠尔》翻译为蒙文，三世章嘉主持将大藏经《甘珠尔》翻译为满文，并创制满文经咒新字，促进了民族间的文化交流。

（二）驻京大喇嘛前往西藏担任摄政

清朝政府于乾隆十八年（1753）在西藏设立噶厦地方政府，将西藏的主要政教权力委托七世达赖喇嘛，实行政教合一的管理制度。乾隆二十二年（1757），七世达赖喇嘛圆寂后，西藏出现权力中空，在八世喇嘛被寻访认定期间，为加强对西藏的管理，避免达赖喇嘛近侍、亲族管事滋弊，清廷决意以活佛掌办达赖喇嘛商上事务，代理达赖喇嘛事务，俗称西藏摄政。最初乾隆帝拟派章嘉国师前往西藏，代行达赖职权。《清实录》载："前此伍弥泰等奏到达赖喇嘛圆寂，朕念卫藏地方紧要，曾于折内批谕遣章嘉国师前往，此特因卫藏不可无为首办事之人，原系抚恤伊等之人。"② 因西藏僧俗民众希望出身于哲蚌寺的第穆呼图克图阿旺扎木巴尔德勒克嘉木措办理喇嘛事务，乾隆帝允其所请，命"第穆呼图克图为首办喇嘛事务"，雍和宫法台章嘉国师驻藏协助，第穆呼图克图成为西藏历史上第一任摄政。摄政制度设立之后，在清中央政府统治西藏中发挥了作用，西藏地方因为这项制度的执行，在特殊的时期维持局势的稳定，保证正常的社会生活秩序，西藏僧俗人士也逐步通过噶厦地方政府和摄政制度适应中央政府的管理。西藏历史上有多位摄政是清朝政府从驻京喇嘛中选派的，这几位摄政活佛在西藏的治理方面做出了卓越的贡献。

---

① 赵令志：《乾隆初年清朝接待准噶尔使者之礼仪初探》，达力扎布主编《中国边疆民族研究》第八辑，中央民族大学出版社 2014 年版，第 43 页。

② 《清高宗实录》卷五三四"乾隆二十二年三月癸卯"条，中华书局 1986 年版，第15 册，第 737 页。

第穆呼图克图摄政二十年，很好地维护了西藏地区局势的稳定。乾隆四十二年（1777），第穆呼图克图去世，乾隆皇帝任命雍和宫法台阿旺楚臣前往西藏担任摄政①，谕示驻藏办事大臣恒秀说：

> 第穆呼图克图圆寂，……达赖喇嘛之呼毕勒罕年幼，正值学习经德之时。自今伊始即令办藏务，以致贻误学经。朕将与章嘉国师商酌，应派大喇嘛一名往总理藏务。额尔德尼诺门罕堪布阿旺簇勒提木熟通经文，善于办事，向于藏地有名分，亦即位至噶勒丹锡呼图之人，来京于雍和宫坐床十五年，兴广黄教，善教习众僧。著赏阿旺簇勒提木银五百两整装，再挟赏第穆呼图克图之银、珠赴藏办理后事，即署理前赏第穆呼图克图之印，以办理藏地诸事。住两三年，俟达赖喇嘛能办事时，再行返还。……将此谕旨宣谕达赖喇嘛、班禅额尔德尼、班第达等四噶布伦、第穆呼图克图之徒弟、众喇嘛等，俟堪布诺门汗阿旺簇勒提木到后，共助妥善办理。②

乾隆四十三年（1778）正月，八世达赖喇嘛经师圆寂，乾隆皇帝批准阿旺楚臣担任八世达赖的经师。同年，经八世达赖喇嘛提议和民主选举，阿旺楚臣被推举为第六十一任甘丹赤巴。阿旺楚臣集西藏摄政、达赖喇嘛经师和甘丹赤巴三个职位于一身，这在西藏历史上是极为罕见的。阿旺楚臣在西藏摄政期间，时逢六世班禅进京朝觐，阿旺楚臣积极配合驻藏大臣办理六世班禅进京事宜，六世班禅在京圆寂后，阿旺楚臣在寻访、认定六世班禅的转世灵童，接送六世班禅的法体，陪同八世达赖喇嘛到扎什伦布寺主持灵童的坐床和受沙弥戒仪式等事务

---

① 乾隆二十六年，清廷令西藏地方政府择选一合适喇嘛赴京，辅佐年事已高的章嘉国师担任雍和宫法台，于是，甘丹寺法台阿旺慈臣被时任西藏摄政的第穆呼图克图推荐给了清朝中央政府。阿旺慈臣抵京后，即被乾隆帝任命为雍和宫法台。他圆寂后被追认为一世策墨林活佛。

② 乾隆四十二年二月二十七日《寄谕驻藏办事副都统衔恒秀等著宣谕达赖喇嘛等与诺门汗办好藏务函》，国家清史编纂委员会：《乾隆朝满文寄信档译编》（12），岳麓书社2011年版，第536—537页。

中，起到了重要的作用。乾隆五十年（1785），阿旺楚臣任期已满，乾隆皇帝仍予留任，"阿旺簇勒提木感激朕恩，驻藏数年，教习达赖喇嘛经文，并管理所有办事人等，俱为甚好，因而地方受益宁谧，朕大为喜悦"，"著阿旺簇勒提木仍教习达赖喇嘛经文，并仍在藏地协理办事"①。乾隆五十一年（1786），章嘉大国师圆寂于五台山，北京掌印喇嘛一职空缺。清廷参照六世班禅进京规格，征召阿旺楚臣进京接任，礼遇隆重，可见其在清帝心目中的地位。

乾隆五十三年（1788），廓尔喀入侵西藏，造成藏地动乱，人心浮动。乾隆帝认为"达赖喇嘛人过诚实，专习经典或且偏听信旁人，全无主见"，致使藏政紊乱，"故遣噶勒丹锡呼图禅师仍复至藏，帮同达赖办事"②。乾隆五十五年（1790），雍和宫掌印喇嘛阿旺楚臣再次被乾隆帝派往拉萨主持政教事务，规定藏内事务，先令驻藏大臣与噶勒丹锡呼图禅师（阿旺楚臣）公同酌定，再送达赖喇嘛裁定，噶勒丹锡呼图禅师亲用钤记，再用达赖喇嘛印信。噶勒丹锡呼图禅师坐次，谒见达赖喇嘛仪注，俱照从前驻藏时行③。乾隆帝借阿旺楚臣再次摄政之机，利用其在藏地的威信和声望，稳定人心，协助落实此前提出的西藏善后《十九条章程》，进一步巩固了清廷在西藏地方的权威④。

乾隆五十六年（1791），阿旺楚臣病逝，乾隆令八世济隆呼图克图意希洛桑丹贝衮波返回拉萨就任协理摄政一职，协助达赖喇嘛处理西藏事务。八世济隆呼图克图积极协助八世达赖喇嘛筹办军务，积极配合清军的行动，最终取得了廓尔喀战争的胜利。之后，济隆呼图克图协助福康安等人奉旨制定了"钦定藏内善后章程"，配合驻藏大臣和琳制定了处理西藏各地差税纠纷的《水牛年文书》。嘉庆九年（1804）十月，八世达赖喇嘛圆寂，嘉庆皇帝命八世济隆呼图克图为摄政，办理西藏一切政教事务。

---

① 《乾隆朝满文寄信档译编》（19），岳麓书社2011年版，第496页。
② 张其勤、吴丰培：《清代藏事辑要》，西藏人民出版社2002年版，第91—94页。
③ 张羽新：《清朝治藏典章研究》（上卷），中国藏学出版社2002年版，第91—94页。
④ 参见卢永林《清代策墨林转世活佛系统研究》，博士学位论文，西北师范大学，2016年。

嘉庆二十四年（1819）三月，嘉庆皇帝任命阿旺降贝楚臣担任摄政职务，与驻藏大臣一起办理西藏政教事务。阿旺降贝楚臣担任西藏摄政期间，全程参与了西藏噶厦地方政府为增加财政收入，解决差税负担不平衡的问题，对所属各地之差税土地进行清查，并将清查结果编辑成册，即著名的《铁虎清册》的制定。道光二十一年（1841），英国发动了侵略西藏的战争，清政府当时忙于应付东南沿海的战事，无暇顾及西藏，阿旺降贝楚臣和驻藏大臣孟保领导西藏僧俗民众展开了英勇的斗争，将侵略者赶出了西藏。阿旺降贝楚臣在西藏担任摄政近二十五年，政绩十分显著。

光绪二年（1876），光绪帝任命驻锡雍和宫的十世济隆呼图克图阿旺丹贝坚赞出任西藏摄政。同年，英国借口"马嘉理事件"强迫清朝政府签订中英《烟台条约》，条约中规定英国可派人由北京经甘肃、青海或四川等地进入西藏，前往印度。光绪五年（1879），英国借口根据《烟台条约》中的规定，派"马加国摄政义奥斯图凯来赖"等人，准备从青海入藏，打开西藏的门户。西藏摄政十世济隆呼图克图主持召开西藏僧俗首领会议，反对洋人入藏，由达赖喇嘛、班禅额尔德尼领衔，给驻藏大臣上公禀，要求转奏光绪皇帝，表明坚决抵制洋人入藏的决心："掌办商上事务通善济隆呼图克图，恭奉达赖喇嘛、班禅额尔德尼率领阖藏众呼图克图、三大寺堪布、新旧佛公、台吉、僧俗番官、军民人等，公具切实甘结，恳请钦差驻藏办事大臣代为奏咨事……惟查洋人之性，实非善良之辈，侮灭佛经，欺哄愚人，实为冰炭，断难相处，兹俱阖藏僧俗共立誓词，不准入藏，出具切结，从此世世不顾生死，永远不准入境，如有来者，各路派兵阻挡，善言劝阻，相安无事，如或逞强，即以唐古忒之众，拼命相敌，谅在上天神佛庇佑佛地，大皇帝恩护佛教，断不致被其欺压而遭不幸也……"①这份公禀，表明了西藏僧俗民众一致反对他国侵略的决心，具有重要的历史意义。由于西藏僧俗民众的一致反对，义奥斯图凯来赖等人未能成行。之后英国又派人于光绪六年（1880）从巴塘和光绪十一年

---

① 牙含章：《达赖喇嘛传》，人民出版社1984年版，第106—107页。

(1885) 从印度两次入藏，均因西藏全体僧俗民众的抵制未能成行。济隆呼图克图作为西藏摄政，组织和领导着这些反帝斗争。

清朝中央政府在西藏地区实行摄政制度，这是符合西藏实际情况的一种特殊制度，对维护西藏的稳定发挥了重要的作用。摄政制度实行近二百年，由驻京喇嘛担任这一职位时间占了近三分之一，并且都为西藏的政治、经济的稳定、发展做出了贡献。派往西藏担任摄政的驻京喇嘛在地位上完全可以和驻藏大臣相提并论，可以看作是治理西藏地区的政教两翼。同时，他们都是德高望重的藏传佛教高僧，比驻藏大臣在蒙藏民族中具有更高的威望和号召力。驻京喇嘛担任西藏摄政，虽然他们在西藏地方没有政治势力，必须依靠中央政府的支持，才能保证行使自己的权力，但是他们对清朝政府的统治思想、政策、制度理解的更为透彻，在西藏地区能够更好的执行、宣传清朝政府的治理政策，从而使得清朝政府在西藏地区实施的各种政策、措施得以顺利进行，更好地维护了西藏地区的社会稳定。

（三）北京比翼拉萨成为新的黄教中心

清政权在关外发展壮大过程中，蒙藏地方政教首领已经陆续前往投效。清廷入关，册封五世达赖后，更多的呼图克图、大喇嘛等应召或自行来到京城，成为京城新修建之藏传佛教寺院的额定喇嘛。在绥抚蒙藏地区的过程中，这些驻京大喇嘛确曾发挥了重大作用，但远远没有达到如臂使指的程度，阳奉阴违、对抗国家统一意志的行为时有发生。有鉴于此，历代清帝都有意识地完善驻京喇嘛制度，强化其职能，到乾隆朝，随着雍和宫的兴建，喇嘛交流培养制度的完善，驻京呼图克图权威日盛，北京成为比翼拉萨的新的黄教中心。

1. 雍和宫的兴建及其宗教职能

乾隆九年（1744），原雍亲王府改建为藏传佛教寺院，这一有益于弘扬教法之大事，受到蒙藏僧俗各界热烈欢迎，达赖喇嘛、班禅额尔德尼、郡王颇罗鼐等上表庆贺，乾隆皇帝谕示达赖喇嘛自西藏哲蚌寺、扎什伦布寺等选派显、密、医、杂四扎仓上师，并从三大寺挑选十八名格西级经师，送往雍和宫。达赖喇嘛遵旨办理，在雍和宫改建尚未开光之前，即"由哲蚌、甘丹、温都孙等大庙喇嘛内，拣选熟谙经文，能守净道"，堪膺"教授经艺之喇嘛二十二名，其僧徒喇嘛五十二名，通共七十四名"送往京城。随后，清廷又从甘肃、青海各寺邀请呼图克图进京驻于雍和宫。各地蒙古王公也遵旨陆续选派本旗符合条件之喇嘛前往雍和宫习经。所以，从一开始，雍和宫就不单纯是清朝皇室礼拜黄教、举行佛事之场所，其更重要的职能是积累宗教资源和声望，成为内地为蒙古地区培养黄教经师之基地。雍和宫改建伊始，清廷就十分注意延聘喇嘛的等级和名望。清初，在信仰藏传佛教的蒙藏各地，前藏之达赖、后藏之班禅额尔德尼、漠北蒙古之哲布尊丹巴、漠南蒙古及京畿之章嘉呼图克图为各地区主持教务的最高级活佛，雍和宫总堪布亦比照这一活佛等级。在将雍和宫辟为黄教寺院过程中，国师三世章嘉呼图克图发挥了巨大作用，实际上担任雍和宫总堪布之职，管理雍和宫宗教事务，直到乾隆十三年（1748）。在此期间，自西藏、青海延请呼图克图、堪布等职，皆由三世章嘉指定。雍和宫步入正轨后，乾隆帝考虑从西藏迎请一位学识渊博的大活佛主持雍和宫教务，章嘉三世乃奏请延请七世济隆呼图克图为雍和宫总堪布，达赖喇嘛也推荐称"济隆呼图克图乃我西藏地方除达赖喇嘛、班禅额尔德尼之外，最大之喇嘛"[1]。从七世济隆活佛被推荐入京任职的过程看，雍和宫所延聘的呼图克图或大堪布、教经喇嘛等，均系由三世章嘉呼图克图举荐，上谕理藩院寄信驻藏办事大臣，咨文达赖喇嘛、藏王颇罗鼐等共同办理，即由清政府驻藏代表与西藏僧界、政界领袖会同负责遴选、护送事宜，可见清廷对雍和宫延聘呼图克图和教习喇嘛的重视[2]。后来担任雍和宫法台的阿旺楚臣（一世策墨林活佛），更是身兼西藏摄政、达赖喇嘛经师、甘丹赤巴三职，进京规格比照六世班禅的大活佛。雍和宫法台宗教地位的尊贵，是与雍和宫黄教中心的地位相匹配的。自雍和宫改庙至清末，六世班禅、十三世达赖及章嘉呼图克图等来京，均曾于雍和宫驻锡梵修、讲经传法、授戒

---

① 乾隆十二年七月十一日《驻藏办事大臣傅清奏请济隆呼图克图情愿进京俟准噶尔熬茶使者离藏后再令起程事折》，《清代雍和宫档案史料》，第4册，第285页。

② 赵令志：《济隆七世呼图克图入京考》，《吉林师范大学学报》2015年第4期。

收徒。喇嘛活佛及清朝皇帝在雍和宫举行的诸多佛事活动，达到了清廷"以政御民，以教御心"的目的，加强了蒙藏地区上层宗教集团对清政府的向心力。

清政府对雍和宫的僧俗事务十分重视，分别设官管理，而为首者一直由郡王或亲王兼任。雍和宫属皇家寺院，隶属内务府，与蒙藏地区文移往来，皆通过理藩院。随着雍和宫底蕴的日益深厚，清政府赋予其更多的政教职能，乾隆末年开始实施的确定活佛转世呼毕勒罕的金瓶掣签制度，将雍和宫作为"金瓶掣签"地之一，使雍和宫进一步成为清代蒙古和京师地区藏传佛教的管理中心，其在蒙古及京师藏传佛教寺院中的地位愈加突出。

乾隆五十七年（1792），随着清军入藏，廓尔喀事平定，乾隆帝即着手整顿、改革西藏僧俗各项事务，其中在大昭寺、雍和宫设置金奔巴瓶，掣签转世活佛之制，乃诸项改制之一，并将其缮入《钦定藏内善后章程》。鉴于藏传佛教活佛转世中出现的种种弊端，乾隆五十七年（1792）六月上谕军机大臣及在京呼图克图商议改革认定活佛转世之成规。旋于八月二十九日颁上谕，除在拉萨大昭寺设金奔巴瓶，签定藏区呼图克图之呼毕勒罕外，"于雍和宫内，亦设一金钵巴瓶，如蒙古地方出呼毕勒罕，即报明理藩院，将年月日姓名缮写签上，一体掣签。其从前王公子弟内私自作为呼毕勒罕陋习，永行禁止"。确定了金奔巴瓶掣签制度，并晓谕蒙藏地区一体遵行。自此，雍和宫作为签定活佛转世之场所，奠定了其在藏传佛教管理中的核心地位。

乾隆帝在雍和宫推行金瓶掣签，是从彻查喀尔喀赛音诺颜部额尔德尼班第达呼图克图转世舞弊事件开始的。乾隆五十七年（1792）降谕实行金瓶掣签确认呼毕勒罕定制后，五十八年（1793）二月，理藩院具奏访得喀尔喀赛音诺颜部额尔德尼班第达呼图克图圆寂后，其商卓特巴那旺达希擅自寻找灵童，赴藏向达赖喇嘛、拉穆吹忠求得咙单，指称土谢图汗车登多尔济之子系呼毕勒罕之事，系未遵照新规，仍按旧例认定活佛转世之事件。此奏引起乾隆帝重视，立即谕令理藩院、驻藏办事大臣彻查此事。最后，重新按新规寻访额尔德尼班第达呼图克图之转世灵童，于雍和宫掣签认定，成为于雍和宫掣定之首位呼毕勒罕。乾隆帝对此事件的调查和处理，旨在加强清朝对藏传佛教的管理，借机规范了藏区活佛转世于大昭寺掣签、蒙古地区活佛转世于雍和宫掣签制度，防止僧俗势力结合，抑制蒙藏贵族夺取宗教权力，削弱达赖喇嘛、班禅等对蒙古地区活佛转世的控制。因而赛音诺颜部额尔德尼班第达呼图克图转世事件，在清代佛教发展史上具有重要影响。自赛因诺颜部额尔德尼班第达呼图克图转世事件后，陆续有青海塔尔寺、佑宁寺、拉茂德钦寺、广惠寺、东科尔寺，内蒙古锡勒图召、五当召、班第达召、小召、大乘转轮寺、巴音和硕庙，外蒙古扎雅寺、哈尔哈库伦，甘肃拉卜楞寺，辽宁阜新瑞迎寺，北京察罕喇嘛庙等寺的阿嘉呼图克图、章嘉呼图克图、敏珠尔呼图克图、咱雅班智达呼图克图、锡哷图呼图克图、内托济音呼图克图、洞阔尔呼图克图、萨木察呼图克图等活佛之呼毕勒罕，多于雍和宫金瓶掣签确认，几乎涵盖了西藏之外的所有重要活佛系统。

由上可见，雍和宫并不是单纯的皇家藏传佛教寺院，而是清代驻京喇嘛制度发展到成熟阶段后，在北京设立的藏传佛教管理中心，既是为蒙古地区培养宗教人才的中心，又是比翼拉萨，行使宗教权力，掌控蒙古地区黄教的权威主体。

2. 驻京喇嘛制度对蒙藏关系的调节与监管

清朝政府对蒙藏地区的喇嘛有完善的管理制度，理藩院行使对喇嘛的管理职能，赐札萨克喇嘛以上者以印信，而札萨克喇嘛以下者予以札付，所有喇嘛统由清朝政府颁发度牒，无度牒者系属未被清政府认可之喇嘛。乾隆初年，再次整饬喇嘛度牒，并严格限制喇嘛私相往来，特别明令西藏、青海、蒙古地区的喇嘛不许与准噶尔人接触，更不许擅自到彼此之寺院传教，意在防止喇嘛与准噶尔暗通消息。同时，又极力加强驻京喇嘛与蒙藏各地的联系，发挥其调节缓冲作用。其中，准噶尔蒙古与清朝政府关于聘请西藏喇嘛的谈判过程，清楚地表明了清朝政府心目中驻京喇嘛的这一职能作用。

《军机处满文准噶尔使者档》记录了准噶尔历年与清朝谈判的各项内容，其中关于延聘喇嘛的谈判没有达成协议。谈判过程中清廷欲以驻京喇嘛取代西藏喇嘛前往准噶尔弘教的立场，显示清朝警惕准噶尔窥视西藏，觊觎控制黄教的目的①。

历史上准噶尔地区的喇嘛与西藏各大寺院关系密切，准噶尔遂以此为借口要求清廷允许其往西藏延请喇嘛，乾隆十年（1745）准噶尔使者奏称：

> 从前我等地方未立法性教，现在新立此教，所有西藏请来好喇嘛业已大半亡故，现在所存甚少，且年皆衰迈，若于土伯特地方拣选通于经咒好喇嘛，赏给前来，则我等地方经咒之教，可以永久不绝，而大皇帝之恩德，亦永久感戴矣。②

乾隆十三年（1748）准噶尔使团进京奏书中亦称："从前在土伯特处延请墨尔根喇嘛，大半物故，现存者皆已年迈，思归故土。"③乾隆十五年（1750）准噶尔使者又要求派人赴藏习经。面对准噶尔的要求，清朝持警惕态度，既不准许其自西藏延聘喇嘛，又拒绝其遣人前往学习，遂提出替代方案：

> 我等地方所有大寺，有著名呼图克图及由藏地挑选之贤能喇嘛以及各地习经喇嘛等，我等既已修好，台吉可将尔处习经喇嘛，选派十名或二十名至京，随大寺呼图克图及由藏选取贤能喇嘛等勤学三四年，再返回游牧，俾助推兴黄教，又何患黄教难以振兴耶。此即与遣人赴藏无异也。④

清廷强调北京各大寺院的呼图克图及自西藏来的高僧与通经喇嘛，在教习经文方面堪比藏地喇嘛，完全可以胜任传经教习。准噶尔方面则

---

① 赵令志：《论乾隆初年准噶尔汗国延聘喇嘛之谈判及其影响》，达力扎布主编《中国边疆民族研究》第六辑，中央民族大学出版社2012年版。

② 《平定准噶尔方略前编》卷四八，文渊阁《四库全书》本；《清高宗实录》卷二三三"乾隆十年正月己亥"条，中华书局1986年版，第12册，第13页。

③ 《平定准噶尔方略前编》卷五一，文渊阁《四库全书》本。

④ 乾隆十五年正月二十四日《谕准噶尔台吉策妄多尔济那木扎勒准派喇嘛至京习经》，《清高宗实录》卷三五六。

不愿落入清朝步调，拒绝了清廷的建议。乾隆十六年（1751），准噶尔使者又恳请延聘西藏喇嘛，乾隆皇帝作出表面让步，"可自京城延请喇嘛带回"，并保证"此所派教经之喇嘛，即自藏地选取者"①。同年准噶尔使团走后，清朝即办理自西藏为准噶尔挑选喇嘛之事，"著达赖喇嘛自四大寺选送其有德行者，有噶布楚、拉姆扎木巴等称号之喇嘛十人至京"②，以备准噶尔下次来使时带往。达赖喇嘛亦重视此事，挑选出十名喇嘛，其中"甘丹寺、色拉寺各二，哲蚌寺四名，二温都孙寺各一，皆为坐床之有德喇嘛"③。准噶尔使者再来，不提前事，也不延请此十名喇嘛，"反以断不可遣往之呼图克图为请"，双方立场不可调和，谈判至此破裂。由此可见，不许准噶尔入藏，断绝准噶尔与西藏喇嘛的往来，防止准噶尔以阐扬黄教为由与西藏建立直接往来，是清朝政府的底线。准此，蒙古各部与西藏的往来，均在清朝政府的管控之下，驻京喇嘛制度则是与之相配套的调节缓冲器。

驻京喇嘛制度从顺治时期开始建设，经过康熙、雍正时期的发展，乾隆时期达到完善。在这一过程中，中央政府与藏传佛教格鲁派上层、以准噶尔蒙古为代表的各地蒙古王公围绕蒙藏地区政教事务进行了长期的博弈，驻京喇嘛制度既是博弈的手段之一，也是博弈的结果，有力地配合了清朝政府在蒙藏地区的经略。随着清朝对准噶尔战争的胜利，驻藏大臣的设立，金瓶掣签制度的确立，清朝对蒙藏地区的统治制度日趋巩固，驻京喇嘛制度也发展到顶峰。通过金瓶掣签制度掌握了活佛系统转世的权力，通过外派堪布喇嘛掌握了蒙古地区的宗教事务，驻京喇嘛制度帮助清王朝实现了教令出自北京的意愿。

清朝政府处理政教关系的藏传佛教政策具有两面性的特点：一方面是在国家制度层面上，将藏传佛教的权力严格限制在理藩院的管理之下，不允许向理藩院之外的政治领域渗透，以体现皇权至上、政教

---

① 乾隆十六年三月初一日《颁于准噶尔台吉喇嘛达尔扎之敕书》，出自《军机处满文准噶尔使者档译编》，转引自赵令志《论乾隆初年准噶尔汗国延聘喇嘛之谈判及其影响》。

② 乾隆十七年正月十六日《协办大学士阿克敦等奏闻使臣不敢延请喇嘛言语情形折》，引自《军机处满文准噶尔使者档译编》。

③ 乾隆十七年正月二十一日《协办大学士阿克敦等奏闻使臣叩拜呼图克图等言语情形折》，引自《军机处满文准噶尔使者档译编》。

分离的原则。另一方面，皇帝以护教者的形象，积极参与到藏传佛教事务中，支持藏传佛教在蒙藏地区的政教特权，并以文殊的形象和身份享受藏传佛教的崇拜，并给予藏传佛教崇高的地位，从而达到兴黄教以安蒙古、进而安定边疆的目的。清朝政府实行的驻京喇嘛制度集中体现了这种两面性，是清朝政府适应多民族国家复合体制的需要，是对元、明两朝藏传佛教政策扬弃的结果。驻京喇嘛制度的实行，加强了清中央政府与边疆地区的政治、宗教、经济、文化等方面的交流，在维护国家统一，保障社会稳定，加强民族团结，促进文化交流等方面起到了重要的作用。

（原刊《西北师大学报》2017 年第 3 期，与郑煦卓合作）

国家权力扩张下的近代藏边
群体纠纷解决机制

——以甘青藏边多民族聚居区为例

近代被视为社会变革的激剧时代，与清前期中央政府对边疆的经略相比，这一时期表面上波澜不惊，但边疆、内地一体化的制度性选择却悄然加速。以甘青藏边多民族聚居区为例，国家权力由浅入深不断浸润，各种文化、规范碰撞、融合，各项制度也适时变革，在这样的背景下，藏边群体纠纷解决机制不断进行着调整、变革。

一 互动与权变——近代藏边群体纠纷解决主体的选择

民间纠纷解决必诉诸一定的权力，而权力源于对某个对象的崇拜、认同或畏惧。国家是政治认同，宗教是精神信仰，习俗是自我规范。国家、宗教、习俗等权力分别体现于国家机构及其意识形态、寺院及其宗教文化、民间组织及其风俗习惯之中。近代甘青藏边多民族聚居区，国家、寺院、民间三方权力在中央威权向边疆扩张的背景下，其互动与权变适应于边疆内地一体化的趋势，形成了新的三角平衡。

（一）政教寺院

甘青藏区藏传佛教寺院作为民间群体纠纷解决的主体之一，具备政教一体的半官方性质，这些寺院不但统摄许多小寺院，而且还辖有许多部落，集教权与政权于一身。如拉卜楞寺辖区内的许多民间纠纷产生后，可不通过官方，直接由寺院出面保释便可甘结。如在拉卜楞寺与隆务寺的纠纷中，循化厅抚番府处理的程序是"陆续调齐隆务新旧昂锁、拉布塄皇仓捏力哇及古的仓工拭卜并该两造僧俗头目、乡老等，于光绪二十五年十二月初八日在卡家寺两造适中地方，会讯互执，喝令将两造头目押交案犯，按律惩办。随据隆务新旧昂锁、拉布塄皇仓捏力哇等具结保释，求照番规在下议处"。① 在这一案例中，官方作为纠纷解决优先选择的主体，拟按律惩办，但因寺院出面"保释"而退居其次，官方权力分流于寺院，最终以番规议处。又如光绪年间，买吾与黑错两部落发生纠纷，表面原因是对于道光年间"古的仓评议"② 的争议，实际上是由于"道光二十六年，黑错滋事，隆务寺具结承保"引起的，两个部落出现纠纷，只要隆务寺出面承保便可以甘结，一方面说明隆务寺势力强大，另一方面也说明寺院在当时享有较高的政教权威，经常被选择为纠纷解决主体③。

　　从主观上说，官府对寺院作为纠纷解决主体的认可，表现了国家权力对地方传统的包容，但受大一统意识的支配，又极力寓限制于利用之中，如光绪年间河南蒙古郡王与隆务寺发生纠纷，隆务寺出兵，以挡兵之费为由，"郡王与隆务寺交过牛马三百匹、羊一千支、元宝银十五个"。对于隆务寺擅自出兵并收取挡兵之费，官府强烈表示不满，严厉警告下不为例："蒙番各族嗣后如有彼此争夺案件，不行赴官，听候审断，辄敢擅行出兵者，定将兵行抢夺名物及收得挡兵之费先行追取入官，并将擅行出兵之头目严行惩办。"④ 更常见的策略是将

---

① 《会办番案详报拟结折稿》，青海省档案馆，档案号：7—永久—2925。

② 据青海省档案馆《会办番案详报拟结折稿》记述：道光二十六年黑错滋事，经隆务寺具结承保，则盖（又称作盖，光绪时又称买吾）归隆务管束。但后又不断发生纠纷，则盖戕杀转僧达瓮巴，同治初年，古的仓活佛调解："则盖自戕杀转僧达瓮巴，即经拉布塄代放池哇，五年一届，并着则盖分送沙沟、拉卜楞各分子五个，黑错分子四个。此为古的仓评议。"

③ 胡小鹏、高晓波：《"角色理论"视野下的藏边民族纠纷解决机制》，《西北师大学报》2010年第6期。

④ （清）李慎：《论办河南番务函札》，甘肃省图书馆藏，索书号：629.65/292，第34页。

寺院的纠纷解决主体角色纳入官府的制度安排之中，如番案中自首投诚的案犯，经佛寺承保后，须由官府施以恩威，体现国家权力的主导地位。如光绪十二年，"乜乃亥、娘本、阿粗乎羊情愿进城投案见官以明真心无他，经六寺承保不致为匪，经宪台恩威并施，可期从此相安"①。在民间群体纠纷的解决中，寺院作为解决主体的选择是在与国家的互动中形成的，权力流向寺院是官方权衡的结果，其前提是以较低的成本稳定社会，这在藏族社会内部或蒙藏之间纠纷中最为常见，官府无力查办的历年积案，"多委各寺喇嘛为之和解赔赃"②。

（二）民间力量

藏边群体纠纷解决中的民间力量不仅仅来源于部落、家族等地缘或血缘组织，还包括一些有影响的民间人士，如乡老、活佛、熟知番事的喇嘛、邻里等。如在买吾与黑错的纠纷中，古的仓活佛出面使各方达成协议，"僧俗皆服，援以为例"③。古的仓活佛并非握有政教权力的一寺之主，仅凭个人威望在纠纷解决中起到了关键性的作用。清末藏边民间"遇事格斗，从不报案"④，只有在酿成重大纠纷时才会上禀至官方，因此民间力量在甘青藏边日常群体纠纷解决中起着十分重要的作用。即使在官方受禀案件后，也往往倚重民间力量解决纠纷。如循化厅下属的沙沟与卡家寺争佃世斗不息，常复兴讼，"光绪二年二月二十六日，卑前厅安丞福又亲笔批示，该两造房屋田地各管各业，再不准狡赖兴讼；该两造寺院内官见捏力哇各派各人执管，不准藉势专权，各条附卷在案。江洛仍不遵从，互杀多命，直至光绪六年，经番回乡老说和。彼时无拉寺主谋助势，均听劝息兵，各管各

---

① 张大镛：《办理河南野番禀详底稿》，甘肃省图书馆藏，索书号：629.65 309.01，第 35 页。

② 龚景翰纂修：《循化厅志》卷八，台北成文出版社 1968 年版，第 171 页。

③ 《会办番案详报拟结折稿》，青海省档案馆，档案号：7—永久—2925。

④ 《循化厅详报处理中库番子与孟达山撒回争斗禀》，青海省档案馆，档案号：7—永久—3094。

佃，业已十年安静无事"①。循化厅判案未能使双方信服，最后凭乡老说和息兵而相安无事。同治十二年，龙哇与卡家纠纷难以甘结，循化同知九月十一日曾谕隆务寺昂锁、沙沟寺法台、黑错寺番："查尔昂锁、法台、番僧为人老成端方，番族信服。合行谕知，谕到仰该昂锁、法台遵照，速会同前往龙哇、卡家两处，将二比争管庄寨私仇，秉公评处。"②循化厅九月十三日又谕阿让丹坝喇嘛、买吾红布乡老、黑错管家老人、沙沟寺管家老人："本署分府现亲来查勘结办，亦须采择舆论。查该丹坝喇嘛、红布乡老、管家老人前曾与龙哇、卡家评处，熟知其中情节，且老成公正，信著番族，合行谕调。"③说明官方在遇到棘手纠纷时，有意识地依靠民间力量处理。

（三）官方组织

从"羁縻"制度到"因俗而治"是中原王朝对边疆统治方式的根本变革，国家权力由此逐渐深入藏边。雍正十一年，清廷以《番例条款》作为管理甘青藏区的过渡法条，本欲五年后即以《大清律》替而代之，但因《番例条款》适宜番区实情，一再延期，遂成定例。《番例条款》的颁行是国家权力开始主导藏边民族事务的标志。此后国家权力不断扩张，"绳以官法"④的呼声越来越高。民国时期，随着国家近代化步伐的加快，在国家、寺院、民间的三角互动中，国家权力日益凸显，不断压缩寺院、民间的权力空间，军阀的崛起则几乎窒息了后者的存在，后者不得不寻求中央权威的制衡。甘宁海镇守使马麒与拉卜楞寺发生纠纷，马麒竟纵兵围寺焚掠僧俗，拉卜楞寺僧俗民众控诉马麒至甘肃省政府，⑤执政府秘书厅致马麒电："既称维护番

---

①《循化厅为沙沟与卡家寺争佃上宪台的禀》，青海省档案馆，档案号：7—永久—2945。

②《循化同知为调节卡家、隆哇番案给隆务寺昂锁等的谕》，青海省档案馆，档案号：6—永久—268。

③《循化厅为调节卡家、隆哇番案给阿让丹坝喇嘛、买吾红布等的谕》，青海省档案馆，档案号：6—永久—268。

④《循化同知为调节卡家、隆哇番案给隆务寺昂锁等的谕》，青海省档案馆，档案号：6—永久—268。

⑤《拉卜楞寺僧俗民众控诉马麒电》，甘肃省档案馆，档案号：88—1—29。

众，何以酿成战事，既使开战，何以事前无一字呈报？"① 同时中央派甘肃督军陆洪涛前往查办②，陆洪涛多次致电甘肃督军署驻京办事处董士恩通报此案的详细处理情况，最后处理结果仅是"勿得再有残害番众情事"的一句训令。③ 军阀实际上代表着国家，民族纠纷解决机制的军阀化从另一个侧面说明藏边政教一体被搁浅后国家权力的长驱直入。国民政府时期，在限制军阀的同时对藏边也有所作为，如为嘉木样活佛颁赐册印，保护藏族僧俗利益。抗战期间，在五世嘉木样的宣传下，甘、青、川、康四省边区各族民众踊跃抗战，国家、寺院、民间"三角"互动达到了新的平衡，但国家权力扩张的总趋势却未曾改变。在卓尼禅定寺与洮岷路保安司令部的纠纷中，蒙藏委员会快邮代电："甘肃党局饬令杨太太交出印信，仍请宋堪布获理，然胡专员及刘局长对此仅谓党令其交出，实则不过敷衍而已，故宜由政府勒令其交出。"④ 保安司令部属于政府设立，但其组织与管理则由当地部落头目来担任，寺院与其发生纠纷时由蒙藏委员会给予解决的意见，国家权力已经深入寺院、部落等基层组织中了。而以另一份关于争夺草山引发纠纷致命的判决为例，民国三十四年十一月，甘肃省政府特别法庭对被告夏河陌务总土官杨占仓、卓尼北山三旗头目麻周因争夺草山致命案件做出了判决，判决书以主文、事实、理由三个部分对案件的缘由及经过进行了详细描述⑤，后附有审判长、审判官、军法官、书记员的名字。甘肃省特别法庭介入藏边民间群体纠纷解决是国家权力取代寺院、部落权力完全深入藏边多民族聚居区基层社会的体现，

① 《执政秘书厅就查办残害番众事致镇守使马麒电》，甘肃省档案馆，档案号：88—1—63。

② 《董士恩为马麒与拉卜楞纠纷中央派陆洪涛查办等事电》，甘肃省档案馆，档案号：88—1—26。

③ 《陆洪涛就甘宁海镇守使马麒残害拉卜楞寺藏民案致董士恩电》，甘肃省档案馆，档案号：88—1—51；《陆洪涛就马麒带队赴寺残害番众焚烧寺院调查处理情形致董士恩电》，甘肃省档案馆，档案号：88—1—63。

④ 《甘肃省参议员宋堪布关于解决禅定寺与洮岷保安司令部纠纷的四点意见》，甘肃省档案馆，档案号：4—1—379。

⑤ 《关于被告杨占仓、麻周因争夺草山谋杀人命等情一案的判决书》，甘肃省档案馆，档案号：4—6—402。

国家主导民族事务处理为边疆内地一体化打下了坚实的基础。

二　合意与决定——近代藏边群体纠纷解决方式的选择

　　纠纷的产生与利益的分配密不可分，纠纷解决的过程实际上也是人们追逐利益的行为过程。从伦理上讲，它还是一种利益（正义）分配和交换的过程。因此纠纷解决一般存在两种方式，即合意与决定。合意即是遵照利益交易规则，使当事人之间达成合意，决定即是当纠纷当事人无法就利益交换达成合意时，由赋予权威或权力的机构以自己认为合理的条件强制双方进行交易。"合意"与"决定"作为纠纷解决的两种模式，分别契合了不同的正义理念。"合意"的选择前提是对利益分配方式的认可，"决定"的选择是权威与正当性的存在。

（一）"合意"方式的选择
1. "合意"方式选择的条件

　　合意方式的选择是藏边民间纠纷解决的传统途径，凭借当事人的利益交换契约，可以将纠纷化解。藏边地区民族成分复杂，政治、文化独特，部落、寺院、官方机构所代表的各种权力交织在一起，使民间群体纠纷解决有多种路径选择。在这样的特殊政治文化环境中，"合意"方式的选择必须依赖两个条件，一是以民族文化为基础，二是以习惯法为导向。以隆务昂锁与蒙古郡王纠纷案为例，在循化厅的协调下，蒙古郡王与隆务昂锁达成合意：蒙古郡王赔偿命价四十五个，归还帐房、锅碗及抢取的马、驴、衣物，并给番俗靠头硃字藏经一部；隆务寺沙力仓新旧昂锁、三寺喇嘛、千户、百户、红布等具结领状，并承诺日后不再滋事，安静务业。① 番案纠纷以罚没为习惯，从一九起，有五或十二等罚没规定②，此次纠纷的解决固然有官方协

---

①　《隆务昂锁等为与蒙古郡王冲突的具结》，青海省档案馆，档案号：7—永久—4394。
②　周希武：《玉树调查记》附录一"番例六十八条"，青海人民出版社 1986 年版，第470 页；《中国地方志集成·青海府县志辑》，凤凰出版社 2008 年版，第 3 册，第 470 页。

调之力，但更主要的是依据民族文化的习惯法，就番例中"纠纷罚没"达成共识，从而签订了利益的分配契约，实现了双方互利的交换目的。

2."合意"方式选择的过程

"合意"方式选择的主体有国家、寺院、民间组织等，"合意"方式解决纠纷最初由民间力量来实践，而后会上移至寺院、官方，在民间、寺院无法达成合意解决时，官方机构总是以国家权力的法柄使双方利益分配相对均衡。以光绪年间中库与孟达争山一案为例，据《西宁府为查办中库、孟达争山一案情由的详》记载：

> 青海西宁府所辖区内撒回孟达欠番族中库钱粮两债，俱系利上加利，积累而成，中库逼还本利，不惟此项巨款一时难于拿出，孟达其受盘剥之害，心甚不甘，于是衅启争山，酿成大狱。后经乡老韩木洒、尖错等调处了结，但因将债数耽起数日，使中库巨款虚悬无着，此后报官，西宁府抚番府以查厘金为由，沿途探访案情，查得中库与撒回孟达因债务纠纷而争山酿成事端，而所争之柴山为两造公采之地，势必引起祸乱，经西宁府裁夺，将柴山归中库管理，中库应拿出价银二千两交与孟达撒回，孟达伤毙中库番子五命，照番规赔出命价银二千五百两，即从柴山价内全数划扣清楚，中库番子伤毙撒回孟达十命，应照番规赔出命价银五千两，俱钱货各半，现除已交钱一半外，其余一半均由小的、尖错等陆续催缴，不得短少分厘。①

从此案的处理过程可以看出，案件最终能够甘结，除了仍依番例处理，互赔命价外，更主要的是抚番府抓住了纠纷的主要症结，进行了行政指导，促成双方达成合意。一方面体现了国家权力对以民族文化为基础的习惯法的遵循，从法律层面上来讲，也是国家法对习惯法的包容；另一方面，也提示国家权力已经扎根于民族聚居区的土壤

---

① 《西宁府为查办中库、孟达争山一案情由的详》，青海省档案馆，档案号：7—永久—3096。

中。随着国家权力扩张，两者即会在碰撞中达到融合，使近代藏边民间纠纷解决方式从"合意"转向"决定"。

再以民国时期拉卜楞寺与刚叉寺械斗纠纷为例，"若照番例办理，自可持平了结"，但因两寺分属西宁镇与河州镇两个行政区域，河州镇有河州驻防之西军，"若处置稍失其平，冲突即所难免"①，甘肃省政府不得不电谕河州镇守使裴建准、西宁镇守使马麒和衷解决。

以上两案反映了藏边纠纷解决方式选择上的变化，传统上依番例即可甘结，但随着国家权力的不断扩张，藏边群体纠纷解决方式更多地从"合意"转向了"决定"。不过，这种传统格局被打破后又出现了新的尴尬，那就是国家对藏边多民族聚居区的制度供给不足，无法完全满足各民族的法律需求，但这只是暂时的，民众对国家、部落、寺院三者权威与公正性需求的提高会重新塑造一个新的环境，在这样的环境中，国家作为主导，秉持抓大放小原则，平衡"合意"与"决定"的关系，这也是近代藏边群体纠纷解决方式选择的一个特殊性。

（二）"决定"方式的选择

1."决定"方式选择的条件

藏边群体纠纷解决的"决定"方式的选择机率随着国家权力不断扩张而提高。藏边多民族聚居区民族成份复杂，宗教信仰浓厚，元代以来土司制度是中央实施于当地的基层政治制度。清朝从平定金川、处理瞻对事件及镇压地方动乱等军事活动入手，大规模实行改土归流，国家权力向着藏边长驱直入，这是民族纠纷解决"决定"方式产生的背景。在此过程中，国家权力的权威与公正性是"决定"方式选择的必要条件，当国家权威及公正性受到质疑及其"三角"互动失去平衡时，其决定就会失信进而失效，从而造成社会动乱。因此解决群体纠纷决定方式的选择也带有一定的条件：一是国家的权威及公正要同时在场，二是尊重民族的宗教与文化。

---

① 《陆洪涛林锡光就拉卜楞寺与刚叉寺械斗处理情形致董士恩电》，甘肃省档案馆，档案号：88—1—50。

2. "决定"方式选择的过程

国家权力扩张背景下藏边群体纠纷解决方式选择过程及其变化，从四川松潘上阿坝与甘肃拉卜楞之纠纷个案可见一斑：据岷县专署民国三十六年发给甘肃省政府的电报，"上阿坝多夏之子因盗走上六寨人民之牲畜，郭莽寺僧官着六寨人民追赶，将盗围于仍部村落之内者，经月余解围"①。郭莽寺系拉卜楞属寺，为争六寨拉寺与上阿坝结下了仇，因上阿坝教权归拉寺而政权归四川，两者在界务方面又存在着矛盾，这应该是双方纠纷的起因。继而四川松潘行政辖区四川第十六区专署何本初在上阿坝视察时，听信祥恩土官的谗言，提审郭莽寺方面的旦巴，旦巴愤懑之极暗杀了祥恩土官，并发生械斗。纠纷产生后，国民党中央执行委员会组织部发文令甘肃省政府查清事由，省政府民政厅会保安司令部拟办，经拉卜楞保安司令部、岷县专署的实地走访调查，② 民国三十七年六月甘肃省民政厅呈给了省政府主席关于处理上阿坝纠纷办法的请示文件，主要内容包括：四川第十六区专署电报黄正清干预松潘所辖上阿坝行政，主张上阿坝应归松潘管辖、葛摩寺（郭莽寺）不能干涉上阿坝行政、旦巴谋杀土官应由黄正清负责、被黄正清命令撤换的土官应一律复职；而黄正清司令电报此案经由：四川省行政力量并未达到上阿坝地区，四川十六区何专员至松潘考察时仅凭祥恩土官一面之词，即传集旦巴等讯问，遂酿成事端。③ "处理此案应就边区习惯以番规为准。"④ 在中央执行委员会组织部、甘肃省政府及其民政厅和保安司令部、四川省政府、岷县专署、拉卜楞保安司令部等官方参与下，以番例番规为基础，"饬黄正清司令迅将上阿坝历次发生纠纷经过及部落分布情形，与以往土官产生方式详为具报；祥恩土官与六寨不睦乃为历次发生械斗之主因，拟建议行政院转饬四川省政府就近指派有声望之土官，会同本省拉卜楞寺依照番

---

① 《岷县专署关于拉寺与上阿坝之纠纷给甘肃省政府的电》，甘肃省档案馆，档案号：4—2—506。

② 《中央执行委员会关于松潘上阿坝与拉卜楞纠纷调查给甘肃省政府的电》，甘肃省档案馆，档案号：4—2—506。

③ 《答疑处理上阿坝纠纷办法请核示由》，甘肃省档案馆，档案号：4—2—508。

④ 《答疑处理上阿坝纠纷办法请核示由》，甘肃省档案馆，档案号：4—2—508。

规番例平允解决，永息纷争"①。

　　实际上若按番例番规，寺院及民间组织即可以处理，但是从中央至地方基层的国家职能部门都非常重视，在调查清楚后由甘肃省民政厅做出处理意见，在民国时期，藏边群体纠纷解决方式具有双重选择性，即可以是"合意"和"决定"两种方式，但是由于这一时期国家权力已经深入民族聚居区，因此对于群体纠纷解决方式的选择带有明显的倾向，"决定"方式的选择成为标准答案。随着民族政治、经济、文化、教育等各方面的发展，国家权力以权威与公正性成为群体纠纷解决的主导时，"决定"方式便成为一种不可抗争的藏边群体纠纷解决的必然选择。以上则杨占仓争夺草山谋杀人命一案为例，无需寺院、民间的调处，通过对案件的调查取证，依据"刑法第二七一条第一项第五十九条第六十六条第三十七条第二项第十一条第四十六条第八十七条第二、三项减刑办法第一条第四条民法第一条，刑事诉讼第二九一条前半段第二九三条，特别判决如主文"②。判决麻周有期徒刑五年，剥夺公权五年，杨占仓谕知无罪。③ 整个案件事实清楚，证据确凿，理由充实，审判有序，充分体现了国家权力的绝对公正，是"决定"方式解决近代藏边民间群体纠纷典型案例之一。

　　"决定"与"合意"作为藏边纠纷解决的两种方式，它们之间也是互相转换的，转换的条件即是国家权力的扩张和民族传统文化的发展，国家权力扩张为"决定"方式的选择创造了条件，民族传统文化的发展为"合意"方式的选择提供了机遇。

---

　　① 《答疑处理上阿坝纠纷办法请核示由》，甘肃省档案馆，档案号：4—2—508。
　　② 《关于被告杨占仓、麻周因争夺草山谋杀人命等情一案的判决书》，甘肃省档案馆，档案号：4—6—402。
　　③ 《关于被告杨占仓、麻周因争夺草山谋杀人命等情一案的判决书》，甘肃省档案馆，档案号：4—6—402。

三　冲突与融合——近代藏边群体纠纷解决规范的选择

　　近代藏边民间纠纷解决规范的形成是藏边民族传统文化与中原法律文化整合后而产生的，从法社会学来分析，在处理民间纠纷中，多层次的纠纷解决规范是较好的选择。以法律文化为视角，近代藏边民间群体纠纷解决规范大体可以分为习惯法（包括宗教法）和国家法两个层面。

（一）习惯法

　　"法文化传统是在各自族群的社会生活的实践中形成和发展的，它与各自族群特定的生产、生活方式、政治制度、宗教信仰和婚姻惯行密切相关。"[1] 习惯法是对法文化传统的集中反映，近代藏边民族习惯法是以藏族文化为基础，吸收了其他各民族文化而形成的，它是建立在民族法文化传统基础上的，始终是群体纠纷解决的规范之一。具体而言，罚服、立誓、保释最能体现藏边民间群体纠纷解决所依赖的习惯法。

　　1. 多以罚服为主

　　"罚服"指罚取当事人的财物作为惩处的方式，从而使纠纷得到解决。甘肃按察使顾济美曾上乾隆番例展限一折曰："杀人者死，原为遵行成律，但番民僻处蛮方，各因其俗，于一切律例素不相通晓，未便全以内地之法绳之，不若以番治番，觉于夷情妥协"，"嗣后番民自相戕杀命盗等案，似应仍以番例罚服完结"[2]。罚服的涵义很广泛，不仅仅包括罚牲畜、钱物，还包括送分子等。

　　2. "立誓"可代"罚没"

　　在一般情况下，以罚没为主，只是在无力纳罚时才立誓。《番例

---

[1]　周星：《习惯法与少数民族社会》，《云南民族学院学报》2000 年第 1 期。

[2]　《番例条款》（手抄本，第 5 页），甘肃省图书馆，索书号：676.58　504。

条款》中有："无力纳罚服牲畜者，令小头目于该部落内选有颜面之人立誓。"这也说明立誓并不是当事人的个人行为，它带有一种明显的"保释"或连坐色彩，如《番例》所述："若隐匿盗贼及其行窃之处，不行承认者，令其伯、叔立誓；如无伯、叔，令其伯、叔之子立誓。"①

3. 宗教领袖和部落头目有保释权

此保释与现代意义上的保释有所不同，它不是在尊重当事人的人权及认定当事人无罪的情况下所做出的司法行为，而是在这种特定的历史时期和特定的民族聚居区出现的一种已经形成习惯的纠纷解决遵循的规范。如"光绪二十五年十二月初八日在卡家寺两造适中地方，会讯互执，喝令将两造头目押交案犯，按律惩办。随据隆务新旧昂锁、拉布塄皇仓捏力哇等具结保释，求照番规在下议处"②。又如"各该红布老人，始于十月初一、初三两日传集到案，准其保释前押数人。并据原派，查实两造赃命，照依番规评议"③。可以看出，保释一般由寺院的新旧昂锁、捏力哇及红布老人为主，保释后处理则是以番规为准，保释已经成为解决纠纷的主要习惯法之一。

（二）宗教法

若要将宗教法从习惯法分离出来的话，那么只能以宗教教义教规的法律适应性及宗教机构的司法化两个方面来说明宗教法在解决民族纠纷中的规范。

1. 教义教规的法律适用性

对于藏传佛教及伊斯兰教而言，拥有教权的一般为活佛、阿訇，他们经常利用教义教规对群体纠纷案件进行解决。如在藏边群体纠纷发生时，官方首先令寺院的昂锁、堪布、或当地具有威望的喇嘛谕饬纠纷双方，并派对佛经较为熟悉的活佛进行讲说。光绪二十三年，黑

———————————

①《番例条款》（手抄本，第10页），甘肃省图书馆，索书号：676.58　504。

②《会办番案详报拟结折稿》，青海省档案馆，档案号：7—永久—2925。

③《查办番案委员等会衔报会办循化保安狼家、双朋争山案的详报》，青海省档案馆，档案号：7—永久—3022。

错与买吾纠纷中，循化厅会同洮州厅难以查办，后经佛僧化旦仓讲说，此案不日速为了结，"查佛僧化旦仓身充佛门，尔番子素以信服佛法，听从讲说，不准私自械斗"①。化旦仓讲说并不是一般的讲和，而是以佛法进行感化，使双方信服。实际上这些宗教的教义教规已经被赋予法律的意义，而且具有一定的法律适用性。

2. 宗教机构的司法化

近代藏边民族纠纷解决中宗教机构司法化的主要表现是"业仓"独立的审判权，政教一体的寺院作为半官方性质的宗教机构，除拥有教权外还替代官方行使政权，随着国家法律文化近代化，寺院也会与县同步设立司法机构，专门从事解决本地区群体纠纷的相关活动。如民国时期，夏河设县，下设司法处，而在拉卜楞寺院内也有专门的司法管理机构，"业仓"即是专门从事司法管理的佛僧。民国二十五年马鹤天在夏河所见的寺院司法机构为："即在中山街外，有屋数进，愈进愈高。大门外有高杆二，如内地之旗杆。大门内为勤务室，有藏妇七八人服劳役。最后正房为法官室，有法官一人，由寺中选派之，三年一任。"② 这实际上就是寺院内部的司法部门，因为法官是由寺院委派而不是政府，"业仓"就是负责这些事务的总法官。这些机构与县署的衙门在处理纠纷案件时，法律效力相当，受理对象也往往是交叉的。一般来说，藏与汉或回发生纠纷时，藏多半上诉至"业仓"，因为"业仓"作为藏族宗教信仰的圣地之法官，在判定时多依据习惯法，藏民胜诉把握较大，若汉、回与藏发生纠纷，汉、回则上县署起诉。同一地域，存在着双重的平级司法管辖权，难免有些纠葛。"回、汉民在'业仓'诉讼，不免吃亏，败诉者又来县署起诉，但藏民被告或在县署败诉者，又往往直赴'业仓'起诉。盖藏民心理与习惯，信任'业仓'，较县署为深也。"③ 这就造成同一案件来回重审，既浪费

① 《循化厅同知黄为遵化旦仓调解给双朋红布番目老人等的谕》，青海省档案馆，档案号：7—永久—2670。
② 马鹤天：《甘青藏边区考察记》，胡大浚主编《西北行记丛萃》本，甘肃人民出版社2002年版，第87页。
③ 马鹤天：《甘青藏边区考察记》，第88页。

了司法资源，又不利于形成对法律文化的价值认同。寺院机构司法化后并不是将寺院的宗教法或习惯法嫁接过来，而是在保持一定的宗教习惯法的同时，自己也被异化。寺院"业仓"在对犯法者处罚时，并不全是"罚服"，还有"拘禁"①，拘禁即是寺院在处罚罪犯时吸取中原法律传统文化的成分后而变异的。

（三）国家法

国家法是相对民间法而言的，民间法包括习惯法、乡规乡约等约定俗成的不成文法，国家法与民间法的关系一方面表现为冲突与整合，另一方面也可理解为互补、共生的关系。近代藏边民族聚居区的民间法无处不在，但在近代国家权力向边疆扩张的趋势下，国家法作为上位法也逐渐深入基层社会，这一过程最先表现为国家法律文化与民族传统文化的冲突，最初的实践可以追溯至清前期，以《番例》的颁行为标志，而后便迎来了长期的交融与互动。因此在近代藏边民族聚居区，国家法与民间法同时存在，均为民族纠纷解决规范依据。与民族纠纷解决有关的国家法主要表现为国家制定的有关民族纠纷的法律条文、国家法所吸收的民间法。国家法在民族纠纷解决的实践中，充分体现出维护国家统一、中央权威的原则和"因俗而治"的原则。这些原则实际上就是民族纠纷解决规范的法源。

1. 维护国家一统的原则

国家法将国家统一的根本意志贯穿始终，在国家权力已经达到的区域无不体现这一意志。在藏边群体纠纷解决中首先要遵循的原则便是国家统一。国家法地方化一个重要的条件就是基层政权的建立，只有靠这些机构才能使国家法得到具体实施。清雍正以后，"已归州、县、卫、所、营、汛管辖之番民"，其纠纷由"该管上司核批缉究"，必要时由该管土司核转，同时在民族地区极力推行千百户制度和乡约制度，以保证执行力度。在纠纷解决中，若有破坏国家大一统的活

---

① 据马鹤天所见："拘禁：监禁室在二门内左方，参观时有囚犯数人，足带镣，其屋有门无窗，地铺毡毯，囚犯皆面无愁容，盖拘留时期甚短，每日放出散步一二小时（在院中不许出大门）。"见《甘青藏边区考察记》，第87页。

动，国家将进行严厉镇压。

2. 维护中央权威的原则

边疆民族聚居区政治、文化、地理独特，民族纠纷解决的手段因地制宜，但由于近代国家权力的扩张，中央政府的权威也会深入其地，因此在民族纠纷解决中，对蔑视中央权威的行为或"关系边疆大局之案"会严加查办，"不得因有罚服之例，稍有宽容，以致法轻易犯"①。如多哇与蒙古郡王的纠纷解决中，循化厅发给批郡王的禀："奈该番执迷不悟，强横如故，自取其死，是以本府已于前月禀请中堂及各宪发兵剿办在案，庶此后生熟各番知本府言出法随，有犯必惩，伊等从此可仍免生事端，亦可免全庄被祸之惨，亦火烈而民畏之则鲜死，未始非保全番愚之一道也。"②两方纠纷已按番例处理，循化厅也多次调节，但多哇不服且置之不理，激起循化厅的反感，为维护中央权威，即禀宪台发兵剿办。可见维护中央权威是近代藏边民族纠纷解决中所遵守的规范之一。

3. "因俗而治"的原则

"因俗而治"实际上是国家法在民族聚居区的变异，"因俗"只是"治土"的手段，"治民"才是目的，这种原则是"国家法"与"民间法"相互调适的结果，国家法吸收了民间法成份，从而使民间法上升为国家法，以此来治理民族聚居区。民国初年，许多债务纠纷因社会动乱，变革较快得不到合理的解决，政府出台政策以抑制，但因地方实情而不能彻底清除债务纠纷所带来的麻烦。马鹤天在西北考察时曾记载："近年来有因债务纠纷，致滋诉讼者。法院按中央规定，利息不得过百分之二十判断，近已稍好，但许多人以为不合地方实情，颇滋异议。盖高利贷为司空见惯，认识当然异也。"③政府在处理民族债务纠纷时，按不高于百分之二十的利息偿还，但因本地社会经济的发展状况，高利贷被人民接受，因此如何解决这些纠纷成为政府

---

① 《玉树调查记》引嘉庆十四年西宁办事大臣文奏疏与部议结果。

② 《循化厅于光绪六年五月十八日批郡王的禀》，青海省档案馆，档案号：7—永久—4391。

③ 马鹤天：《甘青藏边区考察记》，第23页。

经常要面对的难题，所能做的只能是因俗而治，灵活处理，不然会滋生事端。

制度安排也是因俗而治的重要内容，如光绪二十二年在处理舟曲黑番四旗仇杀报复一案后，地方官议定除弊章程十条，其中规定旗内词讼由官府派出的衙役长限受理审断，旗内总管参与评讲，总管在各旗头目内公举，赴洮州衙门拈阄后领取木牌，呈土司衙门查验，给照立案，三年一换①。这里的民间法已经属于国家法的范畴了，民间法变成国家法是以国家法在民族聚居区地方化过程中遵循了"因俗而治"的原则为基础的。国家法在解决群体纠纷实践中仍然会先在制度上进行变革，如清末的土司制、流官制、政教一体的寺院管理部落制，三者相结合，共同来完成这一时期群体纠纷解决的实践活动。因此在许多群体纠纷解决过程中，土官、政教一体的寺院、流官成为他们选择的主体。

藏边群体纠纷解决规范以国家法、宗教法、习惯法涵盖，但三者之间不是彼此分离的，而是相互包容，渐趋融合的，国家法、宗教法和习惯法在司法实践中经常冲突，但是也会在冲突中逐渐融合，这种融合不仅仅是指国家法因宗教法和习惯法而改变，也是指宗教法和习惯法在国家权力扩张下吸收国家法的文化乳汁后异化。若将族群纠纷解决机制的选择动因确定为国家权力扩张有些偏激，但以国家权力扩张为视角，族群纠纷解决机制的内容基本上包含解决主体、解决规范、解决方式、解决程序，国家权力、宗教权力、民间力量三方互动下的权力变化导致解决主体在国家、寺院、民间之间变换；解决规范主要依据国家法、习惯法、宗教法；解决方式分为合意和决定两种，解决程序中国家与部落的选择有所差异。

（原刊《西北师大学报》2012 年第 1 期，与高晓波合作）

---

① 参见《舟曲永垂不朽碑》，吴景山编著《安多藏族地区金石录》，甘肃文化出版社2014 年版，第 234 页。

"角色理论"视野下的光绪朝循化厅群体纠纷解决机制

晚清正处于社会的急剧转型时期，族群纠纷表现得较为突出，循化厅所辖藏区作为藏边多民族杂居的区域之一，因其独特的民族历史成为研究藏边民族关系的一个理想之域，将晚清循化厅所辖藏区作为藏边"族群纠纷"探讨的时空范围无疑可以窥斑见豹。借助法社会学的理论——"角色理论"——来分析族群纠纷①解决的过程不但能够全面、客观地捕捉到纠纷解决中的角色定位信息，而且可以通过将纠纷解决过程中的个体推上社会角色的舞台，呈现纠纷解决中各种角色的社会身份，从而把纠纷解决的制度与过程分析结合起来。

一 "角色理论"视野下族群纠纷 解决研究的基本内容

（一）"角色理论"的构建

"角色理论"最早是由美国芝加哥学派的米德引入到社会学中的。本研究的"角色"涵义是指个人的社会身份，它标明了在种种社会关系中的地位、作用、权利、义务，反映了社会对个体的期望和要求，

---

① 族群纠纷：是指民族聚居区各族群在交往联系中，因政治、经济、文化、风俗习惯、宗教信仰等方面因素而产生一些交错杂乱的矛盾，以致双方或多方交织在这个矛盾中而争执不下。这里探讨的族群纠纷是指以藏族内部的纠纷为主，涉及汉、藏、回、蒙古等民族之间的一些纠纷。

规定了个体行为的基本原则。个体的社会地位、身份、权利、义务和行为方式是角色的构成要素,其中角色的职责和义务是最重要的。一般认为角色可以分为三类。一是期待角色。社会和群体对社会关系中处在某个特定位置的人群理想或要求的职责义务。期待角色往往是理想化的角色。二是主观角色。这是充当角色的个体,对角色及其行为模式的认识理解,是角色履行的心理基础。三是实际角色。这是个体现实生活中表现出来的实际角色。它是主观角色实践期待角色而产生的结果。三种角色分别反映了客观要求、主观理解以及主客观作用下实践的结果。虽然并没有哪个理论家提出过一种叫作"角色理论"的完整严密的理论体系,在这一名称之下涵盖的只是些来自不同知识领域的侧重与"角色"这一核心概念相关的实际研究的学者,他们共同为所谓的"角色埋论"作出了贡献。将这些来自不同知识背景的学者的研究进行归纳后可分为两种取向:一是对角色理论持结构性观点,二是采用过程的研究策略。前者称为"结构角色论",后者称为"过程角色论"。"结构角色论"强调了社会过程的既定的、结构化的一面,即强调了围绕社会关系中的地位等要素、代表社会结构因素的期望对于角色扮演者的行动起制约作用。"过程角色论"者则以社会互动作为基本出发点,围绕互动中的角色扮演过程展开对角色扮演、角色期望、角色冲突与角色紧张等问题的研究。

(二)"角色理论"视野下探讨族群纠纷解决的基本内容

"角色理论"应用于探讨族群纠纷解决研究中的最大亮点即是以社会关系中角色的社会身份为切入点,以标明了个体社会身份的地位、作用、权利、义务为角色的构成要素。将"族群纠纷解决"的研究解剖后嫁接于"角色理论"之上,梳理在族群纠纷中交织在一起的各种社会关系,这种社会关系以角色的"静"与"动"为依据可以划分为"结构性"和"过程性"两种,族群纠纷在"角色理论"的视野下,不但参与其中的角色会自然地裸露它的职能,而且能够在角色互动中呈现族群纠纷的基本类型。为进一步研究族群纠纷提供了新的方法。将"角色理论"应用于研究族群纠纷解决机制,首先要澄清

"角色理论"视野下探讨族群纠纷解决的基本内容，主要涉及三个方面：第一，族群纠纷解决中角色分配的原则；第二，族群纠纷解决中角色的类型分析；第三，族群纠纷解决中的各种角色互动分析。

二　藏边族群纠纷解决中角色分配的原则

在族群纠纷解决中，各种角色参与并扮演自己的角色，角色职能的分配不是杂乱无章的，而是社会以标明了社会身份的各种要素，依据一定的原则进行分配。晚清甘、青藏边民族成分复杂，杂居现象突出，族群纠纷解决中方法手段多样，这就客观上丰富了角色分配的原则。

（一）互补原则

主要表现为官方与民间的优势互补性。在处理族群纠纷时，官方与民间是参与的两大主体，他们相互结合，以期有效地解决族群纠纷。晚清循化厅所辖藏区的官方政权机构是以循化厅为主，同时也包括厅之下属抚番府、营、县、营汛、司、所等①；半官方性机构是指政教一体时期的寺院；民间势力主要是以部落头人、宗教佛僧为主，如呼图克图、寺院的新旧昂锁、红布、具有威望的活佛、熟知番事的喇嘛，还包括乡老、邻里等。藏区族群纠纷出现后，呈控上禀的部落很少，大多是"遇事格斗，从不报案"②，因此这些地区的群体纠纷只有在出现了械斗伤命的事件后，才会上禀，受禀后当然是以官方为主。

---

① 参与解决族群纠纷的官方势力不止这些，因为在处理族群纠纷时还涉及各厅、州、府、道之间的协调，因此在循化厅这一区域解决群体纠纷的官方机构还包括西宁道之西宁府、巩秦阶道之巩昌府和阶州直隶州、甘凉道之凉州府、成绵龙茂道下辖的松潘和茂州直隶州及理番和懋功直隶厅等。

② 《循化厅详报处理中库番子与孟达山撒回争斗事》，青海省档案馆，档案号：7—永久—3094.98。

案例 1：买吾与黑错纠纷解决案例。买吾与黑错产生纠纷即上禀至循化厅，循化厅派差役多次前往查办开导，嘉木样、拉卜楞襄佐先后二次致河州同知：嘉木样活佛已经为买吾与黑错仇斗事亲自面见了陕甘总督，而且此事亦由洮州厅审理具结。① 但仇斗之事时而发生。洮州厅与循化厅办理无果，洮州厅上禀至陕甘总督、甘肃布政使，循化厅上禀至甘肃布政使并请求："迅赐拨兵，协同洮州厅查办，以祈得力而弭边衅。"② 此后河州镇，循化厅、洮州厅又联合派差查办，并上禀至西宁府，西宁办事大臣"当即谕饬该呼图克图严约佃户，勿任勾结滋事。一面将买吾族不睦之人谆切开导"③，并"专差谕饬拉卜楞寺嘉木样呼图克图暂缓起身，迅即严约属番安静住坐。倘敢任性勾同滋事，定即参办，以弭衅端"④。陕甘总督为酌办黑错、买吾冲突函循化厅、营："一面催齐该寺头人会同讯办，一面谕调拉寺番目谕知买吾土官红布老人，并一面函调洮州番译书办、通役……"⑤ 后仍以古的仓大佛评议为依据，在乡老、新旧昂措、红布、活佛等的参与下，拟定了调解方案。

从案例 1 关于买吾与黑错纠纷解决过程可以看出，国家与地方基层政权发挥了重要组织领导作用，但从实施的过程来分析，循化厅、洮州厅、河州镇处理无果，甚至西宁办事大臣、甘肃布政使、陕甘总督的参与也未能起到预想的效果，以至于拨兵弹压。最终还得诉诸民间与寺院的力量。此案难以具结主要有三个原因：一是涉及循化厅、洮州

---

① 《循化厅书办为查办黑错、买吾冲突呈循化厅的禀》，青海省档案馆，档案号：7—永久—2914.13。

② 《循化厅为黑错、买吾纠纷上甘肃布政使的禀》，青海省档案馆，档案号：7—永久—2918.16。

③ 《西宁办事大臣为查办番案给循化厅的谕》，青海省档案馆，档案号：7—永久—2917.15。

④ 《西宁办事大臣为查办番案给循化厅的谕》，青海省档案馆，档案号：7—永久—2917.15。

⑤ 《陕甘总督为酌办黑错、买吾冲突札循化厅营》，青海省档案馆，档案号：7—永久—2936.29。

厅两个行政区域;二是买吾和黑错又分属于拉卜楞与隆务寺两大寺院;三是"古的仓评定"①的争议。三者交织在一起,致使整个纠纷变得错综复杂很难从速解决,古的仓评定后的三十余年,双方各送分子,而纠纷产生后,国家、地方政权及民间调处机构相继参与承担不同的角色,从纠纷解决的结果来看,官方组织领导固然重要,而民间尤其是带有半官方性的寺院对于纠纷的最终解决发挥了重要的作用,尤其是各个寺院中的新旧昂锁、红布、活佛等,此外乡老及头人的从中斡旋也是不可或缺的。因此以"角色理论"视角来分析,官方与民间相结合所表现出的互补性无疑是晚清藏边族群纠纷解决中角色分配的原则之一。

(二)递归原则

主要是指角色分配对象在地方政权中的动态演进过程。晚清处于近代社会转型时期,此时清政府在内外交困中风雨飘摇,但中国大一统的观念已深入人心,族群纠纷解决中,国家与地方政权依各自的权力界限,在不同的层面上充任皇权大一统的实施者,即使是隶属关系的上下级也会存在这个现象,这即是一种递归现象②。

---

① 据《会办番案详报拟结折稿》记述:"循化所属西番系保安、隆务诸族,与贵德交界。南番系黑错、则盖(又称作盖,光绪时又称买吾)与洮州交界,道光二十六年黑错滋事,经隆务寺具结承保,前督宪布、青海达责归隆务管束。此案自同治初年古的仓评息后,买吾自戕转僧达瓮巴,即经拉卜楞代放池哇,五年一届,并着买吾分送沙沟、拉卜楞各分子五个,黑错分子四个。三十余年后至光绪二十二年,第五届所放池哇恰盖仓年轻,与寺僧内有不合适。达瓮巴转生卓尼,取回年已十岁,欲将恰盖仓哄退,仍放达瓮巴,起事众僧俗畏拉卜楞籍端见责,故将起事之阿木加勿父子及喇嘛尕藏还扣、九麦得勿、为周贝残等三十余人,先后逐出寺,希图谢责。不意该喇嘛等无所归宿,逃入邻近黑错寺。买吾又虑黑错相助报复,以致彼此互相疑惧,蠢却抢杀之由来也。"青海省档案馆,档案号:7—永久—2925. 25。

② 以本文研究需求来释义递归,即指在角色分配中标明了社会身份的权力、义务首次进行分配时其首要对象不是固定不变的,而是在满足外界条件时,分配的角色会向下一级转移,如果不能满足一定的条件,分配角色会向上一级递增。族群纠纷解决中,首要的角色分配对象同样遵循这个规律,如在循化厅所辖藏区内,族群纠纷一般由循化厅抚番府处理,按照规制,抚番府会同下级相关部门进行处理,但如果不能解决,循化厅会向西宁府或其他上一级行政机构禀报,时而也发生越过循化厅直接上控至西宁府及陕甘总督的现象,但最终解决也要通过循化厅具体操作,这实际上是一种回归现象。可称为递归原则。

案例 2：河南郡王与多哇纠纷案。河南郡王台吉呈报青海大臣，隆务寺所属多哇族多次抢劫该台吉旗蒙古牲畜，并伤及人命。此案一直末办，多哇族杀伤更甚。青海大臣给循化厅札："令该丞驰赴隆寺，传讯开导，妥为办理，追出赃物交领，两相处和，永息争端。"① 循化厅即差派通丁前往隆务寺昂锁等来辖听候吩咐办理，双方均未到场。当即谕饬隆务寺佛爷与新旧昂锁等，从中秉公调处。循化厅又禀覆青海大臣："兼之该郡王等，明知多哇族系卑厅管辖，并不来案具告，一味上控。……去后，嗣仅据该昂锁等禀覆，已同郡王旗下官受红布及阿娄更登当乡，平息其事等情。卑厅未见该郡王等实据前来，伏念上控之件，仅据一面之词，未便凭信。"② 并谕至河南郡王："何至该郡王从未来厅具禀，一味上控究不知其意何居？"③ 双方矛盾升级，河南郡王与拉卜楞联合攻打隆务寺，抢物伤命，钦宪、宪台派通丁持谕前往该寺开导，青海大臣多次谕循化厅催办此次蒙番纠纷。此案最后以互赔命价具结。

案例 2 中，河南郡王与多哇产生了纠纷，并伤及人命，依循化厅所言，河南郡王并未向其上禀，而是直接上禀至青海大臣那里去了，这实际上是一种越级上控的行为。《清史稿·刑法志》称："凡审级，直省以州县正印官为初审。不服，控府、控道、控司、控院，越诉者笞。"而在西北边疆多民族聚居区也有一套上控制度，从案例 2 中，循化厅禀覆青海大臣及谕饬河南郡王的内容来看，循化厅内蒙番纠纷必先具禀至循化厅，由厅之抚番府受理，若不能解决，当即上禀西宁府、甘肃布政使、陕甘总督待命。换句话说，在处理族群纠纷的角色分配的过程中，循化厅应是首要的分配对象，河南郡王越级上控打破

① 《青海大臣豫为蒙番争斗给循化厅的札》，青海省档案馆，档案号：7—永久—2665.60
② 《循化厅为查办多哇番案给青海大臣的禀覆》，青海省档案馆，档案号：7—永久—2671.63。
③ 《循化厅为到案讯办给河南郡王的谕》，青海省档案馆，档案号：7—永久—2672.65。

了这一分配惯例,青海大臣则受理了此案并谕循化厅办理。若按《清史稿·刑法志》的规定,河南郡王要受到惩罚,实际上河南郡王的这种越级上控并未受到惩罚,只是遭到循化厅抱怨而已,这说明族群纠纷解决的角色分配不是固定不变的,而是以首要分配对象为基点,因少数民族地区纠纷解决的特殊性而递增至上一级青海大臣,青海大臣又以此案回归于循化厅,最终是在循化厅的直接参与下完成结的。在这个角色分配的动态演进过程中,循化厅作为基点,当纠纷产生时,可以上禀至循化厅,如果满足解决的条件,角色分配就会向下一级转移至营、县、营汛、司、所等,如果不能满足解决的条件,角色分配就会向上一级转移至西宁府、甘肃布政使、陕甘总督等。但最后还是要回归于循化厅所属职能部门去解决。这种分配原则遵循递归现象,成为晚清藏边族群纠纷解决中角色分配的原则之一。

(三)阶梯原则

角色分配过程中的阶梯原则有二重涵义:从地域上来分析是由近及远,从分配对象的隶属关系上来分析是由下到上。族群纠纷产生后,首先诉诸发生地点较近的个人、组织及政府机构,管理番事的政府及民间组织参与纠纷解决大部分也是从下级到上级的逐层过程。

> 案例3:南番与河州西乡马氏纠纷案。"西乡牧养草山,与南番连界,汉回牲畜,冬夏俱在山中,并无遗失。讵于去年四五月间,番贼叠出抢劫,被老牙关一带汛兵抓获番贼二人,解送前恩主案下。当时绅等各事主在循、河两处禀控有案,嗣将番贼转解河州。兹因首盗自根他力逃至拉布塄寺什吉娃内窝藏,该贼恃为护符,抗不到案,其拿获二贼以自根他力未到,异常狡展,日久推脱,以致绅等赃贼至今无着。"[①] 河州为提查案犯给循化厅的牒中称:"今若轻纵该处强盗,不加惩罚,以昭炯戒,势必藐视法纪。"

---

① 《河州西乡马遂良等为南番抢劫牛羊事上循厅的禀》,青海省档案馆,档案号:7—永久—2068.232。

从案例 3 分析可知：纠纷发生时，由最近的汛兵承担了缉捕职责，虽说是河州西乡与南番之间的纠纷，但是最初处理时由循化厅负责，只因事主在循、河两处禀控有案，故将番贼转解河州，而首盗自根他力逃至拉布楞寺藏匿，河州向循化厅申牒意让循化厅抓获。可以看出，纠纷首次发生时，地域上最近的基层政权最先成为角色分配的对象。结合案例 1、2、3，按照角色之间的隶属关系及角色分配先后顺序，将晚清藏边族群纠纷解决分为四个层次，一是民间参与纠纷解决角色分配对象，主要有乡老、头人、红布、活佛等；二是官方参与纠纷解决基层角色分配对象的营、县、营汛、司、所等；三是府、厅、州、道等，以厅、州为主，包括总督、办事大臣在内的统辖该区域的相关职能部门，如厅、州之抚番府，西宁办事大臣、巡抚（甘肃巡抚、四川巡抚、陕西巡抚）、总督（川陕总督或陕甘总督）、甘肃布政使、提刑按察使等；四是以皇帝为中心的中央机构，包括军机处、理藩院等。角色分配中基本上是依此台阶逐层分配的，充分体现了角色分配的阶梯原则。

三 族群纠纷解决中角色的类型分析

（一）谕饬型

谕饬即是谕令和整饬之意。晚清藏边族群纠纷解决中的谕饬型角色有谕饬、弹压二种表现形式，它是纠纷角色分配的首要对象之一。

案例 4：拉卜楞与火力藏纠纷案。珍珠滩百户且旦加将百户卖与拉卜楞寺大佛处，拉寺后又将且旦加杀死，于是南番观音头人约集火力藏欲攻打拉卜塄寺，经抚番府差役罗明福与河州镇营唐千总再三开导，暂且解散。循化厅抚番府谕拉卜塄寺加木样呼图克图、火力藏一带各番目及香措、捏力哇谕饬本族："将该百户给与本族选举充当外，合行谕饬。谕到仰该法台遵照赶将珍珠滩百户给与该族番民公举充当，以息争端，如前不法，自取咎

戾；该番目人等遵照，静候本府差人办理，毋得私刑出兵，自蹈
不法，切切此谕。"①

案例 4 中，拉卜楞与火力藏发生纠纷，循化厅抚番府即谕令嘉木样、
西番头目及香措、捏力哇谕饬各番不得私自出兵，可以看出，这些角
色都属于谕饬型，而充任"谕饬"的角色具有双重性，如拉卜楞与番
目人既是谕饬的主体也是客体，这种角色带有明显的"谕令"特色，
担当者必然是以官方为主，而在政教一体的时期，带有半官方性的寺
院也成为统治番民的权力机构，因此谕饬的主要职能是由政权机构来
实施的。民间只有地位较高的呼图克图才有这些权力，而发出谕饬只
能从上级向下级进行。从中可以看出，中央政府权力在边疆民族地区
弱化，许多政令无法执行，谕饬往往不能达到预期效果。

　　清代"弹压"多指采取军事与谕饬相结合的手段而进行的以镇
压、制服为目的的活动。在弹压中的角色分配有个规律，即分配的原
则是具有军队调动权或军事武装的个体或机构。循化厅为沙沟与卡家
寺争佃向宪台上禀："此案起事之初，卑厅已派差役八名，驰抵该寺
弹压。"② 这里已经派八名差役，也算是一种震慑弹压。在政教一体的
时期，寺院都有军事武装，因此在弹压时，官方总是谕令一些在当地
具有影响力的宗教人物出面进行协调，这时往往以讲说为主。如尕济
墩、银占木滋事案中，保安营邀请攒都桑佛爷从中弹压，而保安营仍
是重兵驻防弹压之地，恩占木庄却再三阻止攒都桑佛爷，不听讲说。③
弹压以谕令为条件，角色类型也带有明显的谕饬色彩。

（二）治疗型

治疗型角色类型追求一种完全独特的纠纷解决方式，主要是通过

---

① 《循化厅谕拉卜楞归还珍珠滩百户》，青海省档案馆，档案号：7—永久—2745. 87。
② 《循化厅为沙沟与卡家寺争佃上宪台的禀》，青海省档案馆，档案号：7—永久—
2936. 29。
③ 《保安营都阃沈福坤为尕济墩、银占木滋事给循化厅的函》，青海省档案馆，档案
号：7—永久—2939；《循化厅回覆保安营都阃府沈移的函》，青海省档案馆，档案号：7—
永久—2939. 31。

讲说，从根本上解决纠纷。"讲说"是指官方在受理案件后即派差役、佛僧前往开导训服的过程。当然这里的"讲说"有其特殊的含义，不是简单的说教，与谕饬型的最大区别在于其以宗教手段来追求最终的具结，其效果虽然不是从纠纷的深层原因入手，但是相比其他角色类型，能从纠纷者的心理出发用佛法化解双方的矛盾。

案例5：尕济墩与银占木纠纷案。光绪十四年，恩占木庄番众纠约拉巷庄、日拭庄、群勿庄等猛扑九头房庄屯民割买之田间，捉去男妇五人，赶去骡驴八头。该九房头屯民与尕济墩庄、下拉八土庄番众追趁至官卡地方，两相对敌。后又伤及九头房人命，循化厅"谕调隆务昂锁、扎仓喇嘛协同本营员弁，自八月初间讲说至九月底，照依番俗，讲定每命价大钱四百串文，言明一半布匹，一半牲畜，因三命先交过一百八十匹，马二匹，牛十八支，适将证对事之根源，及订明缘由，即将下余布匹牲畜如数清交具结完案讫"①。

案例6：双朋与狼家纠纷案。"狼家双朋两家，滋事数年以来，愈闹愈大，以致两处杀人。"② 光绪二十三年九月十二日，循化厅同知黄为遵化旦仓调解给双朋红布番目老人等的谕："此案不日速为了结，本府即来尔双朋再为办理，查佛僧化旦仓身充佛门，尔番子素以信服佛法，听从讲说，不准私自械斗，听候本府带兵亲莅查办外，合行谕饬，谕到仰该双朋红布番目等遵照，刻即听化旦仓讲说，照番例番规下场。"③

从以上几则档案史料可以看出："讲说"的角色一般由宗教佛僧充任，如呼图克图、寺院的新旧昂锁、熟知番事的喇嘛等，这与当时政教合

① 《循化营参府刘为尕济墩、银占木冲突致循化厅的移》，青海省档案馆，档案号：7—永久—2940.33。

② 《沙仓活佛新旧昂索为请马满拉当乡上的禀》，青海省档案馆，档案号：7—永久—4651.134。

③ 《循化厅同知黄为遵化旦仓调解给双朋红布番目老人等的谕》，青海省档案馆，档案号：7—永久—2670.65。

一、番民笃信佛教的现状有直接的关系。讲说是以纠纷具结为目的，依番规最终约定互偿命价的条款，它作为教化调解的手段，其内容必然会涉及以佛法训导谕示的方面。以番僧为主的讲说当然也离不开其他人员的配合。而充当"讲说"角色的是产生纠纷地域中的乡老、威望较高的喇嘛，寺院的新旧昂锁及活佛，但是他们实施此项职能的前提是要接到官方的谕。如循化厅所辖卡家与隆哇部落产生纠纷，以至抢杀械斗，这两个部落都是隆务寺的栓头，因此隆务寺上禀曰："隆务寺有旧昂锁功布加，为人正直。我番子里有事不了，旧昂锁功布加说合。如今卡家、隆哇两家的事，恳求大老爷不嫌番愚，示谕隆务旧昂锁功布加前往讲说，不难两家和合。"① 这说明隆务寺只有在接到循化厅的谕令之后才履行讲说的职责。这种以讲说为主解决纠纷的方式属于治疗型的纠纷解决类型。

（三）判断型

判断是对整个纠纷案件澄清的必要程序。具体来说包括勘验、研讯两个方面。

> 案例7：中库番子与孟达山撒回争山纠纷案。孟达中库撒番争山械斗，伤毙人命，循化厅与洮州厅会同勘查。"据此，卑厅带回刑忤，会商循化营谭参将应春。谭参戎派拨弁兵，于十四日前往诣验，勘明斗段地方在孟达山西南角山边，系中库来路，有血迹两处。勘毕，伤弃尸斗地，如法相验，据件作庞宗顺喝报，已死韩拉麻年三十七岁，身长五尺五寸，仰面，不致命左肩甲枪伤一处，围圆八分，洞穿合面，不致命右后肋子出围圆八分骨损，余无故，委系受伤身死。报毕亲验，无异。当场填格取结附卷，尸伤领埋。"②

----

① 《隆务寺昂锁为卡加、隆哇番案上循化厅的禀》，青海省档案馆，档案号：6—永久—350.6。
② 《循化厅详报处理中库番子与孟达山撒回争斗事》，青海省档案馆，档案号：7—永久—3094.98。

案例 7 是典型的判断型的角色，勘验的具体职能为查访，勘正。从案例 7 可以豹窥勘查角色分配的对象。番与撒回因争山械斗伤毙人命，循化厅与洮州厅会同勘验，在此过程中，先由循化营派拨弁兵，对械斗地方进行现场认真勘验，取结附卷，以便对纠纷解决做出意向判断，做到及时、合法、公平的解决。这些角色的参与者即为判断型角色。此外还有研讯即指研磨审讯。晚清甘青藏边族群纠纷的解决中，研讯已经形成了制度。首先是会同讯办，如陕甘总督为黑错与买吾冲突谕循化厅营，"一面催齐该寺沟头人会同讯办，一面谕调拉寺番目谕知买吾土官红布老人，并一面函调洮州番译书办、通役定于初十日内外，职道亲自独往买吾。程署丞仍驻黑错，两面督办"①。其次是采用隔别审讯与面堂对质相结合的方式。"提集两造犯证，先后隔别研讯，其得确情。"② 堂讯地点应选择两造适中之处，即在纠纷部落的中间地带，避免双方来堂讯时途中碰面又发生冲突。如"卑厅等旋商移驻卡家番寺两造适中地方，分起传提两造案犯人证，并调集隆务昂锁、拉布塄皇仓捏力哇、众乡老番目人等到案，按照番规秉公查议。惟是番性顽，延直十二月二十八日始行办竣，堂讯结案"。兹上所述可知：研讯过程的角色分配对象理所当然排除纠纷双方，但在堂讯时双方必须到场，这是研讯堂审的必要条件，厅、州、营、县等机构自然充任研讯的角色。这些角色在行使勘验、研讯的职能时属于判断型类型。

（四）辅助型

辅助型角色主要目的是控制纠纷解决程序正常运行，虽然它不能参与纠纷的直接解决，但对于整个纠纷解决的过程起着十分重要的辅助作用。以晚清甘青藏边族群纠纷为例，辅助型角色类型可以分为缉捕与调兵两种角色职能，缉捕即搜捕和缉拿之义。

---

① 《陕甘总督为酌办黑错、买吾冲突札循化厅营》，青海省档案馆，档案号：7—永久—2936.29。

② 《委员、循化同知奉委查办南番各案讯结情形》，青海省档案馆，档案号：7—永久—2983.46。

案例 8：循化番与阿坝番纠纷案。祈命番民住住等同往草地贸易，行至杀鸡陇地方，被上阿坝番匪劫去茶包牛马各物，并被拒伤两命，"报经前署厅觉罗英、丞溥会同前署镇况文榜选派兵役严密查拿，并札委张都司从礼前往查办"。后来，阿坝劫匪勾日旦巴运有牛马各物来松潘，过麻子寨时与祈命番民相遇。住住等瞥见牛群中有二条系前次被劫赃物，时祈命寨番被麦颡番人殴毙三命，麦颡番人被祈命番民殴毙六命。此事"先后报经前署卑厅周丞溱会同前署镇闪总兵殿魁会派兵役勒限严缉"①。

从案例 8 中分析，在发生紧急的抢盗之事时，附近营汛的官兵也会在接到命令后缉捕盗贼，当不同行政区域的番民发生纠纷时，应报至双方所属的厅、州，厅、州会同镇、营总兵选派兵役查拿。兹上所述，缉捕的角色分配对象具有二重性，即直接与间接的参与角色。实施直接缉捕职能的角色为缉差或兵丁，缉差是专门从事缉捕的人员，而兵役则是在接到上级命令后才去执行任务，如驻防的营汛或厅、州及下属权力机构的兵丁。同时缉捕过程的间接参与也是最为重要的角色，主要有具有调兵权力的机构、巡防的官兵和查办纠纷的厅、营、县等抚番长官。而这些角色都属于辅助性角色类型。此外还有调兵的角色职能，也属于辅助型角色类型。西宁办事大臣在循化厅所辖藏区有调兵的权力。厅、州以下行政机构调兵仍要接到钦宪的谕或宪台函示才能请兵，事先必向宪台大人请复，"恳乞宪台俯念边地为重，迅赐拨兵，协同洮州协所查办，以祈得力而弭边衅"②。钦宪、宪台或派拨通丁持谕前往，或"镇宪大人带数百亲兵来番究办"③。"厅、府惟有禀请各大宪调拨大兵临境剿办。"④ 但厅、府对营汛有直接调用权力，如

①《青海大臣为四川中阿坝与祈命寨番案札循化厅》，青海省档案馆，档案号：7—永久—3025.56。

②《循化厅为黑错、买吾纠纷上甘肃布政使的禀》，青海省档案馆，档案号：7—永久—2918.18。

③《卡加寺千户捏力哇为隆哇抗顽不遵官命呈循化厅新任同知的禀》，青海省档案馆，档案号：6—永久—350.7。

④《循化厅营为隆务寺禀给保安营的移》，青海省档案馆，档案号：7—永久—2720.218。

河州镇府"赶于中左漳三营，挑选壮制兵，添拨七营马队，并就地招募士勇马步全军一营，酌调番兵，以补用游击苏元泰管带，并归敝镇统领，以一事权"①。又如在隆务寺为作盖与黑错的纠纷上禀至循化厅和洮州厅，"循化厅批曰：已据禀称，派妥差并移洮州厅，会营汛派兵役前往弹压"②。清代寺院也拥有军事武装力量，调兵权原则上属于寺院的最高行政长官即呼图克图，而堪布时而私自调动兵马，如"买吾横布私调兵马，扑到黑错集滩，捉去工拭卜、捏力哇二人"③。严格地说，寺院及部落的武装力量不属于纠纷解决中的角色分配对象，但他们在解决纠纷过程中却起到了重要的作用。寺院活佛或部落头人接到官方的谕之后，会调兵弹压，因此在清代，寺院同样成为维护社会稳定的不可或缺的力量。

（五）具结型

纠纷案件处理的最后一个程序即为具结，具结型角色类型所表现的角色职能包括保释、鉴结。保释字面的意思是担保释放，在晚清甘青藏边群体纠纷处理的过程中，保释会提前终止审判而甘结。鉴结是指鉴核具结之意。

　　案例9：在黑错与买吾纠纷案中（又见案例1），督宪曰："陆续调齐隆务新旧昂锁、拉布塄皇仓捏力哇及古的仓工拭卜并该两造僧俗头目、乡老等，于光绪二十五年十二月初八日在卡家寺两造适中地方，会讯互执，喝令将两造头目押交案犯，按律惩办。随据隆务新旧昂锁、拉布塄皇仓捏力哇等具结保释，求照番规在下议处。"④

保释成为解决纠纷的一个特殊的方式，一般不通过研讯阶段可以直接

---

①　《河州镇为松潘番案给循化厅的移》，青海省档案馆，档案号：7—永久—3019.53。
②　《隆务寺为黑错、作盖争斗事上循化厅的禀》，青海省档案馆，档案号：7—永久—2911.12。
③　《沙沟、黑错状告买吾红布欺害弱民的禀》，青海省档案馆，档案号：7—永久—2914.14。
④　《会办番案详报拟结折稿》，青海省档案馆，档案号：7—永久—2925.25。

结案,但必须由宗教领袖人物出面担保,鉴结以甘结上报宪台备案为由。案例9中知,此次纠纷以买吾旧寺保释而结束。在处理黑错与作盖的纠纷中,可以看出,保释的角色分配对象是以寺院的新旧昂锁、捏力哇及红布老人为主,保释后处理则是以番规为准,寺院中的呼图克图自然成为保释中强有力的角色。

> 除经详青海大臣、河州镇宪外,合将多哇族、红布喇嘛头人到案,牛马皆备,办理缘由,备具详文,申请宪台电鉴,俯赐批示只尊,实办公便。为此具详,伏乞照详实行。须至详者,计详赍甘结三张。为副详事,详明隆务寺沙力仓、新旧昂索、多哇红布头人到保,牛马齐备,出具甘结保状,永不滋事一案。除将缘由备载正详,邀怠不复重录外,理合出具副详,申请宪台电鉴,批示只遵。须至副详者,计申赍正详一件,甘结三张。①

若从以上史料来看,鉴核一般由宪台负责,只有一些重大的案件才由督抚负责,厅、州电鉴只是接到一般的呈控时才履行的职责而已。甘结的职能担任者也就是在销案过程中的角色分配对象。纠纷双方"各具番字甘结立案"②,或令喇嘛"出具手模甘结"③,"须至副详者,计详赍正详一件、供词一扣、甘结二张"④,而后"取据两造遵断甘结附卷"⑤,"议立条规,发给执照告示双方"⑥。这也是甘结后为防止旧案复发,由厅发给双方印照自应遵照,此后报请销案。此过程中参与的角色都以具结为目的,属于具结型角色类型。

---

① 《委办理蒙番等详(钦、镇)宪(李、沈)》,青海省档案馆,档案号:7—永久—2694.165。

② 《循化厅为卡加、沙沟争斗牒报事》,青海省档案馆,档案号:7—永久—2696.166。

③ 《甘肃布政使张、提刑按察使裕札循化厅》,青海省档案馆,档案号:7—永久—2944.2。

④ 《会办委员为蒙古与隆务仇杀案结案上的副详》,青海省档案馆,档案号:7—永久—2739.225。

⑤ 《循化厅为处理双朋、刚拭番案给宪台的详》,青海省档案馆,档案号:7—永久—2725.172。

⑥ 《西宁办事大臣为接嘉木样的禀札循化厅》,青海省档案馆,档案号:7—永久—2945.35。

结　语

　　"角色理论"视野下藏边族群纠纷解决的分配原则及类型只是以"角色理论"释义族群纠纷先要解决的问题，在族群纠纷解决中各种角色互动也是其研究的一部分，以上所探讨的族群纠纷解决的原则和类型是就晚清藏边族群纠纷解决而言的，光绪朝循化厅所辖藏区因其档案史料丰富、民族成分较为复杂而具有代表性。藏边族群纠纷解决中的角色分配基本按互补、递归、阶梯的原则，互补原则是指官方、半官方、民间力量解决族群纠纷时相互协调、互为补充，递归、阶梯原则是指角色职能的分配过程中动态的发展规律，互补原则从"静"而注重结构性分析，递归、阶梯原则在"动"中寻求过程性规律。这些原则实质上是在角色职能的变化中体现出来，没有固定的对象。角色类型是以角色职能的实践效果而划分的，谕饬型表现为谕饬、弹压；治疗型以讲说为主要方式；判断型包括勘验、研讯两个方面；辅助型可分为缉捕与调兵的角色职能；具结型主要是以保释、鉴结为主要目的。角色类型的划分没有严格的标准，以上所划分的五种角色类型在职能上也相互包含，只是实践效果上有所不同。此外，在角色理论视野下研究藏边族群纠纷除了弄清纠纷解决的原则和类型，探讨纠纷解决中各种角色互动也是其重点。希望学界同仁共同关注这个问题。

　　（本文以《"角色理论"视野下藏边民族纠纷解决新探——以光绪朝循化厅所辖藏区为例》为题，原刊《西北师大学报》2010年第6期，与高晓波合作）

下　　编

近年来秦汉属国制度研究概述

　　属国制度是秦汉政府对归附的少数民族部落实行的一种行政管理制度。属国居民依规定"因其故俗"，即允许保留原有的生产、生活方式和社会组织，属国由中央政府任命属国都尉领护。如《汉书·卫青传》颜师古注："不改其本国之俗而属于汉，故号属国。"①

　　秦朝时，属国称属邦。古代邦、国互用，汉朝为避高祖刘邦讳，改为属国。秦朝设立过多少个属邦，史书记载没有保留下来。但从汉初因袭秦的有关记载中可以找到一些线索，如《汉书·地理志》上郡条记："龟兹，属国都尉治。"②《汉书音义》："龟兹人来降，因以名县。"颜师古注："龟兹国人来降者，处之于此，故以名云。"③ 上郡为秦开辟之地，并设郡领县，因此上郡的龟兹属国当为秦置。另外，《汉书·文帝纪》后元七年（前157）诏曰："属国悍为将屯将军"④，"悍"原来为秦代属国的官吏，因此，"悍"所在的属国应为秦置⑤。

　　西汉从武帝开始，历经昭、宣二帝，共设置了七个属国。即安定属国（又称北地属国、三水属国）、天水属国、西河属国、上郡属国、五原属国、张掖属国、金城属国。其中金城属国为安置降羌，其余都是为了安置匈奴降众。西汉末，王莽曾计划设立西海属国，但因爆发了西海先零等种羌族大起义而未能实现。东汉承袭了西汉所设的属国

---

①　《汉书》卷五五《卫青传》，第 2483 页。
②　《汉书》卷二八下《地理志八下》，第 1617 页。
③　《汉书》卷二八下《地理志八下》，第 1618 页。
④　《汉书》卷四《文帝纪》，第 132 页。
⑤　王宗维：《汉代的属国制度与民族关系》，《西北历史资料》1983 年第 2 期。

和属国制度，并加以发展。特别是东汉安帝时期，许多地方发生了少数民族的起义。在这种情况下，东汉政府为了缓和民族矛盾、巩固统治，就在已经设立郡县的地方，将郡内少数民族聚居区另行划分出来，设立属国。这类属国与西汉时期所设属国不同，它们与郡同名，"稍有分县，治民比郡"①。因此，这类属国称为比郡属国。东汉设置的比郡属国有：张掖属国、张掖居延属国、广汉属国、蜀郡属国、犍为属国和辽东属国等。加上东汉初期设置的越嶲西部属国，后来设置的巴东属国和酒泉属国等，可以看出，东汉时期新增的属国，不仅建置比郡、权力扩大，而且分布范围更广，从西北发展到了西南、东北②。

秦汉政府采用属国制度来管理归附的少数民族部落，不仅有利于当时国家的统·和社会的安定，也促进了少数民族地区经济的发展和文化的交融，同时也给以后历代王朝处理民族问题提供了借鉴和启迪，这在中国民族史乃至中国古代史上都产生了深远的影响。因此，学者们对此问题的研究比较关注。兹将近年来学者们较为集中探讨的几个主要方面的研究成果略加概述，以期给此问题的研究提供一些方便。

一 属国制度的渊源和始置时间

王宗维《汉代属国制度探源》认为，属国制度大概始于奴隶制社会国家政权形成前后。③ 汉代属国制度的直接来源，是继承了秦国的属邦制。秦国推行属邦制和设道官，是在秦惠文王和昭襄王时期。而陈力《试论秦国之"属邦"与"臣邦"》认为，秦之属邦的设置不会晚于昭王时期，大约应设立于孝公、惠文王时期。④ 贾敬颜《汉代的

---

① 《后汉书》志第二十八《百官五》，第 3621 页。
② 王宗维：《汉代的属国》，《文史》第 20 辑，中华书局 1983 年版。
③ 载王宗维、周伟洲编《马长寿纪念文集》，西北大学出版社 1993 年版。
④ 陈力：《试论秦国之"属邦"与"臣邦"》，《民族研究》1997 年第 4 期。

属国和属国都尉考》认为，汉代的属国和属国都尉溯源于秦而省并在西汉中晚叶。① 尹湘豪《关于汉代的"外臣"和"属国"问题》认为，"属国"的缘起是由于汉武帝对匈奴作战的胜利和对投降者的妥当安置。②

关于汉代属国制度的始置时间，陈梦家《西汉都尉考》（载《汉简缀述》，中华书局 1980 年版）认为，汉代属国制度始设年代应从《史记·骠骑列传》和《汉书·武帝纪》之系年，为元狩二年（前121）。③ 王宗维在《汉代的属国》《汉代属国制度探源》《汉代的属国制度与民族关系》《秦汉的边疆政策》，④《汉武帝的民族思想和政策》⑤ 等文中指出，汉朝政府正式设置属国始于汉武帝元狩三年（前120），李绍强《论秦汉至明清时期的西部政策》也同意此说⑥。贾敬颜《汉代的属国和属国都尉考》和李并成《汉张掖属国考》则笼统说汉代属国始设于汉武帝之世。⑦ 但是，丁福林《关于汉代属国的几个问题》认为，王宗维的《汉代的属国》所论之汉武帝时始置属国的前提不能成立，汉代属国的始置当在文帝前元六年（前174）之前。⑧

二 "复增属国"

《汉书·百官公卿表》："武帝元狩三年昆邪王降，复增属国，置

① 贾敬颜：《汉代的属国和属国都尉考》，《史学集刊》1982 年第 4 期。
② 尹湘豪：《关于汉代的"外臣"和"属国"问题》，《历史教学》1984 年第 2 期。
③ 陈梦家：《西汉都尉考》，载《汉简缀述》，中华书局 1980 年版。
④ 以上四文见马大正主编《中国古代边疆政策研究》，中国社会科学出版社 1990 年版。
⑤ 王宗维：《汉武帝的民族思想和政策》，《西北大学学报》1995 第 1 期。
⑥ 李绍强：《论秦汉至明清时期的西部政策》，《齐鲁学刊》2002 年第 2 期。
⑦ 贾敬颜：《汉代的属国和属国都尉考》，《史学集刊》1982 年第 4 期；李并成：《汉张掖属国考》，《西北民族研究》1995 年第 2 期。
⑧ 丁福林：《关于汉代属国的几个问题》，《苏州科技学院学报》2003 年第 1 期。

都尉、丞、候、千人。属官，九译令。"① 对于此段史料记载中的"复增属国"，学者们有不同的理解。王宗维《汉代的属国》认为，此"复增"是与秦比较而言。丁福林《关于汉代属国的几个问题》则认为，此处之"复增"，并不是与秦比较而言，而是在此之前汉已恢复了属国的设置，到元狩三年（前120），因匈奴昆邪王降汉时人众甚多，原有的属国已无法安置，故朝廷又于此时重新设属国以安置之。因此，此"复增"必非始置属国，而是在原有属国基础上的新增。孙言诚《秦汉的属邦和属国》认为，"复增属国"不能理解为数量上的增加，而是指机构上的变化，其意思是增设了一级新的属国机构。新属国最大的特点就是并不直属于典属国，而是由属国都尉统领。也就是说，属国都尉统领的属国，武帝以前并不存在。刘瑞《秦"属邦"、"臣邦"与"典属国"》认为，用"增"字，表明武帝以前设置的属国数量可能很少，用"复"表明属国在元狩三年（前120）以前肯定有过增加，而属国的机构到了汉武帝时才完备起来。这里用"复"是来强调属国在武帝时的设置情况。

三 典属国

典属国是秦汉政府主持、管理属国事务的最高官员。《汉书·百官公卿表》："典属国，秦官，掌蛮夷降者。武帝元狩三年昆邪王降，复增属国，置都尉、丞、候、千人。属官，九译令。成帝河平元年省并大鸿胪。"

"云梦秦简"中有"属邦律"曰："道官相输隶臣妾，收入，必署其已禀年 日月，受衣未受，有妻毋（无）有。受者以律续食衣之。"② 该条注曰："属邦，管理少数民族的机构，见秦兵器铭文。汉代因避汉高祖刘邦讳，改称属国、典属国，见《汉书·百官表》。"这也就是说，属邦即典属国。对此，陈力《试论秦国之"属邦"与

---

① 《汉书》卷一九上《百官公卿表》，第735页。
② 睡虎地秦墓竹简整理小组编：《睡虎地秦墓竹简》，文物出版社1978年版。

"臣邦"》提出了否定意见，他认为属邦应是典属邦管辖下的少数民族内属国，并不同于典属邦。刘瑞《秦"属邦"、"臣邦"与"典属国"》运用相关的历史文献和最新出土的秦封泥，并结合其他相关文物研究得出，秦只有"属邦"而无"典属邦"，汉初改"属邦"为"属国"后也未设立"典属国"，开始设立"典属国"的时间当在汉景帝时期，到汉武帝时"典属国"和"属国"才得到很大的发展。[①]设置"典属国"的原因应与汉代力量强大后不断增加"属国"的数目有关，即在"属国"不断增加以后，就需要有一个统管诸"属国"的机构来进行管理，这样就产生了"典属国"。

关于典属国于成帝河平元年省并大鸿胪，孙言诚《秦汉的属邦和属国》认为原因有二：（一）是机构本身发生了变化。武帝以后，投降的少数民族人口均发付边郡，受属国都尉统领，典属国失去了管理对象，遂加裁并；（二）更主要的原因是，元帝以来部分匈奴人逃窜漠北，大部分匈奴人在呼韩邪单于的统领下归附汉朝，招徕降者的典属国不利于汉匈之间的友好往来。[②]

四　属国都尉

《汉书·百官公卿表》："郡尉，秦官，掌佐守典武职甲卒，秩比两千石。有丞……秩皆六百石。景帝中二年更名都尉。""关都尉，秦官。农都尉、属国都尉，皆武帝初置。"[③]属国都尉是都尉的一种，它是领护郡境内属国吏民的最高军政长官，由汉朝政府直接任命，下设丞、候、千人、千长、百长等官职，其职责是佐太守以掌属国，同时也受中央典属国的领导。西汉时属国都尉低于郡太守，没有与郡平行的比郡属国。东汉设立比郡属国，属国都尉领县，与郡太守平行，这

---

① 刘瑞：《秦"属邦"、"臣邦"与"典属国"》，《民族研究》1999 年第 4 期。
② 孙言诚：《秦汉的属邦和属国》，《史学月刊》1987 年第 2 期。
③ 《汉书》卷一九上《百官公卿表》，第 742 页。

类属国都尉就成为郡级官员了。① 然而，属国都尉身为边疆大吏，握有重兵，实际权力往往要比郡太守大得多②。另外，王宗维《汉代的属国制度与民族关系》和芈一之《论中国历史上对甘青民族地区的特殊政治制度》都指出，属国都尉下属有两个系统：一是与郡太守并行的属国都尉，有丞，共掌属国事；二是行政系统，都尉下领县，万户以上置县令，万户以下置县长，秩次于令。③

五　东汉属国的一些变化

东汉虽然承袭了西汉的属国和属国制度，但却有许多变化。西汉时期，除金城、北地属国外，凡属国必有都尉。但东汉之置，似稍不同④。如《后汉书·百官志》："建武六年，省诸郡都尉，并职太守。……唯边郡往往置都尉及属国都尉，稍有分县，治民比郡。""其属国都尉。属国，分郡离县置之，如郡差小，置本郡名。""安帝又命属国别领比郡者六。"⑤ 东汉安帝时所置的属国往往是由部都尉改置的。如《续汉书·郡国志》："蜀郡属国：故属西部都尉，延光元年以为属国都尉，别领四城。""广汉属国（都尉）：故北部都尉，属广汉郡，安帝时以为属国都尉，别领三城。""犍为属国：故郡南部都尉，永初元年以为属国都尉，别领二城。""张掖居延属国：故郡都尉，安帝时别领一城。""辽东属国：故邯乡，西部都尉，安帝时以为属国都尉，别领六城。"⑥

---

① 王宗维：《汉代的属国》，载马大正主编《中国古代边疆政策研究》，中国社会科学出版社1990年版。

② 贾敬颜：《汉代的属国和属国都尉考》，《史学集刊》1982年第4期。

③ 王宗维：《汉代的属国制度与民族关系》，载马大正主编《中国古代边疆政策研究》，中国社会科学出版社1990年版；芈一之：《论中国历史上对甘青民族地区的特殊政治制度》，《青海民院学报》1984年第4期。

④ 陈梦家：《西汉都尉考》，载《汉简缀述》，中华书局1980年版。

⑤ 分见：《后汉书》志第二十八《百官五》、志第二十三《郡国五》，第3621、3619、3533页。

⑥ 《后汉书》志第二十三《郡国五》，第3514、3515、3521、3530页。

西汉为了加强对边郡地区的统治，曾设置过许多边郡都尉，有部都尉、关都尉、骑都尉、农都尉和属国都尉等。它们各有治所，各司其职。东汉发展了西汉的都尉制，改部分都尉为属国都尉，与郡同级。由于东汉时的都尉已经分县治民，因此，由部都尉改成的属国也就分县治民了。所谓别领几城，就是其所辖之县城。然而，不论是原来的属国，还是后来由部都尉改成的属国，虽然很早就有了治民的权力，但真正取得和郡并列的地位，似乎仍在东汉晚期①。

关于东汉比郡属国的性质，学术界目前有两种看法：孙言诚《秦汉的属邦和属国》认为东汉比郡属国的性质发生了变化，即由单纯的军事组织变成了和郡并列的地方行政机构。并且说，至少在安帝时，属国或者属国都尉，就已经完全和郡一样了，即东汉比郡属国已郡县化了。彭建英《东汉比郡属国非郡县化略论》则持相反观点②，她从东汉比郡属国的设置背景，管辖对象，内部结构及其主要功能等几个方面，论述了东汉的比郡属国和西汉时期的属国一样，在性质上并没有发生根本变化，更不是属国的郡县化。所不同的是东汉的新属国建置比郡，即属国的权力有所扩大，将其由西汉时受郡太守节制的特殊的二级地方行政单位，变为与郡并列的独立行政区划，与郡同级，直接受州和朝廷领导。因此，就其性质而言，东汉比郡属国仍然是东汉王朝管理归附的较大少数民族部落的羁縻政策的一种体现。并且进一步指出，东汉比郡属国的出现意味着东汉王朝对原属于边郡体制下的归附少数民族的统治变得更为宽松一些，增强了羁縻统治的色彩。这是东汉王朝为适应和调整对归附的少数民族部落的统辖，做出的较为明智的决策。

六　属国和郡县制的区别

李恩军《中国历史地理学》指出，在汉代与郡同级的有王国、属

---

① 孙言诚：《秦汉的属邦和属国》，《史学月刊》1987 年第 2 期。
② 彭建英：《东汉比郡属国非郡县化略论》，《民族研究》2000 年第 5 期。

国、京师三辅地区。① 郡，是一级政区，沿袭了秦制。属国，是秦汉中央政府在内附的少数民族地区设置的相当于郡的政区形式。也就是说，属国和郡都是一级政区，但是它们也有区别。对此，王宗维《秦汉的边疆政策》作了比较详细的论述。他指出，属国和郡县制的区别，在于郡县是由郡守、县令、乡、亭、里首领按地域实行统治，而属国则由属国都尉、丞、左骑、千人官、候官等组成政权体系。丞在郡县系统中都有，边郡亦设候官，惟千人、百长等官只设于少数民族居住地区，而且左骑千人官、百长往往就是少数民族的部落王。可见属国都尉下设的官员，不是划地而设，而是因部落而设，这是"因其故俗"的内容之一。属国的最高长官为都尉，下设的左骑、候官等，都是保卫安全的军事性职务，没有劝农、水利等官员。这是因为各少数民族主要从事畜牧，生产由部落首领管理，这是"因其故俗"的内容之二。

七　张掖属国

《续汉书·郡国志》："张掖属国。武帝置属国都尉，以主蛮夷降者。安帝时，别领五城。"② 张掖属国是汉代河西走廊地区安置游牧民族的重要的地方行政建置，东汉时属凉州刺史部所领 12 郡、国之一。

关于张掖属国的设置年代，肖化《略论卢水胡的族源》认为，张掖属国的设置年代为汉武帝时。③ 王宗维《汉代的属国制度与民族关系》则更具体地认为是在太初二至三年（前 103—前 102）李广利伐大宛后不久。吴礽骧和余尧《居延新获建武秦胡册再析》推断，至迟在西汉昭帝元凤以前，张掖属国已经设置。④ 李并成《汉张掖属国考》则认为，张掖属国的设置应在征和三年（前 90）以前。

---

① 李恩军主编：《中国历史地理学》，人民交通出版社 1995 年版。
② 《后汉书》志第二十三《郡国五》，第 3521 页。
③ 肖化：《略论卢水胡的族源》，《西北师院学报》1983 年第 2 期。
④ 吴礽骧、余尧：《居延新获建武秦胡册再析》，《西北师院学报》1984 年第 4 期。

关于张掖属国的地望，肖化认为，张掖属国应位于张掖郡南部的黑河上游地区。吴礽骧、余尧和李并成亦赞同此说。另外，李并成还通过实地踏察，将汉张掖属国城比定为今张掖市民乐县永固乡八卦营古城。

关于张掖属国的民族构成，肖化和吴礽骧、余尧都认为张掖属国主要是为安置归附的匈奴人而设。李并成则认为，张掖属国所统还有秦胡、卢水胡等的民众，并非全为匈奴部众。关于秦胡，《居延新简》有三枚简文提到了"属国秦胡"，即：

> 甲渠言部吏毋作使属国秦胡卢水士民者（E. P. F22∶696）
>
> 建武六年戊戌朔乙卯，（甲渠鄣守候）敢言之，府移大将军莫府书曰：属国秦胡卢水士民，从兵起以来，口困愁苦，多流亡在郡县，吏（E. P. F22∶42+322）
>
> 匿之。明告吏民，诸作使秦胡卢水士民畜牧田作不遣有无？四时言·谨案部吏毋作使属国秦胡卢水士民者，敢言之（E. P. F22∶43）①

研究者认为，上述简文中的"属国"指张掖属国②。近年来，关于秦胡的解释众说纷纭③。但是，不管把秦胡解释为汉化的胡人、秦人和胡人、胡化的汉人、秦地之胡，还是降汉的匈奴人，秦胡都是张掖属国所统辖的民众。

---

① 此编号据《居延新简释粹》，《居延新简》（文物出版社 1990 年版）编号次序为：E. P. F22∶696+42+322+43。

② 甘肃省文物考古所：《居延新简释粹》，兰州大学出版社 1988 年版，第 62 页。

③ 初师宾：《秦人、秦胡蠡测》，《考古》1983 年第 3 期；吴礽骧、余尧：《居延新获建武秦胡册再析》，《西北师院学报》1984 年第 4 期；方诗铭：《释"秦胡"》，《中国历史博物馆馆刊》1979 年第 1 期；邢义田：《"秦胡"小议》，《中国史新论》，台北学生书局 1985 年版；赵永复：《关于卢水胡的族源及迁移》，《西北史地》1986 年第 4 期；赵永复：《两汉时期的秦人》，《历史地理》1990 年第 9 期；王青：《也论卢水胡及月氏胡的居处和族源》，《西北史地》1997 年第 2 期；王宗维：《"秦胡"小议》，《西北历史资料》1984 年第 1 期；赵向群：《五凉史探》，甘肃人民出版社 1996 年版；《卢水胡源起考论》，《简牍学研究》第 1 辑。

八　金城属国和护羌校尉

《汉书·宣帝纪》神爵二年（前60）"夏五月，羌虏降服，斩其首恶大豪杨玉、酋非首，置金城属国以处降羌"①。《汉书·赵充国传》："羌若零、离留、且种、儿库共斩先零大豪犹非、杨玉首，及诸豪弟泽，阳雕、良儿、靡忘皆帅煎巩、黄羝之属四千余人降汉。封若零、弟泽二人为帅众王，离留、且种二人为侯，儿库为君……初置金城属国以处降羌。"② 可见，汉朝政府设置金城属国是为安置归降的羌人部落的。

边章（胡小鹏）《两汉的护羌校尉》认为，按照汉代的制度，属国的最高行政长官是都尉。③ 但是遍查两汉书，金城属国都尉一官从未出现过，更不用说有什么人担任过这一职务，而其他属国绝无此现象。学者们对这一问题也比较关注，并进行了较为深入的探讨，基本观点一致，即认为护羌校尉就是金城属国的属国都尉。如王宗维《汉代的属国》认为，由于护羌校尉治金城，金城不设属国都尉，但是湟中地区的各族牧民仍按属国吏民对待。边章上文和胡小鹏《两汉的金城属国与护羌校尉》④ 都认为护羌校尉就是金城属国都尉，它们不仅职责一致，都是领护西羌部落；而且品秩相同：比二千石；驻地相同：护羌校尉治金城郡令居塞（今永登西北）。马兰州《护羌校尉与金城属国》⑤ 也赞同此观点。

关于东汉有没有设置金城属国，学者们对此有不同看法。王宗维《汉代的属国》根据《后汉书·西羌传》中的3条史料，论证了东汉金城属国的设置，即建初二年（77）夏，"迷吾遂与诸众聚兵……于

---

① 《汉书》卷八《宣帝纪》，第262页。
② 《汉书》卷六九《赵充国传》，第2993页。
③ 边章：《两汉的护羌校尉》，《西北师大学报》1991年第1期。
④ 胡小鹏：《两汉的金城属国与护羌校尉》，载《西北史研究》，兰州大学出版社1997年版。
⑤ 马兰州：《护羌校尉与金城属国》，《历史教学》2002年第12期。

是诸种及属国卢水胡悉与相应"；章和元年（87）"迷唐不利，引还大小榆谷，北招属国诸胡，会集附落"；永元十三年（101）"迷唐复将兵向塞，周鲔与金城太守侯霸及诸郡兵、属国湟中月氏诸胡……出塞至允川"。他认为，上述史料中的"属国"是指金城属国。赵明《东汉对西羌长期作战的原因与教训》指出，王宗维的这种看法是一种误解①。东汉建立后，并没有设置金城属国来安置、管理降羌，而是奉行了新莽时期的郡县统治政策。东汉的属国除张掖属国外，绝大部分是后来设置或复置的，并非如王所说，"东汉初基本维持原状"。《后汉书·西羌传》中的"属国卢水胡""属国湟中月氏诸胡"应是张掖属国管辖的部分卢水胡、月氏诸胡，他们当时虽已迁至湟中，但仍隶属于张掖属国，故上述史料中提到的"属国"不当为金城属国。此外，赵明还对金城属国不设都尉，而以护羌校尉代行其事的看法提出了异议。他认为，从东汉历任护羌校尉的任务来看，其主要是对西羌采取行动，掳掠、屠杀羌民的暴行层出不穷，与西汉时的性质截然两样，这种刽子手的角色"与因其故俗为属国"长官的职责不相符。因此，据护羌校尉来推断东汉金城属国的存在，理由也不充分。陈新海《试论东汉在青海地区的施政》认为西汉设置的金城属国，东汉时省废了，而在安定郡有了属国。② 这或许因安置降羌的中心已由金城郡转移到安定郡了，领导羌人第一次起义的麻奴兄弟就是随父降汉在安定居住的。另外，杨秀清《论东汉对羌族的政策》③ 也支持东汉无金城属国之说。

九　辽东属国

辽东属国是东汉时期为安置、管理内附汉廷的乌桓人而设的地方建置机构。

---

① 赵明：《东汉对西羌长期作战的原因与教训》，《中国史研究》1994 年第 1 期。
② 陈新海：《试论东汉在青海地区的施政》，《青海社会科学》，1997 年第 5 期。
③ 杨秀清：《论东汉对羌族的政策》，《青海社会科学》1995 年第 5 期。

《续汉书·郡国志》："辽东属国，故邯乡，西部都尉，安帝时以为属国都尉，别领六城。"① 六城即昌辽（天辽）、宾徒、徒河、无虑、险渎、房。《十三州志》："辽东属国都尉治昌黎道。"② 张国庆《东汉"辽东属国"考略》认为，以"辽东"为"属国"之名头，主要原因有二：一是由于古时"辽东"之概念的外延远比"辽西"大得多，古人眼里的"辽东"并非单指今日"辽河之东"，而是泛指整个东北或整个辽宁地区；二是"辽东属国"之名也很有可能是由原辽东"西部都尉"改称而来，将"辽东西部都尉"去掉"西部"换上"属国"二字，也是可能的。③ 当然，这后一条仅为推测，尚待挖掘出新的史料后再详考。

关于辽东属国设置的时间，一般都认为是在东汉安帝时期。王宗维《汉代的属国》则更具体地认为，辽东属国设置的时间，即辽东西部都尉改为辽东属国都尉的时间，大约在元初二年至永宁元年间（115—120）。但是，《三国志·魏书·乌丸鲜卑东夷列传》注引《魏书》："建武二十五年，乌丸大人郝旦等九千余人率众诣阙，封其渠帅为侯王者八十余人，使居塞内，布列辽东属国、辽西、右北平、渔阳、广阳、上谷、代郡、雁门、太原、朔方诸郡界。"④ 张国庆《东汉"辽东属国"考略》指出，在《后汉书》等有关史籍中，均未见有光武帝时置"辽东属国"的记载，此处史料中出现的辽东属国，很可能是裴氏注《三国志》引《魏书》时在"辽东"之后衍出了"属国"二字。其实"辽东"应为"辽东郡"，非"辽东属国"。"辽东属国"置于安帝时，是在"辽东西部都尉"的基础上置建的。但程妮娜《汉魏时期东北地区的民族设置与治理》认为，根据此段史料记载，是不能排除在汉光武帝时期就已经设置了辽东属国的可能性的。⑤ 她还引用《续汉书·百官志》所记光武帝建武六年起"边郡往往置

---

① 《后汉书》志第二十三《郡国五》，第3530页。
② 阚骃撰，张澍辑：《十三州志》，丛书集成初编。
③ 张国庆：《东汉"辽东属国"考略》，《历史教学》1990年第2期。
④ 《三国志》卷三〇《魏书·乌丸鲜卑东夷列传》，第833页。
⑤ 程妮娜：《汉魏时期东北地区的民族设置与治理》，《北方文物》2001年第4期。

都尉及属国都尉"的记载，指出此时设置辽东属国是可能的。而且，《三国志》成书年代早于《后汉书》，其史料价值不容忽视。

郑君雷《辽宁锦县昌盛石椁墓与辽东属国》通过对辽宁锦县昌盛石椁墓文化因素的分析，认为辽东属国治下的内附乌丸鲜卑存在着一种既能吸收大量汉族文化因素又保持着鲜明民族特色的文化面貌，与西汉墓互证可以推测汉魏时期的辽东属国境内同时存在着汉族和乌桓鲜卑两种系统的文化。① 此两点对研究这一时期的民族关系颇有裨益。

十 "道"

秦汉时期，还有一种类似于属国制度的地方行政建置——道制。《续汉书·百官志》："凡县主蛮夷曰道。公主所食汤沐曰邑。县万户以上为令，不满为长。侯国为相。皆秦制也。"②《汉官仪》："内郡为县，三边曰道，皇后、太子、公主所食曰邑。"③

道是秦汉政府在部分少数民族聚居区设置的县级行政区划，其设立与对少数民族的治理关系密切。罗开玉《论秦汉道制》认为，道制是国家机器管理以血缘、婚姻关系为纽带的原始民族组织系统的一种特殊形式，它主要的功能是通过这种特殊制度，使一些本来不太适宜或不太愿意接受郡县制统治的民族，在一定程度上适应并接受了政府的统治。④

马非百在《秦集史·郡县志》（中华书局1982年版）中记载秦朝有8道：除道、狄道、故道、绵诸道、獂道、湔氏道、严道、獬道等。张焯和张东刚《秦"道"臆说》通过校对史料，发现秦汉史书所载的诸道中可以证明为秦"道"者，至少有16道。分别是：故道、

---

① 郑君雷：《辽宁锦县昌盛石椁墓与辽东属国》，《北方文物》1997年第2期。

② 《后汉书》志第二十八《百官五》，第3623页。

③ 孙星衍等辑，周天游点校：《汉官六种》"汉官旧仪卷下"，中华书局1990年版，第82页。

④ 罗开玉：《论秦汉道制》，《民族研究》1987年第5期。

绵诸道、月氏道、僰道、义渠道、严道、狄道、湔氐道、翟道、督道、獂道、下辨道、雕阴道、青衣道、除道、连道。① 从以上这些道的分布范围可以看出，秦"道"大部分分布在秦统一之前秦国旧地，尤其集中在陇西、蜀、北地等郡，而这些地方正是历史上少数民族聚居杂处的地区，这一点仅从"道"的名称上就可以看出②。

关于汉代设置的道的数目，《汉书·地理志》："讫于孝平，凡郡国一百三，县邑千三百一十四，道三十二，侯国二百四十一。"③ 但同书在所述各郡之下，所记道仅有 30 个。即翟道、夷道、营道、泠道、甸氐道、刚氐道、阴平道、严道、湔氐道、僰道、灵关道、故道、平乐道、嘉陵道、循成道、下辨道、狄道、氐道、予道、羌道、戎邑道、绵诸道、略阳道、獂道、月氏道、除道、略畔道、义渠道、雕阴道、连道。对于此问题，李克建《秦汉时的"道"》认为，这是由发展变化，设置时增时减所致。④ 在西汉平帝时所设三十二道，其后或并入他道中，或被撤销了，是行政区划历代常有的事，故史籍记载三十二道，实有三十道，缺了二道。周伟洲《关于秦汉地方行政体制中的"道"》认为，西汉时所置之道，大约 30 多个。且其数目不定，也是时有变动的。⑤

关于道制的具体形成时间，因史料缺乏，学术界亦有争议。骈宇骞《秦"道"考》指出，可以肯定秦设"道"最迟不晚于秦始皇二十年（前 227）。⑥ 罗开玉《论秦汉道制》认为，最早设置的秦道为"严道"，置于秦惠文王二十六年（前 312）。张焯和张东刚《秦"道"臆说》则认为，故道、绵诸道等皆早于严道，但具体时间不可断言。

对于秦汉道制的起源，学术界亦有不同意见。张焯和张东刚《秦

① 张焯、张东刚：《秦"道"臆说》，《民族研究》1989 年第 1 期。
② 杨建：《略论秦汉道制的演变》，《中国历史地理论丛》2001 年第 4 期。
③ 《汉书》卷二八下《地理下》，第 1639—1640 页。
④ 李克建：《秦汉时的"道"》，《西南民院学报》1997 年第 1 期。
⑤ 周伟洲：《关于秦汉地方行政体制中的"道"》，《陕西历史博物馆馆刊》第 4 辑，西北大学出版社 1997 年版。
⑥ 骈宇骞：《秦"道"考》，《文史》第 9 辑，中华书局 1980 年版。

"道"臆说》认为，秦"道"源于西周以来的开道铺路制度，完成于秦国对三边少数民族征服过程中的凿道开山，驻兵镇守。即秦道起源于筑道置邑制度。曹学群《县"有蛮夷曰道"质疑》非常赞同这一观点，并且补充说，道最初的设置不是以少数民族地区为条件和原因的，秦汉时期的"道"，是一种专设在当时新开辟的交通要道旁等同于县级的机构；班固所谓的县"有蛮夷曰道"是不能成立的。① 杨建《略论秦汉道制的演变》则认为，目前可考的秦"道"和《汉书·地理志》所记三十余"道"，并不是都能找到相应的新修筑道路。此外，在汉代西南夷地区，名"道"的县为数不少，如果皆与道路相关，则汉代西南地区的交通不当如此闭塞。所以，"道"的缘起还需作进一步考察。

综上可知，经过学者们多年来的辛勤耕耘，对于秦汉属国制度的研究已取得了丰硕的成果。但是，有些问题仍未达成共识。而且，在两汉政府设置的一系列属国中，只有金城属国、张掖属国、辽东属国的研究受人关注，对于别的属国以及秦朝设置的属邦的研究，很少有人问及。因此，到目前为止，学术界对秦汉属国制度的研究是不甚全面的。这主要与相关史料缺乏有关，随着各方面史料的不断发掘及学术界不懈的努力与探索，我们相信对于此问题的研究一定会取得令人满意的成果。

（原刊《中国史研究动态》2007 年第 10 期，与安梅梅合作）

---

① 曹学群：《县"有蛮夷曰道"质疑》，《求索》1996 年第 1 期。

近年来甘肃地方史研究综述

古代甘肃是丝绸之路所经过的主要区段，也是敦煌学的发祥地。因此，以丝绸之路和敦煌学研究为特色的甘肃地方史，自20世纪初以来就为老一辈著名史学家陈寅恪、范文澜、顾颉刚、向达、夏鼐等所关注。在他们的带动下，甘肃地方史的研究取得了一定的进展。但总的看，过去的研究，涉及的范围还不够深广，研究队伍仍很小，研究成果也有限。

党的十一届三中全会以来，甘肃地方史研究获得了较为迅速的发展。表现在研究队伍的扩大，多种刊物的编辑出版和研究成果显著，据不完全统计，发表各种有关论文、资料千余篇，专著、论集20余种。此外，西北师院历史系组织重新修定的《甘肃史稿》可望在1988年出版，这是省内第一部用马克思主义观点研究地方史的专门著作。现将这些论著所取得的成果归纳成几个主要方面综述如下。

一　考古发掘与文物研究

（一）考古发掘

甘肃的考古工作三十多年来一直没有中断过，成果显著。仅新石器时代的遗址就发现1000多处，现已公布为全国重点文物保护单位有7处，省级文物保护单位有228处。历年来省考古队对陇东旧石器遗址、新石器仰韶文化及马家窑文化、齐家文化遗址，秦汉长城、居延城障、黑水岩画、永靖炳灵寺、庆阳北石窟寺、肃南马蹄寺石窟等重要古迹进行了考古调查。对环县刘家岔旧石器时代遗址、秦安大地湾仰韶文化遗址、庄浪徐家碾寺洼文化墓地、齐家坪和武威皇娘娘台齐家遗址、敦煌马圈湾汉代烽燧遗址、武威磨咀子和雷台汉墓、酒泉嘉峪关壁画墓等著名文化遗址和墓葬进行了考古发掘。出土彩陶、青铜器、汉简等数万件，发表简报、报告、论文600多篇，为历史研究提供了珍贵的实物资料。①

（二）石窟文物整理

甘肃是中国古代佛教文化输入、传播和融汇的主要地区之一，在漫长的岁月里留下了大量的佛教遗迹和遗物。近年来，在过去发掘调查的基础上，相继出版了敦煌文物研究所编《敦煌莫高窟》②、甘肃省博物馆等编《炳灵寺石窟》③、《庆阳北石窟 泾川南石窟》④、阎文儒主编《麦积山石窟》⑤ 等图书。这些图书系统全面地向读者介绍了甘肃石窟艺术产生的时代背景、发展过程及其特色，是很好的寓学术于通俗的普及读物。

（三）关于铜马俑命名的讨论

1969 年武威雷台出土的一匹铜马俑，是一件稀世艺术珍品，它三足腾空、后蹄踏在一只飞鸟的背上，经郭老鉴定命名为"铜奔马"，随后又有人称为"马踏飞燕"或"天马"。1984 年牛龙菲在《说武威雷台出土铜铸"天马"》一文中作了新解，他肯定铜马俑是"天马"，马蹄下的飞鸟为"龙雀"。⑥ 此说现已为人们认可，国家旅游局决定把"天马"作为中国旅游的图形标志。但是伍德煦、陈守忠不同意此说，撰文进行商榷，他们结合考古资料和文献记载进行历史考察，提

---

① 甘肃省社会科学手册编委会：《甘肃省社会科学研究概况》，《社联通讯》1987 年第 1 期。

② 该书由文物出版社和日本平凡社联合出版，五卷本正陆续出齐。

③ 甘肃省博物馆等编：《炳灵寺石窟》，文物出版社 1982 年版。

④ 甘肃省博物馆：《庆阳北石窟 泾川南石窟》，文物出版社 1985 年版。

⑤ 阎文儒主编：《麦积山石窟》，甘肃人民出版社 1985 年版。

⑥ 牛龙菲：《说武威雷台出土铜铸"天马"》，《敦煌学辑刊》1984 年第 1 期。

出铜马俑为"马神"、飞鸟为"天驷"之说供人们讨论。①

（四）汉简文书的整理与研究

在考古研究方面，最重要的成果是汉简文书的整理与研究。1984年甘肃人民出版社出版的《汉简研究文集》，收入论文 15 篇，学术界认为"代表了甘肃汉简发掘整理和研究的新水平"。至于具体情况可参阅何双全同志发表的《新出土汉简文书的整理与研究》②。

此外，新华社甘肃分社编写的《丝绸之路漫记（甘肃分册）》、甘肃人民出版社主持编写的《甘肃风物志》以及冯绳武《甘肃的历史文化遗迹》综述了甘肃古今文物考古、名胜古迹、古今文苑艺术、名土特产、民俗风情等。③

二　政治史

古代甘肃曾多次出现分裂割据局面，这是甘肃古代政治史的一大特点，也是近年来甘肃政治史研究的主要方向，成果较多。王震亚《略论隗嚣割据政权的兴衰》，论述了以陇右"三十六将、十有六姓"为基础的隗嚣地方豪强割据政权，怎样从起事时"兴辅刘宋"的宗旨，转变到据扼自守"不愿天下统一"的立场，从而导致灭亡的过程及原因。④ 关于同时期窦融在河西的活动，王震亚《窦融保据河西与东汉王朝的关系》，初师宾、任步云《建武三年居延都尉吏俸例略考》等，一致称赞窦融的成功之处就在于他"观时变动"，顺应历史潮流，没有自立，并且支持维护了统一。进而肯定了窦融在两汉开拓

---

① 伍德煦、陈守忠：《武威雷台汉墓出土铜奔马命名商榷》，《西北师院学报》1984 年第 3 期。

② 何双全：《新出土汉简文书的整理与研究》，《中国史研究动态》1984 年第 9 期。

③ 参见田恒江、周德广《丝绸之路漫记（甘肃分册）》，新华出版社 1984 年版；吴月等编：《甘肃风物志》，甘肃人民出版社 1985 年版；冯绳武：《甘肃的历史文化遗迹》，《兰州学刊》1981 年第 3 期。

④ 王震亚：《略论隗嚣割据政权的兴衰》，《西北师院学报》1982 年第 2 期。

河西的事迹中起到了"承上启下"的作用。①

　　关于五凉政权的研究情况，郝树声在《近年来五凉史研究概况》一文中②，已经作了详尽的介绍，此不赘述。王俊杰《西秦史钩沉》是西秦史研究的一篇重要文章。该文认为，西秦政权就是以陇西鲜卑集团为主体建立的，因而鲜卑色彩十分强烈，军事统治的性质比较明显，几乎没有政治、经济设施可言，终因内部民族矛盾的尖锐激化而告瓦解。③关于氐族仇池政权，最近有李祖桓的《仇池国志》④一书出版，为今后开展研究创造了条件。

　　唐代吐蕃崛起于西北，并乘安史之乱，尽取河陇之地，从中唐以后吐蕃走向衰落，到西夏统一瓜、沙，甘肃地区又一次出现分裂局面，仅河西就有瓜沙归义军政权、甘州回鹘政权及凉州蕃汉联合政权，形成三足鼎立之势。对此分裂时期的历史，利用敦煌文献分别研究河西三政权，特别是瓜沙归义军者成绩显著。但从全局着眼的文章不多。陈守忠《公元八世纪后期至十一世纪前期河西历史述论》一文，力求从总体上把握这段河西历史，同时对上述河西三政权作了分别研究，他对这一时期河陇地区掀起的民族大迁徙狂潮的研究和归纳尤为引人注目，是一篇研究甘肃地方史的力作。⑤汤开建、马明达《对五代宋初河西若干民族问题的探讨》，侧重于史料发掘，抓住河西汉民族的吐蕃化、回鹘势力的渗透、甘州回鹘与肃州龙族之关系、凉州吐蕃集团的形成等几个关键问题，理清了这一时期河西政治格局变迁的线索。⑥在这方面较为重要的文章还有：史苇湘的《河西节度使

---

　　①　王震亚：《窦融保据河西与东汉王朝的关系》，《西北师院学报》1984年第1期；初师宾、任步云：《建武三年居延都尉俸例略考》，《敦煌学辑刊》总第3期，1982年。

　　②　郝树声：《近年来五凉史研究概况》，《社会科学》（甘肃）1986年第5期。

　　③　王俊杰：《西秦史钩沉》，《甘肃师大学报》1981年第3期。

　　④　李祖桓：《仇池国志》，书目文献出版社1986年版。

　　⑤　陈守忠：《公元八世纪后期至十一世纪前期河西历史述论》，《西北师院学报》1983年第4期。

　　⑥　汤开建、马明达：《对五代宋初河西若干民族问题的探讨》，《敦煌学辑刊》总第4期，1983年。

覆灭前夕》《吐蕃王朝管辖沙州前后》。①

西夏统一瓜、沙后，甘肃地区又形成宋、西夏、西凉府及唃厮啰吐蕃政权三角牵制关系，这方面的研究成果极多，而且在中国史研究上各有其不同的地位，远非本文所能包容，故不作介绍。

元明清以降，大一统局面形成，甘肃归属内地，割据局面不复出现，而随着中国政治格局的变动，以及经济重心的转移，甘肃地位也大不如前，很少发生重大历史事件，反映在史学领域，就是甘肃的元明清史研究十分薄弱，这是亟待加强的一个环节。

三 社会经济史

把历史与现实结合起来，为当前及将来开发甘肃提供历史借鉴，是甘肃社会经济史研究的一大特色。这方面的文章相当多，从不同的角度论述了历代统治者对古代甘肃（主要是河西地区）的经营开发，同时还探讨了战乱、中西交通、民族迁徙、移民实边、自然环境对该地区经济发展的影响，从而揭示和总结出甘肃在古代开发时的一些特点和带规律性的东西。

关于汉代河西屯田是过去甘肃经济史研究中涉及较多的课题，近年来运用汉简等考古新材料，对以往一些说法纷纭、认识模糊的问题有了新的突破。武守志《汉代河西屯田简论》不同意把汉代河西屯田区分为军屯、民屯两类的流行说法。提出区分为一类是交租承佃为特征的假田制，一类是以服役食俸为特征的戍徭制，两类性质不同。作者还认为曹魏的屯田与汉代河西屯田尽管形式相同，而实质却异。② 徐乐尧、余贤杰《西汉敦煌军屯的几个问题》则不同意军屯、民屯始于同时或民屯早于军屯的说法。③ 西汉敦煌军屯至迟不应晚于武帝元

---

① 史苇湘：《河西节度使覆灭前夕》、《吐蕃王朝管辖沙州前后》，《敦煌学辑刊》创刊号，1983年。

② 武守志：《汉代河西屯田简论》，《社会科学》（甘肃）1981年第2期。

③ 徐乐尧、余贤杰：《西汉敦煌军屯的几个问题》，《西北师院学报》1985年第4期。

鼎四年（前113），屯田是否使用过马耕也值得商榷。李古寅《汉代河西军屯管理机构探讨》在汉代河西军屯管理机构方面作了新的探索。[①] 他在另一篇文章《汉代西北民屯结构辨析》中，对民屯是国家佃客和收租率50%的看法提出商榷，他认为汉代大量徙民是置于郡县乡里的民政系统中，而不是在各级田官系统内，徙民除交地租外，还有其他赋役徭戍，而五五分租和当时优待实边徙民的政策不符，因此地税为三十税一或低于三十税一较符合实际。[②]

另外，在毛纺业、矿业的研究方面，夏阳《甘肃毛纺业史略》、王治中《明清时期甘肃矿业考》所涉猎的内容亦是过去被人忽略的课题。[③]

四 敦煌学研究

敦煌在甘肃，敦煌学研究也始自甘肃。新中国成立以来，特别是在近几年中甘肃的敦煌学研究有了长足的进步，已经步入全国的先进行列，并为国内外敦煌学界所注目。

近年来，兰州大学、西北师院分别成立了专门研究机构，敦煌文物研究所也于1984年扩建为敦煌研究院。相继出版了一批专门的论文集、资料集和期刊。其中论文集资料集有：敦煌文物研究所编辑的《敦煌研究论文集》[④]，《一九八三年敦煌学术讨论会文集》（2集4册正陆续出齐），《敦煌莫高窟内容总录》以及与日本平凡社合出的《中国石窟·敦煌莫高窟》，甘肃社科院文学所编《敦煌学论集》[⑤]。此外有关方面、有关同志编撰《敦煌彩塑》《续敦煌实录》和目录索引等。由敦煌文物研究所主办的《敦煌研究》和兰州大学主办的

① 李古寅：《汉代河西军屯管理机构探讨》，《西北史地》1983年第4期。

② 李古寅：《汉代西北民屯结构辨析》，《社会科学》（甘肃）1985年第1期。

③ 夏阳：《甘肃毛纺业史略》，《社会科学》（甘肃）1985年第5期；王治中：《明清时期甘肃矿业考》，《社会科学》（甘肃）1985年第6期。

④ 敦煌文物研究所编：《敦煌研究论集》，甘肃人民出版社1982年版。

⑤ 甘肃社会科学院文学研究所编：《敦煌学论集》，甘肃人民出版社1985年版。

《敦煌学辑刊》在国内外产生了相当大的影响，已成为国内敦煌学研究的重要阵地。1983 年秋中国敦煌学学术讨论会在兰州举行，会议收到论文 115 篇，其中甘肃学者的论文就有 42 篇。总之，党的十一届三中全会以来，甘肃学者在报刊上发表或在学术会议上报告的有关论文、译文 300 余篇，相当于"文化大革命"前十七年中总数的 10 多倍。从所取得的成果来看，甘肃敦煌学研究涉及面相当广泛，许多内容非本文述及范围，兹就与甘肃地方史有关的方面作一些介绍。

（一）石窟艺术研究

上述提及的《敦煌莫高窟内容总录》和《敦煌莫高窟》是敦煌文物研究所专业人员 40 年的研究成果，它使 492 个洞窟、4 万 5 千平方米的壁画和 2 千多尊塑像由一大批庞大的数字，变得条理清楚，脉络分明，为进一步探讨敦煌艺术提供了较为清晰的线索。同时在石窟分期、艺术内容、艺术性质等问题上，提出了编者自己的看法。

另外，史苇湘《敦煌佛教艺术在历史上是反映现实的一种形式》是一篇见解新颖、颇有独到之处的文章，他不同意以往在敦煌艺术研究领域里流行的"佛教艺术"的辉煌灿烂正反映着产生它的时代强盛的观点，而是认为恰恰相反，凡河西敦煌相对安定的时期，壁画、彩塑都显得消沉、因循、一般，形象的"佛国世界"就有些暗淡迟钝，每当政治经济在丝路上出现起伏动荡或战争频繁的时节，窟内的壁画、彩塑都甚有生气，富于幻想，人情味也似乎特别浓厚。①

（二）敦煌史地

刘光华《敦煌上古历史的几个问题》，对敦煌名称、敦煌地区上古居民、敦煌建郡的年代等问题提出了不同于他人的新见解。② 吐蕃何时攻陷沙州，史学界有建中二年（781）和贞元元年、二年、三年（785、786、787）等说，陈国灿通过对敦煌文书等剖析，主张贞元二

---

① 史苇湘：《敦煌佛教艺术在历史上是反映现实的一种形式》，《敦煌研究》1986 年第 2 期。

② 刘光华：《敦煌上古历史的几个问题》，《敦煌学辑刊》总第 3 期，1982 年。

年说。① 杨际平《吐蕃时期敦煌计口授田考——兼及其时的税制和户口制度》和冷鹏飞《唐末沙州归义军张氏时期有关百姓受田和赋税的几个问题》，分别考察了吐蕃占领敦煌时期和张义潮收复沙州近百年间河西地区的田制、税制及户口制度，弥补了过去因史无所载的空白。② 姜伯勤《敦煌寺院的"常住百姓"》、《敦煌寺院中"梁户"的性质》、《敦煌寺院碾碨经营的两种形式》，张弓《唐五代敦煌寺院的牧羊人》等，一组关于敦煌寺院经济的文章，对敦煌寺院中一般生产者的依属关系，僧侣、梁户、牧羊人及寺院依附人口的数量等级结构，经营内容和特点等方面进行了探讨。③ 李正宇《唐宋时期的敦煌学校》考察了唐宋时期敦煌的五类学校（州、县、医、道、义）的发展过程，从而说明了这一地区在唐宋时期的文化教育状况。④ 李并成《唐代敦煌绿洲水系考》认为唐代敦煌有一套完备的管用水法规，组成了一个统一的绿洲水系。该文还详细考察了甘泉水干流，主要分水口堰和主要灌溉渠道等。⑤

五　民族史

　　甘肃是多民族省区，民族史研究一向是史家学者用力最勤的领域，由于论文篇目多而且分布面广，难以一一介绍，仅就近年来争论较多的几个方面作些介绍。

---

① 陈国灿：《唐朝吐蕃陷落沙州城的时间问题》，《敦煌学辑刊》1985 年第 1 期。

② 杨际平：《吐蕃时期敦煌计口授田考——兼及其时的税制和户口制度》，《社会科学》（甘肃）1983 年第 2 期；冷鹏飞：《唐末沙州归义军张氏时期有关百姓受田和赋税的几个问题》，《敦煌学辑刊》1984 年第 1 期。

③ 姜伯勤 3 篇文章：《敦煌寺院的"常住百姓"》，《敦煌研究》试刊，1982 年；《敦煌寺院中"梁户"的性质》，《中国史研究》1980 年第 3 期；《敦煌寺院碾碨经营的两种形式》，《历史论丛》1983 年第 3 辑。张弓：《唐五代敦煌寺院的牧羊人》，《兰州学刊》1984 年第 2 期。

④ 李正宇：《唐宋时期的敦煌学校》，《敦煌研究》1986 年第 1 期。

⑤ 李并成：《唐代敦煌绿洲水系考》，《中国史研究》1986 年第 1 期。

（一）关于卢水胡族源和分布的讨论

卢水胡以居卢水而得名，卢水过去定为湟中卢溪水。它的族源向来有出自月氏和源于匈奴两说。近年来又有学者连续发表文章，进行新的探讨。肖化在《略谈卢水胡的起源》一文中认为，卢水胡是融合匈奴、羌、小月氏诸族于一体的杂胡，主要成分则是匈奴，所居卢水为今张掖黑河上游。① 黎尚诚亦持此观点②。王宗维对此提出异议，认为卢水胡原始居地之卢水为武威郡姑臧附近的谷水（今石羊大河）。谷，汉代又可读为鹿或卢、奴，故卢水即谷水，霍去病奏书中称为狐奴水。汉代卢水胡是居于谷水上游的一个杂胡部落，魏晋以后又吸收了更复杂的民族成分，并经过多次迁徙，分布范围日渐广泛，不能简单地限定在卢水一带。③ 赵永复则完全否定以前各说，认为以湟中卢溪水当作卢水始于唐，以河西黑河当作卢水始于明清，以谷水当作卢水则根据不足，唯安定郡卢水之名最早，且确为卢水胡所居，不能不予以重视。又引新出居延汉简"属国秦胡卢水"语，断言卢水胡是秦胡，即秦地胡，从而定卢水胡源出战国时居于秦北地上郡一带的义渠部落，河西卢水胡乃是从秦地迁移而来，与传统看法正相反。④ 以上各说在史料发掘与论证角度上均有突破，然而问题还没有最后解决。

（二）关于河西回鹘的讨论

河西回鹘始于何时？一种意见认为，《魏略》关于公元 1 世纪南迁至河西的赀虏集团中有丁零成分的文字，是河西有回纥活动的最早记载。⑤ 另一种意见则否定了此说，认为丁零并不等同于回纥，何况经过漫长岁月，这些南迁至河西的丁零早就与当地人民融为一体了，同后来的回鹘毫无关系。所以回纥驻牧河西的时间，宜以东突厥复兴

① 肖化：《略谈卢水胡的起源》，《西北师院学报》1983 年第 2 期。
② 黎尚诚：《北凉简论》，《西北师院学报》1984 年第 2 期。
③ 王宗维：《汉代卢水胡的族名与居地问题》，《西北史地》1985 年第 1 期。
④ 赵永复：《关于卢水胡的族源及迁徙》，《西北史地》1986 年第 4 期。
⑤ 高自厚：《甘州回鹘渊源考》，《西北民族学院学报》1982 年第 1 期。

时，回纥部落有迁往河西的明确记载为准。① 甘州回鹘可汗世系研究近年来取得了进展。高自厚认为：庞特勤居甘州，是甘州回鹘第一世可汗，也是西州回鹘与河西回鹘的共同祖先。② 但大多数意见认为庞特勤为西州回鹘可汗。汤开建《"庞特勤居甘州"辨》更从校勘学角度，证明庞特勤居甘州说源于《新唐书》删削《旧唐书》时所造成的讹误。钱伯泉新近著文认为，庞特勤居焉耆，为回鹘共主。而学术界一向视为西州回鹘始祖的仆固俊，才是甘州回鹘政权的第一位可汗，仆固俊乃尊号而非人名，可译为"圣文神武"。③ 汤开建《关于"狄银"之辨析》推翻了甘州回鹘世系中，仁美之后即仁裕嗣立，其间并不存在狄银这么一位可汗的定论，肯定了新、旧五代史及《五代会要》的记载是可靠的，即仁美之后是狄银继立。④ 顾吉辰《禄胜非甘州回鹘可汗考》⑤ 及李萍前文引《宋会要辑稿》和《长编》订正《宋史》的讹误，辨明禄胜实际上是西州回鹘可汗，而非传统看法所认定的甘州回鹘可汗。至于遍布于瓜、沙、甘、肃、凉、兰、河等州的河西回鹘与甘州回鹘政权的关系，由于事关甘州回鹘是否统一过河西，所以许多文章都涉及这一点，一般认为河西回鹘人的分布与甘州回鹘政权的统治疆域是有所区别的，当时河西至少存在着三个政权，甘州回鹘虽然比较强大，但终究未能统一河西，因而也就未能统一河西回鹘。此外，高自厚《甘州回鹘失守甘州的社会原因》、钱伯泉《甘州回鹘的渊源及其建国初期的史实》、范玉梅《试论甘州回鹘的历史贡献》、杨圣敏《沙州政权与回鹘扩张》等文均从各自的角度对河西回鹘史中的一些问题进行了论述。⑥

---

① 李萍：《关于甘州回鹘史的几个问题》，《西北史地》1983 年第 3 期。

② 高自厚：《甘州回鹘世系考》，《西北史地》1983 年第 1 期；《论庞特勤为回纥共主》，《西北民族学院学报》1984 年第 3 期。

③ 钱伯泉：《试解"仆固俊"之谜》，《甘肃民族研究》1986 年第 2 期。

④ 汤开建：《关于"狄银"之辨析》，《社会科学》（甘肃）1983 年第 1 期。

⑤ 顾吉辰：《禄胜非甘州回鹘可汗考》，《社会科学》（甘肃）1984 年第 1 期。

⑥ 高自厚：《甘州回鹘失守甘州的社会原因》，《社会科学》（甘肃）1983 年第 1 期；钱伯泉：《甘州回鹘的渊源及其建国初期的史实》，《甘肃民族研究》1987 年第 1—2 合期；范玉梅：《试论甘州回鹘的历史贡献》，《西北民族文丛》第 1 期；杨圣敏：《沙州政权与回鹘扩张》，《中央民族学院学报》1985 年第 2 期。

（三）关于裕固族、东乡族、保安族等甘肃省独有的少数民族历史的讨论

主要侧重于族源和民族形成问题。薛文波《裕固族历史初探》根据史料和传说分析了历史上唐代河西回鹘、西州回鹘、宋代黄头回纥、元代撒里畏吾儿及明代关西各卫与裕固族的关系。[①] 吴永明《裕固族族源初探》观点略同[②]。他还认为裕固族的形成始于元代及明初关外诸卫时期，完成于东迁后的明末清初。钱伯泉《龟兹回鹘国与裕固族族源问题研究》，汤开建《关于"龟兹回鹘国与裕固族族源问题研究"一文的几点看法》在肯定裕固族先民是撒里畏吾儿的同时，强调撒里维吾儿（黄头回纥）乃龟兹回鹘，而非一般认为的是甘州回鹘。[③] 另外《裕固族简史》是全面介绍裕固族历史的专著，范玉梅的《裕固族史料编年》收集了唐初至 1954 年以来的资料，也很有价值。

关于东乡族族源，《东乡族简史》[④] 认为，东乡族是由元末明初定居于东乡地区的回回人、蒙古人、藏人、汉人共同融合形成的，其中最基本的是信仰伊斯兰教的蒙古人、回回人。另一说则认为是以东迁的色目人为主，融合汉、回、藏而形成的。[⑤] 马志勇《"撒尔塔"与东乡族族源》则认为东乡人以撒尔塔人为主，融合了多种民族而形成。[⑥]

关于保安族族源，据李燕青《解放以来保安族研究综述》[⑦] 介绍，大致有以下几说：（1）以蒙古人为主，融合汉、回、土等族形成说[⑧]。（2）以信仰伊斯兰教的蒙古人为主，融合汉、回、土、藏各族

① 薛文波:《裕固族历史初探》,《西北民族学院学报》1981 年 2—3 期。
② 吴永明:《裕固族族源初探》,《中南民族学院学报》1984 年第 1 期。
③ 钱伯泉:《龟兹回鹘国与裕固族族源问题研究》,《甘肃民族研究》1985 年第 2 期;汤开建:《关于"龟兹回鹘国与裕固族族源问题研究"一文的几点看法》,《甘肃民族研究》1985 年 3—4 合期。
④ 《东乡族简史》,甘肃人民出版社 1984 年版。
⑤ 马国忠、马自祥:《关于东乡族族源问题》,《西北民族学院学报》1982 年第 3 期。
⑥ 马志勇:《"撒尔塔"与东乡族族源》,《西北民族学院学报》1983 年第 1 期。
⑦ 李燕青:《解放以来保安族研究综述》,《甘肃民族研究》1986 年第 3 期。
⑧ 侯广济:《保安族族源初探》,《甘肃民族研究》1982 年第 3 期。

形成说①。此二说大同小异，可称之为蒙古人为主说。1985 年出版的《保安族简史》也是这种观点。（3）马通《中国伊斯兰教与门宦制度史略》一书认为，保安族是以信仰伊斯兰教的东乡族人为主，与回、藏、汉等族长期融合形成的。②（4）最近又有一种意见认为保安族源于中亚细亚信仰伊斯兰教的色目人，引起了有关方面的注意。估计以上几种族源论战仍将继续下去。

六 历史地理

（一）关于政区沿革、历代建置

这方面既有全面的整理介绍，也有地区性的探讨研究。前者，如冯绳武的《甘肃主要地、县、区释名及沿革》、李光《宋以前甘肃地方历史政治地理概略》概略地介绍了甘肃历代政区沿革及政治归属全貌。③ 后者如赵一匡《隋唐时期的兰州府》（一、二）、《宋元时期的兰州》，梁新民《武威地区建置沿革述略》、杜瑜《敦煌沿革述略》等着眼于各地的史地沿革。④

（二）关于甘肃古代交通路线的研究

关于甘肃境内的丝绸之路，一般认为有北南中三条路线，即以长安为出发点，北路经平凉、固原、海原，在靖远渡黄河，经景泰而至河西走廊；南路经陇县、秦安、渭源、临洮，渡洮河西到临夏，再渡黄河至西宁、越祁连山扁都口、进入走廊；中路则由临洮折北至兰

① 国家民委丛书编辑委员会：《中国少数民族》，人民出版社1981年版。
② 马通：《中国伊斯兰教与门宦制度史略》，宁夏人民出版社1983年版。
③ 冯绳武：《甘肃主要地、县、区释名及沿革》，《地名知识》1981年第2期；李光：《宋以前甘肃地方历史政治地理概略》，《社会科学》（甘肃）1983年第3期。
④ 赵一匡：《隋唐时期的兰州府》（一、二），《兰州学刊》1981年第2、4期；《宋元时期的兰州》，《兰州学刊》1983年第3期；梁新民：《武威地区建置沿革述略》，《西北史地》1983年第1期；杜瑜：《敦煌沿革述略》，《中国地方史志》1982年第3期。

州、经永登越乌鞘岭而入走廊，与南北二路会合。这是大致的路线，一些具体问题，如渡口支线等仍有争论。三道的历史地位随着历史条件的变化而互有兴替。①

王宗维《论霍去病祁连山之战》、《张骞出使西域路线考》等文，则具体考述了二人行军出使的路线及丝绸之路开辟问题，充实了丝路研究。②

关于河西走廊与青海之间的交通路线，王宗维《汉代祁连山路考述》、初师宾《丝路羌中道开辟小议》、刘满《鲜水及其有关的民族和交通线路探讨》等，均以汉宣帝时赵充国平羌战争为主要线索，细致研究了汉代祁连山路的具体走向、一些重要地名的方位。③ 颇具价值。

（三）秦长城遗址

近年来对甘肃境内秦长城遗址的考察也有很大收获。孙益民等《万里长城西部起首于临洮辨》、陈守忠《甘肃境内秦长城遗迹调查考证》均认为今临洮是秦万里长城的西端起点。④ 陈文还与《陇上秦长城调查之二》相续，详述了结合实地踏勘查明的秦昭王长城在临洮、渭源、陇西、通渭、静宁、镇原、环县、华池等县的实际走向，弥补了史籍的疏漏⑤。另外，巩如旭认为万里长城起首于今岷县城以西，具体走向可能是西出岷县，经临潭、卓尼等县而北，沿明代洮河卫边墙与河州二十四关抵黄河，顺河出甘肃。⑥ 可备参考。

---

① 鲜肖威：《甘肃境内的丝绸之路》，《兰州大学学报》1980 年第 2 期；吴礽骧：《两关以东的丝绸之路》，《兰州大学学报》1980 年第 4 期；齐陈骏《丝路考察纪略》，《兰州大学学报》1982 年第 4 期。

② 王宗维：《论霍去病祁连山之战》，《西北大学学报》1982 年第 3 期；《张骞出使西域路线考》，《西北大学学报》1984 年第 4 期。

③ 王宗维：《汉代祁连山路考述》，《西北师院学报》1983 年第 3 期；初师宾：《丝路羌中道开辟小议》，《西北师院学报》1982 年第 2 期；刘满：《鲜水及其有关的民族和交通线路探讨》，《青海社会科学》1982 年第 3 期。

④ 孙益民等：《万里长城西部起首于临洮辨》，《兰州学刊》1982 年第 1 期；陈守忠：《甘肃境内秦长城遗迹调查考证》，《西北史地》1984 年第 2 期。

⑤ 陈守忠：《陇上秦长城调查之二》，《西北师院学报》1984 年增刊"敦煌学研究"。

⑥ 巩如旭：《秦始皇万里长城首起处遗迹探索》，《西北史地》1984 年第 2 期。

（四）汉代玉门关遗址

关于玉门关的位置问题，历来有不同的看法。甘肃博物馆等《敦煌马圈湾汉代烽燧遗址发掘简报》和吴礽骧《玉门关与玉门关候》向解决这个问题前进了一步。① 《简报》认为这一遗址的发掘"大大缩小了探索玉门关的地理范围"。吴文认为马圈湾遗址当即西汉玉门关候治所。马雍《西汉时期的玉门关和敦煌郡的西境》认为"玉门关似应更求之于小方盘城以西"，至于西汉敦煌郡的西界，作者反对玉门关即敦煌郡之西界的陈说，而认为敦煌郡要远远包括玉门关以西的一大片地方，其西境达到罗布泊东岸。②

此外，还有其他一些研究成果，如汉代金城郡治允吾的地理位置问题，从1978年《历史研究》第3期发表王仁康《东汉金城郡治地理位置考》一文以来，讨论文章已达七、八篇之多，对王仁康考定允吾在今永靖县北湟水南岸的主张，省内学者一致否认，但是具体看法又有不同，比较公认的是刘满提出的允吾在今青海省民和县东下川口的说法③。至于与此密切相关的汉代令居塞的地理位置，也出现了几种意见，第一种意见认为令居塞位于今庄浪河河谷；第二种意见认为在今永登县大通河东岸之连城；第三种意见认为令居故城当在今永登县小咸河上游附近。④

甘肃古代战争频繁，著名的古战场很多，人们所熟悉的街亭就是其中之一。陈可畏《街亭考》认为街亭在今天水市东南街子镇。⑤ 刘满《由秦陇通道和祁山之战形势探讨街亭的地理位置》一文，则考定

---

① 甘肃省博物馆、敦煌县文化馆：《敦煌马圈湾汉代烽燧遗址发掘简报》，《文物》1981年第10期；吴礽骧：《玉门关与玉门关候》，《文物》1981年第10期。

② 马雍：《西汉时期的玉门关和敦煌郡的西境》，《中国史研究》1981年第1期。

③ 刘满：《汉代金城郡治允吾位置的初步探讨》，《兰州大学学报》1979年第2期；《庄浪河为汉代逆水而非涧水辨》，《兰州大学学报》1981年第4期。

④ 分见王仁康《再谈汉代金城郡治允吾的地理位置》，《兰州大学学报》1980年第2期；薛方昱《汉代令居塞地理位置考》，《西北史地》1983年第1期；王宗维《汉代令居塞的地理位置》，《兰州学刊》1985年第1期。

⑤ 陈可畏：《街亭考》，《地名知识》1981年第4—5合期。

街亭在今秦安县陇城镇东北街泉亭故城,[①] 这也符合传统的说法。徐日辉结合实地的考查,提出新说,认为街亭就在陇城镇。[②] 三说鼎立,难以遽下结论。

除上述六个主要方面外,对甘肃历史人物,如李广、赵充国、李愬、牛僧孺、张议潮、吴玠、吴璘、刘锜、张澍等的研究,成绩也比较突出。总之,甘肃地方史的研究,自党的十一届三中全会以来,进步明显、成果卓著。但也还存在着一些薄弱环节和空白点,譬如,就时间纵向而言,汉唐盛世研究的多,而元明清则问津者少;就空间横向而言,河西史研究可谓深广,而其他区域却留下了许多空白点。另外,宏观和理论的研究似显不足,这些都是今后研究亟需加强的方面。

（原刊《中国史研究动态》1988 年第 5 期,与李华瑞合作）

---

① 刘满:《由秦陇通道和祁山之战形势探讨街亭的地理位置》,《兰州大学学报》1983 年第 3 期。
② 徐日辉:《街亭考》,《兰州大学学报》1983 年第 3 期。

近年来瓜沙归义军研究综述

瓜沙归义军史是敦煌学的重要研究内容，不论从中西交通史的角度看，还是从西北民族史的角度看，这个曾在河西起了重要作用的地方政权，都应受到充分重视。由于中原王朝记录下来的史料鲜少，对于归义军史的真正研究，开始于 20 世纪初敦煌藏经洞文献的发现和公布。就国内而言，罗振玉先生补"张议潮传"及"曹氏年表"，有筚路蓝缕之功；其后王重民、姜亮夫、向达、孙楷第诸先生，都有所贡献，为以后的深入研究打下了坚实基础。新中国成立以后，特别是 70 年代末以来，伴随着敦煌学研究的热潮，在归义军史研究方面有一大批成果相继问世。经过众多学者的努力，这段历史面貌已基本明朗，有关归义军的设置、节度使次序称号、它的社会经济结构以及其与周邻民族的关系等专题的研究均已相当深入，现将研究情况择要作一介绍。

一　沙州起义和归义军的设置

唐宣宗大中二年（848），沙州人张议潮率众起义，驱逐吐蕃守将，收复瓜、沙二州。同年，遣道回鹘，驰表函入长安城，以献天子。大中三、四年，又相继收复了肃、甘、伊等州。五年八月，遣其兄议谭奉天宝年间河西陇右十一州旧图归唐。唐朝于同年十一月在沙州设归义军节度，授议潮节度使十一州观察。上述过程，史籍均以消息或表奏到达长安的时间为准，与事实多有出入，如沙州起义时间诸

书皆载在大中五年等，彼此抵牾之处也不少。归义军史研究的起步就
是根据敦煌文献——订正其年月，以上关于沙州起义、驰献表函、置
军设使的时间顺序，就是经过学者们整理得到公认的结果。

　　关于沙州起义的性质，学者们一致认为是一次反抗吐蕃奴隶制统
治的民族起义。齐陈骏《略述唐王朝与吐蕃的关系及张议潮领导的沙
州人民起义》和荣新江《归义军及其与周边民族的关系初探》所见
略同，指出这次起义是吐蕃压迫下的若干民族的共同行动，史料表明
起义至少有三支反抗力量：张议潮代表汉人，安景旻代表昭武九姓的
粟特人，阎英达代表退浑、通颊等部落百姓。此外，占沙州人口很大
比例的僧尼也参加了起义。各族起义者的共同支持是起义顺利成功的
原因。① 谭蝉雪《统一河西的功臣——张议潮》又将张议潮起义的骨
干力量分为瓜沙的名门望族、释门的教首僧徒、各族的豪杰义士这样
三个方面。②

　　大中五年设置归义军后，其辖境究竟有多大？变化如何？这就涉
及到张氏归义军与唐王朝的关系问题。虽然大中四年张议潮已献沙、
瓜、甘、肃、伊、西、鄯、河、兰、岷、廓十一州地图，但多数学者
认为当时张议潮的势力还没有遍及全部十一州。咸通二年（861），张
议潮收复河西重镇凉州，才使他控制整个河湟地区成为可能③。在此
之前，沙州和唐王朝的关系比较简单，一方归顺，一方嘉奖，双方的
关系是中央和地方的友好关系；而收复凉州后，围绕河陇的经营问
题，双方的关系变得微妙复杂起来，学者的看法也不一致。唐长孺
《关于归义军节度的几种资料跋》认为，凉州收复后即属归义军管内，
河西节度使本治凉州，大历以后改治沙州，所以归义军亦即河西节度
的军名，所管有凉州是当然的。④ 等于说张议潮受权并实际控制着整
个河西道。相应地，朝廷派往沙州的使者一直被尊重，目的就是要通

---

　　① 齐陈骏：《略述唐王朝与吐蕃的关系及张议潮领导的沙州人民起义》，《甘肃师大学
报》1979 年第 4 期；荣新江：《归义军及其与周边民族的关系初探》，《敦煌学辑刊》1986
年第 2 期。

　　② 谭蝉雪：《统一河西的功臣——张议潮》，《文史知识》1988 年第 8 期。

　　③ 荣新江：《归义军及其与周边民族的关系初探》，《敦煌学辑刊》1986 年第 2 期。

　　④ 唐长孺：《关于归义军节度的几种资料跋》，《中华文史论丛》第 1 辑，1962 年。

过"星使降临"这件事，向辖区内表示其政权的合法性。荣新江则指出，由于唐王朝想自取河湟，所以对归义军进行限制，另置凉州节度使，调郓州兵前来戍守，后又召议潮入朝，反映了隐藏在友好关系背后的双方相互矛盾、相互争夺的另一面。[①] 史苇湘《丝绸之路上的敦煌与莫高窟》则强调唐王朝对归义军的忽视、冷漠，认为唐王朝既不想自己收复河陇，又不让归义军"多事"，把有作为的张议潮羁困在长安后，又拒授张淮深旌节，埋下了归义军内部自相残杀的祸根。[②] 荣新江《初探》说明，由于没有得到唐朝的声援，加以内乱相继，归义军对河陇乃至西域的控制力逐渐削弱，诸少数民族乘机而起，原属归义军领下的许多地方，渐渐脱离归义军的统辖。学者们一致认为，到张氏执政末年，归义军实际控制的地区，不过瓜沙二州六镇而已。

二 归义军节度使的世系及存在的问题

这方面的主要论文有：姜亮夫《瓜沙曹氏年表补正》《唐五代瓜沙张曹两世家考》《瓜沙曹氏世谱》；贺世哲、孙修身《〈瓜沙曹氏年表补正〉之补正》、《瓜沙曹氏与敦煌莫高窟》；孙修身《谈与瓜沙曹氏世谱有关的几个问题》、《瓜沙曹氏卒立世次考》；荣新江《归义军及其与周边民族的关系初探》、《敦煌卷子札记四则》、《关于曹议金的去世年月问题》；谭蝉雪《曹元德·曹元深卒年考》等。[③] 经过以

---

① 荣新江：《归义军及其与周边民族的关系初探》，《敦煌学辑刊》1986 年第 2 期。

② 史苇湘：《丝绸之路上的敦煌与莫高窟》，《敦煌研究文集》，兰州，1982 年。

③ 姜亮夫：《瓜沙曹氏年表补正》，《杭州大学学报》1979 年第 1—2 期；《唐五代瓜沙张曹两世家考》，《中华文史论丛》1979 年第 3 辑；《瓜沙曹氏世谱》，《浙江学刊》1983 年第 1 期。贺世哲、孙修身：《〈瓜沙曹氏年表补正〉之补正》，《甘肃师大学报》1980 年第 1 期；《瓜沙曹氏与敦煌莫高窟》，《敦煌研究文集》，兰州，1982 年。孙修身：《谈与瓜沙曹氏世谱有关的几个问题》，《社会科学》1983 年第 5 期；《瓜沙曹氏卒立世次考》，《郑州大学学报》1988 年第 4 期。荣新江：《归义军及其与周边民族的关系初探》，《敦煌学辑刊》1986 年第 2 期；《敦煌卷子札记四则》，《敦煌吐鲁番文献研究论集》二，北京大学出版社 1983 年版；《关于曹议金的去世年月问题》，《敦煌吐鲁番文献研究论集》二，北京大学出版社 1983 年版。谭蝉雪：《曹元德·曹元深卒年考》，《敦煌研究》1988 年第 1 期。

上探讨，历代归义军节度使的卒立世次及其在位的起迄年代已经有了一个比较清楚可信的排列。

尽管敦煌学界尽了最大努力，但仍有一些节度使的交替年代及过程尚不很清楚，其中问题较多，争论较大的有以下几点。

（一）张淮深之死及其身后的权力更替

咸通八年张议潮束身归阙，将河西军务总委侄男张淮深。大顺元年（890），淮深全家暴卒，死得不明不白，继为归义军节度的议潮婿索勋也不得善终，几经周折政权又复归张氏后人承奉所有；这期间变故歧出，真相扑朔迷离，引起了敦煌学界的极大兴趣。新中国成立前罗振玉、向达等先生均断言淮深全家死于索勋之手，索勋既事篡夺，敦煌另一大族李氏以孤子遗孙为口实，大张挞伐，扶立张氏之后。后人长期沿用此说。1982 年孙修身始提出异议，认为导致淮深之死的原因是他曾勾结田令孜、朱玫、李昌符，致僖宗逃凤翔、兴元，因而僖宗回京后就决定了张淮深的灭亡。很可能是李茂贞派兵入河西，勾结淮深部下的叛将，里应外合，杀死淮深及其六子的。① 此后，学者们重新思考此问题，纷抒己见。李永宁受《张淮深墓志铭》中"竖牛作孽"典故的启发，推论淮深一家是死于自家兄弟——议潮子淮鼎之手。张淮鼎死后，才由索勋辅弼年幼的张承奉执政。② 邓文宽《也谈张淮深之死》同意淮深死于骨肉之手的说法，另据 S. 5630 号卷《张淮深造窟记》的另一种抄本，认为淮深至少还有另外两个儿子延兴、延嗣在《张淮深墓志铭》中没有提及，因而淮深"举室殒毙"的说法不合事实。当是延兴、延嗣以庶子身份杀害了父亲兄弟，扶立了张议谭的庶子张淮鼎，与"竖牛作孽"的行为完全一致。③ 钱伯泉《为索勋篡权翻案》《有关归义军前期历史的几个问题》两文，指出从莫高窟供养人题记所反映的索勋同张、曹、李诸大姓的关系及其身后各

① 孙修身：《张淮深之死再议》，《西北师院学报》1982 年第 2 期。
② 李永宁：《竖牛作孽，君主见欺——谈张淮深之死及唐末归义军执权者之更迭》，《敦煌研究》1986 年第 2 期。
③ 邓文宽：《也谈张淮深之死》，《敦煌研究》1988 年第 1 期。

大族对他的态度来看，似不应做出索勋篡权并由此被杀的结论。相反，索勋还是使归义军度过难关的有功之臣，他出任节度使是出于权宜之计，并得到各大姓的认可，不属篡夺行为。① 荣新江《晚唐归义军李氏家族执政史探微》，也认为是淮鼎杀死了淮深全家，索、李两家未曾参与事变。淮鼎死前托孤于索勋，辅佐张承奉执政，李氏三子则分占瓜沙军使、刺史之位，掌握实权，互相牵制。894 年，李氏发难，推翻了索勋的统治，尊张承奉以虚位，自掌大权。896 年初，瓜沙一些大族联合发起倒李拥张活动，张承奉得以重新执政。② 以上各说，均受到资料的严格限制，推测成分在所难免，但对最终揭开谜底不无助益。

（二）关于张曹之代

张承奉死后，瓜沙政柄转入曹氏家族，开始了曹氏归义军时期。谁是继西汉金山国之后曹氏家族的第一任节度使？曹氏取代张承奉统治瓜沙究在何年？这两个问题至今尚未取得共识。新旧《五代史·吐蕃传》及《宋史》卷四九〇《沙州传》均以曹议金紧接张承奉，罗振玉、王重民、姜亮夫、贺世哲、孙修身等，也从敦煌文献反映的情况，沿称曹议金为取代张氏的曹氏首任节度使。1980 年代以后，荣新江、钱伯泉等引用日本藤枝晃、中国台湾苏莹辉的观点，径称曹仁贵为曹氏首任节度使。1987 年，唐耕耦在国内首次著文考证在曹议金之前尚有曹仁贵任归义军节度使，于公元 899—920 年期间节度瓜沙。③ 但由于各家对曹仁贵执政的上下年限说法不一，差距颇大，所以这个问题并没有最后解决。对此，贺世哲发表《试论曹仁贵即曹议金》，着重从张曹之代与曹议金开始节度瓜沙的年代入手，从时间上排除张承奉、曹议金之间尚有他人执政的可能性，从而把曹仁贵、曹议金解

---

① 钱伯泉：《为索勋篡权翻案》，《敦煌研究》1988 年第 1 期；《有关归义军前期历史的几个问题》，《敦煌学辑刊》1987 年第 1 期。

② 荣新江：《晚唐归义军李氏家族执政史探微》，《文献》1989 年第 3 期。

③ 唐耕耦：《曹仁贵节度沙州归义军始末》，《敦煌研究》1987 年第 2 期。

释为同一人。① 另外，钱伯泉据 P.3556 号卷《周故南阳郡娘子张氏墓志铭并序》，推论张承奉曾过继外甥索富边为嗣，张承奉死后，索富边继为归义军节度使，他大约死于后梁乾化十三年（913），曹仁贵继掌归义军。② 这是比较特殊的说法。

三　金山国与敦煌国

　　新旧《五代史·吐蕃传》载："沙州，梁开平中有节度使张奉，自号金山白衣天子。"这 20 字是史籍对张承奉西汉金山国的唯一记载。而敦煌所出 P.2864 背《张永进上金山天子白雀歌》、P.3033 背《龙泉神剑歌》、P.3633《辛未年七月沙州百姓万人上回鹘天可汗书》、P.2992 背《曹议金上回鹘众宰相状》等文书都具体记叙了这部分历史。1935 年王重民先生写出《金山国坠事零拾》，初步勾画了金山国历史轮廓。③ 以后的研究情况比较冷落，只有 3 篇论文。王冀青《有关金山国史的几个问题》，对《金山国坠事零拾》作了几点补正④：（1）张承奉是《李氏再修功德记》末尾所题"妻弟前沙州伊西□节度使检校□部尚书兼御史大夫张淮□"（《伯希和笔记》□作鼎）之子，议潮之孙；（2）不同意王重民金山国建于天祐二年（905）之说，认为当在开平二年（908）；（3）金山国与甘州回鹘之间三次战争的时间分别为 904 年秋、908 年、911 年；（4）初次探索了金山国与其四方政权的关系。李正宇先是推论金山国必建于天祐三年（906）四月至十一月之间，后又在《关于金山国和敦煌国建国的几个问题》中，全面探讨了金山国、敦煌国的建国年代、国号、帝号、王号、年号等一系列问题。他首先将金山国和敦煌国区分开来，称前者为天子之国，后者为诸侯之国。指出金山国是在晚唐末年中原多故、河西失

---

① 贺世哲：《试论曹仁贵即曹议金》，《西北师大学报》1990 年第 3 期。
② 钱伯泉：《有关归义军前期历史的几个问题》，《敦煌学辑刊》1987 年第 1 期。
③ 王重民：《金山国坠事零拾》，《敦煌遗书论文集》下编，中华书局 1984 年版。
④ 王冀青：《有关金山国史的几个问题》，《敦煌学辑刊》1983 年第 3 期。

控的局势下，归义军领导人重整河西之志的集中体现，其立国之旨是
"尊王攘夷"，不能视为分裂行为。金山国历史首尾不过 6 年（906—
911）。敦煌国则是瓜沙同甘州回鹘结成父子之约后，屈尊降格而改建
的诸侯郡国，随着张承奉的去世而寿终正寝，前后不满 4 年（911—
914）。①

四　归义军的军政措施和瓜沙地区的社会经济结构

首先是恢复唐制。荣新江将张议潮的做法归纳为废弃大部分吐蕃
编组的军民部落，重建州县乡里制度，城廓内恢复坊巷的称谓。同时
归义军本身的军政机构，也按唐朝的藩镇体制，设立了文武官吏，恢
复了相应的一套文书、行政制度。②

其次是安集僧俗百姓。张议潮废除了吐蕃时的僧官制度，恢复唐
朝的都僧统制，并和都僧统洪䛒一起调查寺院财产，设都僧统司统一
管辖，以此削弱和限制都僧统的经济权力。对于寺院所掌握的部分依
附农民——常住百姓，"给状放出"，使之成为乡管百姓；同时也规定
寺院所属的一切财产、人户，均不许侵夺。③

统治众多僧徒的河西都僧统是仅次于归义军节度使的重要人物，
历代都僧统对归义军节度使的辅佐，是敦煌地区社会安定、文化发展
的一个重要因素。对于归义军都僧统制度、人物事迹、传承年代等进
行探讨的论文有：马世长《关于敦煌藏经洞的几个问题》、李永宁
《敦煌莫高窟碑文录及有关问题（一）》、荣新江《关于沙州归义军都

---

① 李正宇：《谈〈白雀歌〉尾部杂写与金山国建国年月》，《敦煌研究》1987 年第 3
期；《关于金山国和敦煌国建国的几个问题》，《西北史地》1987 年第 2 期。
② 荣新江：《归义军及其与周边民族的关系初探》，《敦煌学辑刊》1986 年第 2 期。
③ 姜伯勤：《论敦煌寺院的"常住百姓"》，《敦煌研究》1981 年第 1 期；《唐五代敦
煌寺户制度》，中华书局 1987 年版。

僧统年代的几个问题》、马德《都僧统之"家窟"及其营建》等。①

再次是加强政教，推行汉化。齐陈骏指出张议潮在收复河西之后，很快地就扫除了吐蕃奴隶主统治遗留下来的习惯和落后的统治方式，对河西各族人民"训以华风"，使之"轨俗一变"，"沙州一郡，人物风华，一同内地"②。

归义军政权统治瓜沙180余年，靠什么基础来维持，这也是学术界感兴趣的问题。陈炳应《敦煌所出宋开宝八年"郑丑挞卖地舍契"订误考释》，通过敦煌文书所涉及的农业、纺织业、交换等方面内容的研究，使宋初敦煌地区某些社会经济状况得到展现。③冷鹏飞《唐末沙州归义军张氏时期有关百姓受田和赋税的几个问题》指出，张氏归义军曾进行了整顿户口、登记土地的工作，并试图恢复唐朝前期的手实户籍制度。④他对当时地内所著主要赋税的研究，使人得以窥见这一时期有关赋税的登记及其征收体制的部分情况。唐刚卯《唐代请田制度初探》，也对归义军张氏时期的户口制度、土地制度、赋税制度的变化，进行了多方面的探讨。⑤杨际平《唐末宋初敦煌土地制度初探》认为，归义军时期土地所有制的性质是国有土地和私有土地并存。国有土地包括绝户地和荒田闲地，归义军时期敦煌文书未见有关屯田、职分田、公廨田等，却见到规模颇大的群牧，很可能就起着"公廨田""职分田"的作用；私有土地包括官僚地主的占田、寺田和自耕农的民田，民户的田土可以典租、买卖、分割继承，不受官府干涉。⑥施萍亭《本所藏〈酒帐〉研究》指出，归义军衙门掌握着各

① 马世长：《关于敦煌藏经洞的几个问题》，《文物》1978年第12期；李永宁：《敦煌莫高窟碑文录及有关问题（一）》，《敦煌研究》1981年第1期；荣新江：《关于沙州归义军都僧统年代的几个问题》，《敦煌研究》1989年第4期；马德：《都僧统之"家窟"及其营建》，《敦煌研究》1989年第4期。

② 齐陈骏：《略述唐王朝与吐蕃的关系及张议潮领导的沙州人民起义》，《甘肃师大学报》1979年第4期。

③ 陈炳应：《敦煌所出宋开宝八年"郑丑挞卖地舍契"订误考释》，《西北史地》1983年第4期。

④ 冷鹏飞：《唐末沙州归义军张氏时期有关百姓受田和赋税的几个问题》，《敦煌学辑刊》1984年第1期。

⑤ 唐刚卯：《唐代请田制度初探》，《敦煌学辑刊》1985年第2期。

⑥ 杨际平：《唐末宋初敦煌土地制度初探》，《敦煌学辑刊》1988年第1—2期。

种工匠，设各种专户来提供实物以满足归义军衙门的生活需要，是瓜沙曹氏"独创"的一种剥削手段。① 姜伯勤在《唐五代敦煌寺户制度》中的研究表明，归义军时期的沙州同时存在着"作坊使"所领的官籍工匠和组织为"行"的私人手工业者"博士"和"都料"，而私手工业显示出对官手工业的优势，反映出 9—11 世纪的沙州封建城市经济已经发展到一个新的高度。

五　归义军与周邻诸民族的关系

归义军与周邻诸民族的关系，大体上可以分作张氏归义军和曹氏归义军这样前后两个时期。这两个时期最大的不同就是荣新江所说的，张氏时期归义军领导人好大喜功，企图"打却甘州坐五凉"，与周边各民族的政治关系主要以战争的形式表现出来；曹氏时期，注意文治，以佛教为主体的沙州文化来取得周围各民族的尊崇，同各族的关系主要以外交和婚姻的形式表现出来。② 他还按地区分别叙述了归义军与凉州、甘州、肃州、西州、伊州、楼兰、于阗等地方势力之间的关系，指出这一时期河西和西域的历史是诸民族共同创造的，尽管归义军和周围诸民族的冲突时有发生，但双方关系的主流还是他们之间在政治上的相互影响，经济上的相互补充和文化上的相互学习。周伟洲《吐蕃对河陇的统治及归义军前期的河西诸族》，则以河西诸族为线索，探讨了张氏归义军与河西回鹘、吐蕃、吐谷浑、羌、龙、嗢末等族的关系。③ 施萍亭《本所藏〈酒帐〉研究》据归义军衙门酒帐的内容，说明当时的瓜沙是西北各地诸族的政治、经济、文化纽带，绾联着四面八方，为各族辐辏的中心。

在河西诸族中，回鹘与归义军的关系最为重要，主导着这一时期

---

① 施萍亭：《本所藏〈酒帐〉研究》，《敦煌研究》创刊号，1983 年。
② 荣新江：《归义军及其与周边民族的关系初探》，《敦煌学辑刊》1986 年第 2 期。
③ 周伟洲：《吐蕃对河陇的统治及归义军前期的河西诸族》，《甘肃民族研究》1990 年第 2 期。

河西的政治格局，是归义军史研究的又一焦点。钱伯泉《归义军与安西回鹘的关系》认为，安西回鹘国的建立和归义军的设置，为日薄西山的唐王朝保持了金瓯的西北一角。归义军支持和帮助安西回鹘，使其发展壮大，对回鹘成为天山南北的主体民族起了促进作用；安西回鹘也助归义军收复西州，消灭尚恐热。双方的交往为以后归义军（特别是曹氏时期）与甘州回鹘、于阗国李氏王朝回鹘的密切关系，奠定了基础。他在《回鹘在敦煌的历史》一文中，又综述了甘州回鹘和安西回鹘对归义军历史所产生的巨大影响，指出无论是归义军前期的张氏，还是后期的曹氏，其兴衰消长完全取决于他们与甘州回鹘之间关系的好坏。①

　　张淮深时期归义军与甘州回鹘曾发生过严重冲突，这一历史事件关系到河西道的并通堵塞及归义军的盛衰，意义甚为重大。唐长孺《关于归义军节度的几种资料跋》对此只简单地说大约中和四年（884）以后归义军曾重占甘州，旋即退出，由于资料的限制，更多的情况无从得知。② 近年来黄盛璋利用于阗文书进行研究，使这段历史趋于明朗。他在《敦煌于阗文 P.2741，ch00296，P.2790 号文书疏证》中，考证 P.2741、ch00296 二篇于阗文奏稿写于光启二年（886），与唐长孺所利用的 S.21589 号《中和四年肃州防戍都营田口汉郡县口张胜君等状》、S.389《肃州防戍都状》在记事内容上是相衔接的。文书清楚地反映公元 885 年 9、10 月间，甘州回鹘因可汗死亡而分裂为三派，886 年 3 月张淮深所部沙州军队曾前往甘州平乱，对象是突厥拔野古部，但未交锋即退兵，回鹘人又回到甘州城中掌权。③ 邓文宽在《张淮深平定甘州回鹘史事钩沉》一文中利用敦煌文学作品，推论张淮深在中和三年（883）年十一月到十二月间和中和四年九月，曾两次"自领甲兵"，击败甘州回鹘，迫使"甘州可汗亲降

　　① 钱伯泉：《归义军与安西回鹘的关系》，《全国敦煌学术讨论会文集》，1987 年；《回鹘在敦煌的历史》，《敦煌学辑刊》1989 年第 1 期。

　　② 唐长孺：《关于归义军节度的几种资料跋》，《中华文史论丛》第 1 辑，1962 年。

　　③ 黄盛璋：《敦煌于阗文 P.2741，ch00296，P.2790 号文书疏证》，《西北民族研究》1989 年第 2 期。

使，情愿与作阿耶儿"。他还重新研究了《凉州节院使押衙刘少晏状》，论证文书中的太保阿郎为张淮深，"乙酉"为"己酉"（889）之误抄，从而断定884—886年之间，甘州回鹘内讧，"自乱计作三朋"，是张淮深重兵打击的结果。① 黄、邓二人所论有同有异，对了解这段河西历史风云有相得益彰的效果。

关于张承奉时期西汉金山国与甘州回鹘的和战问题，经过王重民先生的论述，已为众所周知，此不赘述。曹氏归义军时期，与东西回鹘联姻通好，民族关系趋于缓和，但缓和中彼此力量也有消长变化。贺世哲、孙修身《瓜沙曹氏与敦煌莫高窟》认为，曹元德即位后，就曾力图改变同甘州回鹘的不平等地位，他与顺化可汗商议"所有社稷久远之事"时，敢于以兄弟相称，说明了曹氏归义军势力渐趋强盛。孙修身《敦煌遗书伯三〇一六号卷背第二件文书有关问题考》进一步指出，在曹元忠继任为归义军节度使后，河西走廊诸政权的关系发生了突变，主要反映在甘州回鹘在丝绸之路上的主导权开始转让给了瓜沙曹氏归义军政权。②

归义军末期瓜沙地区似乎出现"回鹘化"的趋势。汤开建、马明达《对五代宋初河西若干民族问题的探讨》，指出金山国以后，回鹘势力对瓜沙地区的渗透日益严重，长期的潜移默化使瓜沙地区出现了"回鹘化"的趋势，最终导致天圣八年（1030）以后沙州回鹘政权的出现。③ 孙修身《敦煌遗书吐蕃文书 P. 1284 号第三件书信有关问题考》推断北宋真宗时期，亦即曹宗寿政变以后，西州回鹘已将沙州占有，并开始和西进的西夏政权相对抗。④ 钱伯泉《回鹘在敦煌的历史》一文也认为从11世纪开始，龟兹回鹘曾对敦煌直接统治了140

---

① 邓文宽：《张淮深平定甘州回鹘史事钩沉》，《北京大学学报》1986 年第 5 期；《〈凉州节院使押衙刘少晏状〉新探》，《敦煌学辑刊》1987 年第 2 期。

② 孙修身：《敦煌遗书伯三〇一六号卷背第二件文书有关问题考》，《敦煌学辑刊》1988 年第 1—2 期。

③ 汤开建、马明达：《对五代宋初河西若干民族问题的探讨》，《敦煌学辑刊》1983 年第 4 期。

④ 孙修身：《敦煌遗书吐蕃文书 P. 1284 号第三件书信有关问题考》，《敦煌研究》1989 年第 2 期。

年左右。上述同志所持观点与归义军亡于西夏的传统说法不同，需要学术界认真对待。

此外，归义军时期的南山或仲云部落及其与归义军的关系也是讨论较多的一个问题。从施萍亭《本所藏〈酒帐〉研究》提出南山部族这个新问题后，黄盛璋、钱伯泉、郭锋等相继著文，对活动于罗布泊及敦煌南山一带的"南山"或仲云部落及其与归义军的关系进行了研究。①

至于其他河西或西域地方政权与民族，由于势力弱小，材料有限，都没有专文论述，只是在各种综述性文章中有所涉及，比较零碎，这里就略而不述了。

毋庸置疑，近年来国内学者对归义军史研究的成绩是显著的，取得了可喜的收获。但是，与丰富的纸本文书和壁画、绢画题记所提供的原始资料相比，归义军史的研究仍大有可为。目前还需要在两个方面继续努力，一方面是要对杂乱无章的原始文书进行系统的整理；另一方面是要把归义军史的研究放入唐宋之际中国历史的复杂背景中去。

（原刊《中国史研究动态》1991 年第 10 期）

---

① 黄盛璋：《论璨微与仲云》，《新疆社会科学》1988 年第 6 期；《敦煌文书中的"南山"与仲云》，《西北民族研究》1989 年第 1 期；《敦煌于阗文 P. 2741，ch00296，P. 2790 号文书疏证》，《西北民族研究》1989 年第 2 期。钱伯泉：《仲云族始末考述》，《西北民族研究》1989 年第 1 期。郭锋：《略论敦煌归义军时期仲云人的族属诸问题》，《兰州大学学报》1988 年第 1 期。

近 30 年国内有关吐蕃盟誓的
新资料与新问题

——以汉文资料为主

吐蕃盟誓是藏学研究的核心课题之一，也是隋唐史研究的重要课题。[①] 近 30 年来，我国学术事业获得新机，藏学蓬勃发展，成就巨大，国外最新研究成果也被及时介绍至国内。本文以汉文资料为中心，搜集近 30 年来有关吐蕃盟誓的研究成果，对国内在此问题上的研究进程略作回顾和总结。

一 近 30 年有关吐蕃"盟誓"研究的新资料

关于吐蕃盟誓的现存资料大概分三类：（1）10 世纪以前的古藏文资料，包括金石刻文、木简、敦煌写本等。比较而言，这些资料的价值最高。（2）汉文资料，主要是唐代文献中的有关记载。这类资料与古藏文资料可以互相订补，而订补也就成为研究盟誓及吐蕃史的主要方法之一。（3）11 世纪以后的藏文典籍，如《西藏王臣记》《西藏王统记》等。新资料的取得主要通过两种途径：（1）对传世汉文资

---

① 一些宏观论述藏族历史的专著都在不同程度上对盟誓有所涉及，参见陈庆英、高淑芬主编《西藏通史》，中州古籍出版社 2003 年版；王辅仁、索文清编著《藏族史要》，四川人民出版社 1982 年版；陈楠《藏史丛考》，民族出版社 1998 年版；林冠群《唐代吐蕃史论集》，中国藏学出版社 2006 年版；刘建丽《宋代西北吐蕃研究》，甘肃文化出版社 1998 年版；张云《唐代吐蕃史与西北民族史研究》，中国藏学出版社 2004 年版。

料的专题性汇集或注解。（2） 对新出土文书——主要是敦煌文书中相关内容的汇集。

（一） 对传世文献中专题性资料的收集与补充

唐代有关吐蕃的汉文文献是研究吐蕃盟誓问题的首选资料。新中国成立伊始，学术界对传世汉文文献中有关藏学资料的收集整理工作就已经展开。[①] 王忠先生的《新唐书吐蕃传笺证》一书[②]以《新唐书·吐蕃传》为线索，逐条注解，疏通线索，使得事件互相衔接紧密，纠正了某些吐蕃史料的错误记载，还考证了某些典章制度、地名、人名等。其中对有关盟誓的内容非常细致，凡是《新唐书》原文中涉及盟誓的记载大都有比较全面的注解，利用资料包括传世汉文文献及敦煌出土古藏文文献。可以认为，该书既是资料汇注，也是极具创新性的研究论著，是当时最有影响的成果之一。20 世纪 80 年代末期，熊文彬《两唐书〈吐蕃传〉吐蕃制度补证》专就其中的制度部分予以补正。[③] 该文将新旧《唐书》的记载予以对比，再引用同时代的其他文献及敦煌出土吐蕃文献等对包括盟誓在内的很多制度给予阐释。由于晚出，该文在拥有资料上占据优势，具有史料考索辨伪之功。

20 世纪 80 年代，对有关吐蕃盟誓材料的整理有了长足的发展。以吐蕃史为主题对传世资料进行继续汇集的论著有：苏晋仁《〈册府元龟〉吐蕃史料校证》[④] 和《通鉴吐蕃史料》[⑤] 两书，前者不但收集了相关记载，还对文字做了校勘，对史实做了考证和补遗。后者则在每一条资料后详细标出所引据原书（两种版本）的页码，颇便查阅。由于《通鉴》所记在某些方面要详于两唐书，[⑥] 因而该书的价值不容

---

① 如《西藏地方历史资料选辑》所选资料起于唐代，迄于 1951 年。虽出版于 1962 年，但编辑工作开始于 1959 年，参见《西藏地方历史资料选辑》之《序言》《编辑说明》，生活·读书·新知三联书店 1962 年版，第 1、11 页。

② 王忠：《新唐书吐蕃传笺证》，科学出版社 1958 年版。

③ 熊文彬：《两唐书〈吐蕃传〉吐蕃制度补证》，《中国藏学》1989 年第 3 期。

④ 苏晋仁、萧鍊子校证：《〈册府元龟〉吐蕃史料校证》，四川民族出版社 1981 年版。

⑤ 苏晋仁编：《通鉴吐蕃史料》，西藏人民出版社 1982 年版。

⑥ 如对吐蕃占据长安的记载，两唐书《吐蕃传》仅仅数百字，远不及《通鉴》逐日叙次的详尽。

低估。该书辑录工作始于 20 世纪 50 年代，印成于 1980 年。另外，同性质的资料集还有范学宗、吴逢箴、王纯洁编著的《全唐文全唐诗吐蕃史料》。① 以上各书是以"吐蕃"史料为主题的，自然将有关盟誓的内容全部收载，虽然体例及内容各有侧重，但省免他人翻检之劳，则是各书共有之特点。②

（二）对出土文献的整理、译注和汇集

将对出土文书的整理与解读引进研究领域，是近年来一些学科获得较大发展的主要途径，这一情形于藏学等新兴显学则表现得更为突出。自 20 世纪初，伴随敦煌文书、西域简牍等出土文献的大量流失，很多有关吐蕃盟誓的汉、藏文资料散布世界各地。因此，从汉文的角度而言，在整理和汇总吐蕃盟誓资料时，还包括对国外相关研究成果的汉译。就盟誓资料的搜集整理而言，很多学者都有建树，其中以王尧、陈践的合作成果为最。③ 截至目前，两人至少有 6 部著作问世。④ 现按照出版时间顺序分别介绍如下：

《敦煌本吐蕃历史文书》，包括三部分：第一，吐蕃大事纪年。记载了 650—747 年近 100 年间吐蕃历史上的重大事件。第二，吐蕃赞普传记。包括历任大论的位序以及会盟、征战、颁赏、联姻等大事，还有民间传说、神话、古代歌谣等。第三，小邦邦伯家臣及赞普世系。⑤ 这部书是法国学者巴考作的汉文译注本，是国内有关敦煌藏文写卷的第一部专著。

《吐蕃金石录》，是关于吐蕃金石文字的专辑，收录碑刻 10 件、

---

① 范学宗、吴逢箴、王纯洁编：《全唐文全唐诗吐蕃史料》，西藏人民出版社 1988 年版。

② 1950 年，法国学者戴密微在写作《吐蕃僧净记》时，对唐代有关吐蕃的汉文资料因部头太大而未能系统引用曾表示遗憾，参见戴密微著，耿昇译《吐蕃僧净记》，甘肃人民出版社 1984 年版，前言第 2 页。

③ 王尧、陈践：《吐蕃职官考信录》（《中国藏学》1989 年第 1 期）认为："探讨吐蕃官制先要做一番古文字学或称文献学的工作。"

④ 陈践、王尧还编注有《敦煌本藏文文献》，民族出版社 1983 年版。因是藏文，故不做论述。

⑤ 王尧、陈践译注：《敦煌本吐蕃历史文书》，民族出版社 1980 年版。

钟铭 3 件，包括迄今为止发现的吐蕃时期的全部金石文献，其中有 4
块碑涉及会盟内容。① 1992 年出版的增订本中，把原卷影印附载书
后，为学者进一步深入研究提供便利。

《敦煌吐蕃文献选》，是对法国出版的《敦煌古藏文手卷选集》
影印件的选编，收录有吐蕃律例文献、社会经济文书、古代藏文译
文、吐蕃周边其他民族情况及早期的医药等方面的内容。② 译注者对
原文加以解读后译成汉文，并且附以必要的注解，为不能直接使用藏
文的研究者提供了便利。

《吐蕃简牍综录》，分英国收藏、俄国收藏、国内收藏三部分。
670 年以后，吐蕃势力扩展至天山南北。简牍主要内容就是此后 100
多年间吐蕃在新疆地区政治、经济、法律乃至宗教、生活等各个方面
的反映。③

《敦煌古藏文文献探索集》，分敦煌本吐蕃历史文书、社会经济文
书、吐蕃其他文书三部分。每一部分包括藏文原文、藏文注、拉丁文
转写、汉译文及注译、附录等内容，非常便于汉藏文对照审读。虽然
录自作者旧稿，但对其中一些舛错做了纠正。④

《敦煌吐蕃文献选辑》，分《文化卷》《文学卷》两书，⑤ 书中对
每一件文书都有解题、藏文原文、汉译文、藏文文书影印件等内容。
其中，汉译文包括 1—3 种学界已有的代表性成果，以便于互相对比、
加深理解。

由于主题不同，以上各书尤其是后出者在内容选取上多有重复，
但每一次选编都经过作者新的校对和修订，且专题性日趋突出和鲜
明。因此，这些专著在提供详尽资料的同时，也展示了学界对盟誓问
题研究的进一步深入。另外，任小波《吐蕃盟誓研究》附录《吐蕃
盟誓资料选辑》分为《吐蕃盟誓藏文资料选辑》《吐蕃盟誓汉文资料

---

① 王尧编著：《吐蕃金石录》，文物出版社 1982 年版。

② 王尧、陈践译注：《敦煌吐蕃文献选》，四川民族出版社 1983 年版。

③ 王尧、陈践：《吐蕃简牍综录》，文物出版社 1986 年版。

④ 王尧、陈践：《敦煌古藏文文献探索集》，上海古籍出版社 2008 年版。

⑤ 陈践：《敦煌吐蕃文献选辑·文化卷》，民族出版社 2011 年版；陈践：《敦煌吐蕃
文献选辑·文学卷》，民族出版社 2011 年版。

选辑》两部分，是目前唯一以吐蕃盟誓为题的资料选辑，也是收集最全者。① 此外，同性质的资料集还有以下数种：北京大学历史系等编《西藏地方历史资料选辑》、陈燮章等编《藏族史料集》（一）、陈燮章等编《藏族史料集》（二）、陈燮章等编《藏族史料集》（三）、陈燮章等编《藏族史料集》（四）、陈乃文等编《藏族编年史料集》（一）、陈乃文等编《藏族编年史料集》（二）、A.麦克唐纳《敦煌吐蕃历史文书考释》（上下册）、周润年、喜饶尼玛译注《西藏古代法典选编》、杨富学、李吉和《敦煌汉文吐蕃史料辑校》第 1 辑、黄布凡、马德《敦煌藏文吐蕃史文献译注》、F.W.托玛斯《敦煌西域古藏文社会历史文献》、张云等《唐代吐蕃资料选辑》、汤开建、刘建丽《宋代吐蕃史料集》（一）、刘建丽、汤开建《宋代吐蕃史料集》（二）。②

（三）对国外研究成果的选译

在 20 世纪，比较而言，国外学者对盟誓资料的收集和阐释非常重视，并于 20 世纪四五十年代，在整理研究敦煌出土吐蕃文书方面出现两次高峰，分别以 1940 年出版《敦煌本吐蕃历史文书》、1952年出版《吐蕃僧诤记》为代表。但"直到（20 世纪）70 年代后期，

---

① 任小波：《吐蕃盟誓研究》，博士学位论文，中央民族大学，2010 年。

② 北京大学历史系等编：《西藏地方历史资料选辑》，生活·读书·新知三联书店1963 年版；陈燮章等编：《藏族史料集》（一），四川民族出版社 1982 年版；陈燮章等编：《藏族史料集》（二），四川民族出版社 1983 年版；陈燮章等编：《藏族史料集》（三），四川民族出版社 1987 年版；陈燮章等编：《藏族史料集》（四），四川民族出版社 1993 年版；陈乃文等编：《藏族编年史料集》（一），民族出版社 1989 年版；陈乃文等编：《藏族编年史料集》（二），民族出版社 1990 年版；A.麦克唐纳著，耿昇译、王尧校订：《敦煌吐蕃历史文书考释》（上下册），青海人民出版社 1991 年版；周润年、喜饶尼玛译注：《西藏古代法典选编》，中央民族大学出版社 1994 年版；杨富学、李吉和：《敦煌汉文吐蕃史料辑校》第1 辑，甘肃人民出版社 1999 年版；黄布凡、马德：《敦煌藏文吐蕃史文献译注》，甘肃教育出版社 2000 年版；F.W.托玛斯著，刘忠、杨铭译注：《敦煌西域古藏文社会历史文献》，民族出版社 2003 年版；张云、黄维忠：《唐代吐蕃资料选辑》，中国藏学研究中心，2005 年版；汤开建、刘建丽：《宋代吐蕃史料集》（一），四川民族出版社 1986 年版；刘建丽、汤开建：《宋代吐蕃史料集》（二），四川民族出版社 1989 年版。

在吐蕃文书卷研究上，我国国内仍然是寂寥无声"①，而国外学者在吐蕃史研究方面，其贡献则愈向前愈突出，其中专门解释会盟碑刻且具有资料解说性质的成果不少，如：佐藤长的《唐蕃会盟碑之研究》、黎吉生的《逻些与唐穆宗的盟碑上的古代历史文献》、李方桂的《唐蕃会盟碑考》等。② 其中李方桂是美籍华裔学者，对盟誓问题关注较多。如其与柯蔚南的合作专著《古代西藏碑文研究》从藏、汉、英三个方面介绍了碑文情况，并进行了注释。这一论著中关于盟誓的部分已经被中国学者王启龙翻译成中文，形成系列论文：《唐蕃会盟碑》（821—822 年）、《恩兰·达札路恭纪功碑》、《琼结桥碑》、《楚布寺碑》、《昌珠寺钟铭文》、《叶尔巴寺钟铭文》、《洛扎摩崖石刻》、敦煌第 365 窟的藏文题记的情况。其中重点在《唐蕃会盟碑》（821—822 年），主要从文献的角度了以解释。③

（四）新编资料集的重要作用

资料集的汇编，既是学术发展的需要，也是学术发展的结果。虽然这些著作中没有一本以"盟誓"为题，但盟誓是其中主要的组成部分。即便不记载盟誓事件本身，也是了解盟誓的背景资料。因此，这些成果的问世，为下一步的继续研究做了资料上的铺垫。同时，也使我们对吐蕃盟誓的一些具体问题形成整体认识成为可能，如吐蕃碑刻（包括会盟碑刻）的总数、吐蕃盟誓的数量统计等。

表1 吐蕃时期会盟碑刻表

名称	内容	时代	地点
唐蕃会盟碑	会盟	823 年	拉萨大昭寺
恩兰·达札路恭纪功碑	纪功	763 年	拉萨西城

① 中国敦煌吐鲁番学会主编：《国外敦煌吐蕃文书研究选译》，甘肃人民出版社 1992 年版，前言第 2 页。
② 戴密微曾对 20 世纪前半期有关《唐蕃会盟碑》的研究状况有比较详细的回顾，参见《吐蕃僧净记》，甘肃人民出版社 1984 年版，第 12—19 页。
③ 目前能找到的有 8 篇，从 2005 年以来，分别刊登在《西藏民族学院学报》2005 年第 5、6 期，2006 年第 1—6 期。

名称	内容	时代	地点
第穆萨摩崖刻石	颁赏	798—815 年之间	林芝广久
谐拉康碑甲	述德	798—815 年之间	墨竹止贡
谐拉康碑乙	述德	812 年	墨竹止贡
谐拉康刻石	祭祀	798—815 年之间	墨竹止贡
赤德松赞墓碑	述德	815—836 年之间	琼结
噶迥寺建寺碑	封授、立盟	798—815 年之间	若玛岗
桑耶寺兴佛证盟碑	封授、证盟	779 年	扎囊桑耶
楚布江浦建寺碑	祭祀、证盟	815—836 年之间	拉萨堆龙德庆楚布
桑耶寺钟	祭祀	779 年后	扎囊桑耶
昌珠寺钟	祭祀	798—815 年之间	乃东昌珠
叶尔巴寺钟	祭祀	779 年后	拉萨东郊扎叶尔巴
丽江吐蕃藏文碑	记南诏与吐蕃的关系	755—797 年之间	云南丽江

说明：参见王尧《吐蕃金石录·吐蕃文献学概述》，文物出版社 1982 年版，第 6 页。

表 2　　　　　　　　　　681—762 年吐蕃会盟表

名称	会盟时间	总计
春盟	701	1
夏盟	706、707、712、713、715、718、719、720、755、756、757、758、759、760、763、681 *、686 *、692 *、693 *、698 *、699 *、700 *	22
冬盟	702、704、706、712、714、715、717、719、720、721、724、726、727、744、746、747、755、756、757、759、762、682 *、683 *、684 *、685 *、687 *、688 *、689 *、690 *、691 *、694 *、695 *、696 *、697 *	34
多麦会盟、大会盟	710、711、722、727、734、762、763	7
未见名称	705、721、725、727、728、736、737、740、742、755、763	12

说明：本表依据林冠群《吐蕃历年主持盟会之众相表》（参见《吐蕃"尚论掣逋突瞿"考释——〈新唐书·吐蕃传〉误载举隅》，《中国藏学》2008 年第 3 期）改制而成，加 * 者为笔者所补。

二 近 30 年有关吐蕃盟誓研究的新问题

关于吐蕃"盟誓",首先要了解的基本问题有:起源与演变、具体仪式及其使用范围、作用和性质等,另外还经常会涉及对相关资料的辨伪与阐释等。近 30 年来的研究成果基本上依然围绕这些问题展开,但在认识上更加具体、合理和全面。

(一) 有关吐蕃盟誓的起源、仪式

1. 盟誓的起源

吐蕃盟誓的起源与吐蕃民族的形成有关。汉文文献记载,吐蕃源于西羌,而西羌很早就与汉地有联系。基于此,有学者认为,吐蕃盟誓源于汉地影响。但也有学者提出,西藏高原本有原住民族,目前难以找到盟誓在汉藏两地间传递的链条。故而大多数学者倾向认为吐蕃盟誓在仪式等方面更多的是当地文化自然发展的结果。①

王维强《吐蕃盟誓之根源探讨》认为,吐蕃盟誓有思想和社会两个根源。藏族对神灵的崇拜以及对语言魅力和威力的敬畏,是盟誓产生的思想根源。奴隶制确立后,原有的氏族部落制度并未彻底消灭。为了处理吐蕃奴隶政权与原始部落之间的关系,吐蕃奴隶主阶级使用了盟誓达到这一目的。这是盟誓的社会根源。② 任小波《吐蕃盟誓的初始形态》从"对等诉求"和"自明诚信"两大盟誓原则出发,解析吐蕃盟誓的观念基础和法律渊源问题。③

在吐蕃社会,盟誓从兴起到形成经历了一个漫长的过程。王维强提出,盟誓随着社会的发展而不断地变化,吐蕃盟誓有如下阶段性特点:第一是吐蕃原始社会末期的联盟会议;第二是吐蕃在奴隶制政权

---

① 王尧:《唐蕃会盟碑疏释》,《历史研究》1980 年第 4 期。
② 王维强:《吐蕃盟誓之根源探讨》,《西藏研究》1990 年第 1 期。
③ 任小波:《吐蕃盟誓研究》第 1 章《吐蕃盟誓的初始形态》,博士学位论文,中央民族大学,2010 年。

建立过程中的盟誓，至此，盟誓由以前的民主会盟向朝廷会盟转变，成为君臣性质的会盟；第三是吐蕃奴隶制政权建立后的集会议盟，由掌政大臣主持；第四是联姻盟誓，即吐蕃与象雄、吐谷浑、突骑施及小勃律等种族的联姻盟誓。①

2. 盟誓仪式

在藏族的盟誓习俗里，宰杀动物具有象征性的警告意义，盟誓仪式中刑牲、歃血一直受到学界关注。② 关于吐蕃社会内部的盟誓仪式及仪式中的禁忌等，学界并无多大争议，只是随着所掌握文献的增多不断得以补充和细化，③ 讨论的焦点集中在唐蕃盟誓中的仪式问题上。以往笼统认为，唐蕃之间完备的盟誓典礼，可以说是双方各自盟誓传统彼此交汇的产物，但近来的研究使这一看法更加具体。石泰安提出，据汉文史料记载，在 8、9 世纪唐蕃之间缔结和约的盟誓仪式要伴以刑牲作祭祀。一些学者视此为吐蕃人所具有的一种"野蛮"特性。实际上，汉文文献记载，"刑牲歃血"仪式在春秋时代的汉地就已经出现，因此，以刑牲作祭祀是指一种汉地习惯。④ 林冠群则认为，佛教为吐蕃国教以后，所有的国家大典或公共礼仪，才会改用佛教仪式。在 779 年以前，吐蕃采取与李唐同样模式的献祭歃血。吐蕃因宗教信仰改变导致与李唐之间的盟誓仪式改变为佛教仪式，应在 779 年，而非 761 年。⑤ 褚俊杰则据此提出了苯教仪式何时被取代的问题。他认为，赤松德赞统治初期（762）提出了禁止杀牲献祭的政令，但执行情况值得怀疑。并推测，由于佛教及僧人对朝政的影响日益扩大，吐蕃王室接受了佛教，在诸如与唐朝会盟这样重大的政治仪式中，便要求按照佛教仪式进行，而关于赞普个人的仪式中则仍然按照

---

① 王维强：《吐蕃盟誓的形式演变及其作用》，《中国藏学》1992 年第 2 期；任小波：《吐蕃盟誓研究》第 5 章《吐蕃盟典的文化意义》（博士学位论文，中央民族大学，2010年）利用藏文文献还原了盟典过程中更多的程式。

② 朱丽霞：《吐蕃盟誓中宗教因素辨析》，《西藏研究》2008 年第 2 期。

③ 王双成：《藏族"盟誓"习俗探微》，《西藏研究》1998 年第 2 期。

④ 石泰安：《八至九世纪唐蕃会盟条约的盟誓仪式》，《西藏研究》1989 年第 4 期。

⑤ 林冠群：《汉文史料记载唐代吐蕃社会文化"失实部分"之研究》，《中国藏学》2003 年第 2 期。

传统的苯教仪式进行。①

另外，林继富讨论了盟誓中用牛的问题，三年一大盟中宰"牛"，小盟中不屠"牛"，表明牦牛在藏族人心目中地位崇高，它仅用于那些重大及关键性的盟会，展示了牦牛与藏族社会政治关系的密切。②

（二）吐蕃盟誓的分类、内容与文本

两唐书《吐蕃传》中称吐蕃盟誓有三年一大盟、一年一小盟。但藏文文书中却没有这样的记载。陈楠指出，《敦煌本吐蕃历史文书》所记会盟，并非两唐书《吐蕃传》中所记的三年一大盟和一年一小盟，而是主政大臣召集的议事会。议事会一般是一年一次，有时一年两次，但也有不举行盟会的年份。一年两次者分别有"冬盟"和"夏盟"之称。③ 据此，有些学者提出了两唐书对吐蕃历史记载有"失实"现象。

盟誓的内容与起源和演变有关，内容涉及政治、经济、军事、司法及社会生活各方面。根据吐蕃时期藏文文献，陈践、杨本加将吐蕃时期的盟文誓词分为 10 小类，归结为 3 大类：（1）吐蕃与其他民族会盟之誓词。如 823 年树立的《长庆会盟碑》；唐蕃之间曾经结盟 10次，主要是划定边界，确定各自领域。（2）赞普赐盟予功臣之誓词，是历代赞普向最主要功臣颁赏的重要内容。（3）吐蕃盟誓制度演化后的形式——集会议盟，历年的夏季议盟与冬季议盟，是吐蕃解决当年大事的重要途径。④

孙林对吐蕃盟誓的文本进行了研究，认为盟誓文诰在吐蕃王朝时期被视为极重要的王室档案，有关这类文书在当时就已形成专门的文献学分类和管理体系。盟誓文诰的产生基础是吐蕃的议事会盟制度。

---

① 褚俊杰：《论苯教丧葬仪轨的佛教化——敦煌古藏文写卷 P. T. 239 解读》，《西藏研究》1990 年第 1 期。

② 林继富：《藏族宗教仪轨中的牦牛》，《西藏艺术研究》1998 年第 1 期。

③ 陈楠：《吐蕃职官制度考论》，《中国藏学》1988 年第 2 期。

④ 陈践、杨本加：《吐蕃时期藏文文献中的盟誓》，《中国藏学》2009 年第 3 期。

盟誓文诰在整个吐蕃时期，已经成为吐蕃王朝于佛教文献体系之外又一知识体系，被视为系统性的历史著作。[①] 任小波论文第四章《吐蕃盟辞的文本内涵》，将盟辞类型分为盟歌、誓词、诏书。同时从段落组装和藏汉互译两个角度立意，就盟辞的笔法加以阐说。

（三）唐蕃会盟研究

随着吐蕃势力渐趋壮大，盟誓的使用地域也随之扩大。吐蕃将原本仅仅使用于内部社会的结盟活动用于对邻族的关系处理方面。唐蕃会盟就是吐蕃盟誓场域拓展的最重要表现。[②] 一般认为，唐蕃会盟数量是 8 次，[③] 但刘小兵认为是 10 次，分别为：神龙二年（706）之盟、开元二年（714）之盟、开元十八年（730）之盟、宝应元年（762）之盟、永泰元年（765）之盟、大历二年（767）之盟、建中四年（783）清水之盟与奉天之盟、贞元三年（787）平凉之盟、长庆元年（821）长庆会盟。重要的会盟有三次：清水会盟、平凉会盟、长庆会盟。[④] 长庆会盟是唐蕃之间的最后一次会盟，也是影响最深远的会盟。长庆《唐蕃会盟碑》也是吐蕃盟誓研究中的重点，国内外学者对其均有长期的研究。[⑤]

《唐蕃会盟碑》碑文中有关唐、蕃双方署名官员及其职衔是讨论的焦点。盟碑上唐廷参与结盟的官员人数是 18 名，其中排名最前者只有同平章事的称衔，不见姓名。而唐史也只记载了 17 人的姓名和官职，恰好没有这一名额。日人内藤虎次郎认为根本没有这一人名，

[①] 孙林：《盟誓文诰：吐蕃时期一种特殊的历史文书》，《中国藏学》2002 年第 2 期。

[②] 在唐王朝的对外关系上，仅仅与吐蕃王朝有过多次高规格的盟誓活动。唐蕃盟誓的出现，是双方的共同需求，还是唐朝对吐蕃习俗之顺应呢？大概属于后者的可能性要更大一些。

[③] 张积诚：《"唐蕃八次和盟"概述》，《西南民族学院学报》1980 年第 8 期。

[④] 刘小兵：《唐蕃和盟关系研究》，《云南社会科学》1989 年第 5 期。

[⑤] 如：1956 年，美籍华人李方桂《长庆唐蕃会盟碑考》对签盟后的战争及边界问题、双方使节往来的路线问题、以及双方的签名官员及其所反映的行政组织体系做了分析。参见李方桂撰，王青山译《唐蕃长庆会盟的历史背景》，《青海社会科学》1983 年第 2 期；江维祝《〈唐蕃会盟碑〉所提历史人物考》（《西藏研究》1997 年第 2 期）对会盟中的重要人物的重要业绩做了简单的梳理。

而其职位在当时亦属空缺。李方桂《唐蕃会盟碑上的一个疑点》认为这位官员就是萧俛。其中的差异与 820 年、821 年两次缔结盟约有关。820 年八月，萧俛被任命为中书侍郎同平章事。821 年（长庆元年正月）被罢相位。盟约正式缔结是长庆元年十月（821），时萧俛已罢中书侍郎的职位。因此，在盟碑上有职称而没有名字。① 张建木《读〈唐蕃会盟碑〉札记二则》认为，"长庆二年拉萨会盟唐廷首席与盟者的姓名"当是李逢吉。同时还指出，"长庆元年长安会盟所在地的寺名"是石羊寺，又名王会寺。②

关于唐蕃会盟碑的又一热点是钵阐布问题。陈楠《吐蕃职官制度考论》依据《唐蕃会盟碑》及《新唐书·吐蕃传》《贤者喜宴》等资料，系统勾画了吐蕃中央职官系统。最后指出，在众多官职中，仅见于会盟碑者有统军元帅、副统军元帅等 7 例。僧相（钵阐布）职掌同于宰相，且列于众宰相之首，参与一切军国大事，是吐蕃中央政府的决策人物，是首席宰相。文章利用会盟碑对僧相提出了认识，并补充了吐蕃军队系统的组成。黄文焕《河西吐蕃文书中的"钵阐布"》指出，钵阐布特指参与吐蕃大政、有煊赫权势、甚至受赞普委托主持政事的最高级僧人。这个特定称谓的使用，最早不过 799 年，最迟不过836 年。文章利用出土文书补证唐蕃会盟碑碑文记载，碑文中吐蕃盟臣第一名署名者是钵阐布（钵阐布允丹）。③ 同时考证了钵阐布在河西的活动事迹，并认为钵阐布在促成唐蕃会盟方面作用突出。林冠群《唐代吐蕃的僧相体制》对唐蕃会盟碑中吐蕃方面首席大臣钵阐布允丹的地位做了解释，分析认为，钵阐布允丹是僧相，但不是首席宰相。并认为，《新唐书·吐蕃传》中吐蕃"国之政事，必以桑门（即沙门）参决"的记载容易让人误解为"吐蕃王朝建立以来即是由沙门参决政事"。实际上，这一情况仅仅开始于墀松德赞之时，墀祖德

---

① 李方桂撰，俞观型译：《唐蕃会盟碑上的一个疑点》，《西藏民族学院学报》1982 年第 4 期。

② 张建木：《读〈唐蕃会盟碑〉札记二则》，《中央民族学院学报》1981 年第 1 期。

③ 黄文焕：《河西吐蕃文书中的"钵阐布"》，载金雅声、束锡红主编《敦煌古藏文文献论文集》，上海古籍出版社 2007 年版。

赞时期达于巅峰。①

（四）吐蕃盟誓的作用与实质

简单说来，盟誓的功能在于创建一种特殊的契约关系，建构了参盟各方行为的神圣性，凝聚和强化了参盟双方或多方的团结，提升了盟约的效力。对于吐蕃盟誓的作用，学术界基本上都给予积极的肯定。② 尤其是唐蕃会盟碑的刻立，为后来两地历史的发展奠定了坚实的基础，成为友好的象征。碑文强调的"和同为一家"的甥舅亲谊，确保今后"社稷如一"、各守本境、互不侵扰、"烟尘不扬"、"乡土俱安"③ 的目标，引导了未来两地关系的主流发展方向。

近 30 年来，学术界对吐蕃盟誓作用的研究更加具体全面：《吐蕃盟誓的形式演变及其作用》分析了吐蕃奴隶制政权确立后举行的内部盟会和以赞普诏令形式颁赐的盟誓，提出盟誓在吐蕃社会与政治上的作用有：立法定制与扶持发展佛教；任免官员；征集军需——大料集征收贡赋、户口及土地等的清查；维系王室与小邦及赞普与权臣间的关系。史工会《浅析盟誓在吐蕃统一中的作用》着重强调了盟誓在藏族统一过程中的作用，认为至迟到布代贡杰时期，盟誓习俗波及社会的各个阶层、各个方面。达布聂斯利用盟誓习俗开始吐蕃统一事业，囊日论赞利用盟誓实现吐蕃中心地区初步统一。松赞干布利用盟誓完成了吐蕃统一并使盟誓习俗逐渐向制度化、法律化过渡。④

关于吐蕃盟誓的性质，王尧运用敦煌文献中的几段誓词对吐蕃盟誓制度做了实证性说明：在吐蕃内部，盟誓早期确定的是部落酋长之间的盟友关系，后期则是君臣之间的相互保证。⑤ 刘小兵则对唐蕃会盟的性质做了分析：对吐蕃政权而言，会盟与战争一样，也是吐蕃和唐朝的交往方式之一，甚至被视为削弱唐的一种手段。唐蕃会盟虽然

---

① 林冠群：《唐代吐蕃的僧相体制》，《中国藏学》1998 年第 1 期。

② 范亚平：《唐蕃会盟碑——汉藏人民友好的历史丰碑》，《西藏民族学院学报》1987 年第 4 期。

③ 王尧编著：《吐蕃金石录》，文物出版社 1982 年版，第 41 页。

④ 史工会：《浅析盟誓在吐蕃统一中的作用》，《西藏民族学院学报》1997 年第 3 期。

⑤ 王尧：《吐蕃文化》，吉林教育出版社 1989 年版，第 25 页。

屡盟屡毁，但从总的方面看，和盟的积极作用仍是明显的：和盟促进了双方使臣的友好往来，减少了战争，促成了和亲，促进了双方贸易的发展，促进了双方文化的交流。[①]

三 余论

近30年来国内对吐蕃盟誓的研究进展，很大程度上得益于文献资料的收集与突破，资料集的出版时间相对集中，主要在20世纪80年代。1980—1989年，有《敦煌本吐蕃历史文书》、《〈册府元龟〉吐蕃史料校证》、《吐蕃金石录》、《通鉴吐蕃史料》、《藏族史料集（一、二、三）》、《敦煌吐蕃文献选》、《敦煌本藏文文献》、《吐蕃简牍综录》、《全唐文全唐诗吐蕃史料》、《藏族编年史料集（一）》、《宋代吐蕃史料集（一、二）》；1990—1999年，有《藏族编年史料集（二）》、《藏族史料集（四）》、《敦煌吐蕃历史文书考释》、《西藏古代法典选编》、《敦煌汉文吐蕃史料辑校（第1辑）》；2000年以后，有《敦煌藏文吐蕃史文献译注》、《敦煌西域古藏文社会历史文献》、《唐代吐蕃资料选辑》、《敦煌古藏文文献探索集》、《敦煌吐蕃文献选辑（文化卷）》、《敦煌吐蕃文献选辑（文学卷）》。可以认为，这种情形当与学术研究多年（1966—1976）受到"挤压"有关。"挤压"情形一旦改变，学术研究则以难以预料的爆发力喷薄而出。可见当时学界对资料需求之迫切，也可见学术研究与社会环境关联之密切。资料集的出版，方便学人，嘉惠士林，及时为新时代的盟誓研究提供了可资利用的资料。

在总结已取得成就的基础上，展望吐蕃盟誓问题的未来发展趋势，除了继续重视传世汉藏文资料、把握正确的研究方向之外，当注意以下几个问题：

资料的不断汇集和发现依然是推动盟誓研究及藏学发展的重要途

---

① 刘小兵：《唐蕃和盟关系研究》，《云南社会科学》1989年第5期。

径。1930 年，学者陈寅恪在《敦煌劫余录序》中说："一时代之学术，必有其新材料与新问题。取用此材料，以研求问题，则为此时代学术之新潮流。"就吐蕃盟誓问题的研究前景而言，这一认识依然具有鲜明的指导意义。而所谓的新材料，主要指敦煌文书、西域简牍、藏区碑刻等出土文献，其中尤以敦煌文书为最。① 新成果在很大程度上依赖于敦煌文书等出土资料。如借助出土文书对两唐书《吐蕃传》的资料价值有了新的认识、利用 P. T. 1089 藏文文书与长庆会盟碑等资料对比来进一步复原吐蕃官员的设置情况、对盟誓中佛教仪轨得以采用的时间问题、对盟会的举行周期及称谓的认识等等。《新唐书吐蕃传笺证》中对出土资料的征引也随处可见。尽管成就很大，除去随着社会需要而产生的时代"新问题"外，目前未能解决的困惑依然不少。

必须注重新方法的使用及跨学科的综合研究。研究吐蕃盟誓问题，涉及学科众多，诸如藏学、敦煌学、民族语言文字学、历史学、民俗学、社会学、法学等多学科。由于收藏地的关系，国外学者在新资料的利用方面，往往有得风气之先之利，而国内学者只能步其后尘。这一情形在 20 世纪 80 年代以前，愈早愈突出。因此，吐蕃盟誓问题的研究具有突出的国际性，国外学者的研究方法和视野需特别予以重视。随着国际学术交流的日趋频繁，新资料公布的进展速度不断加快，吐蕃盟誓问题的研究及发展将面临许多新的问题。因此，新方法的采用、多学科的综合研究势在必行。

注重通识藏、汉、外语人才的发展培养。研究盟誓问题，能否正确识读和理解藏文文书，将直接影响到所获资料信息的正确性及所得结论的可靠性。若语言能力受限，问题的深入程度必然受限。国内很少有如石泰安般在熟练运用语言的基础上展开历史分析的学者，其原由主要在于此。由于国内人才培养的模式及途径在短期内不会改变，因而培养通晓藏语、汉语及外语，兼具语言学、历史学等学科基础的人才是必然趋势。

（原刊《社会科学战线》2012 年第 3 期，与崔永利合作）

---

① 如新近由上海古籍出版社陆续出版的《法国国家图书馆藏敦煌藏文文献》《英藏敦煌西域藏文文献》等，内容极为丰富，有待于发掘利用。

蒙元时期汉人世侯研究综述

蒙金战争时期，中原各地崛起了一批地方割据势力，其中较早归附蒙古的组成蒙古国武力之一的汉军，一些在灭金攻宋过程中功勋卓著的汉军将领更受到蒙古勋臣相似的待遇，享有世代兼统当地军政之特权，当时人谓之"世侯"。忽必烈推行废侯置守及汉军国军化的政策后，汉人世侯转化为新体制下的官僚，但世袭之军职仍得到保留，可称为"汉军世家"。有元一代，官僚制之下的汉军世家仍享有较多的荫袭权利，与蒙古、色目官僚贵族形成统治精英的上层。本文就50年来汉人世侯（汉军世家）研究成果分四个方面加以综述，以反映该领域研究过程和现状。

一 汉人世侯的性质与历史评价

到何之（梁太济）《关于金末元初的汉人地主武装问题》是早期世侯研究最具代表性的成果。该文将金末元初汉地割据势力称为汉人地主武装，对其产生的背景、政治动向、作用及其没落详加讨论，认为汉人地主武装的政治向背，对蒙古攻金战争的胜负起了相当巨大的作用。投附蒙古的汉人地主武装头目接受纳质、助军、献户口、纳贡赋、入觐、设驿、置达鲁花赤等条件，从蒙古统治者那里获得相当于唐之藩镇、汉之邦国的种种特权，转化成所谓"世侯"。[①] 汉人世侯

---

① 到何之：《关于金末元初的汉人地主武装问题》，《内蒙古大学学报》1978年第1期。

是汉地特定历史条件与蒙古早期封建制度相结合的产物，在当时北方社会陷于普遍的混乱中时，汉人地主武装控制的区域，封建秩序比较稳定，农业生产能够继续进行。随着蒙古统治者在"遵用汉法"道路上的步步前进，汉人世侯"分民专权"的特权逐步受到限制，直到最后全部取消。唐长孺、李涵《金元之际汉地七万户》一文，就窝阔台汗时期汉军七万户的产生、发展和衰落的历史条件及其与蒙古统治者的关系等方面作了深刻阐述，指出汉地七万户乃是金末元初投靠蒙古的七个北方汉族地主武装的头目，他们既像分封制下的诸侯，也像唐代中叶后的藩镇，不仅在灭金亡宋的战争中出了很大气力，而且对于在中原地区建立蒙汉联合的统治也有很重要的作用。[①] 韩儒林主编的《元朝史（上册）》在论述汉人世侯时，基本认同世侯是由大大小小的地主武装势力发展而来，世侯统治是金末中央集权制破坏后出现的封建割据局面与蒙古世袭制度相结合的产物的观点，指出在残酷的战争和社会秩序极度混乱的年代它起了一种稳定的作用，但中国北方农民的封建人身依附关系在这个时期有所加强，这又是一种倒退的社会现象。[②] 萧启庆《元代几个汉军世家的仕宦与婚姻》一文，论述了真定史氏、保定张氏、东平严氏、济南张氏、天成刘氏、藁城董氏六大汉军世家崛兴的经过、世侯的性质以及忽必烈初年推行集权政策对各家所产生的影响。他也认同汉人世侯是蒙古政治传统与金元之际汉地政治现实结合的产物，但不赞成以政治动向决定其原有阶级背景，指出六大世家多不属于金朝统治阶层，也不尽属于地主阶级，而是乘世乱而崛兴的豪强，蒙古人因势利导，给予蒙古社会中"伴当"相似的特权，使之成为世享军政、民政、财政、司法大权的世侯。汉人世侯对蒙古朝廷多很温驯，不具唐末藩镇的独立性，这种虽无封建之名而具封建之实的世侯制度类似于日本德川幕府"中央集权封建制"式的政治体制。[③] 赵文坦《金元之际汉人世侯的兴起与政治动向》亦认

---

① 唐长孺、李涵：《金元之际汉地七万户》，《文史》1981 年第 11 辑。

② 韩儒林：《元朝史（上册）》，人民出版社 1986 年版，第 244—245 页。

③ 萧启庆：《元代几个汉军世家的仕宦与婚姻》，《蒙元史新研》，台北允晨文化实业股份有限公司 1994 年版，第 265—348 页。

为，金元之际的汉人世侯大多出身于平民阶层，概称为"地主武装"
并不妥贴。① 同氏《蒙古国汉人世侯辖区社会经济考查》对汉人世侯
发展辖区内社会经济持肯定态度。② 朱帮全、赵文坦《蒙古国时汉人
世侯与蒙廷、燕京行台、达鲁花赤的关系》、张金铣《汉人世侯的兴
起及其同蒙古汗廷的关系》等文指出，绝大多数汉人世侯都忠实履行
了蒙廷规定的纳质、助军、输粮、设驿、编户籍等义务；汉人世侯听
命于燕京行台，出征纳赋；汉人世侯与达鲁花赤的关系普遍不协调，
经常发生矛盾。③ 台湾学者林美莉《宋金元之交的地方豪强与政权转
移之关系》从朝代鼎革之际地方豪强所扮演角色的观点讨论汉军世家
的起源与归宿。④ 孙克宽则著有《蒙古帝国初期汉军的建制》、《汉军
分子的分析》及《元代汉军人物表》、《元代汉军三世家考》等文，
对史天泽、张柔、董俊三大家族代表的汉军之形成及协助蒙古人统治
汉地之研究亦有贡献。⑤ 赵继颜《金元之际山东三世侯》梳理了东平
严氏、益都李氏、济南张氏三大世侯的历史变迁。⑥《剑桥中国辽西夏
金元史》在述及这一历史阶段时总结说，从长远角度而言，这种"封
建化"进程会带来蒙古宫廷所不希望出现的后果，但在短期内，它是
巩固对中国北部新征服地区统治的有效方法。⑦ 此外，王颋《龙庭崇
汗——元代政治史研究》第二章《万户命将——大蒙古国汉军万户的
组建和迁易》、瞿大风《元朝时期的山西地区：政治·军事·经济
篇》第四章对金元之际汉人世侯的发迹兴起、守土治理、与蒙古宗亲

① 赵文坦：《金元之际汉人世侯的兴起与政治动向》，《南开学报》2000 年第 6 期。
② 赵文坦：《蒙古国汉人世侯辖区社会经济考查》，《蒙古史研究》2000 年第 6 辑。
③ 朱帮全、赵文坦：《蒙古国时汉人世侯与蒙廷、燕京行台、达鲁花赤的关系》，《齐
鲁学刊》2002 年第 5 期；张金铣：《汉人世侯的兴起及其同蒙古汗廷的关系》，《民族史研
究》2004 年第 5 辑。
④ 林美莉：《宋金元之交的地方豪强与政权转移之关系》，《大陆杂志》1987 年第 75
卷第 3 期。
⑤ 孙克宽：《蒙古汉军与汉文化研究》，台北文星书店 1958 年版；孙克宽：《元代汉
文化之活动》，中华书局 1968 年版。
⑥ 赵继颜：《金元之际山东三世侯》，山东文艺出版社 2004 年版。
⑦ ［德］傅海波、［英］崔瑞德编：《剑桥中国辽西夏金元史》，中国社会科学出版社
1998 年版。

的相互关系及其外出征戍进行了论述。① 日本学者的研究成果也比较
丰富，主要有：池内功《金末義軍制度の考察》、《モンゴルの金国
経略と漢人世侯（1）》、《モンゴルの金国経略と漢人世侯（2）（3）
（4）》、《フビライ政権の成立とフビライ麾下の漢軍》，井ノ崎隆興
《蒙古朝治下における漢人世侯——河朔地区と山東地区の二つの
型》、《元朝成立過程における漢人諸侯》等。②

二　窝阔台汗时期汉军三万户、七万户及其相关问题

　　唐长孺、李涵认为，窝阔台汗己丑年所设汉军三万户为刘黑马、
史天泽和萧也先之子萧札剌，增立的四万户是张柔、张荣、严实、李
璮，增立四万户的时间是灭金前后（同前文）。黄时鉴《关于汉军万
户设置的若干问题》一文，基本同意唐文关于七万户的说法，但认为
增立四万户的时间是在灭金前的壬辰年（1232），故以塔不已儿取代
李璮为新增四万户之一，指出汉军万户设置乃是蒙古万户制度在山后
和中原地区的延伸，直接目的是为了征金伐宋战争的需要。③ 王颋
《蒙古国汉军万户问题管见》认为，窝阔台汗即位初，建立了刘黑马、
萧札剌、史天泽、王荣祖、移剌买奴五个万户，是将"世侯"武装改
编为蒙古国"国家武装"的一种尝试，1232 年增置的四个新万户为
塔不已儿、张进、郭德山，另一姓名不明，灭金后，为酬赏军功和灭

---

　　① 王颋：《龙庭崇汗——元代政治史研究》，南方出版社 2002 年版，第 23—43 页；瞿
大风：《元朝时期的山西地区：政治·军事·经济篇》，辽宁民族出版社 2005 年版，第 74—
115 页。

　　② ［日］池内功：《金末義軍制度の考察》，《社会文化史学》1978 年第 16；池内功：
《モンゴルの金国経略と漢人世侯（1）》，《四国学院大学創立三十周年記念論文集》1980
年；池内功：《モンゴルの金国経略と漢人世侯（2）（3）（4）》，《四国学院大学論集》
46、48、49，1981 年；池内功：《フビライ政権の成立とフビライ麾下の漢軍》，《東洋史
研究》1984 年第 43 卷第 2 期；［日］井ノ崎隆興：《蒙古朝治下における漢人世侯——河朔
地区と山東地区の二つの型》，《史林》1954 年第 37 卷第 6 期；井ノ崎隆興：《元朝成立過
程における漢人諸侯》，《歴史教育》1961 年第 9 卷第 7 期。

　　③ 黄时鉴：《关于汉军万户设置的若干问题》，元史研究会编《元史论丛》第 2 辑，
中华书局 1983 年版。

宋战争需要，窝阔台通过改编"世侯"武装和签发兵士的方式新建了若干万户，包括张柔、严实及夹谷留乞等万户。① 赵文坦《〈元史·刘黑马传〉"七万户"蠡测》认为《元史·刘黑马传》又增"七万户"的记载并非是在窝阔台所设"三万户"的基础上增置四个万户，而是在耶律朱哥、刘黑马率领的宣德、西京、河东方面军中增置了六个万户，其中五人为张札古带、奥屯世英、夹谷龙古带、田雄、"纪侯"，另一人待考。七万户增置于壬辰年蒙金三峰山战役之后。② 胡小鹏《窝阔台汗己丑年汉军万户萧札剌考辨——兼论金元之际的汉地七万户》引用《鲁山县志·石抹公墓志铭》指出，窝阔台汗己丑年始置汉军三万户中之萧札剌，不是萧也先之子萧查剌，而是甲戌年投降蒙古的金中都乣军首领札剌儿，"其符爵自辛卯年长子重喜暨孙忙古歹重孙绍祖玄孙驴驴奕叶袭受"。增立四万户的时间在灭金后的甲午年（1234）而非壬辰年。汉军三万户与七万户的设立都与该年蒙古忽里台大会的召开有关。甲午年增立的七万户，汉人有刘黑马、史天泽、严实、张柔，契丹人有萧札剌之子重喜、塔不已儿、石抹孛迭儿。汉军万户的设置是按蒙古军制，重新编制汉军以便于指挥。③

三　汉人世侯个案研究

（一）真定史氏

台湾学者孙克宽《元代汉军永清史氏本末——元代汉军三世家考之一》、日本学者野沢佳美《モソゴル太宗定宗期における史天沢の動向》、池内功《史氏一族とモソゴルの金国经略》等是较早研究史

---

①　王颋：《蒙古国汉军万户问题管见》，《元史论丛》第4辑，中华书局1992年版。

②　赵文坦：《〈元史·刘黑马传〉"七万户"蠡测》，《历史研究》2000年第6期。

③　胡小鹏：《窝阔台汗己丑年汉军万户萧札剌考辨——兼论金元之际的汉地七万户》，《西北师大学报》2001年第6期。

氏家族的专文。① 萧启庆前引文对史氏家族的婚姻和仕宦也有细致考
索。李瑞杰《元朝唯一的汉族中书右丞相——史天泽》从史天泽的战
功、政治头脑及才干等方面探讨了作为汉人的史天泽做到中书右丞相
的原因。② 聂树锋、王秀珑《史氏家族在真定——金元之际汉人世侯
剖析》，以史氏家族为例对汉人世侯产生的历史条件、汉人世侯的性
质与历史影响等方面进行了论述。③ 刘化成《廊坊市永清县发现的史
天泽家族墓地碑》，孟繁峰《谈新发现的史氏残谱及史氏元代墓群》、
《谈新发现的史氏残谱及史氏元代墓群（续）》等三篇文章对考古发
现的史氏家族墓地碑及其族谱进行了梳理和考证。④ 张国旺《蒙元真
定崔氏碑传资料杂考》、梁小丽《元故恭人史氏墓碑考》等，则是利
用新出墓志对真定史氏姻亲家族进行研究的论文。⑤

（二）天成刘氏等山西世侯

萧启庆《元代几个汉军世家的仕宦与婚姻》对刘黑马家族有细致
考论。⑥ 瞿大风《金元之际山西的汉人世侯》，就山西汉人世侯的身
世、降附、作战与统治的地区、地位和作用以及与蒙古宗亲的关系等
问题进行了探讨。⑦ 周清澍《元桓州耶律家族史事汇证与契丹人的南

① 孙克宽：《元代汉军永清史氏本末——元代汉军三世家考之一》，《大陆杂志》1960
年第 20 卷第 7 期；〔日〕野沢佳美：《モソゴル太宗定宗期における史天沢の动向》，《立正
大学東洋史論集》1988 年第 1 辑；〔日〕池内功：《史氏一族とモソゴルの金国经略》，《中
嶋敏先生古稀纪念论集》（上卷），东京汲古书院 1980 年版。

② 李瑞杰：《元朝唯一的汉族中书右丞相——史天泽》，《张家口师专学报》1999 年第
4 期。

③ 聂树锋、王秀珑：《史氏家族在真定——金元之际汉人世侯剖析》，《石家庄师范专
科学校学报》2000 年第 3 期。

④ 刘化成：《廊坊市永清县发现的史天泽家族墓地碑》，《文物春秋》1995 年第 3 期；
孟繁峰：《谈新发现的史氏残谱及史氏元代墓群》，《文物春秋》1999 年第 1 期；孟繁峰：
《谈新发现的史氏残谱及史氏元代墓群（续）》，《文物春秋》1999 年第 4 期。

⑤ 张国旺：《蒙元真定崔氏碑传资料杂考》，李治安主编：《元史论丛》第 10 辑，中
国广播电视出版社 2005 年版；梁小丽：《元故恭人史氏墓碑考》，《文物春秋》2003 年第
4 期。

⑥ 萧启庆：《元代几个汉军世家的仕宦与婚姻》，《内北国而外中国——蒙元史研究》，
中华书局 2007 年版，第 276—345 页。

⑦ 瞿大风：《金元之际山西的汉人世侯》，《蒙古学信息》1999 年第 2 期。

迁》一文，对桓州汉军世家耶律氏世系及其南迁史事进行了梳理考证。① 方龄贵《元述律杰事迹辑考》、陈世松《元代契丹"诗书名将"述律杰事辑》所考都与南迁的山西契丹军事家族有关。②

（三）东平严氏

除了萧启庆《元代几个汉军世家的仕宦与婚姻》、赵继颜《金元之际山东三世侯》中的论述外，陈高华《大蒙古国时期的东平严氏》全面考述了严氏集团情况，特别指出金元战乱之际，严氏父子统治下的东平，收容了不少士人，文化教育事业得到了较好的保护，东平因此成为汉地仅次于燕京的文化中心，东平士人也在元朝政府中占有相当的地位。③

（四）顺天张氏

孙克宽《元初汉军张柔行实考》、萧启庆《元代几个汉军世家的仕宦与婚姻》、日本学者野沢佳美《張柔軍団の成立過程とその構成》是较早对张柔家族事迹进行研究的论文。④ 近年来，赵文坦《大蒙古国时期的顺天张氏》对大蒙古国时期汉人世侯顺天张氏进行了系统研究，强调了张柔家族在当时军事、政治、经济、文化事务中发挥的影响。⑤ 符海潮《试析金末元初汉人世侯的人格特质——以张柔、张弘范父子作为个案》一文，以张柔父子为个案，从人格特质入手探

① 周清澍：《元桓州耶律家族史事汇证与契丹人的南迁》，《文史》1999 年第 4 辑、2000 年第 1 辑。

② 方龄贵：《元述律杰事迹辑考》，《元史丛考》，民族出版社 2004 年版，第 247—274 页；陈世松：《元代契丹"诗书名将"述律杰事辑》，《宁夏社会科学》1996 年第 2 期。

③ 陈高华：《大蒙古国时期的东平严氏》，《元史论丛》第 6 辑，中国社会科学出版社 1997 年版。

④ 孙克宽：《元初汉军张柔行实考》，《东海学报》1962 年第 4 卷第 1 期；萧启庆：《元代几个汉军世家的仕宦与婚姻》，《内北国而外中国——蒙元史研究》，中华书局 2007 年版；[日] 野沢佳美《張柔軍団の成立過程とその構成》，《立正大学大学院年報》1986 年第 3 期。

⑤ 赵文坦：《大蒙古国时期的顺天张氏》，李治安主编：《元史论丛》第 10 辑，中国广播电视出版社 2005 年版。

讨了河朔地区大世侯的性格特征。① 李剑亮《张弘范其人其事》对张弘范的生平、创作等进行了分析。② 易县博物馆《河北易县发现元代张弘范墓志》，孟繁峰、孙待林《张柔墓调查记》，提供了出土文献。③

（五）藁城董氏

主要有台湾学者孙克宽《元代汉军藁城董氏本末》，袁冀《元代藁城董氏评述》，萧启庆《元代几个汉军世家的仕宦与婚姻》，藤岛建树《元朝治下における漢人一族の歩み——藁城の董氏の場合》等。④

（六）济南张氏

主要有萧启庆《元代几个汉军世家的仕宦与婚姻》，日本学者堤一昭《李璮の乱前後の漢人軍閥——済南張氏の事例》，赵继颜《金元之际山东三世侯》，张建彬《大蒙古国时期的济南张氏》等。⑤

（七）益都李氏

周良霄《李璮之乱与元初政治》、《论李璮》二文，讨论了李璮叛元的背景及忽必烈"改侯置守"，汉军及汉地行政中央化的经过，

---

① 符海潮：《试析金末元初汉人世侯的人格特质——以张柔、张弘范父子作为个案》，《内蒙古社会科学》2004 年第 2 期。

② 李剑亮：《张弘范其人其事》，《漳州师院学报》1998 年第 4 期。

③ 张洪印：《河北易县发现元代张弘范墓志》，《文物》1986 年第 2 期；孟繁峰、孙待林：《张柔墓调查记》，《文物春秋》1996 年第 3 期。

④ 孙克宽：《元代汉军藁城董氏本末》，《东海学报》1968 年第 9 卷第 2 期；袁冀：《元代藁城董氏评述》，《元史研究论集》，台湾商务印书馆 1974 年版；萧启庆：《元代几个汉军世家的仕宦与婚姻》，《内北国而外中国——蒙元史研究》，中华书局 2007 年版。[日]藤岛建树：《元朝治下における漢人一族の歩み——藁城の董氏の場合》，《大谷学報》1986 年第 66 卷第 3 期。

⑤ [日] 堤一昭：《李璮の乱前後の漢人軍閥——済南張氏の事例》，《史林》1995 年第 6 期；张建彬：《大蒙古国时期的济南张氏》，《山东师范大学学报》2005 年第 5 期。

甚有新意。① 相关论著还有孙克宽《元初李璮事变的分析》，爱宕松男《李璮の叛乱とその意義——蒙古朝治下における漢地の封建制とその州県制への展开》，森田宪司《李璮の乱以前》，赵继颜《金元之际山东三世侯》，孙业耀、谢刚《论李全降蒙的原因》等。②

（八）巩昌汪氏

胡小鹏《元代西北历史与民族研究》第六章"元代巩昌汪氏集团"，王颋《龙庭崇汗——元代政治史研究》第五章"乔木延年——汪氏家族与巩昌都总帅府"是有关巩昌汪氏的专论。③ 胡小鹏《元代巩昌汪氏家族事略》一文对汪氏家族事迹做了全面考察，他最初主张汪氏是汉化的吐蕃族豪酋，后又提出汪氏应是有蕃化特征的汉人观点。④ 汪楷《元朝巩昌汪氏族属探秘》、汪受宽《巩昌汪氏的族属及其与徽州汪氏的通谱》等文则坚持汪氏系出汪古的传统说法，认为汪氏"系出南京徽州歙郡"的说法是对文献误读、误释和改窜所致，巩昌汪氏与徽州汪氏的通谱是在元代后期至明永乐间，但所述系谱颇多纰漏，殊不可信。⑤ 甘肃省博物馆、漳县文化馆《甘肃漳县元代汪世显家族墓葬》刊布了漳县汪世显家族墓群出土的汪惟贤、汪惟孝、汪源昌、汪懋昌等人的墓志盖及墓志铭，⑥ 吴景山《元代汪世显家族碑

① 周良霄：《李璮之乱与元初政治》，南京大学历史系元史室：《元史及北方民族史研究集刊》第4辑，1980年；《论李璮》，《东岳论丛》1985年第6期。

② 孙克宽：《元初李璮事变的分析》，《大陆杂志》1956年第13卷第8期；［日］爱宕松男：《李璮の叛乱とその意義——蒙古朝治下における漢地の封建制とその州県制への展开》，《東洋史研究》1941年第6卷第4期；［日］森田宪司：《李璮の乱以前》，《东洋史研究》1988年第47卷第3期；孙业耀、谢刚：《论李全降蒙的原因》，《安徽史学》1997年第4期。

③ 胡小鹏：《元代西北历史与民族研究》，甘肃文化出版社1999年版；王颋《龙庭崇汗——元代政治史研究》，南方出版社2002年版。

④ 胡小鹏：《元代巩昌汪氏家族事略》，《西北师大学报》1990年第3期；胡小鹏：《元巩昌汪氏非汪古族考》，《西北师大学报》1994年第6期；胡小鹏、王旺祥：《元代巩昌汪氏族属再探》，《内蒙古社会科学》2005年第6期。

⑤ 汪楷：《元朝巩昌汪氏族属探秘》，《内蒙古社会科学》2000年第5期；汪受宽：《巩昌汪氏的族属及其与徽州汪氏的通谱》，《民族研究》2006年第3期。

⑥ 甘肃省博物馆、漳县文化馆：《甘肃漳县元代汪世显家族墓葬》，《文物》1982年第2期。

志资料辑录》刊布考释了十一方汪氏碑志，① 赵一兵《元代巩昌汪世
显家族墓葬出土墓志校释五则》重新校释了五方出土墓志，丰富了研
究汪氏的史料。② 漳县汪氏文化研究会筹备小组主办的《汪氏文化研
究》已经刊出四期，主要发表地方学者的成果。国外研究则有日本学
者池内功《フリク＝ブカ战争と汪氏一族》（野口铁郎编《中国史に
おける乱の構図——筑波大学创立十周年纪念东洋史论文集》）、牛根
靖裕《元代の鞏昌都総帥府の成立とその展開について》等。③

四　汉人世侯与元代文化之关系

孙克宽《蒙古汉军与汉文化研究》、《元代汉文化之活动》等论
著，较早论及元代汉军传衍汉文化之功。④ 王明荪《元代的士人与政
治》较多论及汉人世侯与士人的关系。⑤ 赵琦《金元之际的儒士与汉
文化》阐述了金元之际汉文化的发展，其中第四章"世侯对儒士的收
容和作用"，分别讨论了北方各地世侯与儒士的关系。⑥ 袁冀《东平
严实幕府人物与兴学初考》、晏选军《严实父子与金元之交的东平文
化》，主旨都是考述东平严氏兴学养士与保护发展文化教育事业之事
迹。⑦ 樊子林、黄宗健《元杂剧在真定的崛起与史天泽》，田同旭、
刘树胜《论元杂剧的兴盛与金元汉人世侯之关系》，田同旭《论元杂
剧四大活动中心的形成与金元汉人世侯之关系》等文，认为金元汉人

---

① 吴景山：《元代汪世显家族碑志资料辑录》，《西北民族研究》1999 年第 1 期。

② 赵一兵：《元代巩昌汪世显家族墓葬出土墓志校释五则》，《内蒙古社会科学》2007
年第 3 期。

③ 池内功文载野口铁郎编：《中国史における乱の構図——筑波大学创立十周年纪念
东洋史论文集》，1994 年；［日］牛根靖裕：《元代の鞏昌都総帥府の成立とその展開につ
いて》，《立命館東洋史学》2001 年第 24 期。

④ 孙克宽：《蒙古汉军与汉文化研究》，台北文星书店 1958 年版；孙克宽：《元代汉
文化之活动》，台北中华书局 1968 年版。

⑤ 王明荪：《元代的士人与政治》，台北学生书局 1992 年版。

⑥ 赵琦：《金元之际的儒士与汉文化》，人民出版社 2004 年版。

⑦ 袁冀：《东平严实幕府人物与兴学初考》，《元史研究论集》，台湾商务印书馆 1974
年版；晏选军：《严实父子与金元之交的东平文化》，《殷都学刊》2001 年第 4 期。

世侯对元杂剧兴盛发达作出了重要的历史贡献。① 门岿《元初"世侯文化"的特点及其对元代文学的影响》、晏选军《金元之际的汉人世侯与文人》等文，认为元初的"世侯文化"对元代文学的形成、发展、繁荣具有独特的无可替代的作用，"世侯文化"所具有的地域生活相对稳定、重教崇儒、保护文人学士以及与元朝中央紧密联系等特点，对易代之际汉文化的传承和元代文学的发轫，起了重要作用。② 符海潮《金元之际儒士与汉人世侯冲突之辨析》则分析了金元之际有历史责任感的北方儒士和汉人世侯之间存在的矛盾冲突。③

　　综观五十年来汉人世侯研究过程，具有以下特点：一是从侧重于阶级属性、政治动向转变到侧重文化经济；二是从侧重于早期世侯（以忽必烈废侯置守为界）转变到侧重后期汉军世家；三是从侧重于河朔地区世侯扩展到北方各地世侯；四是个案研究不断增加。不足之处是研究集中于资料相对多的汉军世家，对资料少的则有所忽略，特别是对南迁后汉军世家的分布、仕宦、婚姻缺乏整体研究。今后需要进一步对汉人世侯或汉军世家史料进行挖掘整理，在继续丰富深化个案研究的同时，将汉军世家作为一个特殊阶层整体把握，这关系到正确认识元代政治军事制度的特质。

<hr>

① 樊子林、黄宗健：《元杂剧在真定的崛起与史天泽》，《河北学刊》1991 年第 6 期；田同旭、刘树胜：《论元杂剧的兴盛与金元汉人世侯之关系》，《晋阳学刊》2003 年第 2 期；田同旭：《论元杂剧四大活动中心的形成与金元汉人世侯之关系》，《南京师范大学文学院学报》2003 年第 3 期。

② 门岿：《元初"世侯文化"的特点及其对元代文学的影响》，《东南大学学报》2004 年第 2 期；晏选军《金元之际的汉人世侯与文人》，《中南大学学报》2007 年第 1 期。

③ 符海潮：《金元之际儒士与汉人世侯冲突之辨析》，《许昌学院学报》2005 年第 3 期。

1978—2003 年间明代西北
政治史研究概况

自 1978 年以来，国内明代西北政治史研究无论从广度还是深度上都有了相当大的发展，发表论文约 144 篇，涉及广泛，极大丰富和深化了学界对明代西北政治史方面的认识。本文试对此作一简介，因目力和涉猎所限，引述可能并不完备。

一　总论

明代西北既是多民族聚居区，又是连接各民族地方政权乃至中亚各国的通道，军事地理位置十分重要。明王朝在该地区的政治举措均以安定民族关系、巩固多民族国家的统一为着眼点。因此，1978—2003 年总论明朝对西北经略的文章主要围绕其民族政策和相关军政制度展开。

（一）宏观经营方面

秦川《明政府开发西北决策的若干启示》和《试论明朝在西北的退缩战略与开发西北的决策》两文，概述了明政府在抵御蒙古势力、巩固西北边防的特殊历史条件下制定的开发西北决策，分析了明朝在西北采取退缩战略的原因及其结果，总结了其经验教训。① 其后，杨

①　秦川：《明政府开发西北决策的若干启示》，《兰州学刊》1991 年第 1 期；秦川：《试论明朝在西北的退缩战略与开发西北的决策》，《社科纵横》1992 年第 4 期。

秀清《试论明朝对西北民族问题的决策》和董倩《明朝对西北民族地区的经营析论》两文，认为明朝经营西北的总趋势是逐步从西域退缩，重点经营甘青藏区且获得了成功，有效巩固了甘青藏区的社会安定，从而得以集中力量应付北方蒙古势力的侵扰。① 秦川《试论明政府经营西域的失误》通过全面分析明政府对东察合台汗国的政策以及对关西七卫态度的变化，指出明政府在经营西域方面存在失误。② 刘国防《明朝初期对西域的管辖和往来关系》认为，明初经营西域的形式有两种，一是设立哈密、撒里畏兀儿诸卫所，进行较直接的管辖；二是遣使招谕，对瓦剌、别失八里、于阗、哈实哈儿等地进行政治上的羁縻统治。指出明初对西域的管辖和经营是积极主动的，并取得许多成就。③ 此外，黄东辉《中国历代王朝对新疆管理述略》和张德阶《略论历代王朝对西域的经营》两文，在相关部分简述了明王朝对新疆的管理政策。④

（二）军政建置方面

多民族聚居的西北历来是边防要地，明代在此设有宁夏镇与甘肃镇，以控御周边各族。余同元《明代九边述论》论述了明九边的概念、形成及其影响。⑤ 肖立军《明嘉靖九边营兵制考略》重点考察了九边营兵的大致编制和将领设置等，分析了九边营制对以后镇戍兵制的重要影响。⑥ 梁淼泰《明代九边的军数》和《明代九边的募兵》，分别探讨了明代九边军数与有明一代政制、军制、边防、社会经济的密切关系，以及明代九边募兵的来源、特点。⑦ 刘仲华《明代嘉隆两

---

① 杨秀清：《试论明朝对西北民族问题的决策》，《民族研究》1994 年第 6 期；董倩：《明朝对西北民族地区的经营析论》，《中央民族大学学报》2001 年第 4 期。

② 秦川：《试论明政府经营西域的失误》，《兰州学刊》1992 年第 5 期。

③ 刘国防：《明朝初期对西域的管辖和往来关系》，《西域研究》1992 年第 1 期。

④ 黄东辉：《中国历代王朝对新疆管理述略》，《甘肃民族研究》1999 年第 2 期；张德阶：《略论历代王朝对西域的经营》，《武汉教育学院学报》1987 年第 1 期。

⑤ 余同元：《明代九边述论》，《安徽师范大学学报》1989 年第 2 期。

⑥ 肖立军：《明嘉靖九边营兵制考略》，《南开学报》1994 年第 2 期。

⑦ 梁淼泰：《明代九边的军数》，《中国史研究》1997 年第 1 期；梁淼泰：《明代九边的募兵》，《中国社会经济史研究》1997 年第 1 期。

朝九边消极的防守策略》和《试析分权制衡和以文制武思想对明代九
边防务体制的影响》两文，全面分析了明代嘉隆两朝采取消极防御战
略的原因及其造成的明军战斗力低下和朝廷防而不和的民族狭隘思想
等恶果，指出分权制衡和以文制武是明代九边防务体制的指导思想，
但在皇权高度集中的背景下，这一指导思想在事权、督饷、用人等方
面的运用扭曲了它原来应有的作用。以上研究都涉及到了宁夏镇与甘
肃镇的设置沿革及其地位作用等方面的内容。① 韦占彬《明代九边设
置时间辨析》则对九边设置的时间进行了考辨，确定九边初设于明成
祖时期，明孝宗弘治年间设置完成，其中宁夏镇、甘肃镇属于初设边
镇，设置时间分别为建文四年（1402）和永乐元年（1403）。② 该方
面的研究还有邓沛《明代九边述要》和《明代九边考述》等。③ 除了
以上总论性的研究外，还有一些较为具体的地区性考述，也介绍
如下：

1. 宁夏地区

薛正昌《明代宁夏镇军事地理位置》指出三面环长城的宁夏镇是
凭借其固有的天然屏障特别是贺兰山，来完成和体现它在明代的军事
防御中的地理作用。④ 范宗兴《浅谈明代宁夏东路的军事建置》则对
宁夏东路的军事单位进行了考述。⑤ 苏银海《明代经营固原概述》强
调了固原在宁夏镇边防中的作用，勾勒了明代经营固原的历史过程。⑥
佘贵孝《明代固原的军事设置》、薛正昌和张九芳《历代兵制与固
原》、王恽《元明清时期固原地区概况述略》、罗丰《固原地区历代

---

① 刘仲华：《明代嘉隆两朝九边消极的防守策略》，《青海民族学院学报》1999 年第 1
期；刘仲华：《试析分权制衡和以文制武思想对明代九边防务体制的影响》，《宁夏社会科
学》1999 年第 6 期。

② 韦占彬：《明代九边设置时间辨析》，《石家庄师专学报》2002 年第 3 期。

③ 邓沛：《明代九边述要》，《中国方域》1997 年第 6 期；邓沛：《明代九边考述》
《绵阳师范高等专科学校学报》1999 年第 4 期。

④ 薛正昌：《明代宁夏镇军事地理位置》，《宁夏大学学报》1994 年第 4 期。

⑤ 范宗兴：《浅谈明代宁夏东路的军事建置》，《宁夏史志研究》1992 年第 3 期。

⑥ 苏银海：《明代经营固原概述》，《西北民族学院学报》1991 年第 2 期。

建置沿革考述》等文，也涉及到了明代固原地区的建置情况。① 鲁人勇《宁夏境内的明代长城三题》则就内边、历史文献的真伪、长城对交通的影响三个问题，提出了自己的看法。② 吴忠礼《明封宁夏一世庆靖王朱𣏋》对分封于宁夏的宗藩进行了研究。明代宁夏曾多次发生兵变，并与明末农民起义有密切关系，学界对此也有论述，③ 其中和龚《试论明万历年间的宁夏兵变》一文，阐述了明万历时宁夏发生的"哱拜之变"，认为它是一场边兵反封建压迫、剥削的斗争，对晚明的政治、经济产生了一定的影响。④ 薛正昌《崇祯元年固原兵变与明朝末年农民起义》概述了崇祯元年（1628）固原兵变的历史意义及其与明末农民起义的直接或间接关系。⑤ 高树榆《明末起义军在宁夏一带的活动》介绍了明末农民起义军在宁夏活动的原因、范围、经过和结果。⑥

　　2. 甘肃地区

　　田澍《明代甘肃镇边境保障体系述论》通过考述甘肃镇的独特地位，揭示了该镇在明王朝的国防体系和对外贸易中具有特殊的作用和功能。⑦ 他在《明朝对河西走廊的财政政策》一文中还指出明廷通过中央和地方双重财政扶持，使河西走廊始终起着稳定明代西北边疆的积极作用。⑧ 兰州是明宗藩肃王府所在地，赵一匡《明清时期的兰州府》指出明朝时鞑靼是兰州的主要威胁，肃王移驻兰州后，兰州在西北的政治、经济地位都比过去重要起来。⑨ 他的《明代兰州二三事》

---

① 余贵孝：《明代固原的军事设置》，《固原师专学报》1993 年第 1 期；薛正昌、张九芳：《历代兵制与固原》，《固原师专学报》2001 年第 5 期、2002 年第 1 期；王恽：《元明清时期固原地区概况述略》，《固原师专学报》1986 年第 3 期；罗丰：《固原地区历代建置沿革考述》，《固原师专学报》1986 年第 3 期。

② 鲁人勇：《宁夏境内的明代长城三题》，《宁夏大学学报》1983 年第 4 期。

③ 吴忠礼：《明封宁夏一世庆靖王朱𣏋》，《宁夏史志研究》1997 年第 2 期。

④ 和龚：《试论明万历年间的宁夏兵变》，《宁夏社会科学》1985 年第 1 期。

⑤ 薛正昌：《崇祯元年固原兵变与明朝末年农民起义》，《甘肃社会科学》1990 年第 4 期。

⑥ 高树榆：《明末起义军在宁夏一带的活动》，《宁夏大学学报》1980 年第 1 期。

⑦ 田澍：《明代甘肃镇边境保障体系述论》，《中国边疆史地研究》1998 年第 3 期。

⑧ 田澍：《明朝对河西走廊的财政政策》，《甘肃社会科学》2001 年第 2 期。

⑨ 赵一匡：《明清时期的兰州府》，《兰州学刊》1984 年第 1 期、第 2 期。

也对兰州府进行了研究。① 邵如林《甘肃明肃王初探》则对历代肃王的地位和作用作了进一步探讨。② 宋法仁《明肃王对兰州的贡献》结合明肃王家族在兰州的历史活动，论述了他们对兰州的贡献。③ 梁新民《元代永昌路与明代永昌卫、清代永昌县的关系问题》推测明代的永昌卫很可能就是在元永昌宣慰司城的基础上建立起来的。④ 罗斌《元明清三朝在河州的地方组织》论述了元明清时期河州的地方组织问题。⑤ 陈世明《明代甘肃境内二十四关考略》系统介绍了明代甘肃南部崇山峻岭中积石关等二十四关及所处地理位置和所发挥的重要作用。⑥

3. 青海地区

崔永红《明万历年间郑洛经略青海述略》考述了万历年间郑洛对青海蒙古部落的军事行动，将其措施归纳为"断其假道""招抚番部""散其党羽""焚其寺刹"四步，认为其经略粉碎了蒙古封建领主蚕食两河地区的企图，恢复了藏族部落对明廷捍外卫内的藩篱作用，在客观上也有恢复民族地区社会安定、发展社会经济的积极作用。⑦ 张维光《明朝在青海的军事述论》一文，概述了明朝在青海的军事设置和重要军事活动。⑧ 赵宗福《明代"湟中三捷"考评》认为明万历二十三年（1595）的湟中三捷是明代边疆战斗史上重要的战事，对稳定西北边防具有重要意义。⑨ 王子贞《明崇祯间西宁卫镇海民马安邦聚众反明事件考略》分析了明朝政府处理该事件的失误和事

---

① 赵一匡：《明代兰州二三事》，《兰州师专 1982 年学术讨论会论文选集》，1982 年。

② 邵如林：《甘肃明肃王初探》，《西北史地》1992 年第 4 期。

③ 宋法仁：《明肃王对兰州的贡献》，《甘肃社会科学》1993 年第 4 期。

④ 梁新民：《元代永昌路与明代永昌卫、清代永昌县的关系问题》，《西北史地》1985 年第 1 期。

⑤ 罗斌：《元明清三朝在河州的地方组织》，《档案》1986 年第 6 期。

⑥ 陈世明：《明代甘肃境内二十四关考略》，《西北民族学院学报》1990 年第 1 期。

⑦ 崔永红：《明万历年间郑洛经略青海述略》，《青海史志研究》1985 年第 1—2 期合刊。

⑧ 张维光：《明朝在青海的军事述论》，《青海师范大学学报》1989 年第 1 期。

⑨ 赵宗福：《明代"湟中三捷"考评》，《青海社会科学》1987 年第 5 期。

件背后的民族因素。① 姚继荣《甘青境内的大通与明代大通苑》考证出明大通苑设置于今互助县双树乡大通苑村，从永乐四年（1406）初设到正统二年（1437）裁撤，前后存在不过 32 年。②

二　西北民族地区的卫所建置与民族政策

西北地区自古以来就是多民族聚居区，民族成分复杂，宗教信仰多元，地区差异很大，明政府的治理策略也因时因地而异。根据民族分布与明朝政府的措施，大致上可分为河西走廊嘉峪关以西的蒙古、撒里畏兀儿、维吾尔等族，明朝在此设关西七卫进行羁縻统治；河湟地区则以藏族、土族等为主，明朝在此设西番诸卫，土流参治，形成了独特的统治形态。

（一）关西七卫研究

以哈密卫为首的关西七卫是明代西北边政研究的热点之一，自 20 世纪 30 年代岑仲勉先生发表《明初曲先、阿端、安定、罕东四卫考》③ 以后，关于本课题的研究取得了很大进展，发表的论文较多，其中时间较早、较为重要的论文有唐景绅《明代关西七卫述论》、邓锐龄《明初安定、阿端、曲先、罕东等卫杂考》、吴均《安定、曲先、罕东、必里等卫地望及民族琐议》等文，唐文在分析了关西七卫的设立过程、与明朝之间的茶马互市和贡使往来、七卫的废弛与民族的交融后，指出关西七卫的设置对于巩固西北边陲，维护明王朝的统一，以及促进内地与新疆及中亚地区的政治、经济、文化交流方面，都有着重要的进步作用。邓文和吴文则着重考释了诸卫的地理位置、

---

① 王子贞：《明崇祯间西宁卫镇海民马安邦聚众反明事件考略》，《青海师范大学学报》1990 年第 2 期。

② 姚继荣：《甘青境内的大通与明代大通苑》，《青海师范大学学报》1996 年第 1 期。

③ 岑仲勉：《明初曲先、阿端、安定、罕东四卫考》，《金陵学报》1936 年第 7 卷第 2 期。

民族成分、宗教信仰及有关史事，对史料的搜集与解读堪称精详。①
钱伯泉《明朝撒里畏兀儿诸卫的设置及其迁徙》、王玉祥《浅说明朝
的关外卫》等文，则在前人研究的基础上，对明朝设置关外诸卫的利
弊进行了研究，并剖析了关外诸卫衰亡的主客观原因及衰亡带来的后
果，特别是钱文对诸卫内迁过程论述较详。②

除了以上整体研究外，学界对关西七卫特别是哈密卫还进行了集
中研究。蒿峰《明失哈密述论》、田卫疆《论明代哈密卫的设置及其
意义》两文，阐述了明朝设置哈密卫的背景、经过、作用、意义及撤
销原因，所论大致相同。③ 蓝建洪的《明代哈密卫撤销原因新析》更
为细致地分析了哈密卫的建立、四立四失、撤销及其原因。④ 赵予征
在《明对西域的统辖及哈密卫屯垦研究》中重点阐述明朝在西域册封
各部首领为王、设哈密卫等统辖措施，并对哈密卫的屯田史实进行了
研究。⑤ 刘国防《明朝的备边政策及哈密卫的设置》一文，在明朝备
边政策的背景下，剖析了哈密卫几立几失的原因。⑥ 作者的另一文
《明初的哈密及其王族——兼评〈剑桥中国明代史〉的相关部分》通
过对明初哈密历史的研究，指出由美国牟复礼和英国崔瑞德主编的
《剑桥中国明代史》一书中对 14—15 世纪哈密与明朝的关系、哈密王
的族属、哈密王族的信仰等论述中存在错误，并提出了自己的观点。⑦
于默颖《明代哈密蒙古的封贡问题》重点考察了哈密卫的册封、朝贡
问题。⑧ 田澍《明代哈密危机述论》较为详尽地论述了哈密危机的由

---

① 　唐景绅：《明代关西七卫述论》，《中国史研究》1983 年第 3 期；邓锐龄：《明初安
定、阿端、曲先、罕东等卫杂考》，《历史地理》（第二辑），1982 年；吴均：《安定、曲先、
罕东、必里等卫地望及民族琐议》，《青海师范大学学报》1988 年第 3 期。
② 　钱伯泉：《明朝撒里畏兀儿诸卫的设置及其迁徙》，《西域研究》2002 年第 1 期；王
玉祥《浅说明朝的关外卫》，《甘肃社会科学》2000 年第 4 期。
③ 　蒿峰：《明失哈密述论》，《山东师范大学学报》1984 年第 1 期；田卫疆：《论明代
哈密卫的设置及其意义》，《西北民族学院学报》1988 年第 1 期。
④ 　蓝建洪：《明代哈密卫撤销原因新析》，《新疆大学学报》1993 年第 4 期。
⑤ 　赵予征：《明对西域的统辖及哈密卫屯垦研究》，《西域研究》1994 年第 3 期。
⑥ 　刘国防：《明朝的备边政策及哈密卫的设置》，《西域研究》1998 年第 4 期。
⑦ 　刘国防：《明初的哈密及其王族——兼评〈剑桥中国明代史〉的相关部分》，《西域
研究》1999 年第 2 期。
⑧ 　于默颖：《明代哈密蒙古的封贡问题》，《内蒙古大学学报》2000 年第 5 期。

来、统治者处置的种种失误和嘉靖前期的解决过程。①

(二) 西番诸卫和甘青藏区研究

明代在甘青藏区设立了河州、西宁、洮州、岷州等卫,管理当地的藏族等部落,称西番诸卫。这是明代西北政治史研究的又一重点。陈庆英《明代甘青川藏族地区的政治述略》一文,指出明代对甘青藏区的政策是依靠对藏族僧俗首领封授官职,通过他们管理地方政教事务,同时利用和藏族僧俗首领之间的贡赐关系及茶马贸易等政治、经济利益来使藏族首领对明归附。② 苏发祥《简论明朝对甘青藏族地区的治理》系统研究了明朝在甘青藏区的政治、经济、宗教基本政策及其意义。③ 陈光国、王浩勋《明清时期青海蒙藏关系和中央王朝对蒙藏的政策》,杜常顺《从西番诸卫看明朝对甘青藏区的统治措施》,秦川《明朝对甘青藏族地区的政策》,尹伟先《试论明朝对甘青藏族地区的管理政策》,甘措《论明朝统治河湟及湟水流域藏族分布状况》等文,也先后就明朝对青海各民族实施的招抚、设卫所、推崇佛教、推行土司制度、移民实边、茶马互市等民族政策进行了探讨,考证了明初西番诸卫、纳马诸族及其分布、明代中后期河湟藏族诸部落及其分布。④ 张维光《明代河湟地区土流参治浅析》则对明代河湟地区土流参治制度的内容和性质进行了分析。⑤ 荣宁《明朝在青海地区的施政方略》一文,对明政府在青海地区"土流参治、多封众建"等六条措施进行了研究,认为这些措施对于安定边防等,有一定积极

---

① 田澍:《明代哈密危机述论》,《中国边疆史地研究》2002 年第 4 期。

② 陈庆英:《明代甘青川藏族地区的政治述略》,《西藏研究》1999 年第 2 期。

③ 苏发祥:《简论明朝对甘青藏族地区的治理》,《中央民族学院学报》1990 年第 2 期。

④ 陈光国、王浩勋:《明清时期青海蒙藏关系和中央王朝对蒙藏的政策》,《中国藏学》1989 年第 1 期;杜常顺:《从西番诸卫看明朝对甘青藏区的统治措施》,《青海师范大学学报》1989 年第 4 期;秦川:《明朝对甘青藏族地区的政策》,《甘肃社会科学》1991 年第 6 期;尹伟先:《试论明朝对甘青藏族地区的管理政策》,《西北史地》1992 年第 4 期;甘措:《论明朝统治河湟及湟水流域藏族分布状况》,《青海民族研究》2001 年第 4 期。

⑤ 张维光:《明代河湟地区土流参治浅析》,《青海师范大学学报》1988 年第 3 期。

作用。① 王继光《明代安多藏区部族志》从《明实录》、明代或清初方志中辑出明代安多藏区的藏族部落资料，分隶于河州卫、西宁卫、洮州卫、岷州卫、秦州卫、松潘卫六卫下，就其名称、分布及活动进行了考述，为进一步研究提供了便利。②

对西番各卫的具体情况也有专门的研究。

河州卫：西番诸卫以河州卫为首，元时在此设吐蕃等处宣慰使司，统治安多藏区，并连接卫藏地区。明朝一度在此设西安行都指挥使司，作为治理整个藏区的军政中心。王继光《明代的河州卫——〈明史·西番诸卫传〉研究之一》强调了河州卫在明朝与藏区建立政治关系过程中的历史作用，高度评价了河州卫的历史地位，就其建置沿革、开发经营作了初步析理，指出河州卫虽然有大量"世袭其职"的土官，但主要权力掌握在汉族流官手里，是典型的土流参治、以流管土模式。③ 河州卫的建置标志着甘青藏区土流参设制的开始，从这个意义上说，河州卫就是西番诸卫的一个缩影。

洮州卫：丁汝俊《论明代对西北边陲重镇洮州卫的经营》一文，仿照王继光对河州卫研究的路子，探讨了明代洮州卫的职能和主要作用，对当地的土流参设制度、土司制度、宗教政策、茶马制度、军民屯田等进行了细致研究，肯定了明朝经营洮州的成就。④ 海洪涛《明王朝前期统治洮州各民族措施概述》概述了明朝前期统治洮州各民族的八条措施，指出这些措施加强了对洮州各族的统治，使此地在明朝前期政局稳定，人民安居乐业，经济不断发展。⑤

岷州卫：桑杰《简述明朝对岷州藏区的治理》对岷州卫军政建置加以考述后，指出岷州卫也是实行"军民统摄"、"土流参设"制度

---

① 荣宁：《明朝在青海地区的施政方略》，《青海民族研究》1996 年第 4 期。

② 王继光：《明代安多藏区部族志》，《西北民族研究》1997 年第 1—2 期、1999 年第 2 期。

③ 王继光：《明代的河州卫——〈明史·西番诸卫传〉研究之一》，《西北民族研究》1986 年第 1 期。

④ 丁汝俊：《论明代对西北边陲重镇洮州卫的经营》，《西北民族研究》1993 年第 2 期。

⑤ 海洪涛：《明王朝前期统治洮州各民族措施概述》，《甘肃民族研究》1998 年第 4 期。

的，并且广设寺院，建立汉番僧纲司，采取了笼络扶持藏传佛教上层人物的宗教政策，起到了很好的作用。① 此外，吴均《论明代河洮岷的地位及其三杰》则综合考察了河洮岷重要的枢纽地位，明朝在该地的经营及当地三杰班丹嘉措、班丹扎喜、释迦巴藏卜在密切明朝与藏族关系上做出的贡献。②

西宁卫：骆桂花《明代对西宁卫地区施政方略初探》探讨了明代在西宁卫实施的土流参治等各项政策，揭示出该政策对青海地区政治、经济、文化的影响。③ 崔永红《明代青海土官李文之籍贯及生平考略》考证了李文是陕西华阴人，并非青海土著李赏哥之子或六代嫡孙，并介绍了李文的戎马生涯及宦海沉浮概况。④

此外，吴均《明代在玉树地区建置初考》对明代在玉树地区设立的陇卜卫等卫所、昂欠国师等僧官、入藏通道通大河渡口管理机构及相关部族进行了考证。⑤

（三）明朝在甘青地区的宗教政策和土司制度

明朝时期，在中央政权的扶持下，甘青藏区的藏传佛教势力进一步发展，政教合一制度开始形成。张维光《明朝政府在河湟地区的藏传佛教政策述论》阐明了明王朝通过扶持藏传佛教及其代表人物番僧，加强了自己对藏区的影响，达到了安定民族关系、巩固边疆的目的。⑥ 陈玮《试论仰华寺与青海蒙藏关系——兼谈明王朝治青方略的演变》围绕青海蒙古第一寺仰华寺兴毁始末，探讨了仰华寺在这一时期青海蒙藏关系中的历史地位以及明王朝治青方略演变。⑦ 吉思《仰

---

① 桑杰：《简述明朝对岷州藏区的治理》，《甘肃民族研究》1992 年第 2—3 期。

② 吴均：《论明代河洮岷的地位及其三杰》，《青海民族学院学报》1989 年第 4 期。

③ 骆桂花：《明代对西宁卫地区施政方略初探》，《青海民族研究》1995 年第 3 期。

④ 崔永红：《明代青海土官李文之籍贯及生平考略》，《青海社会科学》1992 年第 4 期。

⑤ 吴均：《明代在玉树地区建置初考》，《中国藏学》1989 年第 4 期。

⑥ 张维光：《明朝政府在河湟地区的藏传佛教政策述论》，《青海社会科学》1989 年第 2 期。

⑦ 陈玮：《试论仰华寺与青海蒙藏关系——兼谈明王朝治青方略的演变》，《西北史地》1994 年第 3 期。

华寺与蒙藏关系》指出仰华寺的建造揭开了蒙藏历史关系的序幕，仰华寺在当时不仅是青海蒙古宗教活动的主要场所，而且是环青海湖地区的政治、经济中心，由于青海蒙古的坐大威胁到明廷的西北安全，为"绝其祸本"，明军在清剿青海蒙古的过程中焚毁了仰华寺。①

    从元代开始，土司制度在甘青少数民族聚居区已经出现，明承元制，继续在西北少数民族地区推行土司制度，并形成自己的特点。张鸿汀遗稿、张令瑄辑订的《甘肃青海土司志》、芈一之《青海土司制度概述》和张卫红《甘肃青海土司制》等文，是较早对甘、青两地的土司制度进行探索的文章，内容偏重于史料的搜集与整理。② 王继光《甘青土司制溯源》对甘青土司制度的形成作了初步考察，指出元明之交是甘青土司形成的关键，文章重点研究了明代的土司制度。③他的《试论甘青土司的形成及其历史背景》继续论述甘、青土司的形成及其历史背景。④ 王树民《明代以来甘肃青海间的土司和僧纲及其与古史研究》对甘青僧俗土司分别作了叙述，研究了土司制度在西北历史中的作用和影响。⑤ 高士荣《明代西北推行土司制度原因刍议》分析了明代西北推行土司制度的五个原因。⑥ 李玉成《青海土司制度兴衰史略》论述了明清时期青海土司制度和十九家土司历史兴衰，指出青海土司大都先有军功和官职，后授土司名号，故其属民分散各县，并非世代聚居一地；土司大都由卫所长官演变而来，因而都是武职，且以明代兵制为依据。⑦ 陈新海《土司制度对青海社会的影响浅谈》重点谈了青海土司制度对当地社会的影响。⑧

---

① 吉思：《仰华寺与蒙藏关系》，《中国藏学》1994 年第 4 期。

② 张鸿汀、张令瑄：《甘肃青海土司志》，《甘肃民族研究》1983 年第 12 期；芈一之：《青海土司制度概述》，《青海社会科学》1980 年第 1 期；张卫红：《甘肃青海土司制》，《甘肃民族研究》1983 年第 6 期。

③ 王继光：《甘青土司制溯源》，《西北民族文丛》1983 年第 3 辑。

④ 王继光：《试论甘青土司的形成及其历史背景》，《甘肃社会科学》1985 年第 4 期。

⑤ 王树民：《明代以来甘肃青海间的土司和僧纲及其与古史研究》，《河北师范学院学报》1987 年第 2 期。

⑥ 高士荣：《明代西北推行土司制度原因刍议》，《西北史地》1996 年第 3 期。

⑦ 李玉成：《青海土司制度兴衰史略》，《中央民族学院学报》1987 年第 4 期。

⑧ 陈新海：《土司制度对青海社会的影响浅谈》，《柴达木开发研究》1997 年第 1 期。

此外，王继光《青海撒拉族土司制度述评》专门对青海撒拉族土司制度进行了考述。① 米海平《明代土官李英事略》概述了西宁李土司家族中李英的生年事迹，指出李英在明初保塞抚番，维护了西陲安宁，并注重该地区经济文化发展。② 辛存文《对辛土司的考察纪略》利用史书和宗谱资料，结合实地采访，对明代以来西宁辛土司的族属、世系传承、辖域进行了考察。③ 马志勇《河州土司何锁南》通过探讨元末明初河州归降首领何锁南的族属籍贯，考述了河州何土司的辖域及其组织。④ 徐步云口述，徐旺次力整理的《临潭县昝土司概况》介绍了明代以来临潭藏族昝土司世系传承及其衙门的组织管理情况。⑤

吴均《论安木多藏区的政教合一制统治》把安多藏区的政教合一制统治的组织形式归纳为三种模式，即西纳模式、隆务模式（包括卓尼禅定寺政教合一制统治）、郭隆模式（包括拉卜楞寺的政教合一制度），使我们对安多藏区的政教合一制的类型有了一个宏观上的认识。政教合一制度的主要体现是僧纲土司的普遍存在。⑥ 王继光《安多藏区僧职土司初探》认为，从明代以来，安多藏区存在并延续着一批僧职身份的土司，他们在朝廷封授的各级番僧纲司的名号下，受到"一切政治悉因其俗"的政策保护，从而具有一定的政教权力。僧纲土司的基本特征是叔侄相承的家族世袭制，其形式大致分为两类：叔侄相传的单一僧官体系，僧官与土官的双重家族统治体系——"兄为土司、弟为僧纲，如遇独子两职兼"。这在我国土司制度中是十分独特的。僧职土司是这些地区政教合一制度的表现形态之一，其产生与明清王朝特殊的民族宗教政策有关。⑦

　　① 王继光：《青海撒拉族土司制度述评》，《青海社会科学》1984 年第 2 期。
　　② 米海平：《明代土官李英事略》，《青海民族研究》1996 年第 2 期。
　　③ 辛存文：《对辛土司的考察纪略》，《青海史志研究》1985 年第 1—2 期合刊。
　　④ 马志勇：《河州土司何锁南》，《甘肃民族研究》1990 年第 2 期。
　　⑤ 徐步云口述，徐旺次力整理：《临潭县昝土司概况》，《甘肃民族研究》1992 年第 2—3 期。
　　⑥ 吴均：《论安木多藏区的政教合一制统治》，《青海民族学院学报》1982 年第 4 期。
　　⑦ 王继光：《安多藏区僧职土司初探》，《西北民族研究》1994 年第 1 期。

（四） 茶马互市研究

民族贸易与经济来往是中央政府处理民族关系的重要方式，甘青藏区的茶马互市是其中的一种主要形式。明王朝把茶马贸易当作控制少数民族、巩固西北边防的战略方针，形成了一整套较为完善的茶马制度。谢玉杰《明王朝与西北诸番地区的茶马贸易》论述了茶马制度的形成，茶马交易的方式，茶马贸易中的管理机构、茶课、茶运及马价问题，以及茶马贸易制度的崩坏过程，认为茶马贸易加强了汉族与少数民族的政治经济联系，有一定的积极作用。① 陈一石《明代茶马互市政策研究》比较侧重于茶马贸易中的消极方面，认为"以茶驭番"是茶马互市政策的出发点，茶马制度缩小了藏汉互市的窗口，抑制了藏汉物资交流。② 赵毅《明代的汉藏茶马互市》对官营茶马互市中的两个特点——差发马制度和朝贡互市进行了探讨，肯定了茶马互市政策对明王朝加强对藏区的统治，扩大汉藏民族经济文化交往的积极作用。③ 王冰《明朝初期汉藏茶马互市的几个问题》对茶马互市的背景、形式以及影响等问题进行了分析，指出这一政策清楚地表明明朝中央政府对藏区行使了完全主权。④ 王晓燕《明代官营茶马贸易体制的衰落及原因》从不等价交换、走私活动的泛滥以及朝贡贸易的发展、运输困难等方面阐述了该体制衰落的原因，并进一步剖析了导致这一体制衰落的根源。⑤ 石釜《明代西北茶禁与茶商的活动》勾画出明代西北官营茶马互市与商营茶叶贸易间势力消长的演变全貌。⑥ 杜常顺《明清时期黄河上游地区的民族贸易市场》归纳了黄河上游地区民族贸易市场的四种类型，指出以农牧产品交易为主的贸易繁荣，并不意味着经济学意义上的质的变化。⑦

---

① 谢玉杰：《明王朝与西北诸番地区的茶马贸易》，《西北民族研究》1986 年第 1 期。
② 陈一石：《明代茶马互市政策研究》，《中国藏学》1988 年第 3 期。
③ 赵毅：《明代的汉藏茶马互市》，《中国藏学》1989 年第 3 期。
④ 王冰：《明朝初期汉藏茶马互市的几个问题》，《西北史地》1998 年第 3 期。
⑤ 王晓燕：《明代官营茶马贸易体制的衰落及原因》，《民族研究》2001 年第 5 期。
⑥ 石釜：《明代西北茶禁与茶商的活动》，《西北史地》1992 年第 1 期。
⑦ 杜常顺：《明清时期黄河上游地区的民族贸易市场》，《民族研究》1998 年第 3 期。

金牌制是茶马制度的一项重要内容，有浓厚的政治色彩，反映了明代民族政策的特点，历来学者对其性质和作用多有争论。解秀芬、文韬《试论明初茶马贸易的"金牌制"》对金牌制兴起的原因、金牌制的内容、实施过程及其后果、金牌制废止的原因进行了初步论述，认为尽管金牌制有一定的强制性，但它对促进茶马贸易，增强西北少数民族的向心力，抵御蒙古侵扰有重要的作用。① 叶玉梅《明代茶马互市中的金牌信符制度》着重考证了纳马诸族与具体的制度规定。② 彭建英《略论金牌制的两重性》一文，认为有关金牌制是赋税制度或带有强制性的贸易制度的说法都有失偏颇，提出金牌制兼具国家赋税和贸易两重性，并对金牌制的历史作用提出了自己的观点。③

明代西北马政是明朝经营西北特别是巩固西北边防的一个重要制度，与茶马制度有着密切联系。姚继荣《明代西北马政机构废置考》一文对西北马政机构设置的缘起、处所、废损情况及其原因，做了详细论述，并进而探讨马政机构兴废对整个西北马政的影响。④ 谢玉杰《杨一清茶马整顿案评述——明代西北茶马贸易研究之二》论述了杨一清整顿茶马的背景、过程和措施，认为杨一清的整顿使明政府以很小的代价获得了较为可观的经济效益，但其恢复国家对茶马贸易垄断的政策，既不利于民族经济的发展和民族关系的进一步密切，也违背了商品经济发展的规律，因而无法取得根本的成功。⑤ 张明富《杨一清与明代西北马政》认为杨一清督理西北马政 4 年，大刀阔斧地整顿马政，极力主张恢复茶马旧制，成绩出色，保证了西北边镇的战马供给，尽到了他所能尽的最大职责。⑥

---

① 解秀芬、文韬：《试论明初茶马贸易的"金牌制"》，《甘肃民族研究》1986 年第 4 期。
② 叶玉梅：《明代茶马互市中的金牌信符制度》，《青海民族学院学报》1993 年第 4 期。
③ 彭建英：《略论金牌制的两重性》，《中央民族大学学报》1999 年第 4 期。
④ 姚继荣：《明代西北马政机构废置考》，《青海师范大学学报》1993 年第 2 期。
⑤ 谢玉杰：《杨一清茶马整顿案评述——明代西北茶马贸易研究之二》，《西北民族研究》1990 年第 1 期。
⑥ 张明富：《杨一清与明代西北马政》，《史学集刊》1998 年第 2 期。

三　明朝与西北民族地方政权及西域诸国的关系

　　为了修筑自己的西北屏障，开通西域商道，建立与西域各地的联系，明朝与西域诸国及蒙古展开了一系列交往。赵俪生认为明初与西域的关系是积极的，朱高炽即位后，则基本停顿下来。[①] 王治来《公元第十到第十五世纪中国同中亚的关系》涉及明朝建立后与西域及中亚的关系，指出至 15 世纪末，陆上丝绸之路隔绝，为海路所取代。[②] 孙振玉《明代丝路史分期研究》将考察明代丝路史分期的重点放在天山南北两路，并具体分为三个时期：明初至天顺末年为第一时期，明王朝和帖木儿帝国是该时期左右丝路上国际关系和政治形势的两大政治势力，由于当时新王朝的统治者朝气勃勃，使丝路得以重新开通和发展；成化初至嘉靖中为第二时期，该时期土鲁番作为一个新的政治势力梗塞在丝路要冲，使整个丝路的国际关系恶化，战争频繁，丝路交通受到严重阻碍；嘉靖末至明亡为第三时期，由于新航路的开通，古老丝路渐趋沉寂。[③]

（一）　明朝、蒙古、西域诸地的互动

　　白翠琴《明代蒙古与西域关系述略》就大漠东西蒙古（主要是瓦剌）与西域的关系以及回回人在蒙古统治机构中之作用等问题做了论述。[④] 马曼丽《明代瓦剌与西域》探讨了明代瓦剌与西域关系的几个问题。[⑤] 樊保良《察合台后王与瓦剌封建主及明王朝在丝路上的关系》、《略述瓦剌与明朝在西北的关系》认为 15 世纪初瓦剌与明朝在政治、军事、经济方面发生的重要关系，构成了西北民族关系既紧张

---

　　① 赵俪生：《明朝的西域关系》，《东岳论丛》1980 年第 1 期。

　　② 王治来：《公元第十到第十五世纪中国同中亚的关系》，《新疆社会科学研究动态》1981 年第 2 期。

　　③ 孙振玉：《明代丝路史分期研究》，《新疆大学学报》1990 年第 1 期。

　　④ 白翠琴：《明代蒙古与西域关系述略》，《新疆社会科学》1983 年第 3 期。

　　⑤ 马曼丽：《明代瓦剌与西域》，《西北史地》1984 年第 1 期。

又联系的局面。①

（二）明朝与土鲁番的关系

陈高华《关于明代土鲁番的几个问题》考察了明代土鲁番地面的土地和人口、速檀的世系及与明朝的关系，认为从永乐四年（1406）到明亡前夕，土鲁番与明朝的关系可以划分为三个时期，并具体分析了各个时期双方关系的基本状况。②魏良弢《明代及清初土鲁番统治者世系——兼述东察合台汗国之变迁》一文，对明代土鲁番统治者世系做了进一步探讨和补充。③田卫疆《明代哈密吐鲁番速檀（王）世系补正》对冯家昇等《维吾尔族史料简编·哈密、土鲁番世系表》中缺阙的诸速檀（王）名字、在位年代进行了若干补正。④刘国防《关于明代前期土鲁番统治者世系的几个问题》一文，对明代前期土鲁番统治者世系进行了新的考释，认为黑的儿火者汗在位时，土鲁番地区成为东察合台汗国领土的一部分，15世纪中叶前，能称得上统治者的可能仅有哈散王子一人。弘治元年（1488）土鲁番的统治重新回到察合台后裔速檀阿黑麻手中。⑤孙振玉《明代别失八里（含亦力把里）—土鲁番王统考述——从黑的儿·火者至速檀·阿黑麻》一文，将《明实录》与《拉失德史》的记载相参照，考述了明代别失八里政权及其下属诸地面（含亦力把里、土鲁番）头目的世系或传承，并列出其王统世系表。⑥

---

① 樊保良：《察合台后王与瓦剌封建主及明王朝在丝路上的关系》，《西北民族研究》1992年第2期；樊保良：《略述瓦剌与明朝在西北的关系》，《兰州大学学报》1999年第3期。

② 陈高华：《关于明代土鲁番的几个问题》，《民族研究》1983年第2期。

③ 魏良弢：《明代及清初土鲁番统治者世系——兼述东察合台汗国之变迁》，《历史研究》1986年第6期。

④ 田卫疆：《明代哈密吐鲁番速檀（王）世系补正》，《新疆大学学报》1986年第3期。

⑤ 刘国防：《关于明代前期土鲁番统治者世系的几个问题》，《新疆大学学报》1998年第4期。

⑥ 孙振玉：《明代别失八里（含亦力把里）—土鲁番王统考述——从黑的儿·火者至速檀·阿黑麻》，《西北民族研究》1990年第1期。

（三）明朝与东察合台汗国的关系

主要论文有孟凡人《论别失八里》及田卫疆《明代蒙兀儿斯坦王系初论》《明朝前期东察合台汗国与中原间关系初探》《满速儿、赛德汗时期的东察合台汗国史述略》《十四世纪末至十五世纪初的东察合台汗国》《十五世纪东察合台汗国历史探幽》《东察合台汗国与中原王朝的政治经济往来联系》《东察合台汗国建立史实考稽》《东察合台汗国地域范围及其变迁考释》等。①

叶尔羌汗国是从东察合台汗国独立出来的一个地方政权，魏良弢对其有系统研究。他的《叶尔羌汗国政治史略》概述了叶儿羌汗国的历史过程和政治特点。② 他的《叶尔羌汗国的创建和巩固》从探讨游牧民族进入农业地区创建政权遇到的困境及其解决入手，叙述了叶尔羌汗国的创建过程，肯定了汗国创始人萨亦德汗的历史功绩。③ 他的《叶尔羌汗国的发展和昌盛》，论述了拉失德汗翦除朵豁剌惕部异密势力，收复蒙古斯坦，阿不都·哈林汗和马黑麻汗继续加强汗权，叶儿羌汗国步入昌盛时期的史实。④ 他的《叶尔羌汗国的衰落和覆亡》则认为汗国内部的教派纷争导致了内乱和覆亡。⑤ 他在《叶尔羌汗国疆域考释》一文中，取 1600 年为标准年代，考证了当时处于鼎盛时期的汗国边界四至，并对其形成和变化详加考释。⑥《叶儿羌汗国的体制

① 孟凡人：《论别失八里》，《新疆社会科学》1984 年第 1 期；田卫疆：《明代蒙兀儿斯坦王系初论》，《新疆师范大学学报》1985 年第 1 期；田卫疆：《明朝前期东察合台汗国与中原间关系初探》，《新疆历史研究》1986 年第 2 期；田卫疆：《满速儿、赛德汗时期的东察合台汗国史述略》，《新疆历史研究》1987 年第 2 期；田卫疆：《十四世纪末至十五世纪初的东察合台汗国》，《新疆社会科学》1988 年第 4 期；田卫疆：《十五世纪东察合台汗国历史探幽》，《民族研究》1988 年第 5 期；田卫疆：《东察合台汗国与中原王朝的政治经济往来联系》，《甘肃民族研究》1989 年第 1 期；田卫疆：《东察合台汗国建立史实考稽》，《中央民族学院学报》1989 年第 1 期；田卫疆：《东察合台汗国地域范围及其变迁考释》，《新疆大学学报》1992 年第 4 期。
② 魏良弢：《叶尔羌汗国政治史略》，《西北民族研究》1988 年第 1 期。
③ 魏良弢：《叶尔羌汗国的创建和巩固》，《新疆大学学报》1991 年第 3 期。
④ 魏良弢：《叶尔羌汗国的发展和昌盛》，《新疆大学学报》1991 年第 4 期。
⑤ 魏良弢：《叶尔羌汗国的衰落和覆亡（上）（下）》，分载于《新疆大学学报》1992 年第 1、2 期。
⑥ 魏良弢：《叶尔羌汗国疆域考释》，《西域研究》1991 年第 1 期。

和官制》《叶尔羌汗国社会经济概述》还分别讨论了叶尔羌汗国的行政体制、官制及社会经济情况。①

（四）明朝与帖木儿王朝的关系

和龚《明王朝与帖木儿帝国关系浅说》考述了明朝与帖木儿帝国的使臣往来，指出除了洪武二十八年到永乐五年（1395—1407）期间双方关系一度中断外，在长达百余年的时间里，帖木儿帝国与明朝基本保持了通商贸易的友好和平关系。② 朱新光《试论帖木儿帝国与明朝的关系》认为，帖木儿帝国与明朝的关系经历了三个发展阶段：帝国初创时，帖木儿主动向明朝称臣、纳贡；帖木儿统一帝国后，双方交恶；帖木儿死后，双方关系经历了一个恢复、发展和持续的过程。③ 张文德《论明太祖时期对帖木儿王朝的外交政策》《明成祖至孝宗时对帖木儿王朝的外交政策》两文的观点与朱文大体相同。④ 马骏骐《析帖木儿〈上明太祖表〉》通过对该表文的研究，认为明朝与帖木儿帝国之间的关系实质上是一种朝贡贸易关系。⑤ 张文德在《中亚帖木儿王朝的来华使臣》一文中，依据《明实录》记载，着重探讨了中亚帖木儿朝来华使臣的身份、性质及明朝给予的待遇。⑥ 同类文章还有高永久的《帖木儿与中国》。⑦

纵观近二十五年来的明代西北政治史研究，主要集中在对政策（约31篇论文）、国家政权关系（约29篇）、军事活动（约23篇）的考察方面，一些文章论述还相当深入。其他方面研究则相对较少，如对明朝、蒙古、西域诸地互动的研究仅有4篇文章，明朝与土鲁番

---

① 魏良弢：《叶儿羌汗国的体制和官制》，《民族研究》1992年第2期；魏良弢：《叶尔羌汗国社会经济概述》，《西域研究》1992年第1期。

② 和龚：《明王朝与帖木儿帝国关系浅说》，《甘肃民族研究》1986年第3期。

③ 朱新光：《试论帖木儿帝国与明朝的关系》，《西北民族研究》1996年第1期。

④ 张文德：《论明太祖时期对帖木儿王朝的外交政策》，《贵州师范大学学报》2002年第2期；张文德：《明成祖至孝宗时对帖木儿王朝的外交政策》，《贵州师范大学学报》2002年第4期。

⑤ 马骏骐：《析帖木儿〈上明太祖表〉》，《贵州师范大学学报》1996年第3期。

⑥ 张文德：《中亚帖木儿王朝的来华使臣》，《西域研究》2002年第2期。

⑦ 高永久：《帖木儿与中国》，《中央民族大学学报》1999年第2期。

的关系（约 5 篇）和明朝与帖木儿王朝的关系（约 7 篇）的研究也相
对薄弱。

（原刊《中国边疆史地研究》2005 年第 4 期，与程利英合作）

评汤开建《党项西夏史探微》

国内西夏学研究开始于 20 世纪初期，积累至 80 年代，逐渐形成北京、宁夏、甘肃三个西夏学研究中心。当时甘肃西夏学界的代表人物陈炳应、李蔚、汤开建诸先生，各有专攻，建树颇丰。其中，汤氏致力于党项和西夏民族研究，发表论文达 60 篇之多，其价值学术界早有定论。最近，汤开建先生将其中有代表性的一些论文在台北结集出版，题名为《党项西夏史探微》。① 作为西北地方学者，我对书中这些篇章基本都研读过，今日重温，感慨之外，又有一些新的认识或心得，愿意在述介的过程中写出来供读者参考。

该书上编党项篇收录论文九篇：《关于党项拓跋氏族源的几个问题》《党项源流新证》《弥罗、弥药、河西党项及唐古诸问题考辨》《隋唐时期党项部落迁徙考》《五代辽宋时期党项部落的分布》《〈旧五代史·党项传〉族姓考质疑》《张澍〈西夏姓氏录〉订误》《党项姓氏丛录》《党项风俗述略》等，或考证西夏王朝主体民族党项的族源，或梳理各个历史时期党项部落的迁徙过程和分布格局，或考证其族称国号，或辨析其姓氏源流，可以看出，这些研究大多与党项的民族特性有关。

关于党项羌以及西夏王朝的建立者拓跋氏的族属史学界历来有两说，至今没有取得一致。分歧的产生是由于史书记载上就存在两种说法：据《隋史》及两《唐书》党项传，党项是羌族的一支，拓跋氏是党项八部之一，则属羌系无疑。另一说据宋、辽、金三史夏国传中

---

① 汤开建：《党项西夏史探微》，台北允晨实业股份有限公司 2005 年版。

记其先世"本魏拓跋氏后"，则拓跋氏源出自鲜卑族系。前一说曾在史学界占有优势，20 世纪 80—90 年代以来出版的《中国通史》、西夏专史中，在涉及西夏王室族源时多持此说。持后一说者主要有唐嘉弘、王忠、吴天墀、汤开建等，而汤文后出转精，其材料搜集之全，论证之详，时空跨度之大，无出其右，是该说的集大成者。必须指出，《党项源流新证》等文，不仅仅长于材料，更重要的是角度新，视野开阔，从更长的历史跨度和更大的历史空间看党项的族源问题，从而判定"党项族是一个融合了多个民族的新的民族共同体，鲜卑、汉、羌、回鹘、吐蕃、契丹、突厥、吐浑、沙陀及其他中亚西域民族均有部落融入，是一个最有特色的多源多流的大杂烩民族"。鲜卑族只是其众多源流中的主源而已。更为可贵的是，汤文在论证过程中极为重视反方的观点和材料，避免了自说自话，如《党项源流新证》一文在坚持基本观点的前提下，参考了张云博士的意见，做了一些重要的修正，使党项主源鲜卑说更为完善了。时至今日，学术界虽然对党项主源仍存在争论，但对党项族源相互渗透的说法渐趋认同。需要补充的是，吴天墀、汤开建等都从鲜卑人有进入羌族地区建立政权的先例出发，论证党项中的统治族拓跋氏出自元魏拓跋氏。实际上，这也有后例可循，如明清时期进入青海藏族地区的卫拉特蒙古，经过几百年的杂居交往，今天在称谓、生活习俗、语言等方面都有明显的藏化倾向，但其蒙古族的历史记忆和认同仍保持着，其情形与当年的吐谷浑、党项拓跋氏相仿佛。这一事实或可用来支持其论点。

其他几篇讨论党项国号、族称、姓氏、风俗等方面的论文，也是与族源问题有联系的。汤开建首次检出阎立本《西域图记》中关于"弥罗国"的材料，认为这是党项政权出现的最早记载，并将其运用于党项族源研究。姓氏之学，自清初以降极为衰微，少数民族姓氏学乏人问津，党项姓氏学更是空白，汤先生是继清朝张澍之后，对党项姓氏学用力最勤、成就最多的学者，从姓氏学的角度深化了对党项族源问题的研究，其成果体量虽不能与姚薇元先生的名作《北朝胡姓考》相提并论，但从方法与价值方面来说，似可比肩而立。

该书中编西夏篇收录论文八篇：《关于西夏军事制度研究中的几

个问题》《略论李继迁反宋战争的性质》《宋仁宗时期宋夏战争述论》
《金夏关系述评》《西夏"铁鹞子"诸问题考释》《西夏监军司驻所辨
析》《西夏天文学初探》《党项西夏史札记》等，由于辽、宋、金史
西夏纪等汉文资料主要记载双边关系，所以其研究重点在于西夏王朝
的外交史及军事史，旁及文化。

　　1985 年前后，汤开建曾以宋夏战争研究为题发表一系列论文，就
西夏对宋战争的作用与性质作了评价，本书收入的《略论李继迁反宋
战争的性质》《宋仁宗时期宋夏战争述论》等，就是这方面的代表
作，实际上是参加了当时的大讨论。针对一些人提出的元昊领导的反
宋战争是一场正义的自卫战争，这场战争的发动者是宋朝，西夏只是
"抗宋自立，保境安民"的观点，在分析了元昊对宋发动战争的经济
原因之后，举出元昊时期宋夏战争最重要的四大战役，每一次战役都
是西夏主动发起进攻，在宋朝疆土上进行的。据统计，"元昊时期，
宋夏交战大小 44 次，宋军进攻夏境有 8 次，夏军进攻宋境有 36 次。
宋军攻夏规模最大一次是任福统军 7000 破西夏白豹城，而西夏攻宋
集兵 10 余万者却在 4 次以上"。用这样的数据比较，怎么能说明西夏
是在进行"自卫"呢！从宋朝方面看，宋朝为了应付西夏军事力量的
侵逼，不得不将屯驻在陕西四路的二十几万军队分兵据守在近 2000
里的边防线上，并修筑了 200 多个堡塞作为防御据点。这一切都说明
了元昊领导的反宋战争的侵略性质。而其深层根源则在于西夏游牧业
为主的经济结构对农耕地区的依赖性。在此问题上，不少学者与汤文
持同样看法，但在论述方法上显然汤文为胜。谁都知道，写出人人都
满意的历史是办不到的，不过应该要求写出来的历史，使人人都感到
无懈可击，也就是说历史学家必须以事实为准绳。这些论战性的论文
反映出，尽管道德判断在汤开建的历史观中占有一定地位，但他并不
是历史决定论者，因为他将条件置于因果关系之前，在客观全面地掌
握历史材料的基础上，再现历史真实，然后作出是非和道德的判断，
所以能在某种历史思潮占统治地位的时候不为所动。

　　西夏监军司问题，既是西夏军事制度的重要内容，也涉及西夏历
史地理，对西夏监军司的性质、作用，以及某些监军司的地望与驻地

至今仍众说纷纭，莫衷一是。这是由于史籍记载的歧异与不明所造成的。20 世纪 80 年代以来的较多论著中都探讨了这个问题，如吴天墀《西夏史稿》，陈炳应《西夏文物研究》《西夏监军司驻所辨析》《西夏史札记》《近几十年国内西夏军事制度研究中存在的几个问题》等。分歧主要有：西夏监军司的性质问题，数量问题，驻地问题，名称问题。汤开建认为西夏军制并不存在中央军和地方军的区别，反对将西夏监军司划入地方军队系统，认为其军队是西夏对外作战的主力部队。他指出 18 监军司出自《长编》，为范仲淹所言，十分可信。其后监军司发展超过 20 所，仁孝天盛年间存 17 所，到西夏末期更减少到 12 监军司。《宋史·夏国传》记载的西夏监军司 12 是西夏末期监军司数。元人修《宋史》误将西夏末期之 12 监军司定为元昊初建。在澄清史源的基础上，历史地动态地考察。关于各监军司驻地、名称诸问题的考察也是如此。是后来治西夏军事史的学者必须参考的重要意见。

该书下编遗民篇收录论文四篇：《〈大元肃州路也可达鲁花赤世袭之碑〉补释》《元代西夏人的政治地位》《元代西夏人的历史贡献》《增订〈元代西夏人物表〉》，皆有关蒙古灭夏后西夏遗民在元朝的人物、表现及相关文献。根据元代史料研究蒙元时期西夏人的活动，此前国内著名者有陈垣《元西域人华化考》、王桐龄《中国民族史》等著作，在海外则有日本学者佐口透的《蒙古帝国时期的唐古特》，俄国学者克恰诺夫的《成吉思汗入侵后西夏人的历史命运》，台湾地区学者札奇斯钦的《说〈元史〉中的唐古特—唐兀惕》等，大体仍袭钱大昕、屠寄、柯劭忞三《氏族表》之成就。而汤开建以上各文，据元明史籍，列出元代西夏人物 470 多人，并记其爵王、官职、事迹，充分补正了钱、屠、柯三表之缺失，提供了仕元西夏人物的概貌，进而评价了元代西夏遗民的政治地位和历史贡献。他还认为《肃州碑》中碑主族属应非党项人，而是沙陀贵族之后，因而论证了元代所谓唐兀氏并非专指党项，乃系元代对杂处河西诸民族国家西夏的称谓，唐兀与党项之称，正如西夏和党项不能并称一样。这些意见都非常重要，特别是对元代西夏人物的研究最为全面和权威，《剑桥中国辽西夏金元史》中，介绍了其研究成果，将其列为重要的参考书目。这说明国际元史学界对其研究的认可。

　　从以上介绍中，可以清楚看出汤开建先生的治学方法和学术特色。

　　首先，是"竭泽而渔"的史料蒐求及"打破沙锅问到底"的考证方法。在每篇论文中，汤氏对散落在各种文献中的有关资料进行辑录，整理排比，在理清线索的同时，也极大地方便了学者的研究和参考利用。有些论文如《党项风俗述略》等，甚至述而不作，将零茧棼丝，理成经纬，给将来的研究者提供系统素材。大部分论文则展示了剥茧抽丝、化繁为简的分析能力，材料考核精审，思辨缜密细致，寓作于述，如《西夏"铁鹞子"诸问题考释》等文。在各种文献中，汤先生尤为重视碑刻等考古材料，几十年如一日地密切关注最新发现，并在此次结集中，加以修订补充，使之与时俱进。陈寅恪曾指出清代考据学的致命弱点："其谨愿者，既止于解释文句，而不能讨论问题；其夸诞者，又流于奇诡悠谬，而不可究诘。"他心目中新史学的真谛，是治史应该既能解释文句，又能讨论问题，即注重实证与议论的统一、分析与综合的结合。因此，他推崇陈垣史学"材料丰富，条理明辨，分析与综合二者俱极其功力"，誉其"渐能脱除清代经师之旧染，有以合於今日史学之真谛"。汤先生之治学，正是师法史料学派的大师陈垣，元史专家萧启庆先生在本书的序言中，就是这样称许的。

　　其次，是精于考证，慎于构建的治学态度。考据文章资料收集不易，审核梳理更难，如无史力、史识，极易陷入泥淖而无力自拔。这也是一些观念先行的文章大行其道的原因，无条件地抽象一些似是而非的概念，构建一个框架，分门别类地填充材料，实际上是将理论与史料倒挂。汤文极力避免这种泛泛而谈的空疏学风，他反对无证据或少证据的定性结论，不分时间段地创立固定概念，强调长时段考察的同时，分期或分时间段比较，动态研究，防止以偏概全。做到"不讲无证之言，下无据之论"。在完成了基础性的个案研究后，因为研究方向转移，汤先生放弃了在西夏学方面的构建性工作，这是十分可惜的。汤先生虽未写过通论性的西夏学著作，但他的这些考证工作、个案性研究，在解决一系列问题的同时，也深化了研究，提出了进一步思考的课题，在某种意义上也为通论性著作奠定了坚实的文献基础。因此，我个人认为《党项西夏史探微》是《西夏史稿》出版以来，最有裨于研究者的西夏学考据著作之一。

可以说，在汉文史料的利用上，汤文做到了竭泽而渔，无幽不烛，将传统的文献学考据方法发挥得淋漓尽致。但就其整体研究来说，仍有一些遗憾，比如说，尽管借鉴使用了西夏文等语言材料，毕竟学力结构上存在语言工具的缺陷，不是直接运用西夏文、藏文原始文献，对英文、日文或俄文成果利用也有限，未达到无远弗届的程度。这一点，不得不感叹今日青年学者的训练有素，精益求精。

有关统计显示，从1227年西夏灭亡到新中国成立的700多年时间里，有关西夏的著作仅30余种，保存下来的有20余种，故有"绝学"之叹。挽救西夏学免于湮没，正是当年汤开建等学者投身西夏学研究的初衷。而从1981年到1995年，有关西夏研究的论文和资料等开始达到百位数，出版专著30余部，平均每年有2部专著出版。1995年以来的近10年间，仅中国国内出版的西夏学论著、译著及有关专著和资料，就有62部，其中2001年至2004年，发表论文及相关资料每年超过100篇。这一事实说明，西夏学已经不再是一个冷门，逐渐成为显学，"绝学"的感叹已渐成往事。这一局面的形成，与汤开建等早期西夏学者的开拓是分不开的。二十多年前，皋兰山下甘肃省西北文献阅览室里那勤奋的身影是多么令人难忘。20世纪80年代，国内西夏研究有宁夏、北京、甘肃三个中心，号称三足鼎立，汤开建先生南下后，陈炳应、李蔚两先生相继退休，甘肃的西夏学研究不复昔日风光。今日重读此书，在追忆往日辉煌的同时，也希望甘肃青年学者能重振西夏学研究雄风。

关于中国古代藩属体制的若干思考

——兼评李大龙《汉唐藩属体制研究》

近年来，在中国边疆史地研究中心的推动下，中国古代藩属体制与疆域形成史的研究成绩斐然，有许多颇有见解的成果问世。这些成果对藩属制度的有关理论和史实进行梳理探讨的同时，也启发我们将藩属制度的研究引向深入。综合现有的研究成果，可达成共识的看法是：藩属制度是统一王朝地方政权的构成形式，属于国家政体的范畴；藩属制度与民族交往融合关系密切，它促进了中华民族的形成；藩属制度与中国疆域形成关系密切，奠定了中国疆域的基础[①]；藩属体制运行中的礼仪制度，构成古代外交格局中的不同类型或层次[②]。总之，藩属体制这一课题纵贯中国历史，涉及多学科多领域，有必要进行更深入更细致的分层分类研究。在这方面，李大龙《汉唐藩属体制研究》一书无疑具有开拓性，该书从三个方面深入探究了汉唐藩属体制：一是对汉唐两朝的藩属观念的形成和发展进行概要探讨；二是系统阐述了汉唐两朝藩属体制的构筑过程；三是对汉唐两朝为维持藩属体制运转而采取的各项政策和措施进行总结[③]。通览该书，不仅有助于我们理解汉唐藩属体制形成发展过程及其特点，而且对整体把握中国古代藩属体制的演变及其历史作用富有启示意义。

说到古代的藩属体制，不得不辨析其与羁縻之治的关系。历史实践表明，在一个国土辽阔、民族众多的大国，中央政府对各地的集权

---

① 黄松筠：《中国藩属制度研究的理论问题》，《社会科学战线》2004 年第 6 期。
② 黎虎：《汉唐外交制度史》"前言"，兰州大学出版社 1998 年版。
③ 李大龙：《汉唐藩属体制研究》，中国社会科学出版社 2006 年版。

统治只能在不同的强度层次上实现，必须因时、因地、因人而治。在中国古代传统治边实践中，体现因时、因地、因人而治原则的不外乎羁縻之治和藩属体制，虽然两者的出发点不同，但却殊途同归，都落脚在"因俗而治"以维持边疆秩序这一终极目的上，不过，却有着消极维持与积极管理之别。秦汉至唐宋对边疆民族地区的羁縻思想，产生于古典儒家应付非我族类的传统，这一传统继承春秋以来"内诸夏而外夷狄"的思想，要求汉族王朝在处理边疆民族问题时，强调"夷夏之别""戎晋不杂"，体现在政策方面，一是以长城塞垣"别内外，异殊俗"，二是将民族之间不可避免的接触转换为歧视性的羁縻关系。班固将其操作原则总结为"来则惩而御之，去则备而守之，其慕义而贡献，则接之以礼让，羁縻不绝，使曲在彼"。显示出农耕社会的保守性。然而，不同民族间的迁徙、交流、混居、融合始终是历史发展的主流，文化民族主义者自我封闭的设想在现实中是行不通的。因此，中国传统战略文化虽然始终保留着表现文化优越心态的羁縻论，但强权政治的行为模式渐居主导地位。这在汉武帝以后的边疆经略中得到充分体现，汉朝将边疆各族大体分为四种类型：第一是定居、行农业并统于国君的人群，如朝鲜、南越、滇等；其次是行混合农业但未统于国君的人群，如南蛮、邛都等；第三是游牧且统于中央化权威者，如匈奴；第四为游牧或半游牧而处于分裂性部落结构中者，如西羌。对这四种不同的"华夏边缘"，汉王朝采取不同的民族政策：所谓的羁縻之策主要是针对匈奴等游牧政权的，因为经济生态上难以逾越的差距，汉朝并不企图将匈奴的牧地"内地化"，但当形势有利时，也会将其纳入藩属体制；对行定居农业、统于国君的越、滇、夜郎、朝鲜等，则努力实行郡县化，或将其纳入藩属体制，淡化夷夏族群边界，这些民族策略包括迁移其民，设置郡县，推行中国式的礼仪教化，设学校，以及创造提供华夏的历史记忆；对于住于西方、南方与西南山间，行混合经济而"无大侯王"的各族群，汉朝则深入其间，夺占适于农耕的河谷、低地，通过特设机构或各部族首领进行管理①。

---

① 王明珂：《华夏边缘：历史记忆与族群认同》，台北允晨文化实业公司1997年版，第315、316页。

这些积极措施突破了羁縻论的原意，以武力为后盾，确立了汉文化主导下的二元结构的华夷秩序——藩属体制。唐代在边疆地区施政定制的羁縻府州制度，无论从理念上还是制度上看，都是对汉朝藩属体制的继承发展，只不过继续披着"羁縻"的外衣。唐朝以内附各周边小国、部落设置的羁縻都督府或州县，虽然以当地部落首领任都督、刺史、县令，可以世袭，且"贡赋版籍多不上户部"，但各羁縻府州由所在都护府直接管辖，再统一于唐朝中央政府，形成了虽然有别于中原地区的管理体制，但统领于同一政治体系框架的向实质性方向发展的统一，尽管这种大一统尚有"同服不同制"的局限性。所以，我理解，正是在这一认识的基础上，《汉唐藩属体制》一书抛开了传统羁縻论的束缚，从藩属体制的角度研究边疆民族关系，把握住了藩属体制与中国疆域形成史、中华民族形成史的关系所在，这是极有见识的。

　　长期以来，由于中原（九州）本位、汉文化至上、夷夏之辨等文化民族主义的影响，在民族关系方面，从羁縻角度研究的多，藩属体制角度研究的少，这样就很难理解中国疆域形成的历史、中华民族形成的历史。近代以来，在历史上和文化上本来天经地义的"中国"遭遇到种种挑战，这挑战不仅仅来自现实的国与国之间的领土争端，甚至还来自种种历史的理论和方法，比如来自东亚史或区域史、征服王朝史、同心圆理论，等等。一方面是对于中国"四裔"如朝鲜、蒙古、满州、西藏、新疆有格外的关注，不再把中国各王朝看成是笼罩边疆和异族的同一体；另一方面是把这一原本只是学术研究的取向，逐渐变成一种瓦解中国现代国家合法性的观念，这在二战前后的日本历史学界形成热门话题①。受此影响，现在仍有些学者过分强调古代中国的"文化民族主义"与"朝贡体制"，觉得古代中国以朝贡体制想象世界，并不曾清楚意识到"国家"的边界。然而，《汉唐藩属体制研究》对汉唐两朝藩属观念的演变和藩属体制形成发展的考察表明，古代中国在很早就形成了以汉族文明为主流，汉族生活区域为中

---

　　① 葛兆光：《国境、国家和中国——也说"中国境域"》，《南方周末》2007年8月23日。

心，向"四裔"扩展并与"四裔"互动的华夷二元结构的"天下"秩序，即通过朝贡、羁縻、册封、征服等形式，维系周边异族和区域，构成"郡县（府州）区域→特设机构（都护府区）区域→外层藩属区"等多层结构的"中心清晰、周边移动"的多民族统一国家，这种观念中的"天下"，不仅仅只是一种想象，也是实际处理"中国"的国家与国际问题的制度和准则。

　　研究历史上藩属体制的形成，南北关系的影响也是不可忽视的因素。换句话说，稳定而集权的农耕文明与兴衰不常的游牧文明之间的交往和冲突是藩属体制形成的结构性原因之一。汉唐王朝藩属体制的形成，固然有内部拓边扩张的需要，但更多地是面对北方草原民族的挑战而做出的应对。北亚游牧民族很早就具有独立的文化意识和自主的政治观念，汉地农耕社会也意识到这一点。匈奴狐鹿姑单于致汉武帝书说："南有大汉，北有强胡，胡者，天之骄子也。"汉文帝致老上单于书中说："先帝制：长城以北引弓之民受令单于，长城以内冠带之室朕亦制之。"可见匈奴与汉均有两个文化世界相对立的观念，承认彼此对等的政治地位。唐初，薛延陀取代东突厥而成为漠北霸主，薛延陀的可汗也曾明言："我薛延陀可汗与大唐天子俱一国主。"在这些观念的主导下，由于生态系统和生活方式的不同，特别是北亚的游牧社会中没有足以平衡游牧单元的农业单元，而与中原农业社会形成一个广大的经济共生区，于是，对农耕社会的贸易与掠夺，便成为游牧民族解决经济问题的两个变换手段①。在汉唐初期的历史情境中，汉唐王朝构筑藩属体制的强烈动机，在很大程度上是出于抵抗北方草原民族南下侵扰的需要。汉唐向西域和辽东的开拓，在南方的保守，明显是受这种南北对抗格局的支配或影响。正是这种南北共生互动关系，促使藩属体制的制定者，超越了羁縻思想的局限，在"王者无外"思想指导下，构筑超民族关系的政治体系，从而将各大集团之间的关系约束在一个大体合理的框架之内，有效地规范和调解中央王朝和边疆地方政权之间，特别是农耕民族与游牧民族之间的行为和关

---

　　① 萧启庆：《北亚游牧民族南侵各种原因的检讨》，《食货月刊（复刊）》1972年（1—12）。

系，将冲突降低到最低水平，交流提升到最高水平，走向和谐共生、共同发展的道路。

　　传统的藩属体制研究，或者偏重于体系，认为国家的行为取向是由国际秩序所决定的，或者偏重于统治者，往往将历史活动归因于君主的理念与个性。在君权至上的古代社会，史家将注意力放在领导层是没有错的，但战略行为是透过个人、组织和系统多个层次来表述的，将行为的功过归因于个人是很狭隘的看法；相反，对于组织和系统的作用、机制存在很大的研究空间。《汉唐藩属体制》一书在这方面也有深化的余地，如对汉唐两朝藩属观念形成发展的论述，主要集中于国家（体系）、个人（君主或大臣）两端，对中间层次（边郡太守、节度使、藩镇）关照较少。民族史边缘研究表明，族群是由族群边界来维持的，民族主义在族群边缘最为强烈，多民族杂居的边郡对边疆少数各族的态度与较为理性的中枢有很大差异。如唐中后期，中央强势不复存在，地方势力代而起之，处理边疆民族事务的主要是沿边藩镇，唐初华夷一家的民族观随之转变为华夷有别，这对藩属体制的演变当有不小的影响。因此，边郡、藩镇或军队展现的地方文化、军事文化和组织文化对藩属体制的影响也值得探讨。

（原刊《西北师大学报》2007 年第 6 期）